창의적 리더십
변화를 이끄는 기술

Creative Leadership
Skills That Drive Change(2nd ed,)

Gerard J. Puccio · Marie Mance · Mary C. Murdock 공저
이경화 · 최윤주 공역

학지사

Creative Leadership: Skills that drive change, 2nd edition
by Gerard J. Puccio, Marie Mance, and Mary C. Murdock

역자 서문

현대사회를 특징짓는 다양한 개념들 중 하나인 포스트모더니즘, 신자유주의 등은 다양화, 다원화의 추구와 국제화 및 개방화를 특징으로 하고 있다. 이제는 단일 문화와 경제권이 세계 수준으로 형성됨으로써 경쟁 체제가 가속화되고, 경쟁이라는 개념이 경제적 관점에서뿐 아니라 교육적으로도 중요한 의미를 갖게 되었다. 이와 같은 배경에서 우리나라는 2010년에 교육과학기술부가 교육을 통하여 세계 초일류 국가로의 도약을 달성하겠다는 의지를 표명하였고, 기초 지식을 강화함과 동시에 창의성을 신장하여 지식정보기반사회를 주도하는 창의적 인적자원의 구축이라는 궁극적 목적을 실현하고자 하였다. 이러한 움직임이 나타난 이유는 향후 우리나라가 생존하기 위해 필요한 유일한 국가 경쟁력은 세계적 수준의 각 영역 전문가와 창의적 문제해결력을 갖추고 핵심역량을 함양한 창의적 인재를 양성하는 것이라는 인식이 어느 때보다 중요하게 부각되었기 때문이다.

최근 국가적·사회적 차원에서 '모두를 위한 창의성 교육' '창조문화 강국 실현' 등을 강조하고 있는 것은 우리나라에서 창의성 교육이 매우 시급한 과제임을 시사하는 실례다. 한편, '창의성'과 더불어 화두가 되고 있는 것이 '리더십'이다. 리더십은 시대와 상황에 따라 다양하게 정의할 수 있다. 이제 리더는 흥미로운 아이디어를 가지고 미래를 볼 수 있어야 하며, 이를 발전시킬 수 있어야 한다. 또한 급속한 변화의 시대에 인지적 능력을 바탕으로 새로운 아이디어를 창출해 내고, 그에 따른 가치를 부여하여 사람들을 설득시키는 의사소통 능력은 리더가 갖추어야 할 필수 요인이 되었다. 이와 더불어 핵심적인 리더십의 역량으로서 창의성이 제시되고 있다.

이와 같은 창의성, 리더십, 글로벌 융합인재 육성의 필요성 등에 대한 논의 및 교육방법에 대한 고민을 하는 과정에서 역자는 G. J. Puccio, M. Mance 그리고 M. C. Murdock의 『창의적 리더십: 변화의 기술(*Creative Leadership: Skills that drive change*)』을 접하게 되었다.

이 책은 변화, 리더십, 창의성이 화두가 되고 있는 현대사회에서 인생의 성공에 영향을 미치는 세 요인에 대해 탐구하고, 세 요인의 관계를 밝히는 데 도움을 주고자 한다. 예컨대, 창의성이 변화를 유도하는 과정, 생산적 변화를 유도하는 개인과 조직에 대한 리더의 역할, 창의적 사고 과정과 창의적 문제해결력 향상 전략, 환경 등에 관해 논의한다.

이를 위하여 1부에서는 리더에 관련된 기초 이론으로서 변화, 리더십, 창의성의 관계는 어떤 것인지, 또 창의적 리더십의 준거로서의 창의적 문제해결 및 창의적 문제해결의 기초로서의 창의적 리더십 등을 다룬다. 2부에서는 리더의 사고 도구를 다루는데, 이것은 진단적·비전적·전략적·이상적 그리고 평가적 사고 수단으로서 상황의 평가, 비전 탐구, 도전 형성 그리고 아이디어 탐색, 해결책 및 수용, 계획 등에 관한 다양한 정보를 포함한다. 그리고 3부에서는 리더에 대한 부가적 영향 요인으로 심리적 다양성과 창의적 환경을 다루고 있다.

창의적 리더십이란 간단하게 창의성과 리더십을 합한 의미라고만은 할 수 없다. 하지만 리더가 창의적인 방법으로 구성원들의 특성을 고려하여 문제를 해결하는 과정이므로 완전히 새로운 개념이라고만도 할 수는 없다. 즉, 창의적 사고 기법을 이용하여 팀 구성원들의 의견을 수렴하고 창의적 문제해결의 단계별로 필요한 토론 기법을 활용할 수 있는 사람이 창의적 리더십을 갖춘 리더라고 할 수 있다. 특히 인재 양성의 창의성을 갖춘 리더라면 조직의 성과를 위해 창의적인 집단을 이끌며 문제를 해결할 수 있는 리더십인 창의적 리더십을 지녀야 한다(이경화, 2009).

역자들이 이 책의 1판 번역을 마무리할 무렵에 2판이 출판되면서 두 차례의 번역 과정을 거쳐 『창의적 리더십: 변화의 기술(*Creative Leadership: Skills that drive change*)』의 번역서를 출판하게 되었다. 이 책의 독자는 학계와 현장에서 새로이 주목받고 있는 '창의적 리더십(creative leadership)의 개념과 이론을 공부하고자 하는 사람, 그것의 현장 적용을 위해 교육 프로그램을 개발하여 실행하고자 하는 사람 등 연구자뿐만 아니라 학교 및 기업 등 현장에서 변화를 유도하고 싶어 하는 사람이라면 누구나 될 수 있다.

이 역서의 출판을 기꺼이 맡아 주신 학지사의 김진환 사장님과 영업부 유명원 차장님, 소민지 님, 그리고 편집부 이지예 님을 비롯한 많은 분께 감사의 말씀을 드린다.

특히 이 책은 '창의적 리더십'을 주제로 박사학위를 받은 사랑하는 제자 최윤주 박사와의 공동 작업의 결실이다. 이처럼 소중한 책이 발간되었기에 그 의미는 더욱 귀하다. 이 책이 창의성, 리더십 및 창의적 리더십 연구와 교육의 발전을 위해 미력하게나마 도움이 될 수 있기를 기대한다.

2014년 9월

이경화

감사의 글

이 책의 두 번째 출판은 첫 번째보다는 훨씬 수월하게 진행되었고, 많은 사람들의 지원과 격려를 받으면서 마무리할 수 있었다. 모든 과정을 함께한 분들께 감사함을 전한다. Max DePree는 『리더십은 예술이다(*Leadership is an Art*)』에서 "리더의 첫 번째 임무는 현실을 인식하는 것이다. 마지막 임무는 감사의 말을 전하는 것이다. 그 사이에서 리더는 시중을 드는 사람이 되어야 한다."라고 언급하였다.

Sarah Thurber와 Justin Hall은 그래픽 디자인을 통해 CPS와 시각적 사고기법 모델의 역동적 특성을 정교하게 이해할 수 있도록 도와주었다. 특히 Sarah는 최초의 아이디어를 발전시켰고, Justin은 우리의 피드백을 바탕으로 그것을 더욱 정교한 버전으로 재정립하였다. 또한 Cory Wright는 사례 연구를 조사하고 기록하여 창의적 사고기법을 신중하게 활용하였으며, 디자인 회사 IDEO의 연구진들뿐만 아니라 Theatre of Youth의 Meg Quinn과 Rich Products의 Shari Rife는 Cory의 연구를 도우면서 창의성과 리더십의 근간이 되는 표현을 분명하게 다루었다. EDS의 Peter Pellegrino와 Darwin사의 Tim Switalski 역시 자신들의 실질적인 경험을 공유하는 실천가로서 우리에게 특별한 감동을 선사하였다. 그리고 교환학생 중 한 명인 Dao-Wen Chang은 Google을 이끌 수 있었던 창의성에 대한 연구를 실행하였다.

우리의 많은 학생들과 졸업생들 또한 CPS 및 창의성과 연결된 자신들의 경험을 공유해 주었고, 우리의 아이디어에 정직하고 유용한 피드백과 다양하고 전문적인 관점을 제공하였다. 그들의 비공개적인 네트워크와 명료한 표현력에 감사함을 전한다.

ICSC(International Center for Studies in Creativity)의 동료들은 우리가 이 책을 집필할 수 있도록 진정한 격려와 피드백을 제공하였고, 1판이 출판된 후에도 지속적으로 의견을 공유해 주었다. Mary Murdock과 협력한 Cyndi Burnett는 정의적 기법이라는 영역에서 새로운 관점을 보여 주었으며 Jeffery Zacko-Smith는 이론과 실제라는 리더십 분야에서 전문성을 제시해 주었다. 조건 없는 지원과 전문적인 충고 그리고 배려를 통해 창의적인 분위기를 조성해 준 학부 학생들과 교수진들에게 감사의 마음을 전한다. CREA(Creativity European Association) 콘퍼런스에서 교수활동을 하는 John Cabra, Laura Barbero-Switalski, Clara Kluk, Tim Switalski, Susan Keller-Mathers와 CPS의 사고 기법 모델을 채택한 많은 사람들이 자신들의 일터에서 이 기법을 잘 활용할 수 있게 되길 기대한다. CPS 과정은 교육을 통해 창의성을 더욱 발전시킬 것이라 전망한 Alex F. Osborn, 그리고 그의 비전을 바탕으로 기술과 열정을 실행한 Sidney J. Parnes와 Ruth B. Noller의 노력에 감사함을 전한다.

마지막으로 2판이 출판될 수 있도록 헌신적으로 우리를 도와준 공동 저자 Mary C. Murdock에게 진심으로 감사한 마음을 전한다.

그녀는 마지막 결과물을 볼 수 없었지만, 그녀의 새로운 사고는 특히 CPS 과정에서의 정의적 기법에 많이 반영될 수 있었다. 그녀의 콘퍼런스 발표와 강의는 정의적 기법에 대한 추가적 요인으로 이해되어 새로운 통찰력을 제공하는 데 큰 역할을 하였다.

2판이 출판되기까지의 긴 여정은 우리의 진정한 친구이자 동료였던 Mary를 잃은 아픔을 포함한 도전이었다. 그녀는 "우리는 무언가를 보고 대수롭지 않게 지나친 적이 없었어."라고 자주 말하였다. 그녀가 이 책을 보게 된다면 매우 기뻐할 것이다. 우리는 앞으로도 변화, 리더십 그리고 창의성에 대한 교육이 지속될 것이라는 믿음을 가져 본다.

Gerard J. Puccio & Marie Mance

들어가며

변화의 시대에는 학습자들이 세상에 존재하지 않는 아름다움을 가꿀 수 있을 것이라 기대하면서 이 땅을 유산으로 물려받는다.

– Eric Hoffer

변화, 리더십, 창의성, …… 이러한 용어들이 인생의 성공에 영향을 주고 있는 것이 사실이라면, 우리는 이에 대해 얼마나 많이 생각해 보았는가? 이 세 용어가 모두 우리 삶의 개인적이고 전문적인 성공에 영향을 주고 있다면, 우리는 어느 정도의 수준으로 변화, 리더십, 창의성을 정복할 수 있겠는가? 사람들은 급변하는 세상에서 대부분의 리더에게 변화에 적응할 수 있는 역량을 기대한다. 솔직히 말하자면, 이것은 그리 새로운 이슈가 아니다. 2천 년 전부터 그리스의 철학자 Heraclitus는 "변화한다는 것을 제외하고 영원한 것은 없다."고 밝힌 바 있다. 우리의 생활에서 변화의 정도가 어떤 역할을 하는지 이해하기 위해 그의 말을 상황에 적용해 보자. 2천 년 전의 역사적이면서 중요한 기술적 발명품(예: 관개 기술, 수의 개념, 화폐 제도 등)으로는 열 가지 정도 예를 들 수 있다. 하지만 지난 200년간 개발된 25개 정도의 기술적이고 사회적인 발명품(예: 비행기, 항생물질, 복제 기술, 컴퓨터, 신용 카드, 인터넷 등)이 오히려 인간의 역사에 극적인 영향력을 행사하고 있다(Henry, 2001). 21세기를 맞이한 시대의 사람들은 변화의 속도가 사회 전반에 걸쳐 확대되어 가고 있음을 의심하지 않을 것이다.

리더십 또한 변화와 관련하여 최근에 많이 언급되고 있으며, 책으로도 기록되고 있다. '변화의 리더십'이라는 주제로 변화와 리더십이 연결되는 것은 자연스러운 현상이다. 리더십은 변화를 위한 촉매제이고, 효과적 리더십은 팀과 조직 그리고 공동체가 변화하기 위한 필수 요소다. 즉, 리더십은 관리와 고무적인 변화를 위해 반드시 필요한 요소다. 하지만 변화와 리더십을 다룰 때 한 가지 중요한 요소를 놓친다면 세상에 존재하는 변화의 수는 급격히 줄어들 것이다. 그 한 가지는 바로 우리가 일하고 생활하는 세상에서 상상할 수 있도록 허락받은 인간만이 가진 고유한 특성, 바로 창의성이다. 변화는 창의적인 사고에서 시작한다. 그리고 변화를 따르는 사람들 중 리더로 분류되는 사람은 창의적 사고에 몰두할 수 있고, 다른 사람들을 더욱 자극할 수 있는 중요한 기법을 가지고 있다.

유능한 리더는 창의적인 영감을 구체화한다. 그 결과, 그들은 변화를 소개하며 생산적으로 그 변화에 반응하기 위해 유용하고 적용 가능한 사고를 한다. 창의적 사고란 리더십을 작동할 수 있게 만드는 필수 연료와도 같다. 이 책의 목적은 창의성과 리더십을 의도적으로 연결하는 것이다. 우리는 유능한 리더를 키우기 위해 창의성 분야에서 50년 이상 조사하면서 연구를 진행해 왔다. 이 책에서는 창의성 이론을 다루지는 않는다. 창의성 자체를 연구한 책은 이미 시중에 많이 출판되어 있다(예: Gardner, 1993; Stein, 1974, 1975; Sternberg, 1999). 또한 이 책은 리더십의 본질에 대해 설명하려는 것도 아니다. 유능한 리더가 되기 위한 방법을 설명한 책은 주변에서 흔하게 찾아볼 수 있다(예: Bass, 1990, 1998; Gardner, 1990; Goleman, Boyatzis, & Mckee, 2002; Hesselbein, Goldsmith, & Beckhard, 1996; Kouzes & Posner, 1995).

그보다도 이 책은 핵심적인 리더의 역량으로서 창의적 사고에 관한 내용을 다루고 있다. 즉, 이 책은 창의적 전략과 원리를 제공하고, 리더로서 역량을 개발하기 위한 접근과 기법을 구체화하는 데 도움을 준다. 또한 이 책은 창의에 바탕을 둔 원리와 과정을 구체적으로 제공하고, 변화를 이끄는 방법을 내면화하도록 안내할 것이다. 끝으로, 이 책은 다섯 가지 신조를 바탕으로 한다. 그 내용은 분명하면서도 함축적으로 이 책의 전반에 걸쳐 설명할 것이다. 그 내용을 설명하기에 앞서, 이 책에서 발견할 수 있는 주장을 언급하고자 한다.

1. 창의성이란 변화를 이끄는 과정이다. 창의성 없이 의도적인 변화는 이루어지기 어려울 것이다.
2. 리더는 생산적인 변화를 의도적으로 조절함으로써 개인과 조직이 성장할 수 있게 돕는다.
3. 리더가 변화를 주도하기 때문에, 창의성은 리더의 핵심 역량

이다.

4. 창의적으로 생각하고, 다른 사람들을 창의적으로 생각하도록 촉진하는 개인의 능력은 강화될 수 있다.
5. 각 개인은 창의적 사고를 발전시키고 창의성을 높이기 위한 요소를 습득할 때 리더십의 효과성에 긍정적으로 영향을 미칠 수 있다.

누가 이 책을 읽어야 하는가

당신이 만약 이 책에서 이 부분만을 골라 읽고 있다면, 이 책은 바로 당신을 위해 쓰인 것이다! 이 표현은 몇몇 독자를 놀라게 할 수도 있다. 아마도 당신은 스스로를 창의적이지도 않고, 리더가 될 만한 능력도 없다고 생각할지 모른다. 하지만 누구나 다양한 분야에서 창의적일 수 있고, 새로운 가능성을 상상할 수 있는 능력을 지니고 있다. 그리고 우리는 누구나 다른 사람들을 이끌 수 있는 능력을 가지고 있다고 믿는다.

몇몇 사람들은 "하지만 난 리더가 아니에요. 난 리더의 위치에 있지도 않아요."라고 말할 수 있다. 우리는 리더십의 핵심 역량이 다른 사람들에게 영향을 주는 점이라고 강조한다. Mumford와 동료들은 "리더라면 한 가지 이상의 방법으로 사람들의 태도에 영향을 주고,

그들의 행동에 따른 반응을 연습해야 한다."라고 언급하였다(Mumford, Zaccaro, Harding, Jacobs, & Fleishman, 2000, p. 12). 누군가와의 차이를 강조하기 위해 반드시 공식적으로 리더라는 위치에 있을 필요는 없다. 누구든 각자 상황에 맞는 다양한 분야에서 자기 자신의 태도와 행동을 통해 다른 사람들에게 영향을 미칠 수 있는 능력을 지닌다. 그것은 조직이나 공동체의 어떤 위치에서라도 상관이 없다. 때때로 이러한 영향력은 긍정적 형태로 작용할 수 있다. 누군가 문제를 해결하기 위해서나 새로운 아이디어를 실행하기 위해서 독창성을 발휘한다고 가정해 보자. 이때 오히려 여러 가지 영향력의 부정적 형태를 더욱 많이 보여 줄 수도 있다. 그들은 독창적인 변화를 방해하기도 하고, 자신의 행동을 부정적인 업무 환경의 탓으로 돌리기도 한다. 이 책은 생산적인 변화를 만들어 내거나 문제에 창의적으로 반응하기 위해서 긍정적 영향력을 갖기 원하는 사람들을 대상으로 한다.

창의성은 점점 우리 생활의 모든 면에 영향을 미치고 경제성을 이끄는 원동력으로 인식되고 있다. 카네기 멜론 대학교의 경제학자인 Richard Florida(2002)는 다음과 같이 말했다.

> 우리는 고도의 기술력을 가진 산업체에서 혁신을 보고자 하는 것이 아니라 경제와 사회 모든 부분에 활용할 수 있는 창의 시대를

> 보고자 투자하고 있다. 우리는 진실로 창의적인 경제 시대에 살면서 창의적인 변화 가운데 존재한다(p. 56).

이 책에서 설명하는 창의성 기법은 특별한 분야의 독자만을 그 대상으로 한정하지 않기 때문에, 창의성의 효과 범위는 바로 우리의 생활 전체에 걸친 모든 면이라는 것을 강조한다. 회사, 학교, 공동체 활동 그룹과 병원에 이르기까지, 또 비영리 기관, 광고 업체, 중소기업과 세계적 기업에 이르기까지 모든 종류의 기관에 그 원리와 과정을 적용할 수 있다.

이 책을 통해 얻을 수 있는 이익의 정도는 독자에 따라 매우 다양할 것이다. 책의 내용을 이해하고 그 이론을 확장할 수 있는 중요한 요인은 바로 동기다. 따라서 변화를 위한 창의적 사고를 활용하여 차별화된 결과를 얻고자 하는 사람들이라면 이 책의 내용을 즉시 적용할 수 있을 것이다. 스스로에게 질문해 보자. '나는 진정으로 나의 팀, 조직, 공동체가 변화하는 것에 관심이 있는가?' '나는 사람들이 새로운 사고로 행동 방법의 차별성을 갖길 원하는가?' '나는 확실한 해결점이 없는 문제를 정기적으로 확인해 보는가?' '나는 새로운 생각과 행동에 직접적인 책임을 지는가?' '나는 변화를 수행하기 위해 다른 사람들을 도와줄 만한 아이디어나 기술을 가지고 있는가?' '나의 역량을 개발할 만한 방법을 찾아볼 수 있는가?' '나는 경쟁 상대를 압도할 만한 사고의 필요성을 인식하는가?' '나는 개인적이고 전문적인 변화를 위한 성공적인 협상을 원하는가?' '나는 다른 사람이 시작한 변화를 선택하여 시도해 본 적이 있는가?' 이러한 질문들 중 몇 개에 대해서라도 "예."라고 답한다면, 당신은 이 책에서 의미하는 과정과 창의적 원리를 채택할 수 있는 좋은 위치에 있는 것이다. 그러므로 당신은 다음 단계인 리더십의 기법을 취할 수 있을 것이다.

이 책의 다른 점:
리더십을 위한 창의적인 접근

이 책이 필요한 다른 이유를 간단히 설명하자면, 핵심 내용이 독특하다는 것과 의도적인 창의성(deliberate creativity)을 갖춘 유용한 관점을 제공한다는 것이다. 의도적인 창의성을 통해 위험일 수도 있고 기회일 수도 있는 참신하고 유용한 아이디어를 생산한다는 것은 그것이 예방적인 접근법이라는 것을 의미한다. 뉴욕 주의 주립대학교인 버펄로 주립대학교의 국제 창의 연구소(International Center for Studies in Creativity)에서 일하는 한 창의성 전문가에 따르면, 의도적 창의성이란 개인이나 조직이 그것을 연구하고, 사적·공적으로 훈련을 제공하며, 다양한 조직(예: 생산 공장, 건강 서비스, 정부, 소비 상품, 정보 통신, 교육) 안에서 창의적 문제해결의 노력을 촉진하는 것이라고 할 수 있다. 이처럼 풍부한 경험을 바탕으로 이 책은 두 가지의 구체적인 관찰 연구를 보여 준다.

첫째, 우리는 관리자, 기술자, 컨설턴트, 교사, 학교 행정 담당자, 기술자, 간호사, 마케팅 전문가, 사회 활동가 등 다양한 분야의 대학원생들과 함께 연구를 진행하였다. 그들에게 창의성 이론 및 모델, 전략을 가르치고 훈련하면서 우리는 그들의 리더십 기법을 발전시킬 수 있는 정확하고도 의미 있는 방법을 찾아낼 수 있었다. Pinker(2002)는 대학원 교과과정을 질적 질문으로 분석하면서 리더십의 발전이 동료들에 의한 주요 성장 요인 중 하나라는 것을 밝혔다. 우리의 연구에 참여한 성인 학습자들은 정기적으로 보고하고 상황을 관찰함으로써 창의적인 내용을 깊고 넓게 획득하였으므로 또 다른 종류의 리더가 될 수 있었다. 그리고 그들은 리더의 특성을 다음과 같이 보고하였다.

- 리더는 변화를 다루고, 다른 사람들에게 그 변화를 소개할 때 스스로의 감각적 능력을 더욱 발휘한다.
- 리더는 전문적이고 개인적인 과제를 다룰 때 더욱 자신감을 갖는다.
- 리더는 창의적 변화의 과정을 통해서 다른 사람들을 도울 때 능력이 더욱 향상된다.

• 리더는 모든 참여자가 최선책 고안에 몰두할 수 있도록 만남의 시간을 갖는다.
• 리더는 더욱 전략적으로 생각한다.

둘째, 우리는 창의성이라는 시각에서 최근의 리더십 문헌을 조사한 결과, 외부적·내부적 관계를 다루는 많은 연구를 찾을 수 있었다. 가령, 효과적인 리더십을 묘사하는 용어들을 통해 높은 창의성을 가진 사람들의 성격과 행동을 찾을 수 있었다. 즉, 리더십을 가지고 최선의 해결책을 조사할 때 창의적 과정이나 기술을 나타낼 수 있는 행동의 기술어를 찾아낸 것이다. 다시 말하면, 행동력 있는 리더는 창의적 분위기의 일터 공간에서 주요 개념들을 발전시키기 위해 개인과 조직에 도움이 되는 심리적 상황을 촉진한다.

다양한 학자가 리더십을 변화시키기 위해 창의성과 리더십의 연결을 구체적으로 서술함으로써 그 연결을 분명한 의미로 우리에게 전달한다. 따라서 여기서 우리는 리더십과 창의성 사이의 빠져나올 수 없는 강력한 결합과 그 변화의 개념을 제안하고자 한다. Karp(1996)는 변화를 추구하는 리더를 다음과 같이 설명하였다.

> 리더란 변화가 일어나길 원하고, 조직 내에서 그 변화가 발생하도록 조절할 수 있는 사람이다. 변화주도적인 리더의 조건은 구체

적인 변화를 쉽고 효과적으로 지원하는 것이다(p. 44).

변화의 리더란 무언가 다른 결과를 만드는 과정을 돕는 사람이다. 창의성 연구 관점에서 창의적인 행동에 의한 결과는 독특한 아이디어를 문제나 기회로 인식하여 그것에 반응한 것이다. Talbot(1997)은 이에 대하여 간단명료하게 '창의성은 (얼마 동안) 지속되는 변화를 만드는 것'이라고 말하였다(p. 181).

만약 우리가 변화의 리더십을 창의성과 나란히 둔다면, 변화의 쟁점은 양쪽 모두에게 본질적 요소가 될 수 있다. 리더는 창의적 사고로 변화를 이끌 때 변화를 위한 촉매제 역할을 한다. 또한 창의적 사고를 신중히 하여 반응과 변화를 위한 능력이 강화되는 원리를 발견할 수 있다. 다시 말해서, 성공적으로 창의적 과정을 다루는 능력은 리더십의 핵심 역량 중 하나임이 확실하다.

우리는 상호적 태도에 영향을 미치는 독립적 특성을 강화하고, 성찰하는 리더십과 창의적 과업을 정의하면서 창의적 리더십 개념에 맞는 리더를 소개하고자 한다. 글로벌 리더십, 변혁적 리더십, 변화의 리더십 등 다른 리더십과 창의적 리더십은 다음과 같이 구별하여 설명할 수 있다.

창의적 리더십이란 참신한 목표(조직을 위한 새로운 방향)로 조직을 인도하기 위해 의도적으로 누군가의 상상력을 자극할 수 있는 역량을 말한다. 창의적 리더는 창의적 변화의 결과로서 협력할 수 있는 환경이나 상황(예: 일터, 공동체, 학교, 가족), 개인에게 긍정적인 영향을 미칠 수 있다.

왜 리더십이라는 용어에 다른 어휘가 추가된 개념이 만들어지는 것일까? 우리는 리더십이 많은 의미와 해석을 담고 있는 매우 광범위한 용어라고 믿는다. 따라서 창의적 리더십이라는 개념을 소개하면서 리더십의 구체적인 종류를 언급할 수 있다. 실용주의적 관점에 따른다면, 리더가 모든 상황에서 창의적 사고를 발휘하거나 창의적 문제해결을 해야 할 필요는 없다. 그러나 변화의 속도 및 기하급수적인 양적 증가와 환경 변화로 인해 우리는 창의적 리더십의 중요성을 강조할 수밖에 없다. 고유의 리더십 개념으로 창의적 리더십을 언급하는 것은 기법, 원리, 전략을 효과적으로 융합하여 더욱 훌륭한 리더십의 틀을 지니기 위함이다. 창의적 기법의 명확성을 높이고 리더의 영향력을 강화하기 위해 다음과 같은 효율적 리더의 목록을 제안한다. 창의적인 핵심 역량을 가진 리더라면 다음 사항을 실천해 보자.

- 복잡한 일터에서 창의성을 의식적으로 추구하며 창의적 사고의 필요성을 느껴 보자.

- 개인 간의 갈등을 줄이고 상상력을 발휘할 수 있는 창의적 과정을 사용하여 조직의 행동을 강화해 보자.
- 다양한 아이디어를 수렴할 수 있는 능력을 인식하고 개선하여 실행하도록 추구해 보자.
- 변화를 위한 유연성을 키우고, 창의적 대응책을 모색하기 위한 원리를 꾸준히 연습하고 적용해 보자.
- 복잡한 상황을 진단하고 다양한 시나리오에 효율적으로 대응할 수 있는 과정을 설계해 보자.
- 생산적인 기회 획득과 목표 달성을 위해 가장 중요한 요소의 비전을 세워 보자.
- 실행할 수 있는 해결책을 내기 위해 논리적 평가가 가능한 아이디어를 생산해 보자.
- 변화에 따른 문제점을 파악하고 지원 가능한 요소를 계획함으로써 어려움을 극복해 보자.
- 사람들이 그들 자신의 재능을 다양한 방법으로 표현하도록 이끌고, 다른 사람들의 창의성을 더욱 효과적으로 끌어낼 수 있게 지식을 공유해 보자.
- 모든 개인이 잠재력을 최대한 발휘할 수 있도록, 그리고 그것을 자극할 수 있도록 분위기를 조성해 보자.
- 다양한 영역에서 전문성을 갖춘 책임감과 활동을 수행할 수 있

도록 창의적 사고를 사용해 보자.

만약 창의적 리더십과 관련된 방법들에 관심이 생긴다면 계속해서 이 책을 읽어 보길 추천한다(Sternberg[2002]와 Sternberg, Kaufman, Pretz[2004]가 이미 창의적 리더십에 관해 언급하였으므로 우리가 처음 제시하는 것은 아니다). 이 책의 각 장은 다양한 마음속 기법과 함께 기술되어 있다. 사실 이 책의 개요가 곧 앞서 기술한 방법들이다. 1부는 창의성과 리더십을 연결하는 이론적 토대를 보여 준다. 여기서 개념적인 설명을 한 후에 2부에서 다른 사람들의 창의성 기법을 개발하는 데 도움이 되는 과정을 실질적으로 언급한다. 그리고 3부에서는 리더에게 필요한 창의적 사고의 요소(심리적 다양성, 창의적 분위기)로 이루어진, 창의적 과정을 뛰어넘는 개념도 소개하였으며, 마지막으로 리더십에 창의성을 적용한 사례 연구를 추가하였다.

우리가 머무는 바로 이 곳에서 변화를 받아들여 보자. 변화에 직면했을 때 우리는 다음의 세 가지 상황 중 하나를 선택할 수 있다. 즉, 변화를 이끌 것인가, 그것을 그냥 단순히 받아들일 것인가, 아니면 거부할 것인가다. 이 책은 곧 변화를 이끌기 위한 사람들의 책이다.

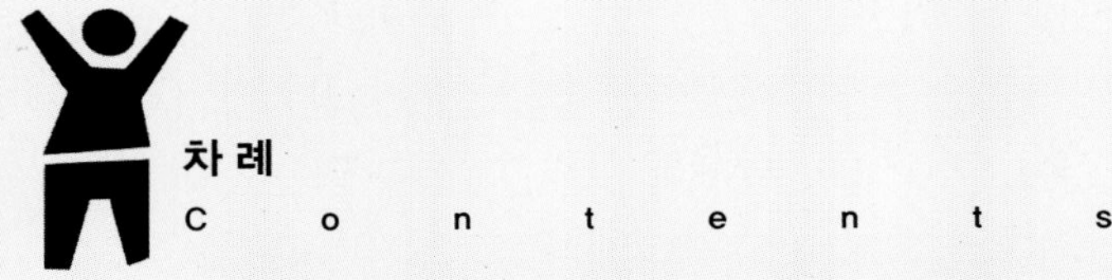

차례
Contents

역자 서문 3

감사의 글 7

들어가며 11

제1부. 리더를 위한 기본 원리

1 변화, 리더십, 창의성: 그 강력한 연결 32

창의적 변화: 기저귀를 갈아 주는 일처럼 단순한 것이 아니다 34

리더십의 진화: 핵심 역량인 창의성의 출현 37

창의성: 변화를 위한 필수 연료 57

2 창의적 문제해결: 창의적 리더십을 위한 기본 틀 76

복잡한 문제를 해결하기 위한 상상력의 발휘: 리더의 행동 78

창의적 사고의 적용 82

관리, 창의적 경영, 창의적 리더십: 무엇이 다른가 88

리더는 창의적 문제해결자 93

창의적 문제해결: 사고 기법 모델의 소개 99

3 창의적 리더십: 창의적 문제해결의 기본적 기능 110

창의적 사고: 리더를 위한 수준 높은 사고 기법 112
역동적인 조화: 창의적 사고와 창의적 문제해결의 핵심 116
확산적 사고 기법: 유창성, 융통성, 정교성, 독창성 121
수렴적 사고 기법: 평가와 비전 124
창의성: 두뇌와 마음의 결합 125

4 창의적 리더십: 창의적 문제해결을 위한 인지적이고 정의적인 기법 136

리더를 위한 창의적 사고 기법 138
창의적 문제해결을 위한 인지적이고 정의적인 기법 141

5 사고의 전환: 창의적인 마음가짐의 개발 160

확산적이고 수렴적인 사고와 행동에 대해서 162
확산적 사고를 위한 원리 164
수렴적 사고를 위한 원리 178
숙고하기 위한 시간적 여유: 와일드카드의 원리 192

제2부. 리더를 위한 사고 도구

6 상황 평가: 진단적 사고를 위한 도구 202

리더십에서의 진단적 사고:
현명한 의사결정을 위한 자료 수집과 활용 204
정의적 기법인 유념이 진단적 사고를 지원하는 방법 208
상황 평가의 특성과 목적 209

창의적 문제해결 과정의 단계: 도구에 대하여 215
상황 평가를 위한 확산적 사고 도구 216
상황 평가를 위한 수렴적 사고 도구 222
과정 전체에 걸친 수렴적 사고 도구 사용 225
창의적 문제해결 과정 살펴보기:
필요한 단계로 이동하기 위한 초인지적 도구 226

7 비전 탐색: 비전적 사고를 위한 도구 236
리더십에서의 비전적 사고 238
정의적 기법인 꿈꾸기가 비전적 사고를 지원하는 방법 242
비전 탐색의 특성과 목적 244
비전 탐색을 위한 확산적 사고 도구 246
비전 탐색을 위한 수렴적 사고 도구 253
창의적 문제해결의 다음 단계는 무엇인가 257

8 과제 수립: 전략적 사고를 위한 도구 260
리더십에서의 전략적 사고 262
정의적 기법인 차이점 지각이 전략적 사고를 지원하는 방법 265
과제 수립의 특성과 목적 266
과제 수립을 위한 확산적 사고 도구 270
과제 수립을 위한 수렴적 사고 도구 279
창의적 문제해결의 다음 단계는 무엇인가 280

9 아이디어 탐색: 이상적 사고를 위한 도구 282
리더십에서의 이상적 사고 284
정의적 기법인 유희가 이상적 사고를 지원하는 방법 290
아이디어 탐색의 특성과 목적 291

아이디어 탐색을 위한 확산적 사고 도구 293
아이디어 탐색을 위한 수렴적 사고 도구 302
창의적 문제해결의 다음 단계는 무엇인가 302

10 해결책 수립: 평가적 사고를 위한 도구 308

리더십에서의 평가적 사고 310
정의적 기법인 미성숙한 결론 피하기가
평가적 사고를 지원하는 방법 313
해결책 수립의 특성과 목적 314
해결책 수립의 확산과 수렴: 그것은 새로운 게임의 브랜드다 318
창의적 문제해결의 다음 단계는 무엇인가 331

11 수용안 탐색: 맥락적 사고를 위한 도구 336

리더십에서의 맥락적 사고 338
정의적 기법인 환경에 대한 민감성이
맥락적 사고를 지원하는 방법 344
수용안 탐색의 특성과 목적 345
수용안 탐색을 위한 확산적 사고 도구 347
수용안 탐색을 위한 수렴적 사고 도구 354
창의적 문제해결의 다음 단계는 무엇인가 355

12 계획 수립: 전술적 사고를 위한 도구 358

리더십에서의 전술적 사고 360
정의적 기법인 위험 감수가 전술적 사고를 지원하는 방법 365
계획 수립의 특성과 목적 367
계획 수립을 위한 확산적 사고 도구 369
계획 수립을 위한 수렴적 사고 도구 375
창의적 문제해결의 다음 단계는 무엇인가 382

제3부. 리더에게 영향을 미치는 추가 요소

13 심리적 다양성:
다양한 창의성 유형을 가진 사람들 선도하기 386

심리적 다양성과 리더십의 효과성 388
Kirton의 적응–혁신 이론: 창의성과 변화를 위한 2가지 접근법 392
포사이트: 사람들이 창의적 과정에 참여하는 방법을 이해하기 405
4가지 기호: 개인적 성과를 높이기 위해 포사이트 사용하기 406
팀 성과를 위한 포사이트의 사용 414
심리적 범주에 대한 언급 417

14 창의성을 위한 분위기 조성하기:
리더십이 분위기를 조성하는 방법 422

서론: 분위기와 관련된 기본 사항 424
리더십–분위기 연결 427
조직 내의 창의적 분위기: 찾아야 할 것 432
리더를 위한 마지막 생각:
어떻게 하느냐가 무엇을 하느냐보다 더 중요할 수 있다 445

나가며 453
사례연구 471
참고문헌 499
찾아보기 519

제1부

리더를 위한 기본 원리

제1장

변화, 리더십, 창의성:
그 강력한 연결

> 리더십이란 회사나 국가를 운영하는 것과 같이 변화를 이끄는 것이다. 창의성은 누군가가 변화를 시도할 때 획득될 수 있다.
>
> -Lee Iacocca-

미리보기

변화와 리더십 그리고 창의성 사이에는 어떤 관계가 있을까? 어떻게 하면 이 3가지 개념이 상호 보완될 수 있을까? 오늘날과 같은 다양한 조직 분위기와 환경에 대처하기 위해서 누군가가 상상력을 발휘한다면, 효과적인 리더십은 얼마나 극적으로 전개될 수 있겠는가? 이 장에서는 변화와 리더십 그리고 창의성의 기본 개념 및 핵심 요소를 소개함으로써 동아줄을 엮듯 이 3가지가 조화를 이룰 수 있게 할 것이다.

우선, 변화의 개념을 설명하면서 우리가 믿고 있는 창의성과 리더십의 관계 틀을 살펴보고자 한다. 또한 최근 언급되고 있는 창의성 및 그와 관련된 리더십의 중요한 요소를 알아볼 것이며, 다음으로 창의성의 정의, 관점 그리고 특징을 재검토할 것이다. 이처럼 리더십과 창의성 분야를 간략하게 설명하면서 창의적 리더십의 개념을 정리하고자 한다.

창의적 변화:
기저귀를 갈아 주는 일처럼 단순한 것이 아니다

고대 철학자 Heraclitus의 말을 다시 인용해 보겠다. "똑같은 강을 두 번 지나갈 수는 없다." 이는 과거에 존재하지 않았던 것이나 새로운 것에 대한 반응과 관계없이 '변화'란 끊임없는 과정의 연속이라는 의미다. 물은 겉모양은 같을지라도 엄밀히 표현하면 상황에 따라 달라지는 속성이 있다. 물줄기를 자세히 관찰해 보면, 겉모양과 생명력은 항상 역동적으로 변한다는 것을 알 수 있다. 예를 들어, 우리의 몸은 항상 변하는 것이 자연스러운 현상이고 그러한 변화는 우리가 원하든 원하지 않든 상관없이 발생한다. 우리 몸의 세포는 계속 변화하여 사실상 3주마다 새로운 간이 만들어지고, 3개월마다 새로운 뼈 조직이 생성된다.

변화의 의미는 광범위하게 2가지로 분류해 볼 수 있다. 첫 번째는 끊임없이 순환하는 자연 현상의 변화다. 예를 들어, 매일 해가 뜨고 지는 것, 계절이 바뀌는 것, 우리의 몸이 변하고 성장하는 것 등이 이에 해당한다. 두 번째는 사람들이 주변 상황에 반응하거나 의도적으로 무엇인가 발생시키고자 하는 변화다. 이러한 종류의 변화는 순서나 목적 또는 방법에 따라 직업, 마음, 행동 방식 등을 바꾸는 것을 의미한다.

전자의 경우에 해당하는 변화는 자연스러운 현상이다. 하지만 후자의 경우는 어떻게 보면 전자와 같이 자연스럽게 보일 수도 있지만 사실은 인위적인 요소가 추가된 변화를 뜻한다. 의도적인 변화를 위해서는 사고의 과정 및 사고의 능력이 필요하다. 주요한 차이점은 전자보다는 후자에 의도적인 면이 더 많다는 것이다. 이 책에서는 자기 자신을 발전시킬 수 있는 창의적 사고에 적극 참여함으로써 다른 사람들에게까지 긍정적인 영향을 미칠 수 있는 변화를 이끌어 내는 것을 중심 내용으로 다루고 있다.

앞서 '들어가며'에서는 조직심리학자 Reginald Talbot(1997)의 창의성 정의를 언급하였다. 그는 창의성이란 "(얼마 동안) 지속되는 변화를 만드는 것"이라고 정의하였다(p. 181). 이 표현의 의미는 구체적인 의도를 가지고 변화를 선택해야 한다는 것이다. 변화를 만든다는 의미에서 해석해 본다면, 창의성이란 존재하는 것에 무엇인가를 끌어들이는 것을 의미한다. 단순히 새로운 가능성을 상상해 본다는 것만으로는 창의성을 언급하기에 부족하다. 창의성이란 유형이든 무형이든 반드시 결과물을 만들어 낼 수 있어야만 한다. 결국 우리는 미술, 시, 서비스, 이론, 기업가적 모험, 산출물, 그리고 개인에서부터 사회에까지 이르는 많은 문제의 해결이라는 다양한 결과물을 통해 창의성을 인식할 수 있다. 즉, 창의성은 다양한 결과물 속에서 상상력이 가미된 창의적 태도의 질을 통해 판단할 수 있는 것이다.

변화란 새로운 무언가의 소개를 의미하며, 지속적인 변화에서부터 일관성이 없는 변화에 이르기까지 다양한 형태를 취한다. 그렇다고 모든 변화가 창의적이라고 말할 수는 없다. 창의성의 개념에 포함된 변화를 언급할 때는 단순한 교환의 의미가 아니라는 것을 반드시 강조해야 한다. 실생활에서 차의 부품을 교환하는 것과 같은 기능적 부분의 변화는 자주 볼 수 있다. 타이어를 교환하거나, 마음을 바꾸거나, 옷을 갈아입거나, 아기의 기저귀를 갈아 주는 것과 같은 행위를 창의적이라고 하지는 않는다. 따라서 창의성을 고려한 변화를 생각할 때는 참신한 아이디어를 의도적으로 시도하는 상황까지 염두에 두어야 한다.

마지막으로 창의적 산출물이나 아이디어는 '지속되는' 힘을 가지고 있어야 한다. 이는 필요나 목적을 제공하기 위한 결과물의 형태로 발생할 수 있다. 하지만 창의적 결과물이나 아이디어의 가치는 일시적일 수 있으므로 '잠시'라는 표현을 사용하였다. 창의적 사고란 더욱 우수하고 적절한 방법으로 새로운 변화를 시도하는 발달의 과정이다. 그러므로 변화는 언제나 현재형으로 진행되어야 한다.

'들어가며'에서도 언급하였듯이, 오늘날 변화의 속도는 예측하기 힘들 정도로 매우 빨라지고 있다. Heifetz, Grashow와 Linsky(2009)는 다음과 같은 부분을 강조하면서 *Harvard Business Review*에 '(영원한) 위기 속에서의 리더십'이라는 기사를 게재하였다.

> 오늘날과 같은 긴급성, 중대한 이해관계 그리고 불확실성의 혼재는 계속해서 이어질 것이다. 지금은 국제적 경제 위기, 에너지 제약, 풍토의 변화 그리고 정치적 불안정에 맞서는 방화벽을 세울 수 없게 되었다. 순간적인 위기 …… 익숙하지 않은 도전은 지속적으로 언제나 우리의 생존을 위협하면서 다가온다(p. 62).

오늘날의 세계는 그것이 최상이든 최하든 간에 안정성을 유지한다는 자체가 일시적이고 망상에 불과하다는 것을 보여 준다. 그러므로 성공적 리더십은 변화에 효과적으로 반응할 수 있고, 창의적으로 변화를 이끌어 낼 수 있는 개인의 능력에 달려 있다. 특정한 변화가 너무 빠르게 다른 것으로 대체되었다면, 리더는 계속해서 창의성을 요구해야 한다. 창의적 사고란 리더십의 효과적인 능력을 중요하게 다루기 위한 차선책이 아니다. 오히려 당대의 많은 유명한 리더십 전문가가 주시하였듯 창의성은 리더십의 핵심 역량이라고 할 수 있다. 변화의 속도는 도전과 기회를 동반하여 상상을 초월할 정도로 빠르게 진행된다. 성공적으로 도전을 언급하고 기회를 포착하기 위해서 리더는 반드시 자신의 창의적 상상력을 사용할 수 있어야 한다. 또한 다른 사람들의 창의력을 이끌어 적용할 수도 있어야 한다. 따라서 리더십의 진화된 모습과 당대의 리더십 이론이 창의성의 중요성을 어떻게 강조하는지 살펴볼 필요가 있다.

리더십의 진화:
핵심 역량인 창의성의 출현

'무엇이 리더를 위대하게 만들 수 있는가?' 이러한 질문은 언제 하느냐에 따라 그 답도 달라질 수 있다. 100년 전 리더십 연구를 시작했을 때의 답과 오늘날의 답을 비교해 본다면 다른 점이 매우 많다. 한 세기 전에는 리더십이 유전적으로 타고난 것이라고 믿었다. 즉, 선천적으로 리더라는 특성을 소유하고 태어난 극소수의 사람이 위대한 성공을 이룬 것이라고 본 것이다. 이렇게 타고난 개인적 특성은 남성성, 자기확신 그리고 지배라는 요소를 포함하고 있다. 따라서 이러한 자질을 갖춘 개인을 찾는 것이 위대한 리더의 조건을 발견하는 것이라고 믿었다. 이러한 방식으로 리더십은 주로 개발되는 것이라기보다는 식별되고 선택되는 것이라고 판단하였다. 이와 같은 접근법은 리더십의 특성 또는 위대한 인물(great man)이라는 이론으로 언급되었다.

하지만 이러한 리더십 관점과 연결된 모순점들이 뒤늦게 밝혀졌다. 따라서 리더가 리더로서의 특성을 타고난다는 신념은 사실상 현재에 이르러 미신의 범주로 전락해 버렸다. 이러한 접근법이 지니는 주요한 한계는 개인과 환경의 상호작용이 무시되었다는 점이다. 즉, 다양한 환경에 따라 각각 다른 역량이 필요할 수 있으므로 모든 상황을 수용할 수 있는 일반적인 리더십 특성을 정의하는 일은 사실상 불가능하다. 따라서 비록 어떤 한 사람이 필요한 역량을 갖추고 있다 할지라도, 그는 반드시 잠재적 리더십이 허락되는 상황을 만나야만 한다.

이러한 요점을 설명하는 데 도움이 되는 오래된 일화가 하나 있다. 어느 유명한 역사학자가 죽어서 천국의 문으로 들어갈 때 한 가지 소원을 말할 수 있는 기회를 얻었다. 언제나 전사자에 대한 관심이 컸던 그 학자는 가장 위대한 용사를 만나 보는 것이 소원이었고, 곧 자신의 소원대로 유명한 인물을 만날 수 있게 되었다. 하지만 그 즉시 학자는 매우 큰 실망감으로 충격을 받았다. 그 전사자는 위대한 군인 정신이라고는 전혀 찾아볼 수 없는, 단지 동네에서 일하던 재단사였기 때문이다. 분명히 뭔가 잘못된 것임에 틀림없었다. 하지만 이내 그 학자는 깨달았다. 사실 그 재단사는 늘 위대한 군인 정신으로 무장한 기도의 용사였던 것이다. 그리고 그 재단사는 만약 위급한 상황에 놓였더라면 아마도 가장 위대한 용사자로 이름을 날렸을지도 모를 사람이었다.

리더가 미리 정해진 특성을 통해 세상을 이끈다는 미신은 리더십이 교육되거나 개발될 수 없다는 잘못된 오해를 불러일으킬 수 있다. Maxwell(2007)은 자신의 저서에서 리더십에 대해 다음과 같이 기록하였다. "비록 몇몇 인재가 다른 사람들보다 탁월한 재능을 지니고 태어났다는 것이 사실일지라도, 누군가를 이끌 수 있는 능력이란 배워서 발전시킬 수 있는 모든 기능의 조합이다."(p. 25) 더불어 고위 공직의 리더를 오랜 시간 연구해 온 Bennis와 Nanus(1985)는 지속적인 학습에의 참여라는 요인을 발견하였다. 즉, 그들이 연구한 리더들 중 특정한 그룹은 가장 영향력 있는 자신만의 능력을 개발하는 데 가치를 두고 있었다. 이러한 연구 결과는 자기이해라는 범주를 뛰어넘어 새로운 통찰력을 개발하고, 새로운 아이디어를 탐색하며, 새로운 도전에 참여하고자 하는 끊임없는 열정을 지녔던 최고의 리더들과의 인터뷰를 통해 밝혀졌다.

리더십이 사회적 신분에 대한 것이라는 믿음은 잘못된 선입견에 불과하다. 조직이나 공동체 안에서 힘과 권력을 유지할 수 있는 사회적 신분을 지닌 사람들만이 위대한 리더가 될 수 있던 시대는 이미 지나갔다. 단순하게 직함을 가진 것, 예를 들어 대통령, 감독, 교장, 관리자 또는 부서장 등의 위치는 리더라는 사회적 신분을 보장해 줄 수 없다. 리더십이란 사람들이 행동하는 것을 의미하는 것이지 사회적 신분을 의미하는 것은 아니다. 게다가 이러한 관점은 리더와 추종자를 특정한 규칙으로 분류해 버리는 엘리트 지상주의에 불과하다. 현실은 매우 복잡하다. 그러므로 조직이나 공동체 안에서 누구라도 리더십을 행사할 수 있어야 한다. 즉, 신분이나 자리로 인해 변화를 일으킬 수 있는 능력을 가진 사람의 리더십이 제한되어서는 안 된다.

이제부터는 20세기 중반의 리더십 이론을 뛰어넘어, 미신에서 현실로 관점을 옮겨 리더십의 효과를 확인해야 한다. 그러기 위해 창의성의 역할을 부각함으로써 리더를 바라보는 관점을 현대적인 것으로 신속하게 전환해야 할 것이다. 현대적 관점에서는 리더십이 창의성과 내재적으로 연결되었다고 본다. 따라서 이처럼 리더십이 창의성을 포함한다는 관점으로 리더십 이론을 제안하고자 한다.

리더십의 최근 관점: 창의성으로 향하는 함축적 연결

리더십이 발달된다는 관점에서 볼 때, 리더라는 표현의 의미 역시 창의적인 사람들의 특성과 적절하게 연결되어 진화를 거듭하고 있다. 특히 현대적 리더십 이론은 한 세기 전의 '위대한 인물' 접근법과는 달리 창의성의 개념과 특성 그리고 능력을 포함하는 것으로 입증되고 있다. 창의성 분야와 관련된 이러한 영역은 대부분 함축적인 의미를 지닌다. 일반적으로 창의성 분야에 익숙하지 않은 리더십 연구자들은 매우 효과적인 리더의 특성으로 곧잘 묘사되어 왔던 창의적인 속성을 자신도 모르게 발견하는 경우가 많다. 이러한 연결이 함축적이라는 사실은 매우 중요하면서도 큰 통찰력을 지닌다. 그 이유는 무엇인가? 창의성과 관련된 분야를 연구해 온 학자들과 리더십 전문가들이 리더라는 관점에서 창의성을 바라보는 선입견을 지니고 있었기 때문이다. 아마도 그들은 자신이 연구한 리더들에게서 창의적인 특성을 찾아보려 했을 것이다. 하지만 이러한 리더십 전문가들은 리더에 관해서만 연구하려고 했지, 창의성 분야는 깊이 있게 연구하지 않았기 때문에 창의성 관련 지식이 그렇게 풍부하지 않다. 그러므로 그들의 창의성 관련 연구 결과가 편파적으로 흘러가게 해서는 안 된다는 점을 논의해 봐야 한다.

새 천년의 시작인 21세기는 다양한 프로젝트의 성공을 위해 뛰어난 리더가 결정적으로 필요한 시점이다. 리더십의 대가 Peter Drucker와 Warren Bennis는 이러한 프로젝트 중 2가지를 선별하여 창의적인 사람에게서 자주 나타나는 특징을 설명하였다. 이 2가지 프로젝트의 내용은 유명한 리더십 전문가 팀이 새 천년을 맞이하여 성공에 필요한 리더십 특성을 예상해 보는 것이었다(Bennis, Spreitzer, & Cummings et al., 2001; Hesselbein et al., 1996). 〈표 1-1〉에서는 리더십의 효과성을 입증하기 위해 필요한 몇 가지 특징을 제시하였다. 2개의 열에는 전문가 집단이 인식한, 21세기 리더가 성공하기 위해 필요한 몇 가지 특징을 요약하였으며, 1개의 열에는 Davis(1986)가 조사한 창의적인 사람의 특징을 정리하였다. 여기서 창의적인 사람의 특징을 요약한 내용은 리더에게 아주 중요한 사항이 될 수 있으므로, 우리는 각 열에 해당하는 제목을 붙이지 않아 보았다. 창의적인 사람의 특징을 제시한 열과 리더의 특징을 제시한 열의 내용 차이를 구분할 수 있겠는가? 이에 대한 답은 이 장의 마지막 부분에서 확인할 수 있을 것이다.

〈표 1-1〉 21세기 리더의 특징과 창의적인 사람의 특징

• 계획에 없는 선택을 시도함 • 가능성을 찾아봄 • 유연성을 갖춤 • 실험과 실패를 통해 배움 • 의도적으로 비전을 추구함 • 높은 에너지 단계를 지님 • 지치지 않고, 발명에 재능이 있으며, 위기를 관리하여 계획한 일을 완수함 • 예상과 패러다임에 도전함 • 재능과 지능 그리고 다른 사람들의 창의성을 강화함 • 다른 분야의 생각을 받아들여 융합함	• 호기심 • 활발함 • 실험 정신 • 독립심 • 근면함 • 유연성 • 개방성 • 유쾌함 • 독창성 • 인내심 • 통찰력 • 지적 호기심 • 위험 감수 • 자기관리 • 민감성	• 열정 • 규칙과 통제에 저항 • 자기인식 • 실험과 도전 정신 격려 • 고유의 방식으로 자기를 표현 • 실패에 좌절하지 않고 일어섬 • 지적 호기심 • 임기응변 • 직관 • 모든 것에 의문 제기 • 개방성

출처: Bennis, Spreitzer, & Cummings (2001); Davis (1986); Hesselbein, Goldsmith, & Beckhard (1996).

이 표에서는 창의성과 리더십 사이에 새롭게 존재하는 중요한 상승 효과를 찾아볼 수 있다. 그렇다고 창의적인 사람과 리더가 같다고 주장하는 것은 아니다. 엄밀하게 표현하자면, 모든 창의적인 사람이 다른 사람들을 효과적으로 이끄는 것은 아니다. 또한 특별히 효과적인 몇몇 리더십만이 창의성이 발휘될 수 있는 특성, 기능 그리고 지식을 필요로 한다. 그런데 21세기 리더는 창의성과 관련된 기능과 특성을 함께 지녀야 한다는 생각이 만연하여, 많은 사람이 리더십 학자와 실무가들에게 그것을 설명할 것을 기대한다.

이 장의 앞부분에서 언급하였듯이, 창의성과 리더십이 함께 나타나는 현장은 바로 변화다. Spreitzer와 Cummings(2001)의 다음의 인용문에서 알 수 있듯이, 리더는 끊임없는 변화의 적절한 시기를 반드시 다룰 수 있어야 한다.

앞으로 리더의 중요한 업무는 주변 환경을 끊임없이 탐색하고 그 유용성을 확인해 보는 것이 될 것이다. 고정된 편안함과 안정성만을 추구하는 리더들은 살아남기 힘들 것이며, 내일의 리더는 반드시 '변화는 영원히 지속된다.'는 좌우명을 가지고 새로운 안정감을 찾아야 할 것이다(p. 242).

이러한 끊임없는 변화에 반응하는 리더는 창의적이라고 불리게 될 것이다. 창의적인 마음가짐과 창의적인 사고는 끊임없는 변화에 동반하는 불확실성으로 인하여 빠른 속도로 리더십의 해결 방법으로 인식되고 있다. 다음은 Greenberg-Walt와 Robertson(2001)이 기업의 임원들이 갖추어야 할 리더십 역할로 제안한 내용의 한 예다.

학습자들이 인식한 '미래의 글로벌 리더'가 지녀야 할 특징 중 한 가지가 바로 개방성이다. 참여자들은 현상 유지를 원하는 리더의 경우 새로운 아이디어와 새로운 기회를 시도하며, 기업과 산업체가 필요로 하는 변화를 받아들이는 경쟁자에게 쉽게 패배할 것이라고 확신하였다. 혁신은 조직의 성공을 유지하게 하는 핵심 요인이고, 이러한 요인을 사용하는 것은 개방된 마음을 가진 리더에게 달려 있다(p. 155).

아무리 유능한 리더라도 모든 해답을 다 가질 수는 없다. 변화 그 자체는 변화의 가속화와 복잡한 문제를 야기하였고, 모든 문제해결에 새롭게 반응하는 데 필요한 지식과 기능을 한 개인만이 소유할 수 없게 만들어 버렸다. 그러므로 리더는 반드시 자기 고유의 창의성에 의지해야 할 뿐만 아니라, 다른 사람들의 창의적인 사고를 자극할 능력도 가지고 있어야 한다. 즉, 리더가 모든 해답을 가지고 있지 않다는 전제를 오히려 자기 강점으로 부각해서 다른 사람들의 아이디어를 지원하고 즐길 수 있는 개방성을 수용하는 것으로 스스로를 전환할 수 있다. 많은 사람이 지원하는 상상력은 창의적인 문제해결자가 혼자 시간을 들여 선보인 아이디어보다 우수할 확률이 높다. 타인의 창의성을 자극하는 능력은 미래의 리더가 기능적인 면을 능가하여 지녀야 하는 것으로서 Weber(1996)가 강조한 것이기도 하다. 그는 "목표를 공유하면서 다른 사람들의 창의성이 발휘되도록 잠재력을 이끌어 내며, 그들의 다양성과 협력을 가치 있게 받아들이는 능력"을 언급하였다(p. 306).

탁월함을 불러일으킬 수 있는 리더의 행동에 대한 연구로 잘 알려진 Kouzes와 Posner(1995)의 연구는 창의성을 자극하는 과정과도 어깨를 나란히 한다. 그들은 리더가 누구인지(개인적 특성)에 대한 연구가 아닌 "눈부신 성공을 이루는 도전적인 기회"(p. xvii)를 얻기 위해 리더가 하는 행동을 중심으로 한 연구를 하였다. 그들에게 매우 중요한 목표는 일반 사람들이 배워서 개발하는 것으로 참여하게 하는 유능한 리더십의 실천 방법을 확인하는 것이었다. 이 연구팀은 탁월한 결과물을 만들어 낸 평범한 사람들의 리더십 이야기와 경험을 관찰하였다. 이러한 자료의 분석은 명확한 패턴을 보여 주었고, 5가지 리더십 실천이라는 개념을 결과로 추출하였다. Kouzes와 Posner의 5가지 리더십 실천 사항은 〈표 1-2〉에서 제시하였는데, 각각의 리더십 실천은 2가지 전략으로 실행할 수 있다.

Kouzes와 Posner가 설명한 행동들은 창의적인 과정이 수반될 때 사람들을 격려하는 활동들과 연결될 수 있다고 본다. 예를 들어, 매우 창의적인 사람들은 틀에 박힌 현상을 탈피하여 위험을 감수하고, 새로운 접근법으로 실험해 보며, 문제해결의 대안적인 방법(예: 과정에 도전하기)을 조사한다(Davis, 1986; Mackinnon, 1978; Torrance, 1979). 그들

〈표 1-2〉 Kouzes와 Posner의 리더십 실천 사항

- **과정에 도전하기**: 조직을 발전시키기 위한 혁신적인 방안 탐색하기
  - 기회 찾기
  - 실험과 위험 감수
- **공유된 비전을 설계하기**: 비전을 세우고, 조직의 이상적인 이미지를 창출하기
  - 미래를 마음속으로 그리기
  - 필요한 내용을 목록으로 만들기
- **행동을 실천하기 위해 구성원 자극하기**: 이상적인 팀 만들기
  - 협력 강화
  - 구성원을 활기차게 대하기
- **방법을 모델링하기**: 사람들을 대하거나 목표를 추구하는 방법을 만들기 위해 원칙 세우기
  - 구체적인 예문을 제시하기
  - 작은 성공 이루기
- **용기를 북돋아 주기**: 사람들이 영웅처럼 느끼도록 하기
  - 공헌을 알리기
  - 목표 달성을 기념하기

출처: Kouzes & Posner (1995).

은 또한 미래의 가능성과 잠재적 결과에 대한 예상을 중요시한다. 즉, '만약 ……하다면?' 혹은 '무슨 일이 일어날 것인가?'와 같은 표현을 사용하여 자신의 아이디어가 받아들여지도록 다른 사람들을 설득하는 데 능숙하다(Sternberg & Lubart, 1992; Torrance, 1979).

이러한 내용은 Kouzes와 Posner의 비전 공유하기와 매우 관련성이 높다. 창의성 분야의 연구에 따르면, 매우 창의적인 사람들은 방법에 대한 모델링을 위해 일에 영향을 미치는 모범 답이나 멘토를 지닌다(Simonton, 1987). 더불어 열정적인 아이디어와 높은 내적 동기를 통해 창의적인 행동을 더욱 발휘한다(Amabile, 1987). 이는 마음을 격려하는 것과 관련이 있다. 따라서 리더십과 창의성 간의 함축된 관계가 다시 존재함을 알 수 있다. 하지만 이런 경우에는 리더와 창의적인 사람들의 공통된 특성을 찾는 것보다 중요한 것이 있다. 즉, 그들 스스로가 매우 창의적인 사람이 되고자 하거나 다른 사람들이 창의성을 갖추도록 독려할 때, Kouzes와 Posner가 설명한 행동에 참여할 수 있도록 이끌어야 한다는 것이다.

최근의 연구는 Kouzes와 Posner가 설명한 리더십 행동 및 조직 내 혁신적 실천의 성공적 도입 간의 실증적 연결 관계에 대한 정보를 제공하였다. Elenkov와 Manev(2009)는 회사에 혁신을 불러일으킨 고위 국외 거주자 리더들과 그들의 노력을 연구하였다. 27개국의 150명 이상의 고위 관리자를 대상으로 한 직원들의 리더십 실천 평가를 포함하여 광범위한 조사를 실시하였는데, 그들이 평가한 변인들 중 5가지 리더십 실천 사항을 〈표 1-2〉에서 설명하였다. 이 실천 사항들은 제품 시장의 혁신(예: 새로운 상품, 새롭게 개발된 프로그램, 새로운 시장의 진입)과 조직의 혁신(예: 새로운 기획 시스템, 새로운 정보 관리 시스템, 새로운 생산 과정)을 대변하는 강력한 예측 변인이었다. 이것을 통해 창의성과 관련된 리더십 실천이 조직의 중요한 창의적 변화를 일으키는 방법이라는 점을 관찰할 수 있다.

변혁적 리더십 이론:
리더가 창의성을 사용하고 개발하는 방법

최근의 학문에서 가장 두드러지게 언급된 리더십 접근법은 변혁적 리더십으로 알려져 있다. 초기 10년간의 리더십 간행물(*Leadership Quarterly*)을 분석해 보면, 기사 내용의 1/3은 변혁적 리더십에 관한 글로 출간되었다(Lowe & Gardner, 2000). 특히 기사 내용의 14%는 가장 근접한 결과물로 주목을 받았다.

변혁적 리더십의 핵심은 변화다. 사실 이러한 리더십의 근본적인 틀, 즉 변혁이라는 단어는 형식, 외관 또는 특성의 의미심장한 변화를 만들어 내는 것을 의미한다. 변화를 자극하는 데 중심이 되는 요인이 창의성과 직접적으로 연결된다는 것은 그리 놀라운 일이 아닐 것이다. 우리는 창의성과 변화를 강조하면서, 변혁적 리더십이 광범위하게 설명되는 방법 및 특별히 창의성과 연결되는 방법을 탐색할 것이다.

비록 **변혁적 리더십**(transformational leadership)이라는 용어가 1970년대 초 Downton(1973)에 의해 유래된 것이긴 하지만, 그 후 다양한 자료를 바탕으로 지금까지 그 정교성을 높여 가고 있다(Avolio, 1999;

Bass, 1985, 1998; Tichy & DeVanna, 1990; Yammarino, 1993). 변혁적 리더십의 근본은 다른 사람들을 변화시키고, 변형을 위해 제공되는 과정에 참여하는 것이다. 변혁적 리더들은 잠재력을 최대한 이끌어 내어 타인을 발전시키는 데 스스로를 헌신한다. 이러한 변혁적 리더십의 영향력을 통해 추종자들은 자기만족을 넘어서 스스로를 향상시킬 수 있고, 우수성을 제공하는 특별한 성과물을 달성할 수 있다. 변혁적 리더십의 과정은 일방통행의 리더십이 아니다. 모든 부분에서의 높은 동기 및 윤리의식은 리더와 구성 요소 간의 연결을 이루어 낸다. Northhouse(2010)는 리더와 추종자들의 파트너십만큼이나 변혁적 리더십과 변화의 연결을 강조하였다. 그에 따르면, "비록 변혁적 리더가 변화를 일으키는 중대한 역할을 할지라도, 추종자와 리더는 변혁적 과정에서 불가분의 관계를 가지고 있다."(p. 172) 〈생각 상자 1-1〉은 이 장에서 설명한 주요 개념에 따른 변혁적 리더십의 정의를 설명한다.

변혁적 리더십의 요소는 무엇인가? Bass와 동료들이 변혁적 리더십을 평가하기 위한 측정 도구를 개발한 이후, 우리는 리더십 접근법으로 구성된 차원을 설명하는 심리적 요인을 사용할 수 있게 되었다(Avolio, Bass, & Jung, 1999; Bass, 1985, 1990; Bass & Avolio, 1990). 변혁적 리더십과 관련된 요인에는 4가지가 있다. 모두 첫 글자가 I로 시작하기 때문에, 변혁적 리더십의 4I's로 간주되어 왔다.

한 가지 요인은 **이상적인 영향력**(Idealized influence)이다. 이는 타인을 위한 역할 모델로서, 리더의 능력 중 하나로 간주된다. 리더는 도덕적이고 윤리적인 태도의 높은 기준을 뛰어넘었기 때문에 존경받

〈생각 상자 1-1〉 핵심 어휘

리더십과 창의성에 관련된 주요 어휘

- **창의성(creativity)**: (얼마 동안) 지속되는 변화를 만드는 것(Talbot, 1997)으로, 어떤 목적을 이루기 위한 독창적인 아이디어의 산출물을 말한다.
- **창의적 변화(creative change)**: 참신하고 유용한 아이디어, 창의적 산출물의 채택, 개인, 팀, 조직 또는 사회에 가치를 더하는 유 · 무형의 틀로 상징된다.
- **창의적 리더십(creative leadership)**: 리더가 누군가의 상상력을 자극하고 그들의 의견을 인식하는 동시에 조직이 나아가야 할 새로운 목표와 방향을 향해 그들을 이끄는 과정이다. 창의적 리더들은 창의적 변화를 일으키는 결과로 그들의 상황과 개인들에게 긍정적 영향력을 행사한다.
- **변혁적 리더십(transformational leadership)**: "개인을 다른 사람들과 함께 참여하게 하거나, 리더와 추종자들의 동기 및 도덕성의 단계를 끌어올리기 위해 창출해 내는 과정"(Northhouse, 2010, p. 172)

는다. 따라서 그 결과로 다른 사람들과의 강력한 신뢰가 형성되는 것이다. 미래를 결정하는 데 있어서 개인적 위험과 일관성을 기꺼이 받아들이려는 의향은 이러한 신뢰를 더욱 강력하게 만들어 준다.

개별화된 의견(Individualized consideration)은 변혁적 리더십의 또 다른 요인이다. 리더는 각각의 구성 요소 사이에 존재하는 개인적 차이에 민감해야 한다. 리더는 다른 사람들이 고유의 잠재력을 개발할 수 있는 피드백과 방향을 제공하고, 그들의 의견을 경청할 수 있어야 한다. 변혁적 리더들은 다양성을 제공하고 발전시키는 조직 분위기를 창출해 낸다. 이와 관련하여 13장에서는 심리적 다양성의 중요성과 개개인의 차이를 고려하며 일할 필요가 있는지에 대해 논의할 것이다.

영감을 주는 동기(Inspirational motivation)는 변혁적 리더십의 또 다

른 요인으로 구성된다. 이러한 요인은 설득력 있는 비전을 창출하고 공유하는 리더의 능력에 특별히 존재한다. 이러한 비전은 목적을 수행하기 위해 다른 사람들을 격려하는 데에 제공된다. 리더는 상징적 이미지와 긍정적 표현을 통해서 추종자들이 높은 수준으로 실행 가능한 능력과 신념을 강화하게 할 수 있다.

변혁적 리더십의 마지막 요인은 **인지적 자극**(Intellectual stimulation)이다. 네 가지 변혁적 리더십의 영역 중 인지적 자극이 창의성과 가장 직접적으로 연결된다. 이러한 리더십과 창의성의 연결은 Northouse(2010)의 설명으로 잘 알 수 있다.

> 리더십과 창의성의 연결은 추종자들이 창의적·혁신적으로 리더와 조직뿐만 아니라 그들의 신념과 가치에 도전하도록 자극하는 리더십을 포함한다. 이러한 리더십은 추종자들이 새로운 접근법을 시도하고, 조직의 쟁점을 다루는 혁신적인 방법을 개발하고자 할 때 지원될 수 있다. 이는 추종자들 고유의 사고력을 향상시키고, 그들이 신중하게 문제해결에 참여하도록 이끈다(p. 179).

변혁적 리더는 타고난 가치와 개인의 창의성을 향상시킬 수 있도록 인식해야 한다. 결국 이러한 리더십은 의도적으로 양성되어야 하고, 다른 사람들의 창의적인 사고를 도전적으로 발전시킬 수 있어야 한다. 또한 변혁적 리더는 문제를 재인식하여 복잡한 과제를 탐색할 수 있고, 결정된 사항과 실천 사항에 의문을 제기할 수 있다. 그들은 추종자들을 독려하여 문제를 해결하게 하고, 다른 사람들의 창의성을 지원할 수 있는 조직 분위기를 창출해 나간다.

변혁적 리더십과 연결된 자질 및 태도는 창의성과도 연결이 가능하다. 이러한 관계는 핵심적인 리더십 역량으로서 창의성을 중요시한다. 예를 들어, 영감을 주는 동기는 개인의 내적 관심과 내적 동기의 필요성을 설명한다. 그리고 내적 동기는 창의적 성과물을 자극하는 주요 요인으로도 잘 알려져 있다(Amabile, 1998). 영감을 주는 동기는 변화로 이끌 수 있는 비전의 중요성을 강조한다. 창의성 분야에서 비전을 추구하면서 작업하는 능력은 매우 창의적인 개인의 특징 중 하나로 간주되어 왔다(Davis, 1986; Mackinnon, 1978). 여기서 창의성이 발휘될 수 있는 가능성을 반드시 상상할 수 있어야 한다. 마지막으로, 인지적 자극은 조직과 공동체의 사회적 문제해결을 위한 상상력을 적용하는 것의 직접적인 중요성을 보여 준다. 즉, 리더는 의도적으로 다른 사람들을 창의적인 과정에 참여시켜서 변화와 혁신이 발생되도록 이끌어야 한다.

현대의 대중적인 리더십 관점에서 바라봤을 때, 변혁적 리더십 이론은 창의성과 명확하게 연결된다. 이러한 개관은 변혁적 리더십에서의 리더십의 자질과 결과물에 창의성이 연결되고 있음을 분명하게 설명한다. Gumusluoglu와 Ilsev(2009)의 연구에 따르면, "변혁적 리더십 태도는 비전, 혁신의 지원, 자율성, 용기, 인식, 그리고 과제와 관련된 일터에서 혁신 및 창의성에 밀접하게 연결된다."(p. 462) 그러나 이러한 관점을 전적으로 믿어서는 안 된다. 〈생각 상자 1-2〉에서는 변혁적 리더십이 개인적인 창의성과 조직의 혁신에 미치는 긍정적인 영향력과 관련된 내용을 간단하게 설명하고 있다.

〈생각 상자 1-2〉 연구 노트

변혁적 리더십이 창의성과 혁신에 진정으로 영향력을 행사하는가

앞서 변혁적 리더십 이론이 일방적으로 창의성과 현대 리더십 이론 사이에서 개념적으로 겹친다는 것을 설명하였다. 그렇다면 변혁적 리더십과 관련된 수준 높은 창의성 관련 태도는 어떻게 증명할 수 있는가? 2008년에 Reuves, van Engen, Vinkenburg와 Wilson-Evered가 발표한 연구에서 바로 이 문제가 제기되었다. 그들은 의료 서비스 관련 조직에서 어떤 변혁적 리더십이 높은 수준의 혁신을 만들어 내는지에 관해 연구하였다. 우선, 오스트레일리아에 위치한 병원 네 곳에서 모인 40팀을 대상으로 연구가 진행되었다. 연구진은 변혁적 리더십 요인과 팀 혁신 간에 강한 정적 상관관계가 있음을 밝혀 냈다. 즉, 높은 수준의 변혁적 리더십 태도를 가진 종업원들은 팀 내에서 높은 수준의 혁신적 태도를 보였다. 타이완의 한 전자 회사에서는 더 일찍 이와 비슷한 연구를 수행하였다(Jung, Chow, & Wu, 2003).

2009년, Gumusluoglu와 Ilsev는 변혁적 리더십, 종업원들의 창의성, 그리고 조직 혁신 간의 관계에 대하여 세부적으로 관찰한 후 연구 결과를 발표하였다. 이러한 연구는 조직의 혁신 정도를 평가할 수 있는 정량화된 비즈니스 자료로 사용되었다. 그러던 중 몇몇 연구에서 조직 혁신을 위한 구성원들의 지각을 사용하게 되자, 연구팀이 조직 혁신의 증거로 3가지 결과물을 평가하였다. 그것은 ① 생산품 혁신이 생성한 전체 판매량, ② 회사의 전체 판매량, ③ 혁신을 통해 생산된 지출 정도다. 이러한 분석 결과는 변혁적 리더십이 종업원들의 창의성에 중요하고 긍정적인 영향을 미쳤다는 것으로 해석될 수 있다. 게다가 이러한 결과는 변혁적 리더십과 조직 혁신 사이에 강력한 상관관계가 있음을 알려 주었다. 연구자는 "변혁적 리더는 조직 내에서 혁신적인 창의성을 발전시킬 뿐만 아니라, 혁신을 요구하는 시장에서도 확실하게 성공한다."(p. 470)라고 결론을 내렸다.

직접적인 연결: 리더십의 개념에서 핵심 요소인 창의성

앞의 두 절에서는 효과적인 리더십의 핵심 구조가 아닌 창의성의 측면에 대해서 언급하였다. 최근 몇몇 학자는 리더십에서의 핵심 요소인 창의성을 언급하고 있다(Csikszentmihalyi, 2001; Goertz, 2000; Munford et al., 2000; Sternberg, 2002; Kaufmann & Pretz, 2004). 하지만 사실은 Sternberg와 동료들이 '창의적 리더십'이라는 용어를 먼저 사용하였다(Sternberg et al., 2004).

Sternberg(2002)는 성공적인 리더십을 결정하는 데 있어 지능의 구체적인 역할을 설명하는 창의적 리더십에 대한 탐색을 시작하였다. 전통적인 관점은 효과적인 리더십이 아이디어와 시스템을 분석하고 평가하는 능력으로서의 개인의 논리적 지능의 수준에 달려 있다고 보았다. 하지만 Sternberg는 효과적인 리더십이란 '성공 지능(successful intelligence)'에 달려 있다고 하였고, 성공 지능에 대해 다음과 같이 설명하였다. "사람들은 자신의 장점을 인식하고 활용하여 성공을 이룬다. 또한 자신의 약점을 수정하고 보완함으로써 성공을 획득한다."(p. 10) 비록 논리적 지능이 성공적인 사고력을 결정한다 할지라도, Sternberg는 리더십의 효과성 부분에서 다루지 않았던 2가지 능력을 추가하였다. 그것은 실용적 지능과 창의적 지능이다. 실용적 지능이란 사람들이 그들 자신의 환경에 스스로 적응해 가도록 이끄는 것을 말한다. 그리고 창의적 지능이란 리더가 비전을 세워 다른 사람들을 그들 자신이 원하는 곳으로 인도하는 것이다. 즉, 창의적 지능이란 잘 알지 못했던 자신의 장점을 인식하고 확인하여 다른 사람들의 지원을 얻을 수 있는 능력을 말한다.

Sternberg는 효과적인 리더십을 설명하기 위한 중요한 요인 중 하나로 창의성을 포함하였다. 더 나아가 Mumford와 동료들은 리더십의 주요 과제가 창의적으로 문제를 해결하는 것이라고 하였다. Mumford 등이 만든 리더십 모델에서 창의성은 리더십의 핵심 역량이고, 창의적 문제해결 능력(creative problem solving: CPS)은 리더십의 효과성을 강화하는 것이다. 이 책의 중요한 부분은 CPS 과정에서 도출된 원리와 절차의 사실을 설명한 것이다. Mumford 등(2000)은 사실상 창의적인 문제해결 능력이 리더십을 수행하는 데 매우 중요하다고 언급하였다. CPS 과정과 관련해서는 다음 장에서 더욱 상세하게 다룰 것이며, 여기에서는 리더에게 이론을 뛰어넘어 상상력이 요구되는 문제를 더욱 효과적으로 해결하기 위한 원리와 도구를 제공하는 데 목적을 두고자 한다.

리더의 행동을 통해서 리더십을 이해하려던 과거의 이론적 접근법(예: 변혁적 리더십, 행동 연구 이론, 리더-구성원 교체)과는 다르게, Mumford 등(2000)은 "리더십은 구체적인 태도를 뜻하는 용어로 표현할 수 없지만, 지식, 효과적인 리더십을 발휘하는 능력이라는 용어로 대신 설명할 수 있다."(p. 12)고 말하였다. 이러한 근거를 바탕으로 Mumford 등(2000)은 리더십의 성과가 문제를 해결하는 능력과 직접적으로 연결된다는 이론을 발전시켰다. 그들은 리더가 해결해야 할 문제들이 정해진 방법으로는 진행되지 않는다는 사실에 주목하였다. 오히려 그러한 문제들은 복잡성(간단한 해결책이 없는 불명확한 문제들), 참신함(새롭거나 변화 가능한 상황), 모호함(정보의 차이)이라는 특징을 갖는다. Mumford 등은 또한 복잡하고 참신하며 모호한 문제들은 정해진 방법으로 해결할 수 없으므로, 대신 개인들의 선행 지식을 재조정함으로써 새로운 형태를 취해야 한다고 주장하였다. 즉, 유능한 리더가 되기 위해서는 문제해결이 요구되는 상황에서 반드시 창의적인 사고를 포함해야 한다는 것이다. 그들은 "창의적으로 문제를

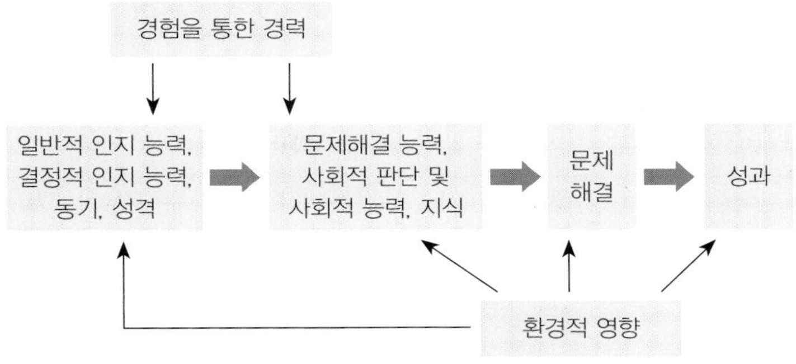

[그림 1-1] Mumford와 동료들의 리더십 역량 모델

출처: Mumford et al. (2000).

해결하기 위한 능력은 리더의 성과에 영향을 미친다."(p. 17)라고 결론 내렸다.

Mumford 등은 이러한 모델을 [그림 1-1]과 같이 제시하였다. 이 모델은 구체적인 리더십의 특성이 리더십 성과에 어떻게 영향을 미치는지를 설명하기 위해 설계되었다. 앞서도 언급하였듯이, 문제해결은 성과에 직접적인 영향력을 행사하는 것으로 설정되었다. 다시 말하자면, 이 모델에서 볼 수 있는 문제해결은 복잡한 사회적 문제를 효과적으로 다루기 위한 창의성의 적용 능력을 의미한다. 개인적 문제해결의 능력으로는 ① 문제해결 능력, ② 사회적 판단 및 사회적 능력, ③ 지식의 3가지 요인을 들 수 있다. 또한 모델의 왼쪽 부분은 복잡한 문제해결 능력을 위한 개인의 능력에 영향을 주는 기본 요인을 설명하고 있다. 이러한 요인으로는 ① **일반적 인지 능력**(지능과 같은 타고난 능력), ② **결정적 인지 능력**(유창성, 언어의 변별력과 속도, 확산적 사고와 같이 개발 가능한 능력), ③ **동기**(복잡한 문제를 기꺼이 받아들이는 것), ④ **성격**(개방성, 모호함의 인내, 호기심, 위기 관리, 적응력)의 4가지를 들 수 있다. 이러한 개인적 능력이 직접적으로 문제해결과 리더십 성과에 주요한 영향을 미치긴 하지만, Mumford 등(2000)은 외부의 힘에 따른 직접적 혹은 간접적 영향도 인지해야 한다고 주장했다. 그러므로 경험을 통한 경력과 환경적 영향이 이 모델의 주요 요인들을 감싸고 있다고 볼 수 있다. 그 이유는 그것들이 리더십 성과에 직접적인 영향을 주고, 잠재적으로 개인의 기본적 요소에도 영향을 미치기 때문이다. 사람들의 과거 경험을 통한 경력은 결정적 인지 능력, 동기, 지식 그리고 문제해결을 위한 능력에 이르기까지 광범위하게 영향을 미친다. 결국 외부 상황으로 인한 기회와 제한은 개인적인 속성에서부터 리더십 성과라는 모든 면에 이르기까지 직접적으로 긍정적 또는 부정적 영향을 미친다.

리더십에 관해 다루고 있는 이 절의 목적은 창의성과 리더십의 개념적 연결을 위한 지원을 제공하는 것이었다. 이러한 연결의 실제적인 중요성은 1,500명의 CEO를 대상으로 연구한 최근 조사에서 더욱 강조되었다(IBM, 2010). 즉, 지난 5년간 CEO들에게 가장 중요한 리더십 역량이 무엇인지 질문한 결과, 60%의 CEO는 최근의 경제적 상황에 효과적으로 대처할 수 있는 최고의 능력을 언급하면서 창의성을 첫 번째 능력으로 지목하였다. 보고서에 따르면 다음과 같다.

> CEO들은 리더십의 서로 다른 요인들 중에서 창의성을 가장 중요한 것으로 인식하고 있다. 창의적인 리더는 모호함과 실험 정신을

자연스럽게 받아들인다. 새로운 세대와 조화를 이루기 위해 그들은 완전히 새로운 방식을 시도하면서 상호작용한다(p. 23).

창의성:
변화를 위한 필수 연료

리더를 발전시키는 데 도움이 되는 가장 중요한 전제 조건은 창의성에 대해 아는 것이기 때문에, 우리는 창의성의 기본 개념, 관점 그리고 특성을 포함하여 알아볼 필요가 있다.

창의성이 변화하는 관점:
피상적 인식에서 중요한 산업 기능에 이르기까지

창의성 전문가로서 우리는 지난 수십 년 동안 창의성을 바라보는 사람들의 관점이 많이 바뀌었다는 것을 알 수 있었다. 1990년대 초 창의성을 설명하는 연구회에 참여했을 때는 다음과 같은 표현을 자주 들었다. "창의적이라면 반드시 독특해야 한다." "특정한 누군가의 창의성은 개발될 수 없다." "창의성을 갖춘 사람과 그렇지 않은 사람은 다르다." "창의성이란 예술가와 과학자를 위한 개념이다." "창의성은 예측할 수 없는 것이다." "창의성은 측정할 수 없는 것이다." "창의성은 좀 이상하게 보인다." "아이들은 창의적이다." "나는 창의적인 사람이 아니다." 창의성은 그 정도에 따라 때로는 낯설고 이상하며 조절하기 힘든 것으로 인식되어 왔다.

창의성에 대한 이러한 과거의 반응은 이제 더 이상 주목을 끌 수 없게 되었다. Sternberg와 Lubart(1999)가 창의성에 대한 의미를 부여하면서, 그 신비로운 믿음은 베일을 벗게 되었다. 그리스에서는 몽상이나 특정한 외부의 힘이 개인을 창의적으로 만든다고 믿었다. Davis(1986)는 몇몇의 사람이 창의성을 "신비한 정신적 작용"(p. 20)으로 믿고 있다고 설명하였다. 어떤 아이디어는 출처가 불명확하고 조절이 불가능할 뿐만 아니라, 창의적인 과정을 자세히 살펴보면 위험 요소가 존재하는 것처럼 보이기 때문이다.

오늘날 독자는 우리에게 창의성의 개념을 더욱 생산적으로 제시한다. 창의성과 관련된 단어나 어구는 '상상' '문제해결' '위험 감수' '권위에의 도전' '혁신적' '생존에 필요한' '적응력' '창의적 변화' '형식을 탈피한 사고' '재미' 그리고 '성장' 등으로 표현할 수 있다. 즉, 인생의 모든 면에서 창의성은 점점 중요하게 인식되고 있다. 지난 반세기 동안 일어난 변화의 가속화를 조사한 Florida(2002)의 연구가 이것을 더욱 지지한다.

> 경제와 사회 부분에서 중요한 원동력이 되는 것은 인간의 창의성 신장이다. 일터와 삶의 모든 부분에서 우리는 창의성에 더욱 가치를 두면서 열정을 쏟는다. 창의적인 충동—인간으로서의 우리를 다른 종과 구별해 주는 특성—은 예상치 못한 방법으로 우리가 자유를 만끽하도록 허락하고 있다(p. 4).

창의성에 대한 긍정적인 연구는 21세기 전문인을 위한 창의적 사고의 역할이 중요시되면서 다양한 보고서를 통해 강조되고 있다. 21세기 미국의 가장 중요한 영역으로 창의성을 언급한 국가 보고서 역시 4개 이상 존재한다(Casner-Lotto, Rosenblum, & Wright, 2009; National Center on Education and Economy, 2008; Trilling & Fadel, 2009; Wanger, 2008). 예를 들어, '21세기를 위한 기법(Skills for the 21st Century)'이라는 제목으로 발표된 보고서가 있다(Partnership for 21st Century Skills, 2008; Trilling & Fadel, 2009). 이것은 교육과정 개발을 위한 미국 학회(American Society for the Curriculum Development), Dell, Educational Testing Service, Microsoft, Verizon 등의 조직을 통해 구성된 리더 그룹이 만든 보고서다. 그들은 창의성과 관련된 기능으로서 복잡한 문제해결, 개방된 문제, 여러 학문의 융합, 창의성과 기업적인 사고력, 그리고 지식, 정보, 기회를 사용한 혁신 등을 구체적으로 인식하였다. 이와 비슷하게, 교육과 경제의 국가 센터(National Center on Education and the Economy, 2008) 역시 교육 점검을 위한 단계 보고서를 발표하였다. 제안된 행동 단계 중 하나는 준거, 평가 그리고 교육과정을 오늘과 내일의 요구에 맞춰 명확하게 하는 것이었다. 끝으로, 이 보고서는 창의성이나 혁신과 같은 기능적 장점을 내세웠다.

> 지난 25년간 우리는 효율성과 역량 개발을 위해 조직을 최대한 유용하게 활용하였다. 그리고 다음의 25년을 뛰어넘어서 우리는 반드시 혁신을 위해 사회 전체를 유용하게 만들어야 한다. …… 창의성, 혁신 그리고 유연성은 엘리트만을 위한 고유 영역이 아니다.

실질적으로 그래픽 예술가부터 조립라인에서 일하는 노동자, 보험 설계사, 공사장 노동자에 이르기까지 누구나 여유 있는 삶을 누리기 위해 창의성은 필요하다(p. 25).

이러한 21세기 산업 기술의 견지에서 자신의 교육 경험을 떠올려 보자. 유치원부터 고등학교 또는 대학교의 수준은 자신이 교육적으로 창의적 사고 기법을 개발하는 데 구체적이면서도 집중적으로 확대되었는가? 그 결과로서 스스로가 현대적인 일터에 맞도록 준비되었다고 생각하는가? 아마도 우리는 이러한 상황을 자주 경험했다고는 말하기 힘들 것이다. 『어려운 선택과 어려운 시대(*Tough Choices or Tough Times*)』에 실린 다음의 내용을 살펴보자.

대체로 우리 학교들은 아이디어를 받아들이지 않는다. 시험은 학생들에게 정확한 한 가지 답을 요구하고, 교육과정 및 기록으로 확인된 시험 점수는 창의적인 학생에게 불리하게 적용된다. 그들이 예상치 못한 훌륭한 사고로 반응을 보이면, 그에 대한 보상은 거의 없었다(National Center on Education and the Economy, 2008, p. 32).

오늘날의 산업 현장에서 조사된 고용주의 요구와 종업원들 사이의 가장 큰 차이점은 바로 (독창성, 발명, 새로운 아이디어를 다른 사람에게 전달하는 능력 그리고 그 밖의 다른 영역을 아우르는 지식의 통합으로 정의되는 개념인) 창의성과 혁신이다.

미국 산업의 CEO들과 학교장 그리고 대부분의 리더는 '창의성은 산업계에서 중요하게 떠오르고 있는 쟁점이다.'라는 명제에 거의 동의하는 것으로 조사되었다. 그러나 응답한 고용주의 반 이상은 바람직한 창의적 능력을 갖춘 사람을 찾기 힘들다고 보고하였다. 창의적인 사람을 구하기 힘들다고 언급한 고용주의 대다수는 역량을 갖춘 지원자를 만나기가 어렵다고 설명하였다(Casner-Lotto et al., 2009, p. 10).

앞서 언급한 여러 보고서를 통해 알 수 있듯이, 창의성은 단순히 예술과 관련된 내용만을 의미하는 것이 아니다. 이제는 산업 기술을 포함한 모든 조직에서 창의성을 중요한 능력으로 간주하고 있다. 따라서 정부나 산업, 대중 또는 개인, 영리 집단이나 비영리 집단 등에서도 신중하게 창의성을 고려해야 한다. 게다가 창의성은 조직의 모든 단계와 모든 기능에 가치를 둘 수 있는 능력이기도 하다. 창의성은 연구 개발(R&D) 또는 시장 기능성으로 한정 지어 생각할 수 없다. 문제해결 및 돌파력 있는 사고에 참여할 수 있는 기회는 조직을 통해 발생할 수 있다(Henry, 2001; Kuhn, 1988; VanGundy, 1987; West, 1997). 조직 내에서 창의성은 혁신을 위한 시발점이 될 수 있고, 혁신이 없다면 조직은 급변하는 시대에서 살아남을 수 없게 된다. 2005년 8월 1일자 *Business Week*는 창의성과 관련된 특별 기사를 다루었다(Nussbaum, Berner, & Brady, 2005). 이 기사의 주요 내용 중 하나는 조직이 더 이상 가격이나 품질로는 경쟁할 수 없다는 것이었다. 미래에는 창의성이 실패하는 기업과 성공하는 기업을 가르는 핵심 역량으로 대두될 것이다.

창의성의 정의: 유용한 참신함

지금까지는 21세기를 맞아 왜 창의성이 중요한 능력으로 부각되는지 설명하였다. 하지만 창의성이 뜻하는 바를 철저하게 조사하지는 못하였다. 아마 가장 흔하게 접하는 창의성의 정의는 '특정한 목적을 이루기 위해 독창적인 아이디어를 생산해 내는 것'이라고 할 수 있을 것이다. 이러한 정의에 대한 개념은 창의성이 완전히 새롭다거나 다르다는 것과는 같은 의미가 아님을 강조하고자 한다. 독창적이라는 것과 창의적이라는 개념은 같은 것이 아니다. 창의성은 반드시 독창적인 방식을 소유함과 동시에 유용성을 갖추어야만 한다. [그림 1-2]에서는 참신성과 유용성이라는 창의적 행동의 2가지 주요 요소를 간단히 2×2 매트릭스로 표현하였다. 이것은 창의적인

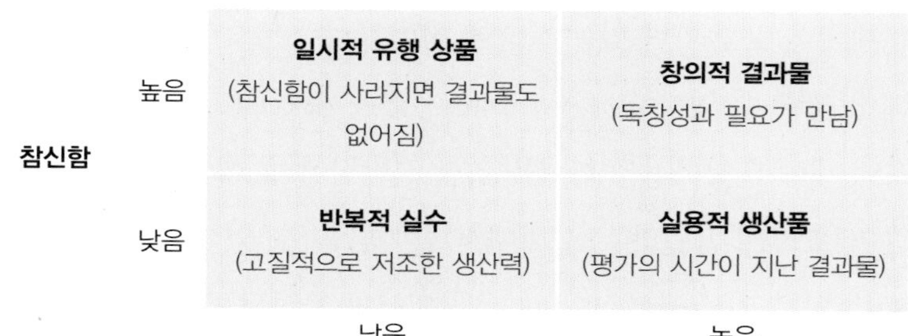

[그림 1-2] 창의적인 결과물을 만들어 내는 것은 무엇인가

출처: Puccio, Murdock, & Mance (2005).

결과물을 다른 생산품이나 아이디어와 구별해 준다. 이 매트릭스에서는 오른쪽 위의 사분면이 새로움의 요소와 만족도의 목표를 달성한 경우에 해당한다. 이러한 최근의 예로는 Apple사의 iPod과 iPhone, iPad가 있다. 하지만 창의성의 결과물을 언급할 때는 유형의 제품으로만 제한을 두지는 않는다. 무형의 서비스, 음악, 아이디어 그리고 이론과 같은 항목을 포함할 수 있다. 이것은 바로 새롭고 유용한 것을 소개하는 의도적인 창의성의 목적이자 창의적인 변화를 의미한다.

무언가 새롭지 않을 때는 독창적인 요인을 가지고 있지 않다고 할 수 있다. 하지만 매우 유용한 경우, 예컨대 연필과 같은 것은 실용적인 생산품으로 간주할 수 있다. 다시 말해서, 그 생산품은 그 역할 자체를 위해 만들어졌기 때문에 사용되는 것이다. 그러므로 연필을 구입하기 위해서 가게에 갈 때, 자신이 찾는 것에 대해서는 놀라울 것이 없다. 그 생산품은 수십 년간 변화되지 않았기 때문이다. 즉, 연필이 지속적으로 연필이라는 목적을 잘 수행하고 있으므로, 우리는 그것을 꾸준하게 사용하는 것이다.

왼쪽 위의 사분면은 일시적으로 유행하는 상품을 나타낸다. 여기에는 매우 참신할 수 있지만 실용성은 낮은 상품이나 아이디어가 해당한다. 주요 특성은 참신함이지만, 그것은 실용적인 가치가 떨어지면 곧 사라질 수 있다. 예를 들어, 1970년대 잠시 유행한 밑창이 두꺼운 남성용 구두가 있었다. 이것은 사람들이 이 상품에 대한 실용적인 가치를 느끼지 못하게 되자 곧 사라졌다. 어떤 경우에는 일시적인 유행 상품이 다음 세대에 다시 나타날 수도 있다. 패션이나 헤어스타일의 경우가 그 예다. 한 세대에 머물렀던 오래된 스타일이 다음 세대에는 참신함으로 느껴질 수 있기 때문에 이러한 현상이 나타나는 것이다.

마지막으로 왼쪽 아래에 위치한 사분면은 새롭지도 않고 유용하지도 않은 아이디어나 산출물을 나타낸다. 이것은 과거에 시도해 본 아이디어나 산출물이지만, 성공적인 결과를 위해 처음과 비교했을 때 새로움이나 실용적인 면의 변화가 없는 경우다. 이를 두고 우리는 과거의 실수를 반복한다고 말할 수 있다. 책 속에 계속 존재하는 구시대의 법안들이 이에 해당한다. 오스틴 주나 텍사스 주에서는 주머니 속에 철사 절단기를 지니고 다니는 것이 불법이었다(Powell & Koon, 연도 미상). 그 이유는 무엇이었을까? 서부시대에는 농장주들이 그들 자신의 가축을 통과시키기 위해서만 철사 울타리를 자를 수 있었기 때문에 그 법이 유효했던 것이다.

관습이나 전통은 이러한 사분면의 또 다른 좋은 예가 될 수 있다. 관습이나 전통이라고 정의할 경우 새로움은 존재하지 않으며, 때로는 실용적이지도 못할 수 있다. 조직 생활에서 그동안 잘 진행되어 왔던 정책이나 절차는 실용적이지 않은 무익한 관행으로 전락할 수 있다. 조직 내의 일상적인 업무를 진행하면서 이와 같은 의문을 진지하게 가져 본 적이 있는가? 이에 대한 반응으로, “하지만 그건 우리가 항상 해 오던 방식이에요.” 또는 “그것은 우리의 관행입니다.”라고 말할 수도 있을 것이다. 이는 전혀 새롭지 않기 때문에 답답할 수 있고, 의도된 목적을 더 이상 효과적으로 실행하지 못할 수도 있다.

이 사분면과 관련된 또 다른 행동은 무엇인가를 계속 반복하면서 다른 결과를 기대하는 것이다. 엘리베이터를 더 빨리 움직이게 하려고 이미 불이 들어와 있는 버튼을 여러 번 반복해서 눌러 본 적이 있는가? 컴퓨터를 할 때 문제를 해결하려고 같은 명령어를 반복해서 클릭했던 경우는 없었는가? 이러한 경험들은 간단한 예에 해당한다. 똑같은 전략으로 기대 이상의 실적을 예상하면서 적절한 결과물을 생산하는 것이다. 그러나 근본적인 소통 방법을 바꾸지 않고 직원들과 리더십의 형태만을 바꾸려고 한 리더에게는 더욱 심각한 상태가 일어날 수 있다. 또는 새로운 교수법을 적용하지 않은 채 학생들의 실력이 향상되기만을 바라는 교사도 이에 속하는 예가 될 수 있다.

창의적 변화를 위한 시스템 모델

창의성에 대한 참신함과 유용성의 정의는 무엇이 창의적이고 무엇이 그렇지 않은지를 말해 준다. 하지만 이러한 정의는 어떻게 창의성이 실행될 수 있는지를 말해 주지는 않는다. 이를 위해 우리는 창의적 조직 모델에 관심을 돌려 볼 필요가 있다. 많은 학자는 창의성이 4가지 확실한 요인으로 만들어진다는 것에 동의하였다(MacKinnon, 1978; Rhodes, 1961; Stein, 1968). 창의성의 4가지 요인은 사람(들), 과정, 환경 그리고 산출물이다. 이들 요인은 각기 다른 고유의 특성을 가지고 있으면서도 서로에게 영향을 미친다. 그러므로 창의성이 실행되기 위해서는 시스템이 창출되어야 한다.

[그림 1-3]의 창의적 변화 모델은 창의적인 산출물을 생산하기

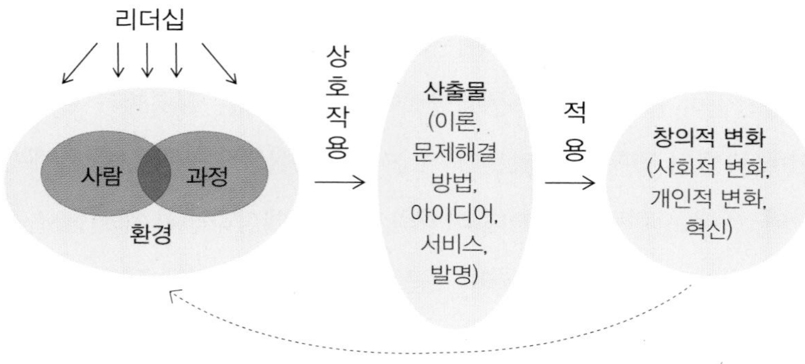

[그림 1-3] 창의적 변화 모델: 시스템 접근법

출처: Puccio, Murdock, & Mance (2005).

위해 4가지 요인이 상호작용하는 법 그리고 마침내는 창의적인 변화가 만들어지는 과정을 설명한다(다시 말하자면, 우리가 새로운 무언가를 의도적으로 소개하기 때문에 그것은 창의적인 변화를 의미하는 것이다). 창의성이란 개인 혹은 개인으로 이루어진 팀에서 시작된다. 조직 내의 **사람**(들)은 개개인의 능력, 지식, 성격, 경험 그리고 동기라는 요인을 고려해 보는데, 이러한 요인들은 생산에 영향을 미치는 창의성의 종류나 양적인 것과 관련된 모든 영향력을 의미한다. **과정**은 창의적인 아이디어를 위험이나 기회에 대한 반응으로 발전시킬 때 개인이나 팀이 겪는 사고의 단계를 의미한다. 사람과 과정은 완전하게 독립될 수 없다. 실질적으로 그들은 상호작용한다. 13장에서는 사람들이 특별한 창의적 과정의 단계에 따라 어떠한 선호도를 지니는지에 대해 설명할 것이다.

창의적인 사고는 절대 진공 상태에서 이루어지지 않는다. 그것은 특별한 배경에서 발생한다. 때로 이러한 배경들은 창의적인 사고를 자극할 수도 있고, 반대로 창의적인 사고에 방해가 될 수도 있다. 이러한 부분은 **환경**이라는 용어로 설명할 수 있다. 환경은 정신적 또는 신체적으로 느끼는 일터 분위기, 문화, 창의적인 태도의 표현에 영향을 미친다. 좋은 성격, 창의적인 사고 기법, 혹은 그 밖의 어떤 상황에 있더라도 위대한 것이 기대되는, 즉 모든 조건을 완벽하게 갖춘 사람을 찾기란 쉬운 일이 아니다. 하버드 경영 대학원의 Teresa Amabile의 연구(Amabile, Burnside, & Gryskiewicz, 1995)는 창의적인 성과를 촉진 또는 약화시키는 일터의 특성을 설명하고 있다.

사람, 과정 그리고 환경은 특별한 결과물을 생산하기 위해 상호작용한다. 다시 말해, 창의적 산출물의 수준은 특정한 종류의 환경 속에서 특정한 과정을 거치면서 일하는 사람들에 따라 결정된다. 올바른 능력과 지식 그리고 인간적인 태도를 가지고 있으며 창의적인 사고가 가능한 환경 속에서 효과적인 과정을 경험한 사람들이 바로 창의적인 **산출물**을 만들어 낼 확률이 높다. 그러한 산물은 새롭고 유용한 유·무형의 결과물이 될 수 있다.

개인, 팀 또는 조직이 새로운 산출물을 개발하기 위한 창의적인 변화는 절대 자동적으로 발생하지 않는다. **창의적 변화**는 다양한 형태로 나타날 수 있다. 창의적 변화는 창의적 산출물의 채택 및 유·무형의 모습을 갖추어 개인, 팀, 조직 또는 사회에 가치를 더해 주는 참신하고 유용한 아이디어로 설명할 수 있다. 그 산출물이 단지 개인에 의해 만들어졌다고 가정해 보자. 예를 들어, 스트레스를 줄이기 위한 새로운 계획을 세웠다면, 창의적 변화는 그 아이디어를 실행했을 때 발생한다. 이와는 반대로, 조직이 성공적으로 산출물을 상업화하거나 새로운 프로그램 혹은 서비스를 실행시켰을 때는 혁신이 일어난다. 창의적 산출물은 경영 혁신을 위한 시작점이다. Janszen(2000)에 따르면, “혁신은 성장하고 번영하는 회사로 키우기 위해 금빛 노선을 취하는 것”이다(p. 7). Soo, Devinney, Midgley와 Deering(2002)은 혁신을 추구하는 상위 20%의 기업이 하위 20%를 밑도는 기업보다 35% 이상 더 많은 시장 점유율을 보여 준다고 하였다. 만약 혁신이 조직의 성공을 위해 장기간 중요시된다면, 창의적 산출물은 혁신을 위한 자극제가 될 것이다. 이때 사람, 과정 그리고 환경 사이의 올바른 상호작용을 만드는 것이 조직을 위해 중요할 것이다. 만약 조직의 리더가 창의적 태도를 지원하는 기본적인 분위기를 조성해 주지 않는다면, 혁신적 산출물, 사회적 변화, 교육개혁, 새로운 비즈니스 모델, 서비스 부분을 높인다 해도 그들의 조직은 창의적 변화를 일으키기 힘들 것이다.

시스템은 반복적인 양상을 취한다. 가령, 한때 창의적 변화가 성공적으로 채택되었다면 새로운 아이디어, 산출물, 서비스는 사람들과 그들의 과정 그리고 그들의 환경에 효과를 보일 것이다. 비록 이 모델이 창의적 변화의 성공적인 채택을 중시한다고 해도, 제안된 변화가 거부될 가능성도 있다. 하지만 이러한 실패는 사람과 과정 그리고 환경에서 측정될 수 있는 잠재적 가능성을 지닌다.

창의성의 관점에서 바라본 이 시스템은 왜 조직에서 창의성이 발생하기 어려운지를 설명해 준다. 요리에 쓰인 재료들이 처음에는 각기 다른 향과 맛을 가지고 있더라도 재료가 잘 결합되면 하나의 요리로 완벽한 맛의 조화를 이룰 수 있는 것과 같다. [그림 1-3]은 이러한 기본적인 창의적 요소가 상호작용하는 것을 보여 준다. 예를 들어, 창의적 사고(즉, 과정)를 훈련했던 팀은 일터의 분위기(예: 환경)를 발전시켜 주며(Firestien, 1996), 개인적 성격(즉, 사람)은 작업 환경에 기본적으로 영향을 미친다(Ekvall, 1991). 또한 창의적 능력과 원리(즉, 과정)를 위한 형식적인 훈련은 개인의 사고 기법(즉, 사람)을 주목할 만큼 강화시킨다(Parnes, 1987). 조직의 창의성을 다시 조리법에 비유해 본다면, 이것은 좋은 재료가 잘 결합되었을 때 훌륭한 요리로 완성되는 것과 같다. 맛있는 치킨스프를 위해서는 좋은 닭이라는 주재료가 필요하듯이, 조직이 창의적이려면 창의성이 높은 구성원이 필요하다.

사람, 과정, 환경 그리고 산출물을 포함하는 창의성의 전통적인 요인은 이 시스템 모델에서 찾아볼 수 있다. 그리고 여기에 새로운 영역인 리더십이 추가되었다. 이것은 3가지 요인에 영향을 주는 리더의 태도로, 이 모델의 가장 윗부분에 배치되어 있다. 특별히 리더십은 심리적인 환경의 특성에 깊은 영향을 미친다. 다시 말해서, 리더십은 사람과 창의적 결과물을 생산하도록 만드는 과정에 장기간 영향력을 행사한다. 리더십은 경우에 따라 다른 요인들이 효과적으로 상호작용할 수 있는 윤활유의 역할을 한다. 효과적인 리더십은 사람들이 창의적 사고 과정에 적극적으로 참여할 수 있는 창의적인 분위기를 조성하는 것으로 시작한다. 이와 같은 모델은 스스로의 창의성을 포용하면서 창의적 리더십을 보여 주는 윤활유로, 프랙탈(fractal)이라고 할 수 있다.

창의적 리더십: 개념 설명

창의적 사고와 변화를 강조하는 리더는 반드시 모든 창의성의 요소를 알고 있어야 한다. 그들은 반드시 자신의 혹은 다른 사람들의 창의적 능력을 이해해야 한다. 창의적 과정에 능숙해야 하며 다른 사람들을 이러한 과정에 참여시킬 수 있어야 한다. 그들은 반드시 창의적 사고를 장려하는 일터의 분위기를 다양한 방법으로 조성해 가야 한다. 간단히 말해서, 리더십은 시스템 모델의 모든 요소에 깊은 영향력을 지닌다. 그러므로 리더는 이 시스템 모델에서 고유의 역할을 인식할 필요가 있다. 조직의 일터에서 벌어지는 실제적 경험과 조사 결과에서 알 수 있듯이, 리더십은 조직의 창의적 결과물에 대해 상당한 영향력을 지니고 있다(Barnowe, 1975; Tierney, Farmer, & Graen, 1999; West et al., 2003; Zhou, 2008). [그림 1-3]에서 설명한 것과 같이, 리더십은 창의적인 산출물을 생산하고 궁극적으로는 창의적인 변화와 상호작용할 수 있는 영역에 강력한 영향을 미친다. 즉, 리더십은 채용, 선택, 훈련 그리고 개인의 발전 등 조직 환경의 경향과 특성에 따라 장기전으로 진행된다. 그리고 창의적인 과정, 절차, 정책을 채택해 나간다.

리더십이라는 용어는 다양하게 함축된 의미, 개념 그리고 설명을 포함한다. 좀 더 분명히 언급하자면, 이 책에서는 의도적으로 새로운 무언가의 존재를 나타내는 일반적인 변화로서의 리더십이 아닌 바람직한 변화를 추구하는 구체적인 리더십의 종류에 대한 내용을 다루고 있다. 모든 리더십이 창의성을 포함하는 것은 아니다. 어떤 경우에는 리더십의 목적이 이미 정해진 목표를 향해 움직이도록 할 수도 있다. 프로 스포츠 팀 코치는 팀을 리그 챔피언이라는 목표로 이끌길 원한다. 학교 교장은 학생들이 전국 시험에서 우수한 성적을 낼 수 있도록 하기 위해 자신의 능력을 쏟는다. 그리고 군 장교는 명령받은 특별한 임무를 수행하기 위해 부대를 이끌 것이다. 이러한 모든 경우에 개인은 참신함이 결여된 정해진 목표를 이루기 위해 그것을 시도할지도 모른다. 즉, 프로 축구팀은 슈퍼볼에서 우승하기 위해 같은 목표를 공유할 것이고, 학교 기관에서는 학군을 위해 학생들의 성적을 중요시할 것이며, 군 장교는 특별 임무와 관련된 상급자의 명령에 복종하려 할 것이다. 이와 반대로, 창의적 리더십은 다음과 같이 정의할 수 있다.

> 참신한 목표를 향해 누군가의 창의성을 끌어들여 그룹을 이끌 수 있고, 새로운 방향을 제시하여 함께 나아갈 수 있는 능력이다. 이러한 창의적 변화의 결과로서, 창의적 리더는 주변 환경(일터, 공동체, 학교, 가족)과 구성원들에게 긍정적인 영향을 미친다.

몇몇의 다른 리더십의 형식에서는 창의적 사고가 중요한 역할을 하지 못한다고 언급하고자 하는 것이 아니다. 정확히 말하자면, 리더가 그룹을 정해진 목표로 인도하고자 할 때, 진행 과정에서 극복해야 할 과제를 해결하는 데 창의적인 사고가 필요하기도 하다. 축구 코치는 상대 팀의 공격을 방어하기 위해 새로운 수비 전략이 필요할 것이고, 학교 교장은 예산이 축소된 기간 내에서 학습을 신장시키기 위해 새로운 방법을 찾아야 할 것이다. 그리고 군 장교는 예상하지 않은 새로운 전략을 세워야만 할 수 있다. 이러한 모든 경우에 리더는 의미 있는 목표를 향해 다른 사람들을 이끌고 창의적 사고를 도용해야만 한다. 이러한 방식으로 창의성은 일반적인 리더십의 핵심 역량이 되어 가고 있다.

이 책에서 제시한 원리와 절차는 창의적인 역량을 강화시키고자 하는 모든 사람에게 유익한 정보로 제공될 것이다. 리더는 정해진 목표를 향한 과정에서 만날 수 있는 장애물을 극복하고, 그룹, 조직, 공동체에서 구성원들이 성공적인 참신한 목표를 채택하도록 그들을 자극해야 한다.

학습 내용 적용

이 장에서는 긍정적 변화를 추구하는 리더의 핵심 역량으로 창의적 사고에 기초한 리더십과 창의성 그리고 변화 간의 중요한 관계를 살펴보았다. Simonton(1984)은 창의성과 리더십의 밀접한 관계를 다음과 같이 표현하였다. "유명한 창시자나 리더의 시각에서 바라볼 때, 창의성과 리더십의 구분은 사라지고 있다. 왜냐하면 창의성은 리더십의 다양한 표현 중 하나이기 때문이다."(p. 181) 다음의 내용은 이러한 중요한 관계를 깊이 이해할 수 있도록 도와줄 것이다.

1. 창의성에 대한 당신의 개인적 정의는 무엇인가? 당신은 리더십을 어떻게 정의 내릴 수 있는가? 이러한 창의성과 리더십이 서로 관계하는 개념과 이러한 정의의 예를 들어 보자. 개념적 연결은 무엇인가?

2. 당신의 인생에 가장 긍정적인 영향을 미친 리더를 떠올려 보자. 그 사람의 역량을 검토해 보고, 그 사람이 리더라고 생각한 이유를 나열해 보자. 창의성과 밀접하게 관련된 사항을 확인해 보자. 당신은 이와 같은 역량을 어느 정도 갖추고 있는지 스스로에게 물어보자. 가장 중요하다고 믿는 역량을 개발하기 위해 어떠한 요인이 가장 필요한지 생각해 보자.

3. 다른 사람들이 창의적인 생각을 할 수 있도록 이끄는 성공적인 리더를 정의해 보자. 그가 무슨 일을 하였으며, 다른 사람들의 창의적 사고를 향상시키기 위한 능력의 결과는 무엇이었는가? 반대로 창의적인 사고를 방해했던 리더를 떠올려 보자. 그는 창의성에 부정적 영향을 미치는 데 무엇을 하였는가? 그러한 행동의 결과는 무엇이었는가?

우리는 이 장의 처음 부분에서 한 가지 질문을 제시하였는데, 그에 대한 답은 다음과 같다. 〈표 1-1〉의 중간 열은 매우 창의적인 사람과 관련된 몇 가지 특징을 요약하여 제시한다(Davis, 1986). 그리고 나머지 두 열은 21세기의 리더십을 다룬 문헌들에서 인용한 것이다(Bennis et al., 2001; Hesselbein et al., 1996).

제2장

창의적 문제해결:
창의적 리더십을 위한 기본 틀

어떤 사람은 존재하는 것을 보면서 그 이유를 생각해 본다. 나는 존재하지 않는 무언가를 생각하면서 그 이유를 물어본다.

–George Bernard Shaw–

미리보기

새 천년을 맞이하여, 많은 리더십 전문가는 효율적인 리더십과 비효율적인 리더십을 분류하는 기법 중 하나가 바로 성공적으로 복잡한 과제들을 해결하는 능력이라고 주장한다. 일터 환경이 급변하면서 야기되는 다양한 문제는 결코 쉽게 해결되지 않는다. 이 장에서는 복잡한 쟁점을 성공적으로 다루기 위해 상상력을 적용할 수 있는 CPS 과정의 사용법을 다룰 것이다. 먼저 창의적 사고가 요구하는 문제부터 설명하고, 관리, 창의적 경영 그리고 창의적 리더십 간의 차이점을 비교해 본 후 의도적으로 창의적 사고를 활용하는 리더십 태도의 몇 가지 효과에 대해서도 알아볼 것이다. 그리고 끝으로 CPS 과정, 역사, 목적 그리고 구조를 소개하는 것으로 마무리할 예정이다. 이 장의 주요 역할은 리더가 창의적으로 문제를 해결하는 방법을 학습하고, 그것을 구조적으로 적용하는 과정을 인식하도록 돕는 것이다.

복잡한 문제를 해결하기 위한 상상력의 발휘: 리더의 행동

1921년 Ford 자동차 회사 달력에 미국의 유명한 풍자 작가인 Mark Twain의 말이 인용되었다. "매우 중대하고 위대한 일은 날씨와 관련지어 말하는 것이다. 하지만 사람들은 그렇게 하지 않는다." 비록 Mark Twain이 이러한 표현을 했다는 것에 대해 논쟁이 있을지라도, 이러한 인용은 현대의 일상적인 삶, 변화의 속도와 관련된 대화에 쉽게 적용할 수 있다. 하지만 불행하게도 리더들을 위한 주변에서 일어나는 변화를 감지할 만한 값비싼 장치가 아직 개발되지 않았다. 기상예보를 듣지 않고 운을 기다리는 사람들처럼 변화에 민감하지 않은 리더는 결국 좋지 않은 결과로 고통을 당하기 쉽다. 팀과 조직의 생존을 위협하는 변화는 그 속도가 빠르기 때문이다. 뉴욕 스타일 피자 체인점 Take Sbarro는 2009년 간신히 업계에서 생존할 수 있었다. 한때는 쇼핑센터와 공항에서 성공적인 피자 체인점으로 점유율이 높았지만 2000년 불경기가 몰아쳤을 때 쇼핑센터 소비자들의 관심에서 멀어지게 되었고, 결국은 소비율이 하락하여 동종 업계에서 밀리게 되었다. Sbarro의 경쟁 업체들은 아침식사나 야식으로 먹을 수 있는 신 메뉴를 개발하여 불황에 대비하고 있었지만, Sbarro는 일반 쇼핑센터들이 문을 닫는 시간과 동일하게 상점의 문을 닫고, 변화에 대비하지 않았기 때문이다. Domino나 Pizza Hut에서 새롭게 선보인 여러 가지 서비스와는 다르게 Sbarro는 변화하는 상황에 미처 반응하지 못하였다.

변화는 도전을 받아들일 뿐만 아니라, 특별히 장기적인 기상예보의 기회, 즉 새로운 계획을 창출할 수 있는 기회를 제공한다. 순간을 인식해야 하는 파도타기 선수들을 생각해 보자. 그들은 파도타기를 위한 특별히 좋은 조건을 배워야 한다. 파도타기 팬들은 심지어 웹사이트를 활용해 컴퓨터 그래픽으로 가상의 큰 파도를 상상하며 연습하기도 한다. 영화 대여 체인인 Blockbuster는 변화하는 시장의 흐름을 읽지 못한 조직의 대표적인 예다. 이 회사는 몇 해 동안 6만 명의 직원이 종사하는 영화 대여 사업으로 번창하고 있었다. 그러나 그들 역시 인터넷 시대가 가져오는 변화의 흐름을 미리 간파하지 못했다. 지금 그들의 상황은 케이블 매체의 회사를 따라잡기 급급한 실정이 되었다. 대신 Netflex, Redbox와 같은 영화 임대 회사들이 소비자에게 편안한 영화를 제공하고 있다. Blockbuster는 자신들의 모든 프로그램에 대한 수수료를 요구하는 것으로 회사를 유지하고자 했으나, 2010년 9월에 찾아온 부도를 막기에는 역부족이었다. 리더들은 성공을 위해서 변화에 숨겨진 기회를 포착할 수 있는 자신들만의 상상력을 반드시 발휘해야만 한다. 최근 연구에 따르면, "개발 가능한 최신의 테크놀로지 같은 중요한 이벤트와 관련해 적극적으로 정보를 찾는 일은 리더에게 매우 중요하다"(Byrne, Mumford, Barrett, & Vessey, 2009, p. 260)는 것을 알 수 있다.

변화를 이끌고 포용하면서 상상력을 활용할 수 있음을 보여 주는 증거는 혁신적인 기업가를 연구한 *Harvard Business Review*에서 찾아볼 수 있다(Dyer, Gregersen, & Christensen, 2009). 이 연구의 혁신적인 대상은 Dell 컴퓨터의 Michael Dell, 사우스웨스트 항공사의 Herb Kelleher, Amazon.com의 Jeff Bezos, Research In Motion의 Mike Lazaridis, eBay의 Pierre Omidyar 그리고 다른 성공한 기업가들을 포함하였다. Dyer와 동료들은 이러한 리더들이 바라본 변화의 관점을 다음의 2가지로 요약하였다. "① 그들은 적극적으로 고정관념의 틀을 벗어나려 한다. ② 그들은 변화를 일으키기 위해 규칙적으로 위험을 감수하는 일을 한다."(p. 66) 게다가 이러한 혁신적인 기업가들을 연구함으로써 새로운 사고의 생성과 포용 능력을 향상시킬 수 있는 5가지 개발 가능한 기법이 성립되었다. 이러한 기법들은 〈표 2-1〉과 같다. 이 표에서 중요하게 관찰된 점을 크게 2가지로 밝히고 싶다. 첫째, 여기서 설명하고 있는 기법들은 네트워크를 제외한 창의적 사고와 깊은 관련이 있어 왔다. 창의적 사고란 변화

〈표 2-1〉 유용한 리더십 개발 기법

- **개발 기법 1: 연합(associating)**
  - **설명**: 관련성이 없는 질문, 문제 또는 아이디어와 연결하기 위해 다른 영역에서 영입할 수 있는 능력
  - **예**: Pierre Omidyar는 3가지 서로 다른 경험으로 인해 eBay에 대한 영감을 얻었다. ① 더욱 효율적으로 시장을 창출하는 매력, ② 약혼녀의 Pez 디스펜서를 모으려는 열정, ③ Pez 디스펜서가 드물게 설치된 지역 광고의 제한된 유용성

- **개발 기법 2: 질문(questioning)**
  - **설명**: 일반적인 생각과 지혜에 도전할 수 있는 질문 능력. 혁신적인 사업가는 "왜?" "왜 아니지?" 그리고 "만약에 ……라면?"이라는 질문을 한다.
  - **예**: Michael Dell은 왜 컴퓨터가 그들이 지닌 부품 총액의 5배에 거래되는지

의문을 가졌다. 그 결과 지금의 Dell 컴퓨터가 탄생하였다.

- **개발 기법 3: 관찰력(observing)**
  - **설명**: 인류학자나 사회과학자와 같이 다른 사람들의 태도를 면밀히 관찰하면서 행동할 수 있으며, 아이디어로 돌파할 수 있는 능력
  - **예**: 인도 Tata Motors의 창시자 Ratan Tata는 4인 가족이 한 대의 스쿠터를 위험하게 타고 다니는 것을 보고, 대략 2,500달러 정도의 가격으로 살 수 있는 작고 저렴한 가족용 자동차를 생산하였다.

- **개발 기법 4: 실험 정신(experiment)**
  - **설명**: 새로운 아이디어를 적극적으로 시험해 보고자 하는 마음
  - **예**: 온라인 서점을 운영하던 Jeff Bezos의 실험 정신은 Amazon이라는 거대하고 각광받는 소매점을 탄생시켰다. 지금 Amazon에서는 전자 생산업체로서 전자 독서를 즐길 수 있는 Kindle을 실험하고 있다.

- **개발 기법 5: 네트워크(networking)**
  - **설명**: 다른 관점이나 아이디어를 소유한 개인 혹은 다양한 영역의 사람들과 상호작용하는 것
  - **예**: Mike Lazaridis는 콘퍼런스에 참석해 자판기를 활용한 무선 자료 시스템으로 연설을 듣는 동안 BlackBerry를 개발하기 위한 영감을 받았다.

하는 환경 속에서 성공적인 리더십을 발휘하기 위한 창의적 기법을 의미한다. 둘째, 이러한 기법이 마치 독립된 것인 듯 설명하고는 있지만, 한 가지 기법이 다른 것도 강조하면서 상당 부분 겹칠 수 있다. 예를 들어, 한 개인이 네트워크 활동에 자주 참여할수록 관련 없는 분야와도 긴밀한 조화를 이룰 수 있는 것과 같다.

창의적 사고의 적용

변화에 직면한 후, 리더들은 그들 자신의 상상력을 발휘해야 한다고 지금까지 강조하였다. 지금부터는 창의적인 사고를 필요로 하는 문제의 종류에 대해 더욱 자세하게 살펴보고자 한다. 문제를 해결하기 위해서 리더에게 창의적인 사고가 필요하다는 의견은 매우 중요하다. 이러한 태도는 문제를 풀기 위해 언제 상상력이 필요하고 언제 그렇지 않은지를 결정하는 데 도움이 된다. 1장에서 언급한 것과 같이, 모든 변화가 창의성을 갖추거나 창의적인 아이디어에 반드시 반응해야 하는 것은 아니다.

[그림 2-1]은 창의적 사고가 필요한 문제의 종류를 설명하고 있다. 이 매트릭스는 문제의 본질과 문제의 접근법이라는 2가지 영역에 기초하여 분석되었다. 수평축은 **반응적**(reactive)이고 **예방적**

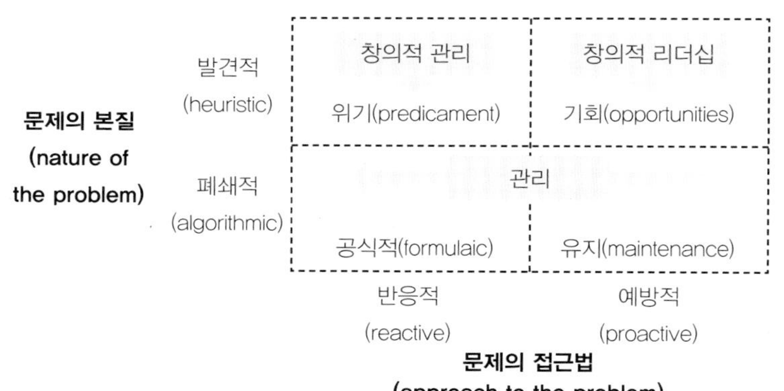

[그림 2-1] 문제의 형태

출처: Puccio, Mance, & Murdock (2010).

(proactive)인 문제 접근법으로 나뉜다. 반응적 접근은 시스템, 상황 또는 과정 속에서 변화가 있을 때 발생한다. 이러한 변화는 성과가 떨어지거나 부정적인 결과물이 나올 가능성의 결과를 보여 준다. 예를 들어, 생산 라인 기계에 문제가 발생했을 때, 요리사가 조리법에 꼭 필요한 재료를 준비하지 못했을 때, 아이의 잠자는 패턴이 변해서 오랫동안 지켜오던 취침 시간이 더 이상 효력을 발휘하지 못할 때, 범죄의 증가, 판매 감소, 팀의 불화가 스트레스를 가져올 때, 또는 사람들이 더 이상 광고에 관심을 보이지 않을 때를 말한다.

또 다른 상황에서는 예방적 접근과 미래 지향적인 사고를 추구할 수 있다. 문제해결을 위한 예방적 접근은 새로운 기회를 포착하거나 주변 상황 속에서 꾸준하게 새로운 방법을 찾는 것이다. 예방적 문제해결은 비전을 추구하는 것 또는 목표를 세우는 것과 관련이 높다. 예를 들어, 비즈니스에서는 새로운 시장을 추구하고, 발명가는 생활에서 더 편리한 제품을 만들며, 조직은 판매율을 높이기 위해 오래된 생산 라인의 변화를 시도한다. 건강 관리자는 구성원들의 활력을 위한 새로운 서비스를 선보일 것이며, 가족은 새로운 여행지를 선택해서 휴가 계획을 세울 수도 있을 것이다. 이러한 모든 경우에서 창의적 사고는 위협에 대한 대응 방안이라기보다는 미리 사고하는 것을 지원해 주는 도구로 사용된다.

[그림 2-1]의 수직축은 폐쇄적 문제 혹은 발견적 문제의 본질과 연결된다. 폐쇄적인 문제 상황에서는 그것을 해결하기 위한 방법이 이미 알려져 있고, 유일하게 옳은 답이나 제한된 선택 범위를 가질 뿐이다. 이러한 **폐쇄적**(algorithmic) 문제는 언제나 단 하나의 해답만

을 추구하는 경향이 높으며 그 하나의 해답만이 강조되기 때문에, 여기에서는 창의적인 사고가 필요하지 않다. 반대로 **발견적**(heuristic) 문제에서는 반드시 따라야 할 정해진 방법이나 분명한 해결책이 존재하지 않는다. 창의적 사고는 발견적 문제에서 요구되기 때문에 창의적 문제해결과 같은 의도적인 접근법은 매트릭스의 윗부분에 놓이게 된다. 의도적인 창의적 사고는 문제가 반응적이거나 예방적인 것(매트릭스의 아랫부분)과는 거리가 멀기 때문에, 방법이나 해결책이 일단 정해지면 창의적 사고는 필요하지 않게 된다.

문제의 접근법에 대한 2가지 형태가 문제의 2가지 종류와 교차되었을 때, 문제의 시나리오는 4가지의 다른 종류로 나타난다. 왼쪽 아래의 사분면은 **공식적**(formulaic)인 시나리오를 가리킨다. 공식적인 시나리오에서는 변화나 발생된 상황이 무엇이든 그것이 단순한 과정 혹은 공식을 따르게 될 경우 상황은 바르게 해결될 수 있다. 성과에 부정적인 영향을 미칠 것 같은 미래의 변화를 예상하고, 그로 인한 부정적인 결과를 피하기 위해 특정한 절차나 해결책이 필요한 상황이라면 오른쪽 아래의 **유지**(maintenance)를 작동시킬 수 있다. 예를 들어, 사람들은 정기적으로 차 엔진 오일을 바꾼다. 그렇게 하지 않으면 부정적인 결과가 초래될 수 있기 때문이다. 이와 같이 일상적 활동을 유지하기 위해서라면 창의적인 사고는 거의 필요하지 않을 수 있다.

반면에 문제의 본질이 발견적인 경우에 해당하는 [그림 2-1]의 윗부분에서는 창의적인 사고가 요구된다. 현재 상황에서 어떤 일이 잘못 진행되고 있을 때에는 문제를 정확히 다루는 법에 대한 확신이 없으므로 창의적 사고가 필요하다. 현재의 성공 수준을 바꿀 수 있는 외부적인 위협을 지각할 때에도 역시 창의적인 사고가 필요하다. 시장에서 새로운 경쟁자가 출현한 경우 혹은 일반적인 정책의 변화를 예상해 보는 경우가 그 예에 해당한다. 이러한 문제들은 **위기**(predicament)라고 볼 수 있다. 왼쪽 위의 사분면에 위치한 위기는 어렵고 복잡하거나 혼란스러운 상황으로, 과거의 성과를 회복하기 위해 새로운 접근법을 찾을 때에 해당한다. 무엇인가가 현재의 성과를 위협하고, 그에 대응하기 위한 최선의 방법을 찾을 때를 위기 상황이라고 볼 수 있다. 아마도 "휴스턴, 문제가 있는 것 같아요."라는 표현은 "휴스턴, 위기가 닥쳤어요."라는 의미를 함축한다고 보는 것이 더 정확할지도 모른다.

오른쪽 위의 사분면에서는 바람직한 가능성을 적극적으로 추진하기로 찬성하여 결정한 시점의 **기회**(opportunity)를 발견할 수 있다. 이는 바람직한 가능성을 적극적으로 추진해야 할 시기를 의미한다. 예를 들어, 시장에서 요구가 충족되지 않은 고객이 있다든지, 새로운 사업을 모색하기 위해 창의적인 방법을 시도해 본다든지, 혹은 학교를 구조화하기 위해 새로운 방법을 찾아볼 수도 있다. 위기와 기회는 개방적이기 때문에, 리더는 반드시 해결 방안을 모색해야만 한다. 이러한 과정을 통해 창의적 사고가 의도적으로 적용되어 강화될 수 있다.

이러한 사분면들은 고립되어 있는 것이 아니라 상호작용할 수 있다. 실제로 일어난 사건을 예로 들어 보겠다. 도넛을 사기 위해 한 시간이 넘도록 줄을 서서 기다려야 한다는 것을 상상해 볼 수 있겠는가? 어쩌면 제정신이 아니라고 생각할 수도 있다. 하지만 이러한 현상은 Krispy Kreme Doughnuts가 새롭게 매장을 오픈하였을 때 정확하게 벌어졌다. 도넛 체인점인 Krispy Kreme Doughnuts는 1990년대에 사업을 크게 확장했다. 그 당시 미국에서는 체인 사업이 급속도로 성장하고 있었다. 이러한 성장으로 도넛을 먹으려는 미국인들의 식욕은 높아져만 갔다. 하지만 오늘날 여러 가지 이유로 도넛에 대한 소비는 상당히 급감하였다. 그리하여 Krispy Kreme Doughnuts는 위기를 맞이하게 되었고, 이에 대한 방안으로 비용을 줄이거나 매출이 부진한 매장을 철수시키는 등의 일반적인 해결책을 시도하였다. 이처럼 Krispy Kreme Doughnuts가 일반적인 전략을 앞세워 내세운 대책들은 공식적인 시나리오 관점에서 문제를 해석한 것이었다. 하지만 불행하게도 2006년부터 2010년 사이의 매출 부진은 이러한 해결책들이 성공하지 못했다는 증거를 보여 준다. 아마도 문제가 발생한 초기 시점에서 공식적인 문제를 위기로 옮긴 다음, 복잡한 상황을 해결하기 위한 창의적 사고를 적용해야 했을지도 모른다. 독특한 아이디어를 시도하여 적용할 수 있는 절호의 기회였는데도 일반적인 해결책을 도용하여 문제를 다루었다는 것이 매출 부진의 주요 원인이었다. Krispy Kreme Doughnuts의 최근 전략 중 하나는 홍콩, 말레이시아, 한국, 터키, 호주 등 인구가 밀집되어 있지만 매장이 포화 상태가 아닌 곳에 해외 프랜차이즈를 만드는 것이다.

Krispy Kreme Doughnuts의 현재 실정은 기회가 아닌 위기 상황으로 이동하였다. 이유는 무엇일까? 도넛에 있는 지방 성분을 제거하기 위한 기술이 요구되고 있고, 불황으로 이미 기울어진 미국 내 시장을 바꾸기엔 너무 늦었기 때문이다. Krispy Kreme Doughnuts는 근본적으로 변하지 않는 사업 마인드의 정해진 목적만을 추구하였다. 그들의 도넛은 낮은 포화지방 함유율을 가지고 있었고 해외에서도 잘 팔리는 상품으로 인식되었지만, 그들의 핵심 목표는 오로지 도넛을 많이 팔아 이윤을 남기는 것에서 벗어나지 못했다. 반면 아침용 샌드위치라는 새로운 기회를 포착한 외식 업계의 경우를 살펴보겠다. 거대한 패스트푸드 업체인 McDonald는 몇 년 동안 아침식사 서비스를 판매해 왔지만 처음부터 이러한 서비스가 제공되었던 것은 아니다. 1970년대 이전에는 Egg McMuffin이 출시되지 않았기 때문에 McDonald 매장에서는 점심과 저녁에만 판매가 이루어졌다.

캘리포니아 주에 위치한 McDonald 체인점의 주인인 Herb Peterson은 Egg McMuffin이라는 상품의 출시에 대한 공로를 인정받았다. Peterson은 에그 베네딕트의 탐식가로서 최근 McDonald의 사업이 아침용 상품으로 널리 확장되는 데 큰 기여를 했다. 최초의 Egg McMuffin은 1972년 캘리포니아 골레타 지역에 위치한 McDonald 전시회에서 판매용으로 준비되었다.

Peterson은 McDonald의 창시자인 Ray Kroc을 자신의 매장으로 초대하여 새로운 상품을 선보였다. Ray Kroc(1987)은 자신의 책에 다음과 같이 기록했다.

처음엔 그 상품이 마치 제정신이 아닌 상태에서 나온 아이디어라고 생각했다. 하지만 그것을 직접 맛본 후 판매하기로 결정하였다. 빙고! 나는 이 아이템이 모든 매장에서 곧 출시되길 원한다. 현실적으로는 처음부터 당연히 불가능했다. 에그 샌드위치를 생산하려면 우리의 시스템을 완전하게 통합하여야 하므로 3년 남짓의 시간이 걸렸다(p. 174).

Kroc은 Egg McMuffin이라는 아이디어를 찾으려고 노력하지 않았다. 그러나 그에게는 무엇이 기회가 될 수 있는지 분별할 수 있는 능력이 있었기에 아침용 샌드위치를 만들기 위한 새로운 생산 라인을 구축하게 되었다. 30년이 지난 후, McDonald의 아침용 상품 판매는 매년 전체 미국 내 판매율의 25%를 초과하는 6십억 달러를 기록하고 있다(Garber, 2005).

관리, 창의적 경영, 창의적 리더십:
무엇이 다른가

창의성 전문가들은 모든 문제에 창의적 접근법이 요구되는 것은 아니라고 언급하였다. [그림 2-1]에서 설명한 모든 부분을 살펴보면, 리더는 설명된 4가지 문제 모두에 직면할 수 있다. 리더를 위한 전략은 효과적으로 문제의 근본을 진단하고 그것에 적절하게 대응하는 것이다. 이러한 문제 시나리오 사이의 구별은 리더가 문제에 반응하기 위한 조치로 갖추어야 할 3가지 태도를 통해 인식될 수 있다. 이러한 태도는 관리와 리더십의 차이를 알 수 있도록 도와준다.

리더십에 대한 이해를 발전시키기 위한 한 가지 방법으로, 그것을 관리(management)라는 용어와 비교해 볼 수 있다. 관리자와 리더는 비슷한 의미일까? 그렇지 않다면 관리자와 리더의 차이는 무엇일까? 많은 학자가 리더십과 관리를 구분하여 구체적으로 정의하고 있다(예: Bennis & Nanus, 1985; Gardner, 1990; Kotter, 1990; Munitz, 1988; Palus & Horth, 2002; Zaleznik, 1977, 1998).

Bennis와 Nanus(1985)는 관리와 리더십의 차이를 알아보기 위해 사회적으로 성공한 60명의 CEO 및 30명의 유명인사를 대상으로 인터뷰하였다. 그 내용은 다음과 같다.

> 관리와 리더십 사이에서는 심오한 차이점을 발견할 수 있으며, 2가지 개념은 모두 중요하다. '관리하는 것'은 '책임을 완수하거나 목표 달성에 이르는 것'을 의미하는 반면, '리드하는 것'은 '방향, 과정, 행동 그리고 의견을 이끌고 영향력을 행사하는 것'을 의미한다는 중요한 차이가 있다. 관리자는 일을 적절하게 하는 사람이고, 리더는 효과적으로 주변 사람들의 동기를 자극하여 올바른 일을 하도록 이끄는 사람이다(p. 21).

Bennis와 Nanus는 관리는 정해진 활동을 완수하는 데 중심을 두어 효율성을 추구하는 반면, 리더십은 효과에 의해 동기화될 수 있다고 정리하였다.

하버드 대학교의 경제학 교수인 John Kotter(1990)는 리더십과 관리를 과정으로 설명하였다. Kotter는 리더십이 변화의 절차를 위한 기능적 과정이라면, 관리는 합의된 결과물을 생산하기 위한 과정이라고 말하였다. Fullan(2001)은 리더십과 관리의 차이를 다음과 같이 언급하였다.

> 나는 리더십과 관리를 따로 구별하여 생각해 본 적이 없다. 그것들의 역할은 중복되고, 리더는 이 2가지 특성을 모두 필요로 한다. 하지만 단 한 가지 특별한 차이점이 존재할 수 있다. 즉, 리더십에서는 결코 쉽게 해결될 수 없는 문제들이 맡겨진다는 것이다. …… 이러한 문제들 속에서 유일한 해결책을 찾기란 쉬운 일이 아니다. 그런데도 우리는 리더가 그 문제를 해결하길 원하고 있다(p. 2).

앞서의 관점에 따르면, 관리는 현재 상황의 유지에 중점을 두는 반면, 리더십은 단순한 변화가 아닌 새로운 아이디어나 현실적인 접근을 다루는 창의적 변화를 추구하는 것처럼 보인다. 따라서 창의적 사고는 대체적으로 관리보다는 리더십과 더욱 연결되어 있는 것처럼 보인다. 이러한 편견은 관리자와 리더의 차이점을 고전적으로 서술한 Zaleznik(1998)의 개정된 보고서에서 살펴볼 수 있다.

> 비즈니스 분야의 리더들이 관리자보다는 예술가, 과학자 또는 창의적인 생각을 하는 사람들과 더 많은 시간을 보내는 것 같다. 실제로 비즈니스 스쿨에서는 전략적인 논리성과 관련된 수업시수는 줄이고, 컴퓨터 사용이나 창의성, 상상력의 경험을 더욱 풍부하

게 제공할 수 있는 과목들을 추가하고 있다. 그들이 성공하기 위해서는 리더십의 위치에서 특별한 사람으로 준비되어 더욱 훌륭하게 업무를 수행해야 할 필요가 있다(p. 87).

리더십의 의미에 관리를 제외한 창의성만 포함해야 한다고 주장하는 것은 아니다. 사실 이 책의 1판에서도 이와 같은 의견으로 설명하였다. 되짚어 본다면, 이러한 구분은 너무나 총체적이고 부정확한 분리라고 생각한다. 확실하게 성공하려면, 리더는 이러한 3가지 구분과 광범위한 과정, 즉 태도의 단위에 몰입해야만 한다. 앞서 설명한 **관리**(management)는 현재 상황을 유지하기 위해 표준화된 절차를 사용할 것을 강조하는 과정이다. 과정으로서의 관리가 변화에 적응하는 것이 목적이라면 적절하게 공식적이고 현상 유지를 위한 문제에 적용할 수 있다. 여기서는 특별하게 창의적 사고가 필요하다고 볼 수는 없고, 간단히 관리적인 태도를 취하는 것이 적당하다.

그러나 상황에 따라 성과의 수준을 달성하기 위해 참신한 반응이 필요할 때가 있다. 이러한 상황을 위기라고 언급한다. 현재 성과의 수준에 비추어 효과가 있을 것 같이 보이지는 않았지만, 달라진 반응의 변화가 있을 수 있다. 이러한 과정을 우리는 **창의적 경영**(creative management)이라고 부른다. 이때 과거의 성과 회복을 위해 리더는 창의적 사고로 독특한 해결책을 개발하여 상황에 적용한다. 예를 들어, 만약 Krispy Kreme Doughnuts가 독특한 맛으로 고객들의 입맛을 유혹하면서 지방 함유량을 줄인 도넛을 개발했다면, 결과적으로 매출이 회복되어 이윤 문제를 창의적으로 경영할 수 있었을 것이다. 창의적 경영은 목표를 바꾸는 것이 아니라 목표를 성취하기 위한 해결책이나 접근법에 변화를 시도하는 것이다.

마지막으로, 리더는 Egg McMuffin의 예로 초기에 아이디어를 공유했던 것처럼 기회를 인식해야 할 때가 있다. 이러한 경우는 리더가 과정에 적극적으로 참여했기 때문에 창의적 리더십에 해당한다. 1장에서 언급하였듯이, **창의적 리더십**(creative leadership)은 리더가 누군가의 상상력을 자극하고 그들의 의견을 인식하는 동시에, 조직이 나아가야 할 새로운 목표와 방향을 향해 이끄는 과정이다. McDonald의 아침 상품 사업에 투자할 때 Egg McMuffin을 개발한 Peterson과 그것이 새로운 기회라는 것을 인식한 Kroc을 비롯한 모든 임원은 창의적 리더십을 발휘한 것이다.

이러한 과정을 거쳐 2가지의 중요한 점을 발견할 수 있다. 첫째, 관리자와 리더 모두 자신의 상황에 맞는 방식으로 창의성을 사용한다는 것이다. 관리자는 현실을 위협하는 문제를 해결하기 위해 창의성을 사용하는 반면, 리더는 새로운 방향을 추구하기 위해 창의성을 사용한다. 둘째, 사람과 과정을 분리시켰다는 것을 알 수 있다. 리더와 관리자를 언급할 때는 사람에 중심을 두면서 생각하다가 관리, 창의적 경영 그리고 창의적 리더십에 대해 언급할 때는 과정을 강조한다고 볼 수 있다. 시간이 흘러 누군가 성공하길 원한다면 관리, 창의적 경영 그리고 창의적 리더십이 함께 융합된 태도가 반드시 필요할 것이다.

리더는 창의적 문제해결자

위기나 기회에 직면한 리더는 창의적 문제해결을 필요로 한다. Byrne과 동료들(2009)은 창의적인 노력을 높이기 위해 리더가 생각하고 해야 할 일을 연구하여 발표하였다.

> 여러 가지 고려해야 할 사항과 태도가 복잡하게 연결되었다는 근본적인 특성으로 인해 혁신을 향한 발전된 기술이 체계적으로 발휘되려면 상당한 시간이 걸릴 수 있다. 리더 훈련 과정에는 창의적 문제해결 기법이 반드시 포함되어야 하고, 창의적인 작업 환경을 위한 재구조화가 이루어져야 한다(p. 265).

이 인용은 리더의 창의적 문제해결 능력의 체계적인 개발이라는 이 책의 중요한 요점을 정리한 것으로, Byrne과 동료들이 직접 추천한 내용이다. 이제부터는 창의적 문제해결 능력 향상을 위해 설계된 과정 모델로 관심을 돌려 보겠다. 언제 어디에서 사용하게 될지 모르는 금이 있는 곳으로 우리를 인도해 줄 보물 지도가 있다고 가정해 보자. 우선 목표를 세우고, 전체적인 방향을 설정한 후, 다양한 조건을 살피면서 효과적으로 지도를 사용할 수 있어야 한다. 창의적 문제해결(CPS) 과정은 금을 찾을 수 있도록 사고하고 행동하는 방향을 알려 주는 지도다. 이것은 아이디어를 제안하고 실행하기 위한 시금석 역할을 할 것이다. 많은 사람이 CPS라는 지도를 몇 년에 걸

〈생각 상자 2-1〉 역사적 기록

창의적 문제해결의 역사

국제창의연구센터(The International Center for Studies in Creativity)는 3명의 연구자를 선두로 첨단 과업의 토대를 만들었다. '브레인스토밍'이라는 창의적 사고 도구를 발전시킨 Alex Osborn 광고 업체 이사는 창의적 문제해결 과정과 모델의 창시자였다. Osborn은 1940년대부터 창의성에 대한 연구를 시작하였다. 1950년대에는 창의적 문제해결의 심화 연구를 위해 단과대학 교수인 Sidney Parnes와 팀을 이루었다. 초기 연구는 창의적 문제해결 과정에서의 훈련이 개인의 창의적 사고 기법을 강화시켜 준다는 Parnes의 증거로 실행되었다(Meadow & Parnes, 1959; Meadow, Parnes, & Reese, 1959; Parnes & Meadow, 1959, 1960). 다음으로, Parnes는 수학과 교수인 Ruth Noller와 함께 버펄로 주립대학교에서 창의성에 관한 대학 교육과정 설계, 산출 그리고 검증을 위해 팀을 만들었다(Noller & Parnes, 1972; Parnes & Noller, 1972a, 1972b, 1973; Reese, Parnes, Treffinger, & Kaltsounis, 1976). 동시에 창의적 문제해결 훈련에 대한 영향을 연구하면서 모델 자체를 수정해 나갔다. 조사와 적용 단계를 거친 과업은 창의적 문제해결 모델의 평가로 이루어졌다. 1953년 Osborn이 도입한 7단계 모델(관심, 준비, 분석, 가설, 부화, 종합 그리고 검증)은 해를 거듭하며 수정되었다. 현재의 해석은 여전히 그 초기의 전체적인 윤곽을 대체적으로 유지하고 있다. 창의적 문제해결의 진화에 대한 개관은 Puccio, Murdock과 Mance(2005), Isaksen과 Treffinger(2004)를 참고하라.

쳐 사용해 왔다. 반세기 이상의 역사를 가지고 있고 다양하게 변화된 이러한 개념적 모델은 창의적 사고를 광범위하게 채택해 왔다. 리더는 창의적 변화가 요구된 문제와 관련해 더욱 기능적으로 반응하기 위해 이 지도의 사용법을 배울 수 있다. 〈생각 상자 2-1〉은 CPS의 역사를 간략하게 설명하고 있다.

Osborn이 CPS를 처음 개발한 이후, 그 과정은 역동적이고 새롭게 유지되면서 발전해 왔다. CPS 과정이 테스트 기간을 잘 견뎌 낸 이유는 바로 그것이 '효과적'이기 때문이다. 무엇이 CPS를 효과적으로 만든 것일까?

1. CPS 과정은 어떤 문제를 언제 어떻게 다루어야 하는지를 효율적으로 구조화함으로써 인간의 타고난 창의적 사고 과정과 조화를 이룬다. CPS는 더욱 분명한 방법으로 문제에 쉽게 다가갈 수 있도록 직관적인 기초를 가지고 있다.

2. 확산적(선택을 생성하는)이고 수렴적(선택을 평가하는)인 사고 그리고 그들을 지원하는 도구의 대안적 현상을 통해 CPS는 창의적 사고의 가장 반대되는 상황인 미성숙하고 부적절한 판단을 미리 관리하는 방법을 알려 준다.

3. CPS는 최초의 아이디어에서 생성된 구체적인 행동과 결과를 성취하도록 이끌 수 있는 실천적인 사고의 결합체다.

4. 마지막으로, CPS는 다양한 창의성 도구와 접근법을 취할 수 있도록 유연한 틀을 제공한다.

창의적 문제해결의 기본 용어

CPS의 의미는 과연 무엇일까? CPS는 자연스러운 창의적 과정에 기초한 인지적이면서 정의적인 체계다. 의도적으로 창의적인 사고를 한 결과 창의적인 해결책과 변화가 만들어질 수 있다. CPS 과정은

'사고'와 '행동'이라는 2가지 기능을 갖는다. 인간에게는 사고하고 행동하는 것이 사실 그렇게 특별한 일이 아닐 수 있다. 그러나 의도적으로 이 과정을 사용해야 한다면 조금은 불편하고 친숙하지 않을 것이다. 정확히 말하자면, **과정**(process)이란 무엇인가를 하는 특별한 방법을 의미하며, 일반적으로 몇 가지 단계나 기능을 포함한다. 의도적인 창의적 과정이라 불리는 CPS는 개방적인 문제에 대해 직관적인 반응을 취하고, 시행착오를 거쳐서 만들어진 전략이다. 이렇게 만들어진 전략을 성취시키기 위해 CPS는 ① 조직 구성원들을 에워싼 변화하는 환경 속에서 그들의 사고방식에 영향을 미치고, ② 즉각적인 해결책이 보이지 않더라도 개인과 팀의 성과를 향상시킬 수 있다.

과연 CPS가 리더십을 위한 진정한 파트너라고 할 수 있을까? 리더는 반드시 남들과는 다르게 생각해야 한다고 흔히들 믿고 있다. 참신함이 창의적 변화에 기본적으로 필요한 요소라는 이유로 리더에게는 '올바른' 방법인지 알 수 없는 새로운 상황이 자주 펼쳐진다. 이러한 조건에서 리더는 반드시 창의적 사고를 갖춘 직관적 통찰력을 지니고 있어야 한다. 이것이 CPS의 주요 임무다. 우리를 보물이 있는 곳으로 인도해 줄 수 있는 바로 그 지도다. 다시 말해서, **창의적**(creative)이라 함은 새로운 상황에서 도전을 받을 때 리더가 고심 끝에 내린 결과물로 새롭고 유용한 아이디어나 선택의 산출물을 의미한다. 고객 서비스를 개선할 때 새로운 방법을 찾아내는 것, 경쟁관계에서 선두 자리를 유지하기 위해 새로운 생산품의 아이디어를 창출하는 것, 학습자를 격려하면서 참여하게 하는 방법, 활력 넘치는 도시를 조성하는 것 등이 복잡한 상황에서 참신함을 추구하는 예다. 여기서 리더는 창의적인 해결책을 위한 조사를 반드시 실시해야만 한다.

이번에는 CPS의 두 번째 단어인 **문제**(problem)를 살펴보겠다. 이것은 가진 것과 원하는 것의 차이를 느끼는 것으로서, 광범위한 의미의 문제가 있다. 그 차이는 불만족을 만들어 내고, 그러한 불만족은 차이를 메우기 위한 흥미로 전환될 수 있다. Mumford 등(2000)은 관리적인 차원의 문제와 리더십의 문제는 매우 다른 특성을 지니고 있다고 주장하였다. 그들은 리더가 직면하는 **잘 설명되지 않고**(유일한 해법이 없는), **새롭고**(상황이 변하거나 새로운), **복잡한**(정보를 찾지 못하거나 정보와 관련된 것을 판단하기 어려운) 문제의 형태를 설명하였다. 이러한 종류의 문제를 해결하기 위해 명확하게 구성된 것이 바로 CPS다.

마지막으로, **해결**(solving)을 통해 우리는 특정한 방법으로 행동을 취할 수 있다. 그것은 CPS 과정의 실행 부분에 해당한다. 여기서 말하는 해결이란 상황의 해결책 또는 답을 찾아내는 것을 의미한다. 그러나 그것이 답이라고 생각될 때, 다시 성찰하고 정리할 수 있는 모든 방법을 포함할 수 있다. 창의성은 단지 새롭고 유용한 것에 대해 생각하는 것만으로는 완전해질 수 없다. 그것을 실천하고, 새로운 아이디어의 결실이 맺히도록 직접적인 결과물의 형태가 있어야 한다. 과정으로서의 CPS는 복잡한 문제에 대한 창의적 해결책의 전환으로, 창의적 아이디어에 관한 것이다. 이는 생산적인 변화를 이끌어 낼 수 있다.

도입된 지 50년이 넘은 지금, CPS는 교육과 산업의 모든 방면에서 가장 광범위하게 사용될 수 있는 창의적 과정의 한 모델로 확실한 자리매김을 하고 있다. 이제 더욱 대중화된 CPS는 조사 연구의 주요한 주제가 되었다. 이러한 연구들은 CPS 훈련의 효과성을 경험 학습을 통해 평가할 수 있다. 〈생각 상자 2-2〉는 CPS의 영향력에 관한 내용이다.

〈생각 상자 2-2〉 연구 노트

창의적 문제해결의 효과성

1960년대 후반과 1970년대 초반에 Parnes와 Noller는 CPS 훈련 효과에 대한 포괄적인 검사를 실행하였다. 창의성 연구 프로젝트(The Creative Studies Project)는 몇 가지 근본 원인을 보고하였다(Parnes, 1987; Parnes & Noller, 1972a, 1972b, 1973; Reese et al., 1976). Parnes와 Noller는 학부생들을 대상으로 4학기에 걸쳐서 창의성 과정을 연구하였다. 주요한 창의성 모델은 여기서 표현된 교육적인 프로그램인 창의적 문제해결과 비슷하였다. 우선, 버펄로 주립대학교의 1학년 학생들을 연구에 참가시켰다. 지원자들은 무작위로 2년 이상 4개의 창의성 과목을 등록한 실험 집단과 창의성 과목을 등록하지 않은 통제 집단으로 선발되었다. 실험 전후로 나누어 지필로 측정된 이 자료를 통해 모든 학생을 조사하였는데, 상당수의 자료가 Guilford의 인지 모델 구조를 이용하여 측정되었다(Guilford, 1977). 결과는 실험 집단이 통제 집단의 학생들에 비해 창의성 훈련 이후 통계적으로 유효한 결과를 보였다. 창의성 과목에 참여한 학생들은 확산적이고 수렴적인 산출과 인지 측정의 중요한 차이점을 보여 주었다.

그 외의 많은 연구자는 다양한 창의 프로그램이 효과성과 어떻게 연결되는지 비교 연구를 하였다(Rose & Lin, 1984; Scott, Leritz, & Mumford, 2004a, 2004b; Torrance, 1972; Torrance & Presbury, 1984). 이러한 연구들은 CPS 훈련의 긍정적인 효과를 보고하였다. 9가지 다른 종류의 창의성 프로그램 효과성을 연구한 Torrance(1972)는 CPS가 최고의 성공률을 달성했다는 것(22개의 연구 중에서 20개의 연구가 중요한 결과로 나왔다)을 주장하였다. Rose와 Lin(1984)은 창의성 프로그램의 상위 분석 평가를 관리하였다. 다른 창의성 프로그램의 분석 평가를 위한 기초를 제공하기 위해 Rose와 Lin은 훈련의 영향력을 측정하였는데, 창의적 사고의 Torrance 검사를 가지고 연구를 평가하였다. Torrance의 창의적 사고 기법의 측정이 훈련에 사용되면 CPS는 실질적으로 확실한 효과를 제공한다고 결론을 내렸다. Scott 등(2004b)의 연구에서는 CPS와 같은 인지적인 창의 과정 프로그램이 참여자들에게 긍정적인 효과를 제공한다고 밝혀졌다.

많은 연구가 이렇게 비교·재조사되고 교육적인 상황에 맞추어 실행되었다. 하지만 조직적 상황에서의 CPS 훈련 효과는 어떠하였을까? Basadur 등의 연구에서는 전문가와 함께 CPS 훈련을 경험적으로 평가하였다. Basadur, Graen과 Green(1982)은 CPS를 실행한 직원들과 플래시보(정신적 효과를 위해 환자에게 주는 약–역자 주) 그룹으로 나누어 훈련하였다. CPS를 실행한 직원들은 새로운 제품 아이디어를 더욱 많이 만들었고, 문제를 찾는 효과성을 높여 플래시보 그룹보다 뛰어난 성과를 보였다고 하였다. Basadur, Graen과 Scandura(1986)는 CPS 훈련이 확산적 사고를 통해 기술자들의 태도를 매우 강화시킨다고 보고하였다. Basadur는 일본(Basadur, Wakabayashi, & Takai, 1992)과 남미(Basadur, Pringle, & Kirkland, 2002)에서 관리자들을 대상으로 한 연구 결과가 비슷하다고 하였다. 그는 또한 연합–관리 협상에 대한 CPS 훈련의 긍정적 효과를 보고하였다. Basadur, Pringle, Speranzini와 Bacot(2000)에 따르면, CPS 훈련은 노사 협상 당사자들 사이의 신뢰를 높이고 새로운 해결 방법을 발전시킬 수 있었다. 직장에서의 CPS 훈련에 관한 긍정적 결과는 Kabanoff와 Bottger(1991), Fontenot(1993), Wang, Wu와 Horng(1999), Wang과 Horng(2002), Wang, Horng, Hung과 Huang(2004) 등이 보고하고 있다. CPS가 조직에 미치는 영향에 대한 추가적인 정보는 Puccio, Firestien, Coyle과 Masucci(2006), Puccio 등(2005)의 연구를 보면 더욱 자세히 알 수 있다.

창의 프로그램에 대한 최근의 양적인 조사 결과로, Scott 등(2004a)은 창의성 훈련이 매우 효과적이라는 결론을 내렸다. 특히 훈련은 확산적 사고, 문제해결, 실행, 태도 그리고 행동에 의미 있는 영향력을 보여 주었다. 그들은 CPS가 더욱 성공적인 창의성 프로그램 중의 하나라고 언급하였다. 이 성공은 과정을 지원하기 위한 전략의 조화로 "창의적인 생각을 바탕으로 한 중요한 인지적 과정"(p. 383)이라는 프로그램의 설명에 기여하였다.

창의적 문제해결:
사고 기법 모델의 소개

그렇다면 CPS란 무엇이고, 그것은 어떻게 작동하는가? 지금부터 CPS 과정이 적용되는 방법을 설명한 그래픽 모델에 따른 현재의 관점을 살펴보겠다. 이미 언급한 대로, CPS 과정은 몇 년간 수정 과정을 거치면서 꾸준한 작업으로 진행되고 있다. 또한 CPS는 그 사용이 확산되면서 창의적 과정을 대체한 개념으로도 설명된다(Basadur, 1994; Isaksen, Dorval, & Treffinger, 1994, 2000; Miller, Vehar, & Firestien, 2001; Parnes, 2004). [그림 2-2]는 CPS와 관련된 우리의 관점을 표현하고 있다. 즉, 리더가 위기에 효과적으로 대응하고 기회를 활용하면서 창의성과 관련된 사고 기법을 발전시키는 접근법을 의미한다. 이러한 CPS는 구체적으로 명료한 사고 기법이 각각의 과정과 결합하여 처음으로 시도된 것이다. 우리는 이것을 '**창의적 문제해결**(creative problem solving): **사고 기법 모델**'이라

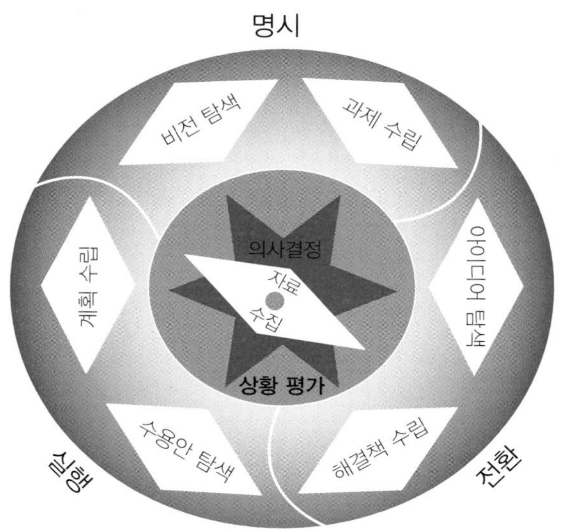

[그림 2-2] 창의적 문제해결: 사고 기법 모델

출처: Puccio, Murdock, & Mance (2005).

고 부른다. 1부에서는 각각의 모델과 관련된 구체적인 사고 기법에 대해 설명하겠다.

모델의 구조

CPS의 구조는 바깥쪽과 안쪽으로 진행되는 3가지의 개념 요소(stage), 각각의 내부에서 발산과 수렴을 반복하는 6개의 명확한 진행 방식(step), 그리고 모든 과정을 안내하는 모델의 중심인 상황 평가로 구성된다. **명시**(clarification), **전환**(transformation) 그리고 **실행**(implementation)으로 이루어진 3개의 개념적 요소는 본질적인 창의적 과정과도 연결된다. 이는 창의적 과정의 처음, 중간 그리고 마무리로 정의할 수 있는 용어다. 사람들의 의식과 관계없이 일의 본질적 진행을 이와 같은 과정을 통해 함축적으로 진행시킬 수 있다. 예를 들어, 어떤 과정에 돌입하기 위해 우리는 해결해야 할 것이 무엇인가를 정의해야만 한다(명시 요소). 다음으로 가능성 있는 아이디어를 정의하고 실행 가능한 해결 방법으로 가공하는 일이 필요하다(전환 요소). 마지막으로, 해결 방법을 정하고 효과적인 행동을 위한 실천 계획을 함께 수립해야 한다(실행 요소).

사실상 Mintzberg, Duru와 Theoret(1976)이 주장한 현실적인 문제해결의 실험은 '확인'(문제의 이해) '발전'(잠재적인 해결책 찾기) 그리고 '선택'(해결책들 중 선택하기)이라는 3가지 요소를 활용한 것이다. 다양한 조사에서 문제해결에는 이와 비슷한 3가지 요소가 있음이 밝혀졌다(Johnson & Jennings, 1963; Simon, 1965, 1977). 문제해결 단계에 대한 조사

결과를 검토한 후, 인지심리학자인 Geir Kaufmann(1988)은 "문제해결 단계를 설명하는 문헌들에는 주목할 만한 일치된 의견이 있다. 일반적으로 3가지 주요 요소를 확인할 수 있다."(p. 98)라고 하였다. 이러한 3가지 요소가 CPS에도 반영되었다.

비록 문제해결 과정의 기본 단계가 경험적으로 구분될 수 있다고 해도, 연구자들은 자연스럽게 이러한 요소들을 앞으로, 뒤로 혹은 가로질러 이동할 수 있음을 파악했다(Mintzberg et al., 1976). 개방적인 문제 상황에서는 개인이 경험하는 자연스러운 과정이 창의적 문제해결 단계가 될지라도, 이러한 현상이 항상 연속적인 틀로 발생하지는 않는다. 가끔 단계를 그냥 넘어간다든지 마음속에서 너무 빨리 진행되어 생각의 단계를 인식하지 못한다든지, 또는 그 쟁점이 매우 단순하여 과정을 위한 시간이 거의 필요하지 않은 경우도 있다.

CPS의 기본 구조를 이해하는 것은 우리가 체계적이지 못한 단계나 창의적 과정을 사용하여 길을 잃었을 경우에 상당한 도움이 될 것이다. 예를 들어, 회의 장소에서 매우 복잡한 대화를 나눌 때 주제에서 벗어났던 경험이 있는가? 또는 다음과 같은 말을 들어본 적이 있는가? "우리는 이러한 쟁점을 가지고 지금 어디로 가고 있는가?" "우리가 처음부터 하기로 한 것이 무엇이었는가?" "마치 다람쥐 쳇바퀴 도는 것 같다." "우리가 계속 제자리를 돌듯이 생각하고 있지는 않은가?" 인지적인 지도로 CPS 모델과 이 지도에 제시된 3가지 주요 요소를 생각해 보자. 위기를 말하고, 기회를 잡는 동안 길을 잃은 상태에서 숲 밖으로 인도해 줄 CPS라는 인지적 지도를 사용해 보자. 과정에서 현재 위치해 있는 곳을 도와줄 수 있는 CPS 형식과 관련된 질문을 스스로에게 던져 보자. "나/우리는 이 상황을 더욱 명백히 해야 할 필요가 있는가?" "나/우리는 이 상황의 잠재적인 해결책에 대한 충분한 아이디어를 조사해 본 적이 있는가?" "나/우리는 해결책을 실행하는 데 몰두하고 있는가?" 이러한 질문들은 진행에서 이탈된 과정을 다시 제자리로 돌리는 데 도움이 될 것이다.

CPS의 공식적인 적용은 6개의 명료한 진행 방식을 의미한다. 이러한 6가지 진행 방식은 그것들의 본질적 과정을 구조화하여 연결하고, 사람들의 효과성을 강화하도록 설계되었다. 그리고 그것은 영향력을 발휘하는 데 확실한 연속체가 될 수 있다. CPS의 공식적인 6가지 진행 방식은 비전 탐색, 과제 수립, 아이디어 탐색, 해결책 수립, 수용안 탐색 그리고 계획 수립이다. 각각의 본질적인 과정마다 2개의 단계가 존재한다. 첫 번째 확실한 단계는 '탐색'이라는 단어로 시작하고, 두 번째 단계는 '수립'으로 끝난다. 이는 첫 번째가 두 번째에 비해 더욱 일반적이고 추상적이기 때문이다. 이러한 방법으로 각 요소에 있는 첫 번째 단계의 움직임은 더욱 구체적인 산출물을 위한 확장된 개념으로 설명할 수 있다. 명시는 비전의 폭넓은 조사(비전의 탐색)로 시작하고, 비전 달성을 위해 구체적인 도전 과제를 확인하는 것(과제 수립)으로 끝난다. 전환은 미리 정의된 도전 과제를 언급하기 위해 잠재적인 아이디어들의 폭넓은 탐색(아이디어 탐색)으로 시작하고, 구체적인 해결 방안인 최상의 아이디어(해결책 수립)로 마친다. 끝으로, 실행에서는 해결 방안의 개선을 돕거나 방해가 되는 요소들을 검토(수용안 탐색)하고, 구체적인 실천 계획을 세울 수 있다(계획 수립).

6가지 진행 방식 각각은 확산적 사고(의견의 생성)와 수렴적 사고(의견들에 대한 평가와 선택)의 내적 측면을 나타내는 다이아몬드 모양으로 이미지화할 수 있다. 연속해서 반복되는 기능이 분리된 후에는 안정된 방법으로 판단할 수 있다. 즉, 새롭게 보이지만 생존력이 강한 기회와 참신함이 주어지는 것이다. 지금부터는 확산적이고 수렴적인 사고의 균형이 CPS 과정의 특징이 되어 왔음을 구체적으로 살펴보겠다.

6가지 명료한 진행 방식은 개념적인 흐름에 따라 진행되어야 할 것 같지만 반드시 정해진 사용 순서를 따를 필요는 없다. 리더가 원하고 필요하다면 어느 진행 단계에서라도 시작이 가능하다. 무언가를 잊어버리면 다시 뒤로 돌아갈 수 있고, 적절한 시기에 맞춰서 더 좋은 위치에서 시작할 수도 있다. 필요하다면 몇 가지 진행 단계를 뛰어넘을 수도 있다. CPS의 효과적인 사용은 쇼핑을 마치고 계산대 줄에 서는 것과 같다. 쇼핑을 마친 후 카트를 반드시 정해진 몇 번 계산대 앞으로 가져가는 것이 아니라 쇼핑이라는 목적이 달성되었기 때문에 빨리 계산이 가능한 곳으로 가져가는 현상과도 같다.

CPS 과정에는 한 가지 진행 방식이 더 존재한다. 바로 상황 평가라는 것이다. 상황 평가란 운영을 위한 진행 방식이라고 할 수 있다. 왜냐하면 그것이 어떻게 전진하고 어디로 가야 하는지를 알려 주거나 다른 진행 방식을 뛰어넘도록 도와주기 때문이다. 상황 평가에서는 초인지 사고가 요구된다. Flavell(1976)은 인지적인 과정을 조절하고 평가할 수 있는 개인의 능력을 **초인지**(metacognition)라고 설명한다. 초인지는 한마디로 표현하자면 우리의 고유한 생각의 사고라고 할 수 있다. 상황을 평가할 때 자료를 모으고, 앞으로 나가기 위한 방법을 결정하기 위해 그 자료를 사용한다. 이러한 진행 단계에서 더욱 높은 수준의 기능은 6가지 분명한 진행 방식의 통로로 사용된다는 것이다. 질문의 사실, 직관, 감정 또는 해답이라는 용어의 자료는 위기와 기회를 위해 어떤 단계가 최선인지 결정할 수 있도록 도와준다. 상황 평가 결정을 위한 정보의 진단인 CPS에서는 다음 단계를 미리 정해 버리진 않는다. 모델의 다음 단계 사용은 상황에 따라 달라질 수 있다. 탐색 혹은 수립이 필요한가? 만약 그렇다면, 어떻게 명시, 전환 또는 실행으로 옮겨야 하는가? CPS란 개인의 사고 과정이다. 자동 스위치를 돌릴 수 없듯이 생각의 불도 끌 수 없다. 비록 모든 단계를 사용한다고 해도 그것의 상태와는 관계없이 모든 상황을 간단하게 받아들일 수 없고, 모델 전체를 통해 한꺼번에 인식할 수도 없다. CPS는 유연하고 유용하며 지속적이라는 특성을 갖는다. 이러한 유연성은 변화를 효과적으로 관리하는 데 있어서 적절한 유지 기능으로 작동할 것이다.

이 장에서는 많은 개념을 설명하였다. 〈생각 상자 2-3〉은 앞서 언급된 중요한 몇 가지 단어를 요약한 것이다.

〈생각 상자 2-3〉 핵심 어휘

2장에서 언급한 주요 어휘

- **문제의 종류**
  - **공식적(formulaic)**: 변화나 발생된 상황이 단순한 과정이나 공식을 따르게 되면, 그 상황은 바르게 해결될 수 있다.
  - **유지(maintenance)**: 부정적인 성과에 영향을 미칠 수 있는 미래의 변화를 예상하고, 그로 인한 부정적인 결과를 피하기 위해 특정한 절차나 해결책이 필요

한 상황이다.

– **위기(predicament)**: 어렵고 복잡하거나 혼란스러운 상황에서 과거의 성과를 회복하기 위한 새로운 접근법을 찾을 때가 위기다.

– **기회(opportunity)**: 바람직한 가능성을 적극적으로 추진하기로 찬성하여 결정한 시점이다.

• **리더의 태도**

– **관리(management)**: 현재 상황을 유지하기 위해 표준화된 절차를 사용할 것을 강조하는 과정이다.

– **창의적 경영(creative management)**: 과거의 성과 회복을 위해 리더는 창의적인 사고로 독특한 해결책을 개발하여 상황에 적용한다.

– **창의적 리더십(creative leadership)**: 리더가 누군가의 상상력을 자극하고 그들의 의견을 인식하는 동시에, 조직이 나아가야 할 새로운 목표와 방향을 향해 이끄는 과정이다.

• **창의적 문제해결 관련 용어**

– **창의적 문제해결(creative problem solving: CPS)**: 의도적으로 창의적 사고에 불을 붙이는 것으로, 창의적인 과정 속에서 발생할 수 있는 인지적이고 정의적인 시스템은 창의적인 해결책과 변화를 생성한다.

– **과정(process)**: 여러 가지 진행 방식과 기능을 포함하여 무언가를 진행시키는 특별한 방법이다.

– **초인지(metacognition)**: 개인 고유의 인지적 과정을 점검하고 조절하기 위한 개인의 사고 능력이다.

학습 내용 적용

이 장에서는 창의적 사고가 요구하는 문제와 그렇지 않은 문제의 유형에 대해 살펴보았다. 또한 복잡한 문제를 해결할 수 있는 효과적인 리더가 되기 위해서는 반드시 상상력을 동원해야 한다고 설명하였다. 마지막으로 위기를 기회로 전환시킬 수 있는 긴 역사를 가진 창의적 과정인 CPS를 소개하였다. 리더는 변화에 새롭게 반응해야 하므로, 리더십이란 특정한 누군가를 의미한다기보다는 무엇을 하느냐에 의미를 두는 것이다. CPS는 리더가 더욱 효과적으로 문제를 해결하는 데 유용한 도구로 사용될 수 있다.

1. 성공적으로 해결했던 문제를 떠올려 보자. 이 문제를 해결하는 데 사용했던 과정의 단계들을 돌이켜 생각해 보고, 그 단계들을 기록하여 이 장에서 설명한 창의적 문제해결 과정과 비교해 보자. 실행했던 방법은 CPS와 얼마나 유사한가? 또는 얼마나 다른가? CPS와 같은 명확한 창의적 과정은 어떤 방법으로 효력을 발휘하는 데 도움이 되었는가? CPS의 어느 측면이 가장 자연스럽게 느껴지는가? CPS의 어떤 면이 학습하는 데 가장 유익할 것이라고 생각하는가? 그 이유는 무엇인가?

2. 최근 발생한 개인적이고 전문적인 모든 문제를 목록으로 만들어 보자. [그림 2-1]을 사용하여 각각에 해당하는 문제의 특성을 진단해 보자. 이러한 문제들 중 어떤 것이 공식적인 범주에 해당하는가? 유지하기 위한 문제에 더욱 가까운 것은 무엇인가? 창의적 사고가 요구되는 문항은 어느 것인가? 다른 문제들이 기회, 새로운 목표, 방향을 제시하는 동안 새로운 사고가 필요한 위기의 상황은 얼마나 존재하는가? 시간이 지나면서 이러한 상황들은 변화하였는가? 처음에는 이러한 문제 영역에 해당되었다가 시간이 흘러 새로운 영역이 되어 버린 문제가 있는가? 그 문제는 왜 그리고 어떻게 발생하였는가?

3. 관리, 창의적 경영, 창의적 리더십 과정을 사용한 리더의 사례 또는 이야기를 찾아보자. 그 리더가 관리적인 태도로 일에 몰입하였을 때 어떤 상황들이 발생하였는가? 창의적 경영자로 활동할 때는 어떠한 태도를 취하고 있었는가? 그 리더가 창의적 리더십을 보일 때는 다른 과정과 다른 특별한 특성을 보였는가? 창의적 경영이나 창의적 리더십의 과정을 거친 다음, 리더가 다른 사람들의 호응을 받아 새로운 방법으로 실행한 일은 무엇이었는가? 이러한 분석을 통해 알게 된 리더 고유의 효과성은 무엇인가?

제3장

창의적 리더십:
창의적 문제해결의 기본적 기능

마음은 내면적 기능을 표현할 수 있는 중요한 특성이다.

-Frank Lloyd Wright-

미리보기

2장에서 리더십의 성공 여부는 복잡한 문제를 풀기 위해 상상력을 적용할 수 있는 능력에 달려 있다고 주장하였다. 또한 위기와 기회에 대해서도 언급하였다. 그리고 리더가 새로운 쟁점을 통해 성공의 가능성을 배울 수 있는 과정으로 CPS를 제안하였다. 이 장에서는 CPS를 통해 리더십의 효과성을 향상할 수 있는 기본적인 기능에 대해 설명할 것이다. 이 장은 확산적이고 수렴적인 사고기법의 조화라는 CPS 과정의 전체적인 탐색부터 시작한다. 사고기법이란 다양한 의견을 생성하고, 가장 우수한 해결책을 선택하여 개발하는 능력이다. 즉, 효과적인 창의적 문제해결 노력을 통해 인지와 감정이 중요한 역할을 하는 방법을 탐색할 수 있다. 특별히 이 책에서는 CPS를 통해 인지적이며 정의적인 기능을 설명할 것이다.

창의적 사고:
리더를 위한 수준 높은 사고 기법

2장에서 리더십의 효과란 복잡한 문제를 해결하기 위해 CPS를 사용할 수 있는 능력에 달려 있다고 언급하였다. 그렇다면 창의적 문제해결 기법이란 과연 무엇일까? 문제해결은 정신적인 과정이기 때문에, 리더는 특별히 창의성을 키울 수 있는 사고 기법을 가지고 있어야 한다. 사고 기법 모델인 CPS를 배우고 훈련함으로써, 리더는 참신한 반응이 요구되는 상황에 적용할 수 있는 우수한 사고력을 발전시켜야 한다. 창의적 사고도 다른 능력처럼 개발될 수 있다. 즉, 형식적인 학습과 훈련을 통해 최고의 성과를 거둘 수 있다. 그러나 불행하게도 창의적 사고를 개발하여 증거로 활용할 만한 구조를 배울 수 있는 형식적 교육의 기회는 거의 찾아볼 수 없었다. 조지아 대학교의 TTCT 창의성 연구학자로 유명한 Mark Runco(2007)는 다음과 같이 말했다. "대부분의 교육적 연구는 수렴적 사고를 강조한다. 그러므로 창의적 잠재력을 위한 기회는 희박해져 가고 있다."(p. 5)

야구에서 스윙를 하고 싶거나 악기를 연주하고 싶을 때, 또는 창작 소설을 쓰고 싶을 때는 코치나 선생님에게 새로운 기법을 배울 수 있다. 이처럼 우리는 그 분야의 전문가가 되기까지 학습 과정의 세밀한 부분을 배우고 익히면서 기술과 전반적인 활동을 분석해 나간다. 즉흥적인 실력을 보일 수 있는 음악가나 코미디언은 높은 수준의 공연자가 되기 위해 반드시 타이밍이나 리듬과 같은 기본적인 기술들을 터득하고 있어야 한다. 여기에는 당연히 즉흥적인 실력을 향상시킬 수 있는 학습 과정이 존재한다. 시카고에 위치한 코미디 학교인 Second City는 50년이 넘도록 코미디를 묘사하여 즉흥적인 실력을 높일 수 있는 훈련을 제공해 왔다. 여기서는 즉흥 기술 고급(Advanced Improvisation Technique), 무대 즉흥 연기(Improvising for the Camera), 장기 즉흥 연기(Long-Form Improvisation), 활동과 현장 연구(Acting and Scene Study), 무대 전투(Stage Combat), 자기 표현법(Dialects) 등의 과목을 지도한다. 학생들은 Second City를 통해 훈련된 Mike Myers(〈Shrek〉), Steve Carell(〈The Office〉), Stephen Colbert(〈The Colbert Report〉), Tina Fey(〈30 Rock〉) 그리고 Meagen Fay(〈Desperate Housewives〉)와 같은 배우들이 하는 행동을 배워야만 한다. 이 장에서는 CPS와 관련된 몇 가지 기능을 소개하고자 한다. 이를 통해 더욱 쉽게 학습 과정을 익힐 수 있길 바란다.

CPS와 관련된 사고 기법을 언급하기 전에 사고의 일반적인 정의를 알아 보자. Ruggiero(1998)는 '**사고**(thinking)'를 "문제의 체계화, 해결, 의사결정 또는 문제를 바람직하게 이해하고 의미를 조사하도록 돕는 정신 활동"(p. 2)이라고 정의하였다. Ruggiero는 또한 사고를 목적을 이루기 위해 조절할 수 있는 의도적인 정신 활동이라고 언급하였다. 그는 정신을 적극적으로 움직이는 사고에 직접적으로 몰입할 것을 제안하였다.

요즘은 사고를 구성하는 구체적인 기능에 대한 자료를 많이 찾아볼 수 있다. 사고와 연결된 기능들은 그것들의 복잡성에 의해 조직화될 수 있다. Bloom의 분류학은 사고 기법을 분리하기 위한 초기의 구조화된 모형 중 하나다(Bloom, Englehart, Furst, Hill, & Krathwohl, 1956). 사고에 대한 Bloom의 분류학은 처음에는 교수자들에게 제공하기 위해 시도된 것이었다. 학생들이 낮은 단계의 사고 기법에서 더욱 복잡한 사고 기법으로 발전할 수 있도록 하기 위해 연구가 진행되었다. 하지만 오늘날 새롭게 바뀐 Bloom의 분류학은 수준 높은 인지 과정 개발을 위한 창의적 실천 방법을 활용하고 있다. 이 모델에서는 학습이 인지적 영역을 다루는 과정을 다음과 같이 설명한다. 즉, 기억, 이해, 적용, 분석, 평가, 그리고 마지막으로 새로운 아이디어, 산출물, 다른 관점 등을 생성하는 창의성이다(Anderson & Krathwohl, 2001). 가장 높은 수준의 인지적 태도를 보이는 증거가 되는 행동으로는 자료 수집하기, 구성하기, 창의성 발휘하기, 설계하기, 개발하기, 조직화하기 그리고 문서화하기가 있다. 흥미롭게도 평가가 인지 영역의 가장 최고의 수준에 위치하였지만, 가장 최근의 분류학에서는 평가와 창의성의 위치가 바뀌고 있다는 것을 알려 준다. 이러한 변화의 원인 중 하나는 1장에서도 언급하였듯이 21세기의 가장 전문적인 성공이 창의적인 능력에 달려 있다는 것이다.

사고 기법은 기본적인 사고 과정과 복잡한 사고 과정이라는 2가지 그룹으로 나누어 볼 수 있다. Presseisen(2001)에 따르면, 기본적인 사고 과정과 복잡한 사고 과정의 주요한 차이는 "단순한 기능에서 더 복잡한 기능으로, 관찰 가능한 것에서 추상적인 영역의 것으로, 알려진 자료를 가지고 일하는 것에서 특별히 알려지지 않은 접근법이나 자료를 통해 새로운 것을 창조하고 발명하는 것으로" 이루어진 전환이다(p. 48). 창의적인 변화를 시도하는 사람들은 이와 같은 복잡한 사고 과정에 더욱 몰입해 간다.

리더가 직면한 복잡한 사고 과정과 복잡한 문제 사이의 관계는 누군가 구체적이고 복잡한 사고 과정을 검증할 때 보완될 수 있다. Cohen(1971)과 Presseisen(2001)은 다음의 4가지 구체적이며 복잡한 사고 과정을 언급했다. 즉, **문제해결**(알려진 어려움을 해결하기), **의사결정**(최상의 대안을 선택하기), **비판적 사고**(특별한 의미를 이해하기), **창의적 사고**(참신하거나 심미적인 아이디어 또는 산출물을 창출하기)다. 리더십은 이 4가지 과정을 모두 필요로 한다. 비록 CPS는 문제해결을 위한 창의적 사고 양성에 초점을 두고 있지만, 의사결정과 비판적 사고도 포함해야 한다.

창의적 사고와 같은 거시적 사고 기법은 사고의 구체적 틀로 구성될 수 있다. 창의적 사고 능력이 지원되고 통합되었을 때 CPS 과정은 몇 가지 미시적 사고 기법을 제공한다. 물론 이 책에서 설명하고 있는 CPS 모델이 창의적 사고와 관련된 모든 기법을 포함한다고 주장하는 것은 아니다. 오히려 창의적인 사고와 태도를 강화하면서 장기전으로 배워 적용하고자 할 때 이러한 모델은 인지 기능의 집합체로 설명될 수 있다(2장에서 언급한 CPS 훈련의 효과성 참고). 만약 이러한 사고 기법을 뛰어넘는 내용을 알고 싶다면 Mumford와 동료들의 연구를 살펴볼 수 있다(예: Lonergan, Scott, & Mumford, 2004; Mumford, 2000-2001; Mumford, Lonergan, & Scott, 2002). 우선은 전체적인 CPS 과정을 아우르는 기능을 광범위하게 설명한 다음, 과정의 각 진행 방식과 연결된 구체적인 기능을 언급할 것이다. 이 장에서는 CPS 과정의 기본적인 내용을 설명하고, 4장에서 더욱 구체적으로 독립된 기능에 대해 언급하겠다.

역동적인 조화:
창의적 사고와 창의적 문제해결의 핵심

수십 년 동안 CPS 과정의 진행 방식은 다이아몬드 구조의 도식으로 표현되어 왔다([그림 3-1] 참고). 그 이유는 무엇일까? 다이아몬드 구조는 확산적이고 수렴적인 사고를 통해 과정의 조화로운 적용을 보여 준다. 확산적이고 수렴적인 사고의 적용은 다이아몬드 구조를 띠며 [그림 3-2]와 같이 나타낼 수 있다. 이것은 창의적 문제해결에서 설명하는 전반적 과정을 보여 준다. 다이아몬드의 위쪽 부분은 **확산적 사고**(divergent thinking)를 설명

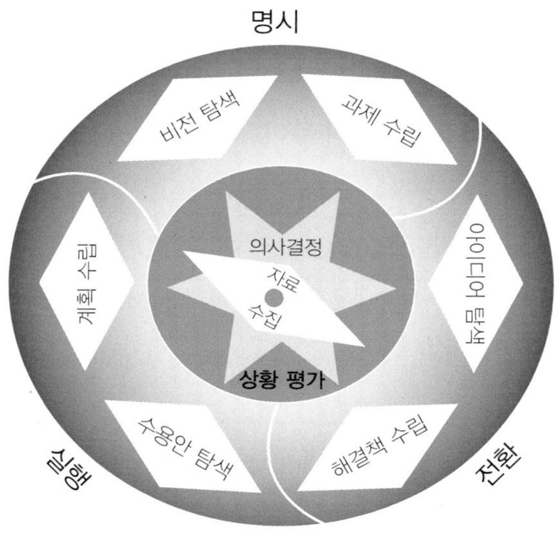

[그림 3-1] 창의적 문제해결 사고 기법 모델

출처: Puccio, Murdock, & Mance (2005).

한다. 이 단계에서는 많은 양의 다양하고 참신한 대안을 광범위하게 조사할 수 있다. 마음의 문을 열고 주변의 친숙한 어떤 것으로부터 스스로를 제한하는 범주에서 벗어나도록 노력해 보자. 그리고 자신의 사고를 새로운 발견을 허락하는 단계로 의도적으로 확장해 나가 보자. 다이아몬드가 아래로 닫힌 부분은 수렴적 사고를 설명한다. 여기서는 확산적 사고 단계에서 생성된 가장 유력해 보이는 아이디어를 선택하거나 종합할 수 있다. **수렴적 사고**(convergent thinking)는 대안들의 긍정적인 평가에 초점을 맞추는 것이다. 창의적 문제해결 과정에서는 계획적으로 이러한 2가지 사고의 구조인 전자와 후자의 '역동적인 조화'를 분리하여 설명할 수 있다. 이러한 조화는 효과적

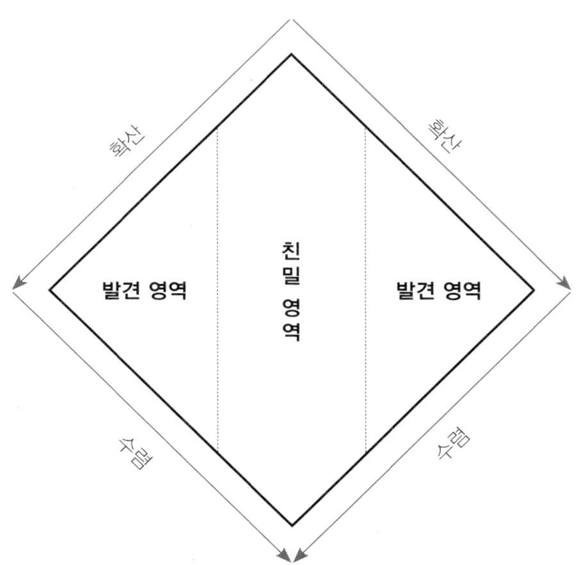

[그림 3-2] 역동적인 균형: 창의적 문제해결 과정의 핵심

출처: Puccio, Murdock, & Mance (2005).

인 사고의 핵심 요소가 된다. Ruggiero(1998)는 다음과 같이 설명하였다.

> 수십 년간 몇몇 심리학자는 인간의 사고 과정을 생산이나 판단이라는 2가지 부분으로 구별할 수 있다고 강조하였다. 이 2가지 부분에서는 사고를 하는 동안 상호 보완 작용이 일어날 수 있다. 그들이 주장하는 사고의 능숙함이란 각 부분과 둘 사이의 앞뒤를 움직이게 하는 기법, 즉 적절하게 상호작용이 이루어질 수 있도록 하는 기법을 의미한다(p. 5).

역동적인 조화의 개념을 사용한다는 것은 고유한 생각이나 팀의 문제해결 노력을 효과적으로 만들기 위한 하나의 방법이다. 그 이유는 무엇일까? 아이디어가 막 떠오르면 즉시 그 아이디어를 부정하려는 판단이 이루어지기 쉽다. '난 비웃음을 받게 될 거야.' '그것은 효과가 없을 거야.' '아무도 그것을 사려고 하지 않을 거야.' '그러한 원인이 발생할 가능성은 없어.' 그 결과로 아이디어들이 뒤섞이게 되어 새로운 아이디어를 추구하려는 의도는 다시 원점으로 되돌아가고 말 것이다. 이렇게 시작과 동시에 바로 멈춰 버리는 사고(start-and-stop thinking)의 종류는 확산적이고 수렴적인 사고를 혼합해 놓은 것과 같다. 하나의 대안이 생성되면 그 즉시 빠른 판단력이 작동한다. 이러한 사고는 특별히 창의적인 사고가 필요할 경우에 효과적으로 대처할 수 있는 방법이 아니다. 하지만 확산적 사고를 수렴적 사고와 혼합하는 것은 문제에서 벗어나 독특한 사고를 할 수 있는 한 가지 확실한 방법이다. 최선의 선택은 아닐지라도 만족스러웠던 처음 아이디어를 단순하게 포기해 버리는 위험은 막을 수 있다. 예를 들어, 비행기 안에서 성급하게 바닐라 아이스크림을 주문했는데 나중에 메뉴판을 다시 천천히 읽어 보니 가장 좋아하는 초코칩이 들어간 수제 와플 콘을 주문할 수 있는 기회를 아쉽게도 놓쳤음을 알게 된 상황과 같은 경우다.

회의가 진행되는 동안에는 특정한 사고가 시작과 동시에 바로 멈춰버리는(start-and-stop thinking) 비효율성이 자주 발생하기도 한다. 위원장, 팀 리더, 프로젝트 관리자, 경영자는 특정한 문제에 대한 아이디어를 낼 수 있는 누군가를 초대할 수 있다. 하지만 그가 새로운 아이디어를 제시하면 그 즉시 성급한 판단을 내리기 쉽다. 그 아이디어는 효력이 없을 것이라는 이유로 신속하게 판단된다. 그리고 처음의 아이디어가 성급한 판단으로 멈춰 버리면 팀 구성원들은 다른 아이디어를 생각하면서 가능성을 찾으려고 다시 시도할 것이다. 그러나 그들의 생각은 단지 머릿속에서 떠오르기만 할 뿐, 자신의 아이디어가 변화를 이끌 것이라고 확신하지 못한다. 사람들은 자신들의 아이디어가 어떻게 평가될지에 이미 민감해져 있기 때문이다. 한동안 어색한 침묵이 흐른다. 내부적인 검토만 이루어질 뿐, 아이디어는 공개적으로 공유되지 못한다. 결국 이러한 현상은 많은 양의 가치 있는 아이디어가 회의 장소에서 빛을 발하지 못하는 불행한 결과로 이어지기 쉽다.

CPS에서는 확산적 사고와 수렴적 사고의 분리로 인해 시작과 동시에 바로 멈춰 버리는 사고를 모든 진행 방식에서 제거한다. 처음 반응과는 달리 이러한 반복된 행위는 사고의 효율성을 높일 수 있다. 처음 단계에서는 다양한 선택을 펼쳐 놓은 다음, 시간을 두면서 신중하게 검토하고 최선의 행동을 위한 대안을 선택하기 위해 평가를 미루는 것이 조급하게 판단해 버리는 것보다 더 효율적이라고 제안한다. Swartz(1987)는 창의성을 위한 대안적인 선택의 본질을 암시하였고, 그러한 대안들 중에서 선택하는 데 있어 비판적 사고는 우수한 사고력을 위해 반드시 필요하다고 주장하였다.

미국 연예계의 거목인 Bob Hope는 일인 희극을 하면서 확산적 사고와 수렴적 사고의 역동적인 조화를 사용하였다. Hope는 자신의 이야기 소재를 만들어 주는 몇몇의 작가와 함께 작업을 진행하고 있었다. 그들은 자신의 팀을 '두 번 표시하고 동그라미 치는 클럽(Double Cross and Circle Club)'이라고 불렀다. Bob Hope의 작가 팀은 한 가지 일인 희극을 위해 처음에는 200~500개 정도의 유머를 만들었고, Hope가 모든 내용을 읽어 본 후 마음에 드는 곳 옆에 'X' 표시를 하였다. 그런 다음 표시해 두었던 유머를 다시 읽어 보고는 여전히 마음에 드는 곳에 이중으로 'X' 표시를 하였다. 그는 이렇게 이중으로 표시된 유머의 목록을 최종적으로 통과시켰고, 시청자 앞에서 공연하게 될 유머에는 동그라미로 마지막 표시를 남겼다.

Collins와 Porras(1994)는 테스트 시간을 이겨 낸 조직을 대상으로 확산적 사고와 수렴적 사고의 조화를 찾은 연구를 성공적으로 마무리하였다. Johnson & Johnson의 사례는 성공적인 기업의 역동적 조화를 위한 훌륭한 예가 될 수 있을 것이다.

> 오늘날 Johnson & Johnson은 의도적으로 지점 운영과 비용 절감이라는 측면을 강조한다. 새로운 것을 많이 시도하면서 유지하기도 하지만, 그렇지 못할 경우에는 신속하게 포기하기도 한다. 또한 주위 상황을 분산시켜서 개인의 독창성을 격려하고 새로운 아이디어를 실험해 보도록 허용함으로써 다양성을 추구한다. 동시에 Johnson & Johnson은 엄격한 선택 기준의 틀을 제시한다. 회사의 핵심적인 이념에 알맞고 적절하다고 판단되는 것은 회사의 경영 포트폴리오에 남게 된다(p. 147).

확산적이고 수렴적인 사고의 조화는 CPS의 핵심적인 내용이다. 성공할 수 있는 원리는 사고의 역동적인 조화를 어떻게 잘 관리하느냐에 달려 있다. 5장에서는 개인과 팀이 확산적이고 수렴적인 사고의 능력을 강화할 수 있는 방법에 대해서 구체적으로 설명할 예정이다. 이 장을 마무리하기 전에 확산적이고 수렴적인 사고와 관련된 구체적인 능력에 대해 살펴보겠다.

확산적 사고 기법: 유창성, 융통성, 정교성, 독창성

심리학자이자 창의성을 연구한 학자로 선두주자격인 J. P. Guilford는 최초로 확산적 사고의 특징을 설명하였다. Guilford(1977)는 오늘날 창의적 사고를 대표하는 확산적 사고에 관해서 4가지 기본 특징, 즉 **유창성**(많은 수의 아이디어나 반응), **융통성**(아이디어나 반응의 종류 혹은 범주의 다양성), **정교성**(기존의 아이디어나 반응에 추가 또는 개발) 그리고 **독창성**(새롭고 참신하거나 다른 아이디어에 대한 반응)을 설명하였다.

CPS의 주된 목적은 문제에 대한 참신한 접근법을 생산하는 것이다. 유창성, 융통성과 정교성은 독창적인 방법으로 발전할 수 있다. 그것은 개방적인 문제를 다루는 데 필수적인 돌파구 역할을 한다. 유창성이 뛰어난 사람은 개방적인 문제에 직면했을 때 많은 의견을 내는 능력이 있고, 더 많은 수의 아이디어가 생성될수록 독창적인 생각은 더욱 많이 늘어나게 된다. 유창한 사고력을 가진 사람이 되기 위한 능력의 가치는 유명한 아일랜드 극작가인 George Bernard Shaw의 말을 통해서도 잘 이해할 수 있다. "1년에 단지 2~3번 정도만 생각에 잠기는 사람들은 거의 없을 것이다. 내가 국제적인 명성을 얻을 수 있었던 이유는 일주일에 1~2번 정도 깊은 사고에 스스로 빠지는 경험을 했기 때문이다." 융통성은 여러 가지 가능한 다른 종류의 관점으로부터 상황을 보호하면서 심적인 확신을 부여할 때 생기며, 이윽고 다시 참신한 관점으로 돌아간다. 정교성은 기존의 체계 안에서 새로운 적용을 허용할 때 이루어진다. 예를 들어, 기존의 상품을 확장시키는 것(예: 치즈 속과 땅콩 속을 넣어 2개의 크래커를 붙이는 것)에 활용될 수 있다. 이러한 종류의 확장된 사고는 기존 아이디어에 새로운 방안을 추가할 수 있는 여유를 제공한다.

이러한 능력들은 성공을 이루기 위해 중요한 것일까? 창의성 분야의 저명한 학자 E. P. Torrance는 확산적 사고 기법의 가치를 검증하는 종단 연구를 수행하였다. Torrance는 학령기 아동의 확산적 사고 능력을 평가하였고, 22년 후 성인이 된 그들의 성취도를 조사해 보았다. 그러자 확산적 사고 능력은 창의적 성취와 높은 상관관계를 가진다는 연구 결과가 도출되었다(Torrance, 2004).

이러한 확산적 사고 기법이 과연 리더에게도 중요할까? Zaccaro, Mumford, Connelly, Marks와 Gilbert(2000)는 1,800명의 군 장교를 대상으로 연구한 결과, 그들의 확산적 사고 능력이 검증된 모든 다른 변수 가운데 복잡한 문제해결 능력과 가장 높은 정적 상관관계가 있다고 하였다. 실제로 도전과 기회를 위해 다양한 선택을 생성할 수 있는 능력은 강력한 힘을 발휘한다(Karp, 1996). 앞으로의 상황에 다른 선택이 없고 오직 하나의 방법만 주어진다면 어떠한 선택도 할 수 없게 되므로 잠재적 능력은 한계에 부딪힐 수 있다. 즉, 운명을 받아들이도록 강요받게 되는 것으로 해석이 가능하다. 2가지 선택권을 생성할 능력이 갖추어진다면, 우리에게는 둘 중 하나를 선택할 기회가 있다. 이러한 선택은 자주 흑과 백 또는 좋은 것과 나쁜 것으로 나뉜다. 2가지 중 하나를 선택할 수 있는 경우가 한 개의 선택권만을 갖는 경우보다 더 큰 혜택이 주어지는 것은 아니다. 이것 아니면 다른 것을 얻기 위해 이 또한 강요를 받을 수밖에 없는 상황에 놓이기 쉽기 때문이다. 하지만 많은 수의 다양하고 독창적인 선택권이 주어진다면 우리의 잠재적 힘은 강화될 수 있다. 뛰어난 확산적 사고 기법을 가진 리더는 매우 많은 수의 선택 때문에 스스로 또는 다른 사람들에게 권한을 위임하게 될 확률이 높다. 이러한 현상이 많을수록 그들이 성공할 확률 또한 더욱 높아지는 것이다.

수렴적 사고 기법:
평가와 비전

수렴적 사고는 중요한 조사라고 할 수 있다(Guilford, 1977). CPS의 역동적인 조화를 위해 수렴적 사고는 확산적 사고 후에 이루어진다. 따라서 수렴적 사고의 역할은 가장 유망해 보이는 아이디어를 선택하게 돕는 것이다. 확산적 사고가 잘 이루어졌다면 수렴적 사고를 하는 동안에는 다양하고 참신한 선택을 할 수 있다. 확산적 사고의 궁극적인 목표가 위기나 기회에 직면하여 창의적인 방법을 탐색하는 것이라면, 수렴적 사고의 목표는 유용한 참신함과 결합하여 적용될 가능성을 높여 주는 것이다.

확산적 사고와는 분리되면서 효과적인 수렴적 사고와는 관련된 여러 가지 기능이 있다. 많은 선택 사항을 가지고 효과적인 업무를 처리하기 위해서는 구체적으로 선택할 수 있는 능력이 필요하다. 다음의 3가지 기능은 많은 선택 사항을 더욱 효과적으로 관리하게 하는 데 도움을 줄 것이다. **선별하기**(screening: 여과하기, 즉 특별한 이유 때문에 어떤 것은 유지하고 다른 것은 버리기), **분류하기**(sorting: 내재적 또는 외부적 도식에 따라 범주화하거나 분류하기), **우선순위 정하기**(prioritizing: 선택 사항들 중에서 순위를 정하기)가 있다. Swartz(2001)는 효과적인 결정 방법을 설명하면서 이와 같은 기능을 언급하였다. 그는 최선의 선택을 위한 결정은 우선순위 정하기, 가치화, 비교, 대조와 같은 기능에 달려 있다고 제안하였다.

이러한 기본적인 기능들은 확산적 사고를 통해 생성된 많은 양의 선택 사항을 관리하도록 도와줄 것이다. 그렇다면 참신함이란 무엇인가? 경험에 의하면 여기서부터 수렴적 사고의 또 다른 능력이 요구된다. 바로 **지원**(supporting: 긍정적인 기여도를 점검하고 앞으로 더욱 검토해야 할 사항을 인식하는 것)과 **개발**(developing: 총체적 선택을 새롭게 하여 강화하고 개선함으로써 실행으로 옮기는 것)이다. 지원의 기술에는 구체적인 방법을 선택하여 실천할 수 있는 정의적 감정이 필요하다. 확실한 내용과 무시할 수 있는 내용 사이의 강점은 무엇인가? 신중하게 선택한 내용은 어떻게 효력을 발휘할 수 있겠는가? 추가적인 노력으로 어떤 일들을 해야 하는가? 적극적인 평가를 위한 접근법은 가능성에 개방적일 뿐만 아니라 결론의 불완전한 상태를 피할 수 있도록 도와준다. 특별히 처음부터 익숙하지 않다는 이유로 쉽게 무시된 새로운 생각과 아이디어 그리고 선택의 가능성을 노출할 수 있다. 그런 다음 발전 가능한 능력을 개발하여 유력하고 완벽해 보이는 아이디어를 실행할 수 있도록 노력한다. 이것은 확실한 개념적 방법으로 변형이 가능할 뿐만 아니라, 미래를 향해 새로운 길을 밝히고자 할 때 특별히 가치 있는 능력으로 부각될 수 있을 것이다.

창의성: 두뇌와 마음의 결합

지금까지 CPS의 기본적인 사고 기법에 대해 중점적으로 논의했다. 하지만 내면화된 다른 틀 없이는 일반적으로 사고를 한다는 것이 힘든 것처럼 이러한 능력들은 독립적으로 역할을 수행할 수 없다. 태도, 느낌 그리고 감정과 같은 정의적 요인은 인지적 요인인 사고와 상호작용하는 것으로 인식되어 왔다. 이에 앞서, Bloom의 연구와 인지 기능에 대한 그의 분류학을 설명하였다. 그의 연구에 따르면, 인지적인 영역과 연결된 정의적인 영역 없이는 학습의 이해는 간단한 정보의 전달 수준을 뛰어넘지 못할 것이다. 이러한 통찰의 결과로, Bloom과 동료들은 인지적 영역과 합의된 정의적 기능의 위계를 확립하였다(Krathwohl, Bloom, & Masia, 1964). 정의적 기능의 중요도에 대한 인식과 흥미는 Goleman(1995)의 책『감성 지수: 왜 IQ보다 더 중요한가(*Emotional Intelligence: Why It Can Matter More Than IQ*)』를 통해서 더 자세히 알 수 있다. 이 책은 공감, 가치 평가, 그리고 자신과 타인의 감정을 관리하는 능력으로 인식된 감성 지수(emotional intelligence)라는 용어를 제안함으로써 베스트셀러가 되었다. 감성 지수에 대한 Mayer, Salovey와 Caruso(2008)의 관점은 정의(affect)와 생각(thought) 사이의 개념을 강조한 것이다. 그들은 감성 지수의 중요한 면은 생각을 자극하는 방법으로 감정을 통합하는 능력이라고 주장하였다. 특히 감성 지수를 나타내는 4가지 기능 중 하나는 감정 사용하기(using emotions)라고 불리는 것이다. 이는 문제해결을 포함한 다양한 인지적 활동을 자극하는 방법으로, 누군가의 정서에 영향을 미치는 능력에 해당한다(Salovey & Mayer, 1990).

그러므로 다른 형태의 사고처럼 창의적 사고도 특별한 정의적인 기능의 지원을 받아야 한다는 주장이 타당하다. 사실 초창기의 창의성 연구 분야에서는 비교적 높은 창의성을 소유한 개인과 그렇지 못한 개인을 구별하여 인격적인 성향을 밝히는 데 주력하였다. 연구에서는 용기, 호기심, 대담함, 독립심, 확고하고 적극적이라는 감정적 자질이 높은 창의성을 소유한 전문가들에게서 발견되었다(MacKinnon, 1978). 그런데 창의성 분야의 최근 연구에서는 정의와 인지의 통합적인 역할을 강조해 오고 있다. Tierney(2008)는 일터에서 직원들의 창의성 수준에 대해 다음과 같이 제안하였다. "예비 조사에서는 또한 창의성이 인지적인 반응일 뿐만 아니라 정서적인 반응에 속할지도 모른다고 나타났다."(p. 111) Goleman(1998)에 따르면, "혁신적인 행동은 인지적인 동시에 정서적인 것이다. 창의적인 통찰력을 불러일으키는 것은 인지적인 행동이다. 그러나 자기확신, 독창성, 인내심, 설득력과 같은 정서적인 역량을 통해 그것의 가치를 깨닫고 계발하여 수행해야 한다."(p. 100) 창의성 또는 변화의 산출물은 사고와 감정이 함께한 결과다. 즉, 두뇌와 마음을 결합할 때 그것이 가능하다. 긍정적인 변화를 창출하기 위해서는 위험을 감수하고 모호함을 이기는 정서적인 상태와 더불어 확실한 사고를 결합하는 것이 필요하다. 비록 CPS가 중요한 인지 과정으로 인식될 수 있지만, 의도적인 창의성은 하나의 사고 과정으로부터 결론이 도출되는 것은 아니다. 동기와 열정 같은 정의적 측면을 고려하면서 창의적인 능력을 품어야 한다(Amabile, 1987; Torrance, 1983).

불안, 사랑, 증오, 분노와 같은 감정이 긍정적이고 부정적인 방법으로 사고에 얼마나 강한 영향을 미치는지 생각해 보자. 그러므로 CPS 과정의 각 진행 방식에 관련된 사고 기법을 설명할 때 주요한 정의적 기능도 각 진행 방식에 맞도록 제안한다.

정의적(affective)이란 "애정, 감사, 열정, 동기화, 태도 그리고 가치를 포함하면서 학습의 태도와 감정적인 면을 다루는" 방법을 의미한다(Butler, 2002, p. 3). 정의적인 연구에 몰두한 학자들로는 Krathwol, Bloom과 Masia(1964)가 있다. 그들은 정의적 측면과 연결된 행동들의 예로 **감수하기**(의식하면서 듣고, 선택적으로 경청하기), **반응하기**(적극적으로 참여하고, 주제에 몰두하기), **가치화**(개인의 수용과 참여로 확인된 중요한 것), **가치 조직화**(비교하고, 관계를 맺으며, 문제해결을 위해 가치 있는 것을 통합하고 독특한 가치 체계 만들기), **가치 내면화**(내면으로 침투되어 일관성을 보이는 개성적인 태도를 조절할 수 있는 가치 체계의 표현)를 설명하였다. 우리는 기능이라는 용어를 사고와 정의적 측면에 함께 사용할 것을 주장한다. 왜냐하면 기능은 각 단계에서 효과적인 실행을 위해 필요하며, 실천을 통해 발전할 수 있기 때문이다. 인지적이고 정의적인 기능은 아무리 사소한 일에서라도 서로 연결되기 때문에 이 부분과 관련해서는 각각의 단계에서 구체적인 경우가 중복되지 않도록 설명하겠다. 대신 CPS의 기능을 위한 기본적 단계로서 특정한 정의적인 성향을 강조하여 나타내는 사고 기법 범주에 대한 예를 들었다.

각 진행 방식의 기능과 함께 조화를 이루는 정의적 기능은 전체 CPS 과정을 거쳐 효과적인 역할을 하는 경우가 많으므로, 4장에서 자세하게 설명할 것이다. **새로움에 대한 개방성**(처음 보기에는 이국적이거나 위험해 보이는 아이디어라 할지라도 그것을 즐길 수 있는 능력), **모호함을 견디는 인내**(조급하게 결론 내리는 것을 지양하고 불확실성을 다룰 수 있는 능력), 그리고 **복잡성을 극복하는 인내**(많은 양의 정보, 복잡한 쟁점, 경쟁력이 높은 시각 등에도 굴하지 않고 인내하면서 개방성을 유지할 수 있는 능력)와 같은 태도가 없다면 CPS 과정을 성공적으로 다루지 못할 것이다. "이건 절대 효과가 없을 거야." "정말 웃긴 생각이다." "지금 당장 적용할 수 없다면 나를 귀찮게 하지 말고, 일단 기록해 두고 보자." "난 정답을 원해. 지금 당장!"과 같은 초기의 부정적인 반응을 뛰어넘을 수 있어야 한다. 왜냐하면 이러한 반응은 CPS 과정에 몰입하기 위한 준비를 하는 데 부정적인 영향을 미치기 때문이다.

Ackoff와 Vergara(1988)는 창의성을 스스로에게 부여한 억압을 완화할 수 있는 능력으로 정의하였다. 그들은 "창의성을 강조하는 절차는 반드시 제한된 가정에서 벗어나거나 변화를 자극할 수 있어야 한다는 것"(p. 87)을 지속적으로 제안하였다. 창의성에 대한 접근법을 만들면서 근본적으로 개인들이 새로움에 대한 개방성을 갖지 않는다면 애매함을 포용할 수 없을 것이고, 복잡한 상황 때문에 쉽게 압도당하게 될 것이다. 바로 그때 창의적으로 생각할 수 있는 능력을 심각하게 억압된 상황으로 몰고 갈 수도 있다. 우선, 새로움에 대한 개방성은 개인이 적극적으로 새로운 경험을 추구하기 위해 사고하고 느끼는 새로운 방법을 기꺼이 탐색하도록 허용한다. 창의적 사고와 문제해결을 위한 개방성의 부족한 면을 강조해 왔던 창의성 연구의 대가 Torrance(1979)는 다음과 같이 설명하였다.

> 창의적인 사람을 가장 잘 설명할 수 있는 대표적인 성격은 바로 심리적인 개방성이다. 미완성되었거나 해결되지 못한 문제에 직면한 대부분의 사람은 몇 가지 결론을 즉시 뛰어넘으려는 경향이 있다. 이러한 경우에는 문제에 대한 중요한 요인을 고려해 보거나 대

> 안을 통해 문제를 이해하려는 시간을 충분히 갖기 전에 미성숙한 판단을 내리기 쉽다. 보통 이러한 충동적인 태도는 창의적인 해결책이 부족한 결과를 낳는다(p. 74).

사람들은 CPS를 사용하거나 형식적으로 CPS 과정에 참여했을 때 특이한 아이디어, 혹은 문제를 다르게 보는 관점에 종종 준비되지 않은 경우가 많다. 자주 볼 수 있는 새로움에 대한 개방성을 부정하는 감정이나 반응에는 의심, 불신, 비웃음, 경멸, 혼란, 성급함, 짜증, 거절 등의 표현이 있다. 반대로 사람들이 미래에 대한 가능성으로 새로움에 반응한다면, 다르게 사고하는 것의 혜택에 더욱 민감해질 수 있다. 새로움에 대한 개방성의 긍정적인 감정이나 반응에는 흥미 유발, 궁금증에 대한 감각, 호기심, 관심 그리고 심지어는 기쁨도 포함될 수 있다.

3가지의 정의적 기능은 새로움에 대한 개방성 때문에 모호한 상황을 초래할 수 있다. 새로운 경험이나 아이디어로 참여하고자 할 때는 예상하지 못한 것이라는 반응이 있기 쉽다. 이것이 사람들이 변화에 저항하는 이유 중 하나다. 알려진 것은 익숙하다. 조금만 배우거나 성장하면 된다. 모호한 상황을 포용할 능력이 없는 사람은 익숙한 것만 취하려 하고, 미지의 영역을 모험하려 하지 않을 것이다. 모호한 상황과 문제해결에 대해서는 Torrance(1979)가 언급한 내용을 살펴볼 수 있다. "독창성을 위해서는 모호한 상황, 상상력, 다양한 아이디어를 활용한 실험 그리고 아이디어의 조화를 가지고 즐길 수 있어야 한다."(p. 47) Sternberg(1998)는 더욱 광범위하게 창의적 태도를 관찰하면서 이러한 정의적 기능의 중요성을 강조하였다.

> 모호한 상황을 포용하는 것은 창의적 성과의 필수 요소라고 할 수 있다. 창의적인 아이디어는 처음부터 완전한 형식을 갖추지 못한다. …… 그것은 시스템으로 진화된다. 비록 처음부터 아이디어 전체를 품을 수 있는 몇몇 개인이 있을 수도 있겠지만, 그러한 경우는 흔하지 않다. 대부분의 창의적인 사람은 자신들의 창의적 산출물을 개발하기 위해 반드시 모호한 상황과 미성숙함의 포용력을 배워야 한다(p. 143).

결론적으로, 모호한 상황을 극복하는 인내와 관련해서 우리는 리더십의 주요한 책임 중 하나가 복잡한 문제를 해결하는 것이라고 이미 언급하였다. 어떤 학자들은 이를 두고 "위험한 문제(wicked problems)"와 같은 상황이라고 주장한다(Camillus, 2008; Rittel & Webber, 1973). 위험한 문제에 해당하는 경우는 다음과 같다. ① 쟁점의 근본은 복잡하고 뒤얽혀 있다. ② 문제를 이해하면서 변화하기란 어렵다. ③ 모든 위험한 문제는 근본적으로 독특하다. ④ 문제에 대한 정확한 해답이 존재하지 않는다. ⑤ 문제는 다른 가치와 우선권을 가진 많은 이해관계자와 연결된다. ⑥ 위험한 문제의 경우는 무수한 방법으로 설명될 수 있다. ⑦ 모든 위험한 문제는 또 다른 문제의 증상으로 나타나기도 한다. 위험한 문제를 다룰 때 리더는 반드시 복잡한 상황에 대해 정서적으로 개방하려는 특성을 가지고 있어야 한다. 의미 있고 창의적인 문제해결 노력에 기능적으로 참여하기 힘들다고 생각해선 안 된다. 위험한 문제는 스트레스로 가득할 수도 있고 참신한 반응을 요구하며 창의적인 해결책을 생성시킬 수도 있기 때문에, 리더는 두뇌와 마음을 결합할 필요가 있다.

〈생각 상자 3-1〉 핵심 어휘

창의적 리더십과 관련된 몇 가지 주요 어휘

- **정의적(affective)**: 애정, 감사, 열정, 동기화, 태도 그리고 가치를 포함하면서, 학습의 태도와 감정적인 면을 다루는 방법(Butler, 2002, p. 3)

- **수렴적 사고(convergent thinking)**: 다음과 같은 기능을 지원해 주는 대안의 긍정적인 평가에 초점을 맞추는 것
  - **개발하기(developing)**: 전제적인 선택을 강화 · 향상 · 구체화하여 행동으로 나타내는 것
  - **우선순위 정하기(prioritizing)**: 선택 사항들 중에서 순위를 결정하기
  - **선별하기(screening)**: 여과하기, 즉 특별한 이유로 어떤 것은 유지하고 다른 것은 버리기
  - **분류하기(sorting)**: 내재적이거나 외부적인 도식에 따라 범주화하거나 분류하기
  - **지원하기(supporting)**: 긍정적인 기여를 위해 조사하고 정의하여 미래를 향해 나아가기

- **감성 지수(emotional intelligence)**: 공감, 가치 평가 그리고 자신과 타인의 감정을 관리하는 능력으로 인식

- **확산적 사고(divergent thinking)**: 많은 양의 다양하고 참신한 대안을 광범위하게 조사하는 것
  - **유창성(fluency)**: 많은 수의 아이디어나 반응
  - **융통성(fexibility)**: 아이디어나 반응의 종류 혹은 범주의 다양성
  - **정교성(elaboration)**: 기존 아이디어 · 반응에 추가하거나 그것을 개발하는 것
  - **독창성(originality)**: 새롭고 참신하면서 다른 아이디어와 반응

- **사고(thinking)**: "문제의 체계화, 해결, 의사결정 또는 문제를 바람직하게 이해하고 의미를 조사하도록 돕는 정신 활동"(Ruggiero, 1998, p. 2)

학습 내용 적용

리더로서의 성공은 복잡한 문제를 창의적으로 해결하는 능력에 달려 있다. 대부분의 기능과 같이, 창의적 문제해결은 배움과 연습을 통해 향상될 수 있다. 이 장에서는 능력 있는 창의적 문제해결자에게 요구되는 주요 기능을 언급하였다. 또한 창의적 사고의 인지적이고 정의적인 면을 모두 살펴보았다. 다음의 활동은 이러한 주제를 넓은 의미로 탐색해 보고자 설계되었다.

1. 참신한 반응이 요구되는 문제와 그것을 성공적으로 해결할 수 있는 문제를 살펴보자. 문제를 해결하는 방법과 성공을 위한 사고 및 감정을 설명할 수 있는 내용으로 정리해 보자. 우리의 사고와 감정이 또 다른 것에 영향력을 미칠 수 있는 방법에 대해 설명해 보자. 감정을 효과적인 문제해결의 방법으로 취할 수 있는 상황을 생각해 보자. 이러한 상황으로부터 무엇을 배웠는가? 다음에는 무엇을 더욱 잘할 수 있겠는가?

2. 이 장에서 언급한 3가지 정의적 기능이 펼쳐지는 삶의 예를 찾아보자. 언제 새로움에 대한 개방성을 보이게 되었는가? 모호한 상황임에도 그것을 포용할 수 있었던 때는 언제인가? 삶에서 모호한 상황을 포용하는 능력을 언제 발휘하였는가?

3. 오차를 줄일 수 있는 해결책의 목록을 적어 보자. 가능한 해결책의 목록을 만들기 위해 노력해 보자. 작성한 목록에 만족한다면 이 책에서 설명된 인지 기능(즉, 유창성, 융통성, 정교성, 독창성)을 활용하여 검토해 보자. 해결책을 얼마나 유창하게 만들어 냈는가? 얼마나 많은 수의 내용을 적었는가? 5, 10, 15 혹은 그 이상인가? 해결책에 대한 단위가 클수록 운영 가능한 해결책을 찾아낼 확률이 높을 수 있다. 반응에 대해 유연성을 보여 주었는가?

작성된 목록을 꼼꼼하게 살펴보았는가? 작성된 아이디어들이 비슷한 선상에 있는가, 아니면 전혀 다른 관점에서 뻗어져 나왔는가? 얼마나 정교하게 반응하였는가? 해결책에 대한 반응은 간단하고 일반적으로 기술되었는가, 아니면 자세한 정보로 제공되었는가? 마지막으로, 다른 사람들과 토론한 내용을 간단한 아이디어로 작성하였는가, 아니면 매우 창의적인 생각이 포함된 아이디어로 작성하였는가? 만약 당신이 알고 있는 누군가가 같은 활동을 했다면 당신이 작성한 목록과 비교해 보자. 다른 사람들이 제안하지 않은 아이디어가 있는가? 만약 그렇다면 그것은 독창적인 생각을 할 수 있는 특정한 방법의 함축적인 의미로 해석할 수 있을 것이다.

제4장

창의적 리더십:
창의적 문제해결을 위한
인지적이고 정의적인 기법

마음은 본능적 직감에서 비롯된다.

—Byron 경—

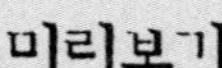

미리보기

2장에서 CPS 모델을 소개하였고, 3장에서는 CPS 작업을 만드는 중요한 기법을 설명하였다. 인지적이고 정의적인 기능은 창의적 리더십의 기본 개념이라고 할 수 있다. 이 장의 목적은 CPS 과정의 각 진행 방식과 연결된 구체적인 기법들을 살펴보는 것이다. 예를 들어, 아이디어 생성을 지원하는 사고 기법 모델은 아이디어를 평가하고 정제하는 방법과는 실질적으로 매우 다르다. CPS는 복잡한 과제를 언급하기 위해 디자인된 복잡한 사고 과정이다. 따라서 CPS를 배우는 것은 전문적이고 개인적인 성공을 강조할 수 있는 광범위하고도 확실한 방법이다.

리더를 위한 창의적 사고 기법

우리는 CPS를 사고 기법 모델이라고 설명하였다. CPS는 정의적 영향력을 가진 인지적 모델로, 인간의 사고 과정을 향상시킴으로써 위기를 더욱 잘 극복할 수 있게 돕는 기능을 한다. 또는 생산적인 변화를 일으키는 기회를 모색하도록 한다. 리더는 리더십의 맥락에서 CPS를 사용함으로써 복잡한 문제를 해결하기 위한 사고 기법의 종류를 강조할 수 있다.

CPS는 거시적인 사고 과정으로 작동한다. 구체적인 사고 기법은 CPS 모델의 틀 안에서 충분히 설명될 수 있다. CPS 모델은 사람들이 사고의 종류를 알고 선택할 수 있도록 평가의 준거(rubrics)를 제공하며, 보다 효과적으로 사고하는 기능을 도와준다. CPS 과정은 참여하는 사람의 사고 기법을 위한 평가적이고 기능적인 용어를 사용한다. 이러한 사고 기법은 과정의 한 단계에서부터 다른 단계에 이르기까지 다양하다. CPS 7단계는 각각의 진행 방식마다 본질, 목적, 기능이 기본적으로 다르다. 그러므로 각각의 진행 방식에 맞춘 서로 다른 기본적 사고 기법이 필요하다. 하지만 앞 장에서 언급한 대로 확산적·수렴적 사고는 모든 진행 방식에서 사용되어야 한다.

컴퓨터 사용법과 CPS 진행 방식을 비교해 보자. 컴퓨터는 많은 기능을 명령받고 실행하도록 고안되었다. 컴퓨터에 내장된 소프트웨어는 다양한 기능을 실행하기 위해 사용된다. 어떤 소프트웨어는 워드프로세서로 사용되기도 하고, 수를 분석하면서 정보를 탐색하는 것 등의 다양한 용도로 사용되기도 한다. 이와 같이 소프트웨어 프로그램의 본질과 목적은 다양하지만, 모두가 같은 기능적인 시스템에 의해 관리된다. 컴퓨터와 마찬가지로 CPS 틀은 다른 기능들을 실행하기 위한, 복잡한 사고를 요구하는 거시적인 조직체와 같다. 이러한 진행 방식들로 인해 결과가 자연스럽게 이루어질 때 CPS는 현재의 상황을 분석할 수 있는 사고(상황 평가)를 지원하게 된다. 그리고 변화를 위한 실행 계획(계획 수립)으로 발전할 수 있다.

〈표 4-1〉은 CPS 진행 방식의 본질과 목표를 바탕으로 7단계의 기본적 사고 기법을 설명하고 있다(Puccio, Murdock, & Mance, 2005). Barbero-Switalski(2003)는 문헌 연구와 CPS 전문가 집단으로부터 피드백 받은 자료를 토대로 사고 기법을 검증하였다. 그녀는 사고 기법과 그 정의를 수정하기 위해 이 정보를 사용하였고, 최종적인 정의를 내리기 위해 많은 문헌을 기초로 하였다(예: Costa, 2001; González, 2002; Isaksen, Dorval, & Treffinger, 1994; Marzano et al., 1988; Morrisey, 1996; Sternberg, 1985). 창의성 및 CPS와 관련된 또 다른 사고 기법에 대해서는 Puccio와 Murdock(2001)을 참고하라.

앞 장에서 정의적 요인이 인지적 과정으로서의 사고에 영향을 주는 방법에 대해 기술하였듯이 CPS도 역시 감정적인 요인의 영향을 받는다. Zhou(2008)는 다음과 같이 언급하였다.

> 연구에 따르면, 감정은 개인의 인지 혹은 사고의 과정과 연결된다는 것을 보여 준다. 개인은 인식, 가치판단, 감정 표현뿐만 아니라 인지와 사고의 과정 속에서 감정을 사용하는 능력에 따라 각각 다르다(p. 136).

〈표 4-1〉 창의적 문제해결과 관련된 중요한 인지적 사고 기법

진행 방식	상황 평가 (관리 단계)	비전 탐색	과제 수립	아이디어 탐색	해결책 수립	수용안 탐색	계획 수립
목적	관련 자료를 확인하고 설명하기, 다음 진행 단계를 결정하기	목표하는 결과를 비전으로 정하기	목표하는 결과에 도달하기 위한 차이점 인식하기	중요한 과제를 해결하기 위해 참신한 아이디어 생성하기	아이디어에서 해결책으로 나아가기	성공하도록 가능성을 높이기	실행 계획 만들기
사고 기술	**진단적 사고 diagnostic thinking**	**비전적 사고 visionary thinking**	**전략적 사고 strategic thinking**	**이상적 사고 ideational thinking**	**평가적 사고 evaluative thinking**	**맥락적 사고 contextual thinking**	**전술적 사고 tactical thinking**
	상황에 대한 면밀한 검토, 문제의 본질 파악하기, 적합한 실행 과정의 의사결정을 위한 정보 사용 능력	목표를 이루기 위한 생생한 이미지 창출하기	반드시 언급해야 할 중요한 쟁점을 확인하고 목표를 향한 방법 찾기	중요한 과제에 대한 반응으로 독창적인 이미지와 아이디어 발산하기	실행 가능한 해결책을 위해 아이디어의 합리성과 특성을 평가하기	성공을 지원하거나 방해할 수 있는 상황과 그와 관련된 조건 이해하기	목표를 이루기 위한 구체적이고 측정 가능한 단계와 효과성 검증의 방법을 계획하기

출처: Puccio, Murdock, & Mance (2010).

앞 장에서는 CPS 과정에 필요한 새로움에 대한 개방성, 모호한 상황에 대한 포용, 그리고 복잡성을 극복하는 인내라는 3가지 중요한 정의적 기능을 설명하였다. CPS의 7단계 진행 방식과 관련된 각각의 구체적인 인지적 기능은 정의적인 요소와 짝을 이룬다. 〈표 4-2〉는 CPS의 진행 방식과 가장 관련이 높은 정의적 기능의 개념을 설명한다.

창의적 문제해결을 위한 인지적이고 정의적인 기법

학교에서는 대부분의 학생이 내용과 지식의 조각을 모으는 것을 중요시한다. 사고의 방향을 잡기 위한 기법은 학습 과정에서 잘 다루어지지 않고 있다. CPS는 창의적인 사고를 발전시키고 전문화 기능을 하도록 돕는 과정이다. 이러한 전문적 기능으로 향하는 첫 번째 방식은 CPS의 각 과정에 포함된 기법을 이해하는 것이다([그림 4-1] 참고). 따라서 지금부터는 CPS의 진행 방식을 더욱 자세히 살펴보겠다. 사고 기법 모델은 인지적·정의적 기능이 각각의 진행 방식 안에서 어떻게 작동하는지 보여 준다.

상황 평가: 진단적 사고

상황 평가는 CPS 과정의 중심이고, 전체적인 과정은 **상황 평가**에서부터 시작해야 된다. 상황 평가는 관리 단계라고도 불리는데, CPS

〈표 4-2〉 창의적 문제해결을 지지하는 주요한 정의적 기법

진행 방식	상황 평가 (관리 단계)	비전 탐색	과제 수립	아이디어 탐색	해결책 수립	수용안 탐색	계획 수립
목적	관련 자료를 확인하고 설명하기, 다음 진행 단계를 결정하기	목표하는 결과를 비전으로 정하기	목표하는 결과에 도달하기 위한 차이점을 인식하기	중요한 과제를 해결하기 위해 참신한 아이디어 생성하기	아이디어에서 해결책으로 나아가기	성공하도록 가능성을 높이기	실행 계획 만들기
정의적 기능	유념 (mindfulness)	꿈꾸기 (dreaming)	차이점 지각 (sensing gaps)	유희 (playfulness)	미성숙한 결론 피하기 (avoiding premature closure)	환경에 대한 민감성 (sensitivity to environment)	위험 감수 (tolerance for risks)
	현재 상황에 관련된 생각, 느낌 그리고 감각을 동원하여 집중하기	꿈과 희망이 가능하다고 상상하기	현재 상태와 목표하는 상태의 불일치를 신중하게 파악하기	아이디어로 자유롭게 즐기기	결정을 재촉하는 압력에 저항하기	주변을 둘러싼 신체적이고 심리적인 환경을 인식하는 정도	실패나 좌절에 대한 가능성으로 인해 스스로 무기력해지지 않기

출처: Puccio, Mance & Murdock (2010).

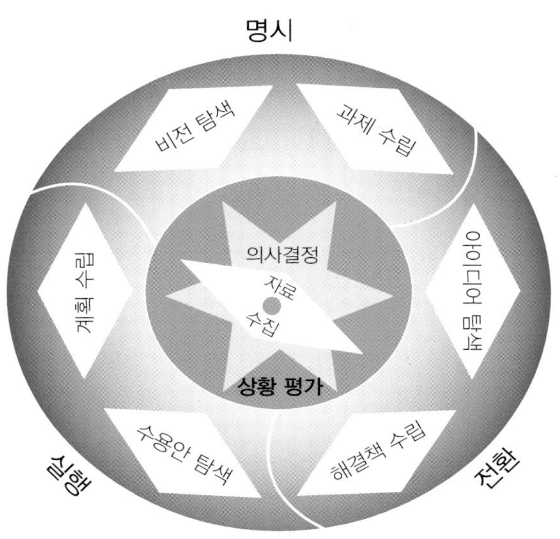

[그림 4-1] 창의적 문제해결 사고 기법 모델

출처: Puccio, Murdock, & Mance (2005).

가 주어진 상황에서 적합하게 사용될 수 있는지를 여기서 결정해야 하기 때문이다. 만약 주어진 상황에서 CPS을 사용해야 한다면 그 과정을 어디에서부터 시작해야 하는지 결정하는 능력이 필요하다. 바로 그 순간 초인지(사고에 대해 생각하는 능력)가 필요하다. 모든 과정을 총괄해서 볼 수 있는 능력은 리더가 그것을 관찰하고 지시할 수 있게 해 준다. 초인지는 내부적인 에너지를 최대한으로 높여 준다. 'NASCAR' 혹은 'Formula One'과 같은 자동차 경주 대회에 출전하는 운전자들이 느끼듯이, 차들 간 엔진의 힘은 실질적으로 크게 다르다고 볼 수 없다. 누가 경기에서 우승할 수 있는지 결정짓는 것은 차를 기술적으로 다루는 운전자의 실력이다. 우리는 마음의 상자를 벗어나서 최상의 것을 취할 수 있어야 한다. 초인지는 개인이 CPS 과정을 넘어서서 진행 방식을 통한 절차를 관리하도록 이끌어 확실한 성공의 길로 인도할 수 있다. CPS는 반드시 정해진 순서대로 진행해야 하는 융통성 없는 접근 방법이 아니다. CPS에서는 문제를 통찰하여 방향을 정할 수 있는 관점이 매우 중요하다.

의사가 처방을 내리기 전에 환자를 진단하는 것처럼, CPS 사용자는 무슨 일이 진행되고 있으며, 어떤 과정에 어떤 행동이 요구되는지 반드시 결정해야 한다. 종종 의사들은 "진단 없이 처방하는 것은 진료 태만이다."라고 표현한다. CPS의 효과적인 사용도 이와 마찬가지다. 모든 상황에서 내릴 수 있는 최고의 선택이라고 생각하여 흔히 빠지기 쉬운 사고의 함정은 언제나 브레인스토밍을 하거나 많은 아이디어를 생성해야 한다는 의무감이다. 실행해야 할 필요성을 이미 가지고 있는 과제라면 이와 같은 행위는 시간을 낭비하는 것이다. CPS를 사용할 때는 먼저 도전 내용과 그 상황에 가장 적절한 진행 방식을 고려하는 것이 우선시되어야 한다. 그러므로 항상 자료 수집을 먼저 해야 하고, 가장 효과적인 CPS의 다음 진행 방식을 결정해야 한다.

상황 평가를 기본으로 한 인지 기능에서는 **진단적 사고**의 능력이 필요하다. CPS에서는 이를 2가지로 나누어 설명한다. 첫 번째는 상황에 대한 면밀한 검토 및 문제의 본질을 파악하기다. 스스로에게 "내가 왜 이것을 하려고 하는가? 누구와 관련되어 있는가? 이러한 문제를 파악하기 위해 무엇을 알아야 하는가? 왜 이것이 문제인가? 이러한 상황에서 내가 바로 취해야 할 행동은 무엇인가? 내가 전에 시도한 것은 무엇인가? 실행에 방해가 되는 것은 무엇인가?"와 같은 질문을 할 수 있다. 상황에 대한 광범위한 이해를 한 후에는 두 번째 진단적 사고가 필요하다. 바로 적합한 실행 과정의 의사결정을 위한 정보 사용 능력이다.

진단적 사고를 하면 상황과 사고 과정 모두를 통찰할 수 있다. 즉, 적극적으로 정보를 수집하고, 과정을 판단하기 위한 분석에 통찰력을 사용할 수 있다. 초인지는 단지 사고를 관리하는 것으로 제한되지 않는다. 감정을 인식하는 데 초점을 둠으로써 특정 과제에 영향을 줄 수 있는 초인지의 틀이 형성될 수 있다. 이러한 초인지의 틀을 초인지적 경험(metacognitive experience)이라고 한다(Flavell, 1987). 특히 초인지적 경험은 인지적 활동에 바탕을 둔 개인의 정의적인 경험과 연결된다. 이러한 결과는 문제해결자가 주어진 과제를 기술적으로 언급하는 데 도움을 줄 수 있는 예전의 기억, 직감 그리고 감정을 인식하고 사용할 수 있다는 것을 알려 준다.

진단적 사고는 **유념**(mindfulness)을 지원해 주는 초정의적 기능(meta-affective skill)과 연결된다. 이러한 주장은 CPS를 실제로 사용하면서 직감의 역할을 관찰한 Burnett(2010)이 수행한 최근 연구에 바탕을 둔다. 유념이란 현재의 순간과 조화를 이루는 생각을 일컫는다. Bishop 등(2004)은 진단적 사고의 정의에서 언급된 부분과 동등하게 유념이라는 학문적인 정의로 2가지를 제시하였다. 첫 번째로, "유념은 현재 경험의 자각(순간순간의 생각, 감정 그리고 감각의 장을 변화시키기 위해 관찰하고 주목하는 것)을 불러일으키는 것에서 시작한다."(p. 9) 진단적 사고는 주로 문제와 관련된 확장된 자료를 조절하는 것을 중심으로 한다. 그러므로 유념은 리더가 스스로 자각할 수 있도록 도와주고, 현재 상황의 생각, 감정 그리고 감각을 관찰하도록 이끈다. 다음으로 Bishop 등(2004)이 설명한 유념은 "호기심, 개방성 그리고 수용의 관점에서 현재의 경험을 향한 특별한 적응력을 포함한다." (p. 9) 유념의 두 번째 요인은 고유의 감정과 중요한 정보를 언제나 개방하는 것이다. 유념이 없는 진단적 사고는 공허한 결과와 후회를 초래할 수 있다. 사실을 바탕으로 결정을 내렸지만 최종적인 결정에 대해 만족하지 않았던 경험이 있었는가? 저자 역시 바로 그런 경험을 했다. 1970년대 석유 파동 기간에 나는 처음으로 새로운 브랜드의 자동차를 구입하였다. 나는 가장 논리적인 감각으로 차를 선택하려고 연비의 효율성에 대한 자료를 수집하였다. 하지만 구입 시기가 다가오자 연비의 효율성을 고려한 선택을 하지 않았다. 연비가 좋은 차를 선택하는 것은 논리적인 선택이지만, 대부분의 그러한 차는 작고 디자인이 투박해 보였기 때문이다. 나는 결국 Ford Mustang이 우아해 보인다는 감정에 이끌려 고급 자동차를 구입하게 되었다. 이러한 결정은 나를 더욱 행복하게 만들어 주었다.

유념은 어떤 사실과 개인의 감정이 건강하게 조화되도록 유지하는 데 도움을 준다. 이러한 조화는 왜 중요한 것일까? Kabat-Zinn(1994)은 유념에 대해 다음과 같이 설명하였다.

> 판단하려 하지 않고 지금이라는 순간에 의도적이면서도 특별한 방법으로 집중하는 것이다. 이러한 집중은 더욱 위대한 의식, 명료함, 실질적인 사실을 받아들이는 것을 의미한다. 우리의 삶은 순간

순간 개방적이라는 것을 인식할 수 있어야 한다. 현실을 명확하게 감각적으로 받아들이지 않는다면 우리의 삶에서 가장 소중한 가치를 놓치기 쉬울 뿐만 아니라 성장과 전환을 위한 가능성의 정도를 깨닫게 되는 데 실패할 수 있을 것이다(p. 4).

몇몇 학자는 진지하고 복잡한 쟁점의 과정을 사고하기 위해 직관적인 가치가 때로는 회의적이라고 언급한다. 아마도 그들은 위의 인용문이 현실적이지 않고 너무 우뇌적인 사고를 강조하였다고 생각할 것이다. 그럼에도 문제해결을 위한 통합적인 접근법의 가치를 지지하는 증거들이 점점 많아지고 있다. Coget와 Keller(2010)는 최근 비상사태에서 의사결정을 하는 것에 대한 보고서를 작성하였다. 이러한 사례 연구의 목적은 "위험 부담과 높은 스트레스 지수, 빠른 변화, 불완전한 정보, 과도한 자료 그리고 과정의 중복이라는 소용돌이치는 환경 속에서 ……" 전문가가 중요한 결정을 내리는 방법을 이해하는 것이다(p. 56). 효과적인 진단과 행동은 긍정적으로 직관과 감정에 영향을 받는다고 알려져 있다. 이를 주장한 학자들은 다음과 같이 결론을 내렸다.

중요한 의사결정은 이성적인 의사결정, 직관적인 의사결정 그리고 감정이라는 3가지 요소를 나타내는 소용돌이 속에서 판단된다. 올바른 진단을 하고자 하는 의사는 이성적인 의사결정, 직관적인 의사결정, 정보, 균형 및 각각의 요소에 내포된 감정을 허용하는 소용돌이 속에서 정확한 판단을 내리기 위해 중심을 잡을 필요가 있다. 한 가지 요소라도 선입견에 이끌려 치우치게 된다면 그 의사는 실수를 범하는 위험을 안게 되어 진단과 치료의 정확성이 떨어지게 될 것이다(p. 62).

의학적 판단을 신중히 내려야 하는 의사처럼 복잡한 문제에 직면했을 때 유념이라는 처방으로 상황을 진단하는 것은 매우 중요하다. 이러한 의견을 바탕으로 우리는 CPS의 맥락 안에서 현재 상황에 관련된 생각, 느낌 그리고 감각을 동원하여 집중적으로 유념할 수 있다.

비전 탐색: 비전적 사고

비전을 갖는 것(현재 조직의 상태를 바라보면서 다른 방법을 생각한다는 차원이 아니라 앞으로 어떻게 될 것인가를 바라보는 것)은 리더십에서의 중요한 영역이다(Bennis & Nanus, 1985; Goleman et al., 2002; Kotter, 1996; Kouzes & Posner, 1995). 비전은 미래에 대한 방향을 세우는 것과 관련되어 있기 때문에, CPS에서 **비전 탐색**을 한다는 것은 리더가 목표를 이루기 위해 생생한 이미지를 창출한다는 것을 의미한다. 이러한 진행 방식은 인지적 기법을 요구하는 **비전적 사고**라고 정의할 수 있다.

이러한 진행 방식에서 필요한 기본적인 질문은 "내가 가고 싶은 곳은 어디인가?"다. CPS에서의 비전적인 사고란 미래의 가능성을 상상하도록 도와주고, 목표 달성을 위한 미래의 방향을 제시하는 능력이다. 실현 가능한 비전을 명료하게 생각할수록 마음속 에너지는 더욱 쉽게 그것을 기억하면서 목표를 향해 나아간다. "만약 당신이 가고자 하는 목표 지점을 모른다면 어떤 길도 당신을 그곳으로 데려다 줄 수 없다." CPS에서의 비전 탐색이란 원하는 것을 더욱 구체화하여 획득하는 것을 의미한다. 그러므로 그것은 목표한 산출물을 얻기 위해 헛된 곳에 시간을 낭비하지 않고 에너지를 집중할 수 있도록 도와준다. Kouzes와 Posner(1995)는 다음과 같이 말하였다. "모든 기획 또는 프로젝트는 크기에 상관없이 마음의 눈에서 시작한다. 상상했던 것이 어느 날 현실로 다가올 수 있다는 신념을 가지고 시작하는 것이다."(p. 93) 언젠가 우연히 세운 목표가 새로운 생산품으로 시장에 출시되어 성공할 수도 있으며, 더욱 즉각적인 반응을 위해 팀의 성과를 바로 높이는 일이 될 수도 있다. 예정된 시간 안에 목표가 달성될지라도 결과가 나올 수 있었던 확실한 틀은 바로 사고의 연결이다.

비전적인 사고를 지원하는 주요한 정의적 기법은 바로 **꿈꾸기**(dreaming)다. 꿈꾸기란 꿈과 희망이 가능하다고 상상하는 능력을 의미하며, 이것을 통해 미래를 구속받지 않은 상태에서 미래를 구상할 수 있다. Henry David Thoreau는 "만약 누군가 꿈을 향해 자신 있게 나아가고 바라던 삶을 살기 위해 노력한다면, 그는 기대하지 않았던 삶 속에서 성공을 만나게 될 것이다."라고 말하였다. 현재에 존재하지 않는 것을 상상하고 꿈꾸며 비전을 갖기 위해 마련하는 구체적인 틀은 미래를 창의적으로 이끌 수 있는 긍정적인 환경에 대한 인식을 높여 준다. 꿈꾸는 것의 결과로 가능성의 한계를 넓히고 고정관념을 뛰어넘으면 현실의 세계를 확장시킬 수 있다.

과제 수립: 전략적 사고

CPS에서 도전 **과제 수립**을 위한 중요한 인지적 사고 기능은 **전략적 사고**(반드시 언급해야 할 중요한 쟁점을 확인하고, 목표를 향해 나아가야 할 방법을 찾는 것)다. 이러한 진행 방식에서는 중요한 질문에 답해야 한다. "목표를 달성하기 위해 나는 무엇을 생각해야 하는가?"

CPS에서 전략적 사고는 예정되어 있지 않은 창의적 사고와 상상할 수 있는 도전을 체계화하는 과제의 생성 및 선택을 의미한다. 전략적 사고의 결과로, 더 많은 가능성을 열어 놓고 선택의 폭을 넓힐 수 있다. 리더로서 CPS에서의 전략적 사고를 활용하면 문제를 더욱 깊이 숙고하여 자신과 자신의 목표 사이에서 아이디어를 생성시켜 의도적으로 그 과제를 인식할 수 있게 된다.

전략적 사고를 지원하는 중요한 정의적 기능은 자신과 자신의 목표를 분리시키는 장애물을 인지하는 것이다. 우리는 이것을 **차이점 지각**(sensing a gap: 현재 상태와 목표하는 상태의 불일치를 신중하게 파악하기)이라고 한다. 이러한 기능은 암묵적 정보를 받아들이고 처리하는 방법을 의미한다. Goleman 등(2002)은 암묵적 지식이 '현명한 추측(smart guess)'이라는 직관에 달려 있다고 하였다. 그들은 "현명한 추측은 리더에게 더욱 요구되는 능력이다. 왜냐하면 그는 미래를 예언할 수 있는 확실한 지도가 없는 정보의 홍수에 직면하고 있기 때문이다." 라고 말하였다(p. 42). 그는 Capital One의 CEO인 Richard Fairbank의 말을 인용하였다.

> 리더로서 비전적인 전략을 발견한다는 것은 매우 직관적이라고 할 수 있다. 리더가 자료만 사용한다고 미래를 예견할 수 있는 것은 아니다. 3년 후에 무엇이 필요할 것인지 어떻게 알 수 있겠는가? 지금 당장 준비하지 않으면 정말 필요할 때 그것을 가지고 있지 않게 될 것이다(p. 42).

차이점을 지각하는 능력을 개발하기 위한 방법은 직관, 예감 그리고 본능을 더 많이 인식할 수 있도록 자극하는 것이다. 예를 들어, 최근 자신이나 다른 누군가의 잘못된 결정으로 인해 괴로움을 느꼈던 시기를 떠올려 보자. 가장 최근에 바로 현실로 나타나는 구체적인 증거나 지원된 내용은 없었지만 암묵적으로 자신이 옳은 방향으로 가고 있다는 것을 알게 된 사건이 있었는가? 이러한 느낌을 어떻게 받아들였는가? 당신은 그것을 무시했는가? 혹은 무시했다가 다시 생각해 보았는가? 아니면 자신의 직감대로 행동하였는가? 이런 느낌을 어떻게 인식하는가? 당신이 했던 일이 무엇이었든 간에 처음부터 분명하진 않았지만 어떤 것이 부족하거나 어떤 것이 가능성이 있었는지 반드시 파악하고 있어야 한다. 차이점을 지각할 수 있는 능력은 목표를 위한 진행 또는 약점이 될 수 있는 장애물을 발견하는 데 도움이 될 것이다. 차이나 결핍에 민감하지 못한 사람들은 목표를 향해 나갈 때 예상하지 못했던 함정에 빠질 가능성이 높다.

아이디어 탐색: 이상적 사고

CPS에서 **아이디어 탐색**의 목적은 비전을 향한 진행에 방해가 되는 문제에 대해서 임시 해결책을 제시하는 것이다. 만약 이전의 진행 방식에서 중요한 질문이 "나는 목표를 달성하기 위해 무엇을 생각해야 할 필요가 있는가?"였다면, 이 진행 방식에서는 "내가 선택할 수 있는 것은 무엇인가?"에 중점을 두어 생각한다. 아이디어를 탐색할 때는 자신의 앞에 놓인 가장 중요한 과제를 언급하기 위해 상상력을 발휘해야 한다. 희망 사항은 중요한 아이디어들이 해결책으로 전환되어 현재 상태와 비전 사이의 간격을 좁혀 주는 내용으로 채워지는 것이다. 여기서 사용될 수 있는 사고 기능은 중요한 과제에 대한 반응으로, 독창적인 이미지와 생각을 펼칠 수 있는 **이상적 사고**다. 이상적 사고에 능숙한 사람은 독창적이며 다양한 아이디어를 쉽게 많이 생성할 수 있다.

이상적 사고라는 요소와 관련된 중요한 정의적 기능은 바로 **유희**(playfulness)다. 즉, 유희를 통해 아이디어를 가지고 자유롭게 즐길 수 있다. 당신은 책상에서 일을 하거나 대화를 나누는 동안 가지고 놀 수 있는 장난감이 있는가? 유희적인 태도를 통해 새롭고 다른 아이디어나 관점을 갖게 됨으로써 자유롭게 탐구할 수 있고, 억압된 행동으로부터의 해방감을 맛볼 수 있다. 게임이나 장난감과 같은 흥미로운 물건은 단지 아이만을 위해 존재하는 것이 아니다. 유희적인 태도 역시 아이에게만 요구되는 것이 아니다. 이러한 종류의 물건은 사고의 다양성을 높이고, 상황을 새롭고 독특한 시선으로 바라볼 수 있도록 도와준다. 예를 들어, 디자인 회사 IDEO의 직원들은 작업 중에 자유롭게 행동하고 유희적인 활동과 많은 브레인스토밍 그리고 다양한 아이디어 생성 작업을 하는 것으로 잘 알려져 있다. 그리고 이것은 최상의 상품이라는 결과물의 보고서로 증명될 수 있다 (IDEO에 관한 내용은 이 책 마지막의 사례 연구에 보다 자세하게 수록하였다).

해결책 수립: 평가적 사고

영국의 수학자로 유명한 Alfred North Whitehead는 "우리는 일반적으로 생각한다. 하지만 우리의 삶은 매우 세부적이다."라고 주장하였다. 그는 **해결책 수립**을 한다는 것은 잠재적 아이디어 또는 문제를 명확하게 하여 해결이 가능하도록 전환시키는 것이라고 설명하였다. 이 부분은 "어떤 선택이 가장 효과적인가?"라는 질문에 답하는 것이다. 무언가를 결정할 수 있도록 돕는 중요한 사고 기법은 평가적 사고를 사용하는 것이다. CPS에서 **평가적 사고**를 할 때, 리더는 실행 가능한 해결책을 위해 아이디어의 합리성과 특성을 평가해야 한다. 다양한 아이디어를 검토하여 장단점을 살펴보고, 약점을 극복하여 아이디어가 해결책이 될 수 있도록 심층적인 탐색 작업을 해야 한다.

조직 안에서의 기능을 연구하고 발전시킨다는 것은 아이디어 탐색과 해결책 수립 사이의 유사성을 제공할 수 있다는 것을 의미한다. 연구는 새로운 상품을 생성하는 활동이다. 개발하기 위한 노력은 초기의 개념을 시장성 있는 상품과 서비스로 전환한다. 탁월한 평가적 사고는 아이디어가 제대로 형성되지 않은 채로 혹은 미성숙한 상태로 대중에게 제공되지 않도록 이끈다.

평가적 사고의 중요한 정의적 기법은 결정을 재촉하는 압력에 저항하여 **미성숙한 결론을 피하는 것**이다. CPS를 통해 의도적으로 문제에 대한 새로운 접근을 시도할 수 있는데, 이는 언뜻 이질적이고 위험한 아이디어로 보이기 쉽다. 어떤 사람들은 한 번도 들어본 적이 없는 아이디어일 경우 그것을 자주 거절한다. 하지만 잠시만이라도 아이디어에 대한 성급한 결론을 미룬다면 당신은 생소한 아이디어가 살아남을 수 있는 기회를 제공함으로써 그것이 획기적인 해결책으로 전환되도록 만들 수도 있을 것이다. 지금은 자연스럽게 사용되고 있는 발명품이 처음에 성급한 판단으로 생소한 아이디어라고 무시되었다면 휴대폰, 디지털 시계, 이메일, 비행기, 달 탐사 등은 현재 존재하지 못했을 것이다.

수용안 탐색: 맥락적 사고

만약 당신이 목표를 명확하게 정했다면, 다음 단계에서는 사회적 맥락 속에서 성공을 보장받을 수 있는지 그 방법에 주의해야 한다. CPS에서 **수용안 탐색**의 목적은 미리 정해진 변화의 성공적인 실행력에 도움이 되거나 방해가 될 수 있는 요인을 알아보는 것이다. 여기서 가져야 할 주요 질문은 "이러한 해결책이 주변 상황에 맞춰 이해되고 받아들여지는 데 도움이나 방해가 될 수 있는 요인은 무엇인가?"다. 오늘날 흔하게 볼 수 있는 비행기, 자동차, 영화 같은 것은 처음부터 환영받았던 발명품이 아니었다. 미국의 저널리스트인 George Seldes는 "모든 위대한 아이디어는 지금도 논쟁 중이며, 적어도 한 번 이상은 논쟁이 되었다."라고 언급하였다.

수용안 탐색에서의 효과적인 작업은 **맥락적 사고**와 연결된 능력을 보유하는 것이다. 맥락적 사고란 성공을 지원하거나 방해할 수 있는 상황과 그와 관련된 조건을 이해하는 것이다. 특히 지금의 CPS 과정에서 필요한 리더십은 대중적으로 활용될 수 있다. 이제는 더 이상 머릿속으로만 비전을 가지고 전략을 세우며 아이디어를 내는 것에 머무르지 말아야 한다. 사람들의 아이디어, 의견 그리고 리더와 다른 생각을 가지고 있는 상황에 대한 이해를 통해 해결책을 강구할 필요가 있다. 맥락적 사고는 주변 환경에 대한 조심스럽고 의도적인 관심을 요구한다. 예를 들어, 당신은 스포츠 경기장에 가게 되었을 때 상대 팀 응원석에 앉아 본 경험이 있는가? 그러한 상황에서 자신이 응원하는 팀을 야유하는 사람들에게 항의하는 것이 올바른 행동이라고 생각했는가? 상황을 고려해 본다면 항의한다는 것 자체가 맥락화되지 않은 생각이라는 결론을 내릴 수 있을 것이다. 맥락적 사고에서 우리는 '누가, 무엇을, 언제, 어디서, 왜 그리고 어떻게'를 고려하며 조언자와 방해 세력을 인식하면서 주변 상황에 주의를 기울일 수 있다.

맥락적 사고는 환경에 대한 민감성이라는 정의적 기법에 의해 더욱 강화될 수 있다. **환경에 대한 민감성**은 주변을 둘러싼 신체적이고 심리적인 환경을 인식하는 정도를 의미한다. 맥락적 사고는 이러한 정의적 기법에서부터 시작하고, 목표와 장애물 사이를 인식할 수 있다. 환경에 대한 민감성은 다른 사람들의 말을 이해하여 주변의 도움과 반대되는 세력을 설명할 수 있도록 한다. 또한 해결책을 실행하기 전에 마지막으로 상황을 검토할 수 있도록 기회를 제공한다. 상사에게 해결안을 가지고 가는 시간은 금요일 오후 5시가 좋을까, 아니면 상사가 회의를 가기 위해 막 문을 나서려고 할 때가 좋을까? 이 해결안은 복잡한가, 아니면 간단한가? 다른 사람들이 이해하도록 도와주는 시간은 얼마나 걸릴까? 해결책이 제시되었을 때 사회 정책이나 문화적 규범은 그것에 도움이 되는가, 아니면 방해가 되는가? 해결책을 처음부터 지원해 줄 사람은 누구인가? 누가 우리를 지지해 줄 것인가? 해결책으로 가장 큰 혜택을 누리는 사람은 누구인가? 누가 가장 손해를 볼 수 있을까? 다른 사람들과의 상호작용을 이해하면서 주변 사람들에게 영향을 미치는 당신의 능력은 해결안을 실질적으로 받아들이는 데 중요할 것이다.

계획 수립: 전술적 사고

CPS 과정의 진행 방식에서 마지막에 해당하는 **계획 수립**은 해결안을 성공적으로 실행하기 위한 구체적인 행동으로 정의된다. 여기에서 스스로 해야 할 주요 질문은 "해결안이 실행되기 위해 구체적으로 해야 할 일은 무엇인가?"다. 이러한 행동은 시간(단기, 중기, 장기)과 사람(누가 무엇을 언제 할지, 누가 책임을 맡을 것인지)에 의해 실행 계획으로 조직화되어야 한다.

계획 수립은 다른 모든 단계보다 가장 구체적이어야 한다. 따라서 이와 연결된 인지적 기법은 이러한 과정을 성공적으로 이끌 수 있는 **전술적 사고**다. 전술적 사고란 목표를 이루기 위해 구체적이고 측정 가능한 단계 및 효과성 검증의 방법을 계획하는 것이다.

계획을 성공적으로 실행하는 것과 관련된 정의적 기법은 **위험 감수**를 하는 것이다. 위험을 감수한다는 것은 실패나 좌절에 대한 가능성 때문에 스스로 무기력해지지 않으려는 노력을 의미한다. 위험 감수가 높아질수록 ① 스스로 실패를 허용하게 될 것이고, ② 설령 실패하였더라도 감정을 다스릴 수 있을 것이다. 실행 단계에 도달했을 때 당신은 해결책 실행에 따른 책임을 져야 한다. 왜냐하면 그것의 가치를 이해하지 못하는 사람들이나 다른 사람들의 관점 및 의견, 가치 차이로 인해 당신이 혹평을 받을 수도 있기 때문이다.

창의성 연구자인 E. Paul Torrance(1971)는 다음과 같이 말했다. "창의적인 사람이 되기 위해 당신은 스스로를 격려할 필요가 있다. 만약 당신이 새로운 아이디어를 가지고 있다면 소수자 집단에 속하게 되는 것이다. 한 명의 소수자가 된다는 것은 불편한 길을 걷는 것과도 같다. 그러므로 이때는 용기가 필요하다."(p. 8) 이러한 기법의 발전은 사람들에게 새로운 아이디어를 추구하기 위한 인내를 제공한다. 그것은 종종 위험으로 가득할 수 있다. 그것을 극복하기 위한 한 가지 방법은 대수롭지 않게 보이는 위험부터 시작하여 비판을 견디는 감정적인 힘을 연습하는 것이다. 위험이 따르는 무언가를 신중히 결정했으면 실행에 옮겨 보자. 어떤 것부터 시작해야 할지 잘 생각해 보자. 새로운 음식을 먹어 보고, 낯선 사람에게 인사를 건네 보고, 마음속으로 피하고 싶은 쟁점에 대해 말해 보자. 그 후에 위험을 극복하였다면 어떤 것을 느꼈는지, 그리고 다음엔 무엇을 좀 더 시도해 볼 수 있을지 생각해 보자. 교실에서 훈련할 경우에는 하루에 20개씩 잘못된 아이디어를 스스로에게 제시해 보자. 행동의 아이디어는 위험을 감수하여 성공에 이르게 하는 것이다. 그 할당량을 채워야 한다. 만약 하루가 지났는데도 그 할당량을 완수하지 못했다면 계속 노력하자. 만약 하루 만에 할당량을 성공적으로 수행했다면 그 성공을 기념하자. 그리고 잘못된 아이디어 10개를 더 추가하여 할당량을 늘려 보자.

학습 내용 적용

Winston Churchill은 다음과 같이 말했다. "미래의 제국은 마음의 제국이다." 이 장에서 우리는 창의적 사고가 특별한 제국을 만들기 위해서는 우선 하나의 벽돌을 쌓는 것부터 시작해야 한다고 제안하였다. CPS를 의도적으로 사용하여 조직화된 사고의 체계를 갖추어 보자. 리더십을 배양할 수 있는 수많은 사고 기법을 연습해 보자. 다음의 심화 활동을 통해 이 장에서 배운 개념들을 연습해 보자. 6장부터 12장까지는 이러한 기법들을 발전시키기 위해서 추가적인 기회를 심도 있게 다룰 것이다.

1. 성공적으로 완수했던 리더십 과제를 생각해 보자. 그 당시 필요했던 기법은 무엇이었는가? 목록으로 작성해 보자. 지금은 갖고 있지 않지만 미래에 원하는 기법은 무엇인가? 이 장에서 논의된 기법들과 연결해 보자.

2. 현재 진단적 사고, 비전적 사고, 전략적 사고, 이상적 사고, 평가적 사고, 맥락적 사고 혹은 전술적 사고를 사용하기 위한 개인적 또는 전문적 상황에 대해 설명해 보자.

3. 3일 동안 이 장에서 기술한 정의적 기법을 스스로 얼마나 효과적으로 사용하였는지 관찰하고 점검해 보자. 어느 항목을 가장 잘 수행하였는가? 가장 향상할 수 있는 항목은 무엇인가?

4. 가장 좋아하는 TV 쇼나 영화 속에서 살펴본 문제해결의 사고방식을 설명해 보자.

제5장

사고의 전환:
창의적인 마음가짐의 개발

> 나는 항상 창의성에 대해 생각하고 있다. 아침에 눈을 떴을 때 나의 미래는 시작한다. …… 나는 매일의 삶을 통해 스스로 할 수 있는 창의적인 무언가를 찾고 있다.
>
> —Miles Davis—

미리보기

힘든 문제를 해결하고 돌파하기 위해서 몇 가지 선택 사항을 머릿속으로 떠올려 본 적이 있는가? 선택 사항이 너무 많아서 무엇이 최선의 방법인지 확신하지 못했던 적이 있는가? 이 장의 목적은 확산적이고 수렴적인 사고를 더욱 심도 있게 이해하는 것이다. 특히 확산적이고 수렴적인 사고로 이끄는 구체적이고 효과적인 원리들에 대해 설명하고자 한다. 이러한 원리들이 한번 내면화되면 위기를 극복하고 기회를 잡을 수 있는 능력으로 크게 발전할 수 있을 것이다. 이러한 원리들은 그룹에서 개인이 더욱 효율적으로 회의를 이끌 수 있게 하는 지침서 역할을 할 것이다. 리더는 CPS 과정의 중요한 원리를 이해하면서 전체적으로나 부분적으로 효율적인 과정을 사용할 수 있다.

확산적이고 수렴적인 사고와 행동에 대해서

확산적이고 수렴적인 표현은 CPS의 기능과 목적에 있어서 매우 중요하다. 왜냐하면 그러한 표현의 효과적인 사용은 CPS를 멈추게 하거나 계속 진행할 수 있게 하기 때문이다. 숨을 들이쉬고 내쉬는 것처럼 이러한 상호적인 두 표현은 CPS의 모든 과정에 걸쳐 자연스러운 판단과 의사결정을 제공한다. 이들은 ① 참신함을 얻게 해 주고, ② 사고와 행동에서의 생동감을 유지시킨다. 확산적이고 수렴적인 표현은 결정을 미루고, 새롭거나 다른 것을 얻으려고 시도하는 경우 초기에 필요할 수 있다. 그리고 창의적인 요소들을 유지하면서 특별한 결과에 대한 결정을 실질적으로 이끌 수 있도록 방법을 알려 준다. 과거의 훈련이나 경험을 통해 알 수 있듯이, 생성과 판단을 구별하여 사고하는 것은 익숙하지 않다. 그러므로 확산적이고 수렴적인 사고 방법은 교육을 통해 강화시켜야 한다. 우리는 실용적으로 생각할 수 있는 능력을 개발하기 위해 그 원리를 알아야 한다.

지난 수년간 CPS를 연구해 온 많은 학자는 사람들이 확산적이고 수렴적인 사고에 몰입하는 능력을 개발할 수 있도록 하기 위해 여러 원리를 고안하고 수정해 왔다(Isaksen & Treffinger, 1985; Miller et al., 2001; Osborn, 1963). 〈표 5-1〉에서는 이러한 연구들에 기초하여 와일드카드 원리와 함께 확산적이고 수렴적인 사고와 관련된 최근 목록을 설명한다. 이러한 원리들은 CPS를 작동시키고 개인의 사고를 변화시킬 수 있는 힘을 갖는다. 이와 같은 원리들은 일단 내면화되면

〈표 5-1〉 **확산적이고 수렴적인 원리**

확산적인 사고를 위해	수렴적인 사고를 위해
• 판단 유보 • 많은 양의 아이디어 • 연결 짓기 • 참신함의 추구	• 긍정적인 판단의 적용 • 참신함의 유지 • 목표 확인 • 집중 유지
와일드카드의 원리 • 숙고하기 위한 시간적 여유	

출처: Isaksen & Treffinger (1985); Millere, Vehar, & Firestien (2001); Osborn (1963).

개인을 능동적인 창의적 사고자가 되도록 전환시켜 줄 것이다.

또한 이러한 원리들은 그룹 활동을 할 때 생산적으로 사용될 수 있다. 그룹 구성원들은 특정한 문제해결 과제에 도움이 될 수 있는 의견을 반영하기 위하여 토론에 몰두하기 위한 지침서가 필요할 수 있다. 그룹이 선택 사항을 필요로 할 때 대안 생성의 지침서로 확산적인 원리들을 사용해 보자. 그러나 의사결정이 필요할 때에는 수렴적인 사고의 원리들을 사용하도록 한다. 회의의 지침서로 이와 같은 원리들을 사용함으로써 그룹을 위한 문제해결의 노력을 헛되게 만들 수 있는 '시작과 동시에 멈추는 사고(start-and-stop thinking)'를 사전에 방지하도록 한다. 이러한 원리를 활용하여 리더와 구성원들은 효율적인 회의 시간을 보낼 수 있다.

확산적 사고를 위한 원리

CPS는 확산적 사고를 위한 4가지 중요한 원리를 지닌다. ① **판단 유보**, ② **많은 양의 아이디어**, ③ **연결 짓기**, ④ **참신함의 추구**다. 이러한 원리들을 학습할 때 사고는 보다 쉽게 새로운 가능성에 초점을 맞출 것이고, 행동은 다른 사람들에게 새로운 아이디어를 보여 주는 표현으로 제시될 수 있을 것이다. 이러한 원리들을 적용함으로써 개인(예: Kabanoff & Bottger, 1991; Meadow & Parnes, 1959; Rose & Lin, 1984; Torrance, 1972)과 집단(예: Basadur et al., 1982; Firestein & McCowan, 1988; Fontenot, 1993)의 확산적 사고 기법은 크게 확대되고 있다.

판단 유보

어떤 아이디어의 장점만을 간략하게 살펴본 다음, 그 아이디어를 성급하게 결정하거나 거절하거나, 비판적인 태도를 취해 본 적이 있는가? 판단 유보는 성급하게 결정하는 당신의 사고 경향을 피하도록 도와주는 것이다. 판단 유보란 평가 자체를 최대한 연기하는 것을 의미한다. CPS에서 요구하는 판단 유보는 서로 불신하지 않고 잠재적인 가치와 가능한 모든 대안을 받아들일 수 있는 능력을 발휘하도록 이끄는 것이다. 판단 유보의 혜택은 다음과 같다.

- 인식을 확대하고 가능성을 존중하기

- 더욱 개방적이고 새로운 무언가를 받아들이려는 사고방식으로, '할 수 없다' 대신 '할 수 있다'로 전환하기
- 새로운 것을 더욱 개방적으로 허용하기
- 사용 가능한 선택을 확장하기
- 같은 방식보다는 다른 아이디어나 새로운 방법으로 사물을 바라볼 수 있는 관점 갖기

확산적인 사고를 위해 판단 유보의 원리는 매우 중요하다. 일단 판단이 시작되면 확산적 사고는 멈춰 버릴 수 있기 때문이다. 많은 양의 다양하고 참신한 대안을 성공적으로 확산하고 생성하기 위해서는 반드시 판단 기능의 스위치를 꺼야만 한다. 상당한 수의 대안이 만들어진 후에 판단 기능의 스위치를 켜도록 한다.

창의적인 과정에서 판단 자체가 중요하지 않다는 의미가 아니다. 판단은 CPS의 과정 중 매우 중요한 위치를 차지한다. 판단의 최고 가치는 수렴적인 사고 과정 중에 발휘될 수 있다. 평가하려는 생각이 확산적인 과정 속으로 들어오면 다양하고 자연스러운 선택 사항을 만드는 능력이 심각하게 제한받을 수 있다. 즉, 매우 유용하게 쓰일 수 있는 대안이나 그것을 바라볼 수 있는 능력이 현저하게 줄어든다는 의미다.

CPS의 가장 중요한 역할 중 하나는 판단 유보의 가치를 실험적으로 검증하는 것이다. Parnes와 Meadow(1959)는 참가자들이 스스로 문제를 해결하는 것을 조사하였다. 첫 번째 집단의 사람들은 판단 유보의 원리에 따라 아이디어를 생성할 것을 요구받았다. 이 집단의

개인들은 머리에 떠오르는 모든 아이디어를 기록하였다. 두 번째 집단에 참가한 이들에게는 생각이 떠오를 때마다 그 아이디어를 평가하라고 하였다. 또한 이 집단의 참가자들은 각자 혼자서 작업하였고, 오직 좋은 아이디어만을 기록하도록 지시받았다. 연구 결과, 판단 유보의 원리를 따른 첫 번째 집단의 참가자들은 자신의 생각을 평가한 두 번째 집단의 참가자들보다 거의 2배 정도로 많은 양의 유익한 아이디어를 생성한 것으로 보고되었다.

리더는 판단 유보라는 역할을 활용하여 다른 사람들의 아이디어와 의견을 경청하는 것, 그리고 다른 사람들을 침묵하게 만드는 것의 차이를 인식할 수 있어야 한다. 실질적이고 지각된 힘을 통해 리더와 그를 둘러싼 환경의 다른 점을 고려해 보자. 리더가 판단 유보라는 원칙을 사용할 때 다른 사람들은 그들 스스로를 더욱 자유롭게 표현할 수 있게 된다. 실제적인 예를 들어 보겠다. 어떤 사람이 대학 내 시스템 및 서비스 향상을 위한 위원회에 선출되었다. 그가 한 가지 아이디어를 제안했을 때 위원회의 의장은 "우리는 그런 일을 하지 않아요. 그것은 우리가 생각했던 종류와는 달라요."라는 반응을 보였다. 이때 위원회 의장은 아이디어의 가능성이라는 문을 닫아 버렸을 뿐만 아니라 가장 창의적으로 문제를 해결할 수 있는 전문성을 가진 구성원을 제외해 버린 것이다. 이러한 문제해결 방식은 미래의 가능성을 위한 다양한 아이디어의 생성 기회를 성급하게 판단하여 차단한 경우라고 할 수 있다.

많은 양의 아이디어

해결해야 할 심각한 문제가 있는데도 마음속에는 오직 한 가지 아이디어만 떠오를 때가 가장 위험한 상황이다. 많은 아이디어를 만드는 원리는 주로 사고의 유창성에 목적을 두는데, 그 유창성은 많은 가능성을 생성해 낼 수 있는 능력에 좌우된다. 많은 양의 아이디어를 낼 수 있는 힘에 대해서는 Nobel Laureate Linus Pauling이 잘 표현하였다. 즉, "좋은 아이디어를 낼 수 있는 최고의 방법은 많은 아이디어를 생성해 보는 것이다." 많은 양의 아이디어를 산출해 보는 것은 최소한 4가지의 실용적인 장점을 지닌다.

- 많은 아이디어 중 하나는 문제해결의 돌파가 되는 역할로 발전할 가능성이 높다.
- 더 많이 생각할수록 더 많이 배운다. 이것은 생성된 모든 아이디어가 효과가 있는지 여부를 학습할 수 있는 기회가 된다.
- 가장 독창적인 아이디어는 확장된 사고를 하고 난 후에 나타난다는 것이 밝혀졌다. 아이디어 목록의 독창성을 평가할 때 대표적으로 목록의 마지막에서 세 번째 것이 가장 창의적인 사고를 반영할 확률이 높다(Parnes, 1961).
- 집단에서는 첫 번째 아이디어가 현실적으로 낯설다는 이유로 성급하게 판단해 버리는 실수를 막아야 한다. 또한 많은 아이디어 중에서 선택하기보다는 리더의 관심을 사로잡는 것에 기준을 두어 성급하게 결정을 내리지 않도록 주의해야 한다.

창의성 연구자인 Dean Simonton은 사회적으로 창의성을 인정받은 인물들의 종단 연구를 실시하였는데, 먼저 품질을 향상하려면 양적 지원이 필요하다는 입장을 지지하였다(Simonton, 1977, 1985, 1997). Simonton(1998)은 다음과 같이 결론을 내렸다. "주어진 시간 동안 표출된 성공적인 산출물의 양은 생성된 전체 작업의 수와 비례하여 긍정적인 상관관계를 보여 주었다."(p. 155) 즐길 수 있는 아이디어의 수가 많을수록 창의적으로 보이는 산출물은 더욱 많이 만들어질 수 있다. 〈생각 상자 5-1〉은 창의성을 추구하는 사람들이 양적인 아이디어를 어떻게 증가시켰는지의 예를 보여 준다.

많은 양의 아이디어를 위한 원리가 조직에서도 비슷하게 적용될 수 있다. 시장에서 한 개의 좋은 아이디어를 얻기 위해서는 그 조직

〈생각 상자 5-1〉 실화

많은 아이디어: 유명인과 그 결과물

사회적으로 창의성을 인정받았던 수많은 사람이 많은 양의 아이디어를 생성시키는 원리를 실천해 왔다. 그들이 최고로 표현한 결과물은 많은 아이디어와 산출물에서 생성된 것이다. O'Keeffe나 Picasso, Cezanne, Dali와 같은 유명한 예술가는 그들 자신의 작품을 완성하기까지 단순하게 몇 가지의 창의적 작업만 실행했던 것은 아니었다. 오히려 그들은 고된 작업 과정을 통해서 수많은 작품을 완성시켜 나갔다. Thomas Edison, Alexander Graham Bell, George Washington Carver와 같은 발명가는 세상을 놀라게 할 정도의 위대한 발명품을 만들기 위해 수많은 아이디어를 추구하였다. William Shakespeare는 154편의 시와 37개의 극작품을 완성하였지만, 그 수가 많더라도 몇 작품만이 훌륭한 작품으로 인정받고, 그 외의 작품은 수준 이하라는 평가를 받았다(Simonton, 1999). 이와 같은 유명한 창의적 인물들의 경험을 통해서 알 수 있듯이, Alex Osborn(1957, 1963)은 "품질은 양으로부터 발생한다."고 주장하였다.

의 사람들이 수백·수천 가지의 아이디어를 생성시켜야 한다. 예를 들어, Capital One은 2000년도에 새로운 신용카드를 만들기 위해 4만 5천 가지 아이디어를 실험해 보았다. 대부분의 아이디어는 실패했지만, 실험하고 수정한 수많은 아이디어를 시도했던 그 자체는 회사가 3천만 명 이상의 카드 소비자를 보유할 수 있었던 중요한 이유가 되었다(Sutton, 2002). Sutton의 책 『효과를 발휘하는 특별한 아이디어(*Weird Ideas That Work*)』에서는 많은 양의 아이디어가 얼마나 가치 있는지를 다양한 예로 제시하였다. 또한 시장에서의 가치를 인정받기 위해 얼마나 많은 아이디어가 다루어졌는지 설명하였다. 그는 IDEO의 작은 장난감 디자인 스튜디오에서 보유하고 있는 기록에 대해 언급하였다. 1998년, IDEO 디자인 그룹은 새로운 장난감을 위해 4천 가지의 아이디어를 생성하였다. 그중에 230가지의 아이디어는 원작과 도안으로 발전시키기에 충분할 정도로 유망해 보였다. 그러한 230가지 아이디어를 정교하게 다듬어 마침내 12가지를 선보였다. 이러한 예는 단지 장난감 회사에만 해당하는 일이 아니다. 산업 연구 결과는 성공적인 시장 개혁을 위해 평균 3천 가지의 초기 아이디어가 필요하다고 밝히고 있다(Stevens & Burley, 1997).

양적인 아이디어를 위한 원리는 일터에서 많은 조직의 체계화된 그룹 행동에도 영향을 미친다. 예를 들어, Google은 아이디어가 풍부한 환경을 보장하기 위해 모든 직원이 자신의 창의적인 생각을 발전시키는 것을 경영 전략으로 채택하였다(Battelle, 2005). 기술자들에게는 그들의 시간 중 20% 정도를 선택적인 아이디어 탐색 및 발전에 할애하도록 허용하였다. 또한 조직은 제안할 수 있는 시스템이나 아이디어 뱅크를 가지고 있었다. 이러한 아이디어 경영 시스템은 전체 조직에 걸쳐 직원들에게서 나온 수많은 아이디어를 관리할 수 있게 만들어졌다. 그 결과, 큰 지지가 없었던 희망적인 대안을 통해 가격이 감소하고 이윤이 늘며 성과가 향상되었다. Google의 사례는 9장에서 더욱 자세하게 살펴보기로 하겠다. 이처럼 많은 조직이 혁신적인 전략을 위해 개방적인 자세로 새로운 아이디어에 관심을 기울어야 할 것이다.

연결 짓기

당신은 한 가지 생각이 바로 다른 생각을 불러일으키거나, 반짝이는 아이디어를 공유하려고 다른 누군가와 대화를 시도한 적이 있는가? 확산적인 사고의 세 번째 원리는 바로 연결 짓기다. 연결 짓기는 인간의 마음이 여러 가지 연상되는 관계 속에서 미리 형성될 수 있게 유도하는 역할을 한다. 이러한 원리는 참신성을 추구할 수 있도록 지원한다. 만약 유창한 아이디어로 특별한 것을 생각하기가 힘들다면, 다른 아이디어나 의견을 등에 업는 방식으로 또 다른 기회를 가질 수 있도록 시도한다. 연결 짓기 원리의 장점은 다음과 같다.

- 특별한 반응이나 해결책을 취할 수 있는 가능성이 높다.
- 유연한 사고를 장려한다.
- 처음의 아이디어를 정교하게 설명하거나 확장한다.
- 아이디어나 결과의 조화로운 융합을 제공한다.

당신은 새로운 생각을 다듬거나 확장하기 위해서, 혹은 생각의 새로운 방향을 소개하기 위해서 다른 사람들의 아이디어나 다른 분야의 정보를 도입할 수 있다. 예를 들어, Shakespeare는 Arthur Brooke의 장편 시인 '로미오와 줄리엣(Romeo and Juliet)'을 희곡으로 각색하였다(Davis, 1986). Alexander Graham Bell은 사람의 귀 모양을 본떠서 전화기라는 발명품을 만들었다. Salvador Dali의 작품 〈기억의 지속(The Persistence of Memory)〉(Soft Watches로도 알려짐)은 수많은 시계 문자판이 녹는 장면으로 유명하다. 사실 이 작품은 녹아내리는 카망베르 치즈에 대한 꿈에서 영감을 얻은 것이었다. 런던 세인트폴 대성당의 우뚝 솟은 유명한 돔은 현미경의 원리에 착안하여 설계되었다. 기술자 Robert Hooke이 건축가 Christopher Wren 경과 함께 이 돔의 기술적 난제를 해결하면서 비전으로 발전시켰으며, 나아가 현미경도 완성하였다. 실제로 Hooke은 『마이크로그라피아(*Micrographia*)』라는 현미경에 관한 책도 저술하였다. 현미경의 원리와 같이, 세인트폴 대성당의 최고 돔은 현미경처럼 꼭대기에 작고 둥근 창이 있으며, 중간에 밝은 빛을 내도록 더 크고 둥근 창이 있다(Jardine, 1999).

이러한 예들은 연결 짓기가 어떻게 창의적인 사고를 강화시키는지 잘 설명해 준다. 그러나 이러한 원리는 사소한 생활이나 조직적인 과제물에도 적용될 수 있다.

수많은 성공적인 산출물이 연결 짓기의 원리에서 시작되었다는 것을 알 수 있다. 은유를 바탕으로 활용한 창의적인 방법인 시네틱스(Gordon, 1961)는 실제 다양한 사업 영역에서 다양하게 적용되어 왔다. 우주복의 우수한 잠금 기능 장치를 찾기 위해 수많은 기술자가 도전하면서, 옹이(키 큰 식물 사이를 걸을 때 바지에 붙어 따끔거리는 갈색의 원형 물체)를 통해 벨크로(velcro)가 탄생했다. 시장 경영 차원에서 감자칩의 포장·배송 시 내용물이 부스러지지 않도록 좋은 방법을 찾을 때도 이와 같은 방법이 적용되었다. 젖은 잎사귀들이 빽빽하게 쓰레기통에 쌓여 있는 모습을 발견하고, 그것을 Pringles Potato Chips로 발전시킨 것이다(Gordon, 1980).

Johansson(2004)이 저술한 『의료 효과: 아이디어, 개념 그리고 문화의 상호작용에 의한 통찰력(*The Medic Effect: Breakthrough Insights at the Intersection of Ideas, Concepts, and Culture*)』에서는 연결 짓기의 가치를 잘 설명하고 있다. "우리는 혁신을 위한 최고의 기회를 잡기 위해 상호작용할 수 있는 방법을 모색해야 한다. 이를 통해 기발한 아이디어를 결합시킬 수 있을 뿐만 아니라 그 이상의 기회도 잡을 수 있다."(p. 20) Johansson의 책은 이러한 기술을 강화시키는 전략을 포함하여 아이디어 융합을 위한 수많은 사례를 제공하였다.

리더가 아이디어의 상호작용을 촉진할 수 있는 방법 중 조직의 경계를 뛰어넘을 수 있는 한 가지 방법은 팀을 만드는 것이다. 개인의 다양한 경험과 관점이 모이면 특별한 방법으로 아이디어를 만들 수 있다. 이러한 독특한 관점은 새롭고 독특한 아이디어를 이끌 수 있고, 다음 원리인 참신함의 추구를 할 수 있도록 도와준다. 직원들이 아이디어를 공유할 수 있는 조직적 구조는 연결 짓기의 기회로서 제공된다. Tierney(2008)는 전자 정보 시스템과 참여형 리더는 직원들이 생성한 해결책의 수를 증가시킨다고 보고하였다(Kahai, Sosik,

& Avolino, 2003; Mumford, Whetzel, & Reiter-Palmon, 1997). 게다가 집단은 시간이 흐를수록 혁신을 유지하기 힘들고, 보다 쉬운 방법으로 안정성을 유지하길 원하거나 지나치게 전문화될 가능성이 높다는 조사결과를 보고하였다. West와 Anderson(1996)은 팀이 특정한 문제와 관련해 협소한 방법만 모색하려는 경향에서 탈피하길 원하는 리더의 경우 혁신을 추구해야 한다고 주장하였다.

참신함의 추구

"하늘에 끝이 있다고 생각하는 사람들은 제한된 상상력을 갖기 쉽다."라는 말이 있다. 확산적인 사고의 목적은 모든 가능성을 즐기는 것일 뿐만 아니라 처음에는 특이하게 보이는 것일지라도 적극적으로 모든 가능성을 추구하는 것이다. 참신함의 추구라는 원리는 당신이 '상자 밖으로' 생각을 뻗어 나갈 수 있도록 용기를 준다. 이러한 원리들은 상황을 보면서 이전에 고려하지 않았던 새로운 기회를 찾도록 유도한다. 당신은 오래된 문제를 새로운 시각으로 바라보면서 사고의 틀을 깨어 돌파할 수 있는 가능성과 아이디어를 창출해 낼 수 있다.

참신함을 추구하기 위한 확산적인 원리는 과정의 확산적 단계에서부터 시작하는 독창성을 강조한다. 참신함을 추구하게 되면 다음과 같은 효과가 나타날 수 있다.

• 아이디어의 돌파가 일어난다.

• 다르면서 실용적인 아이디어를 자극한다.

• 집단 안에서 창의적이고 즐거운 분위기가 조성된다.

확산적 사고를 위한 다른 3가지 원리는 초기의 아이디어를 생성시키는 데 도움을 주지만, 무언가를 확신하기에는 충분치 않다. 독창성이 거의 존재하지 않고 유연성만을 갖춘 의견을 만드는 것은 그렇게 어려운 일이 아니다. 예를 들어, 마음에 떠오르는 여러 가지 새의 종류를 열거해 보자(International Learning Works, 1996). 마음속으로 떠올릴 수 있는 것이나 생각나는 것을 기록해 보자.

아마도 당신이 생각한 새의 목록은 물새나 먹잇감이 되는 새 등 서로 다른 종류의 새를 포함한 경우가 많을 것이다. 그렇지 않다면 기록된 새의 목록에서 매우 특별한 아이디어를 찾아볼 수 있는가? 혹시 정의하기 어려운 새를 포함하고 있지는 않은가? 예를 든다면, 목록에서 전직 프로 농구선수인 Larry Bird, 웨스트버지니아의 상원의원이었던 Robert C. Byrd, 배드민턴을 칠 때 사용하는 셔틀콕이나 보잉 747과 같은 비행기의 이름을 포함하지는 않았는가? 대부분의 사람은 그렇게 하라고 지시를 받지 않는 한, '새'라는 단어에서 벗어나는 생각을 하기 쉽지 않을 것이다. 따라서 의도적으로 참신함을 추구해야 하는 이유가 바로 확산적인 사고의 원리에 존재한다.

접착식 메모지 Post-it의 발견은 참신성을 의도적으로 시도한 어느 과학자의 노력에서 비롯되었다. 그 당시 3M에서는 더욱 강력하게 접착될 수 있는 상품에 관심을 두고 있었다. 그러나 과학자인 Spencer Silver는 다른 물체에 잘 붙지 않는 접착제에 관심을 갖고 있었다. Sorenson(1997)이 그 이야기를 다시 언급하였듯이, "Spencer Silver는 표본에 나오지 않은 새로운 혼합 물질을 과다하게 섞어서 그 반응을 실험했고, 그다음 상황을 자세하게 지켜보았다. 마침내 그는 다른 분자 물질들보다 그 자체의 분자들끼리 더 잘 붙을 수 있는 신기한 물질을 발견하게 되었다."(p. 29) Silver의 참신함을 추구하는 의도적인 접근은 새로운 관점으로 보기 위한 노력이라는 원리로 설명될 수 있다. 이렇게 참신한 개념을 사용할 경우, 외부의 인정을 받기 위해서는 시간이 걸리기도 한다. 그러나 이러한 매우 특이한 생각이 전체적으로 새로운 산업을 창조해 내기도 한다.

때로는 다듬어지지 않은 하나의 아이디어가 실용성을 추구할 수도 있다. Pacific Power and Light에서 일하는 전선 수리공은 매년 봄과 가을 동안 힘들고 위험한 업무를 수행해야만 했다(Camper, 1993). 봄과 가을 동안 북태평양 쪽에서 발생하는 폭풍으로 인해 발전소의 전선줄에 심각할 정도의 눈이 쌓이게 되었고, 이러한 폭풍 후에 전선 수리공은 그 위에 쌓인 눈을 제거하기 위해 차가운 전선 기둥을 타고 올라가야만 했기 때문이다. 이렇게 위험한 과정으로 인해 많은 부상자가 속출하게 되었다. 이러한 문제를 해결하기 위해 본사에서는 회의 시간에 브레인스토밍을 시작하였다. 첫 번째로, 훈련된 곰이 전선 기둥에 올라가서 전선 위의 눈을 털어 내게 하자는 의견이 나왔다. 즉시 사람들의 웃음보가 터졌다. 이 의견을 보충하는 또 다른 의견이 나왔다. 곰을 훈련하는 것은 어려울 수 있지만, 기둥 위에 꿀단지 하나를 올려놓으면 곰들이 기둥 위로 올라가려고 할 것이라는 생각이었다. 회의에 참석한 대부분의 사람이 비웃었다.

마침내 회의에 참석한 한 사람이 약간 비꼬는 투로 그 의견에 반응하였다. "기둥 위쪽에 꿀단지를 올려 두기 위해 적당한 헬기 한 대를 사용하면 어떨까요?" 웃음이 연속으로 터지는 상황에서 한 여비서의 신중한 목소리가 들렸다. 그녀는 베트남전에서 간호 보조사로 일했고, 많은 부상자가 헬리콥터로 이송되는 것을 본 적이 있었다. 그녀는 헬리콥터의 큰 프로펠러가 눈을 치울 수 있는 충분한 힘을 지닐 수 있지 않은지 의문을 제기하였다. 잠시 후 조용한 침묵이 흘렀다. 그 회의 직후 Pacific Power and Light에서는 폭풍으로 쌓인 전선 위의 눈을 치우기 위해 헬기를 사용하기 시작하였다.

참신한 아이디어 자체가 돌파구 역할을 할 수는 없을지라도, 참신성을 허용하는 경험은 집단 내에서 유익한 이익을 창출할 수 있다. 매우 특별한 대안이 만들어질 때 대부분의 사람은 자주 웃는다. 이러한 대안을 내는 사람은 주변에 활기를 주고, 더욱 확산적인 사고를 할 수 있는 편안한 분위기를 조성한다.

지금까지 확산적 사고의 역량을 강화시키는 데 필요한 원리를 설명하였다. 결과적으로 리더는 이러한 원리를 활용하여 효과성을 높일 수 있다. 〈생각 상자 5-2〉는 Sutton과 Hargadon(1996)이 실행한 실험의 일부를 설명한다. 설명된 대부분의 원리를 부분적으로 집단 이익에 적용해 본다면 통찰력을 키울 수 있을 것이다. 연구에 참여한 사람들은 먼저 IDEO가 어떻게 수년간 고도의 혁신을 유지할 수 있었는지 호기심을 가졌다. 연구자들은 곧 IDEO의 성공과 깊은 관련을 지니는 변인이 바로 확산적 사고의 원리라는 것을 알게 되었다.

〈생각 상자 5-2〉 연구 노트

창의적인 원리가 생산 디자인 회사에서 혁신을 주도하다

Sutton과 Hargadon(1996)은 미국의 가장 큰 디자인 회사인 IDEO가 지속적으로 혁신적인 상품을 개발하여 성공할 수 있었던 비법을 알기 위해 수년에 걸쳐 민족지학의 연구를 진행하였다. 연구자들은 '어떻게 정기적으로 IDEO가 혁신적인 모습을 유지할 수 있었는가?'라는 광범위한 질문으로 자신들의 연구를 시작하였다. 연구 초기에 그들은 IDEO의 성공에 큰 역할을 한 것이 바로 '브레인스토밍(brainstorming)'이라는 것을 알게 되었다. IDEO에서는 Osborn의 초기 작업에 기초한 브레인스토밍의 5가지 지침을 따라야 했다. 즉, 판단의 유보, 다른 직원의 아이디어 받아들이기, 한 번에 한 가지 주제를 토론하기, 주제에 집중하기 그리고 기존의 틀에서 벗어난 아이디어를 격려해 주기다.

Sutton과 Hargadon은 '브레인스토밍'의 이러한 원리가 회의를 하는 사람들에게만 한정되지 않고 전 조직원에게 널리 활용되고 있다는 것을 발견하였다.

> 이 회사의 디자이너들은 다음과 같이 진술하였다. "브레인스토밍은 우리가 여기서 생활하는 방식입니다." 그리고 "우리는 브레인스토밍 문화를 가지고 있습니다." IDEO는 열심히 일하는 사람들이 머물면서 다른 사람들에 대한 비판을 피하고자 노력하고, 다른 사람의 아이디어를 발전시키며, 한 번에 한 가지 주제를 토론하고, 수많은 아이디어를 생성하는 장소다. 이러한 열정과 행동은 비형식적인 대화나 메일 교환보다 브레인스토밍에서 더 쉽게 표현될 수 있다. 더구나 회의를 할 때와 하지 않을 때 디자이너들의 행동 방식에서 큰 차이점은 발견되지 않았다(pp. 714-715).

IDEO는 창의적인 과정의 원리에 입각하여 조직 분위기를 조성시킨 것으로 관찰되었다. 게다가 이러한 모임 지침은 일터 현장에서 개인의 행동을 위한 원리로 자리를 잡아 왔다. 그들의 분석을 통하여 Sutton과 Hargadon은 이렇게 창의적인 원리를 적용할 수 있는 것이 6가지의 조직적 장점 때문이라고 기록하였다.

첫째, 이러한 원리들은 디자인 문제의 해결을 위한 구조적인 기억에 도움이 된다. 공식적인 브레인스토밍 회의와 비공식적인 대화 2가지는 모두 IDEO의 구조적 기억에 새로운 디자인의 아이디어를 추가할 수 있는 기회로 제공된다. 해결책들은 자주 문서로 작성될 수 있고, 최신의 디자인 과제를 위한 새로운 방법으로 적용이 가능하다. 둘째, IDEO의 브레인스토밍은 디자이너들 사이에서 다양한 기술을 습득하도록 돕는다. 브레인스토밍 회의를 통해 디자이너들은 새로운 상품과 산업에 대해 배우고, 오래된 생각을 새로운 방법과 혼합한다. 또한 다른 사람들의 아이디어를 공유하고, 초기 견본을 만들어 나간다. 셋째, 브레인스토밍의 사용과 그 원리들로 인해 직원들은 지혜를 받아들이는 태도를 취할 수 있다.

디자이너들은 지식의 한계를 인식하고 있었다. 그래서 그들은 다른 사람의 충고와 아이디어를 들으면서 문제해결을 위한 모든 면을 검사할 수 있었기 때문에 실수에 대한 두려움을 갖지 않았다. 이러한 것이 지혜를 받아들이기 위한 기본적 태도다. 넷째, 브레인스토밍과 관련된 원리들은 비록 지위를 높일 수 있는 사업 환경이라 할지라도 부분적으로 전문적인 기술과 아이디어의 용기를 자극한다. 다섯째, 비록 그 회의에서의 결과가 그들에게는 좋지 않은 모델이었더라도 브레인스토밍에서의 긍정적이고 창의적이며 재미있는 작업 환경은 종종 고객들에게 특별한 인상을 심어 준다. 그리고 그 고객들은 IDEO와 장기 프로젝트를 진행하면서 거래를 유지한다. 마지막으로, 여러 가지 이유로 인해 브레인스토밍을 활용한 회의는 수입의 유익한 원천이 된다.

이것은 조직 상황에서 브레인스토밍의 장점을 간단히 조사한 Sutton과 Hargadon의 연구 결과의 일부분이다. 더욱 상세한 정보를 얻고자 한다면 원본 보고서를 읽어 볼 것을 제안한다. 9장에서 브레인스토밍에 관한 정보를 참고할 수 있으며, IDEO와 관련한 더 많은 정보를 원한다면 이 책 마지막의 사례 연구를 참고하라. 또한 Kelley와 Littman(2001)의 책 『혁신의 예술: 미국의 디자인 회사를 이끄는 IDEO의 창의성(*The Art of Innovation: Lessons in Creativity from IDEO, America's Leading Design Firm*)』을 읽어 보길 바란다.

출처: Sutton & Hargadon (1996).

수렴적 사고를 위한 원리

CPS에서 확산적이고 수렴적인 사고는 하나의 세트로 다루어진다. 기회는 이러한 방법을 통해 특정한 아이디어를 활용하면서 발전할 수 있다. 그리고 확산적이고 수렴적인 사고는 역동적으로 균형을 잡으면서 함께 작용한다. 확산적인 사고를 위한 원리가 정확하게 사용되면 그 결과로 다수의 다양하고 특별한 대안이 만들어질 수 있는 것이다. 수렴의 과정에서는 대안을 생성하는 에너지에서 벗어나 무엇이 생성되었는지 검토해 보고, 그것이 어떻게 이용될 수 있는지 결정하는 데 집중한다. 대안이 반드시 평가될 때, 그것은 아마도 강화되거나 개발될 수 있을 것이다. CPS 과정에서 각 단계에 있는 수렴적 표현의 목적은 확산적 사고에서 벗어나 대안을 간략하게 정리하는 것이다.

CPS에는 수렴적인 사고를 지도하는 4가지 원리가 있다. ① **긍정적인 판단의 적용**, ② **참신함의 유지**, ③ **목표 확인**, ④ **집중 유지**다. 이러한 개인들의 수렴적인 사고 기능을 지지하는 원리들이 집단에 효과적으로 적용될 때 집단의 의사결정을 위한 지침서로 사용될 수 있다.

긍정적인 판단의 적용

리더가 효과적으로 수렴적인 사고를 하려면 판단력이 함께 작용해야 한다. 확산적 사고에서 판단의 유보가 이루어졌다면, 이와 반대로 수렴적 사고의 핵심 원리는 긍정적인 판단의 적용이다. 긍정적인 판단이란 비판적 사고를 효과적으로 사용하는 것을 말한다. 이는 습관적으로, 또는 과도하게 결점을 확인하여 지나치게 강조하듯이 잘못을 찾아내는 것을 의미하지는 않는다. 다만, 우리는 긍정적인 방법으로 선택 사항을 판단할 때 긍정적인 측면과 부정적인 측면 모두를 신중히 고려해야 한다. 긍정적인 판단의 효과적인 사용을 통해 수렴적 사고의 경향을 결정지을 수 있고, 창의적인 과정의 탄력을 유지할 수 있다. 그렇지 않다면 창의적인 불꽃은 아마도 사라질 것이다.

CPS 과정에 수렴적인 표현의 판단력이 들어갔을 때 화전식의 평가 접근법은 피하는 것이 좋다. 예를 들어, "좋습니다. 지금 우리는 확산적인 사고의 과정을 마쳤습니다. 이제부터 모든 나쁜 생각을 제거하고 앞으로 나가 봅시다."와 같은 평가는 결국 극단적인 결점과 한계를 강조하는 상황으로 몰아갈 수 있다. 실현 불가능해 보이는 몇몇 대안은 단지 생소하다는 이유로 결국 제거될 가능성이 높다. 이런 부정적인 접근은 초기의 아이디어를 쓸모없는 것으로 취급해 버릴 수 있다. 잘못된 것을 찾는 것에만 급급하여 대안책을 거부한다면 수정하여 향상될 수도 있는 잠재적 선택들은 쉽게 제거될 수 있다.

사람들은 종종 새로운 아이디어가 제시되었을 때 그것이 효과적이지 않은 이유부터 생각한다. 사람들은 차이와 결점을 찾으라는 지시에 대한 답을 찾는 비판적인 훈련에 익숙하다. 그렇기에 이러한 현상은 전혀 예상 밖의 것이 아니다. 사람들은 순서와 결과를 추구하도록 자신들의 습관을 발전시켜 왔다. 즉, 효과가 있는 것과 없는 것으로 나누어 가르치도록 경험하였다. 비판적 사고자가 되기 위해 익숙한 것을 발전시키고 구조와 순서를 재조정하는 것이 잘못된 방법은 아니다. 익숙한 습관은 사람들이 더욱 효율적으로 행동할 수 있도록 돕는다. 하지만 이러한 것들은 창의적 사고를 위태롭게 할 수도 있다. 확산적 사고는 의도적으로 새로운 가능성을 열어 줄 수 있다. 그것은 패러다임에 도전하고 새로운 지식을 창출한다. 이러한 새로운 통찰력은 초기에는 주로 불완전하거나 완벽하지 않게 형성된다. 그러므로 확산적 사고를 위한 자연스러운 반응은 몰입할 수 있도록 하기 위해 결점을 찾는 행위를 거부하는 것이다. 이러한 상황을 스스로 경험해 본 적이 있었을 것이다. 그것이 효과가 없을 것이라는 이유에 반응하기 위해 즉시 다른 의견을 제시해 본 적이 있는가? 사람들은 전형적으로 그러한 비판에 2가지 반응을 보인다. 즉, 그 아이디어에 대해 방어적인 자세를 취하거나 그것을 철회한다. 이 2가지 시나리오는 모두 비생산적이고, 아이디어에 대한 긍정적인 교류를 사라지게 만든다. 긍정적인 아이디어 판단에서의 무능력과 관련된 역사적인 교훈을 〈생각 상자 5-3〉에서 확인해 보자.

리더는 다른 사람들의 창의적 산출물을 평가하고 피드백을 제공

〈생각 상자 5-3〉 실화

Billy Mitchell의 비전적인 리더십: 긍정적인 판단 부족이 미국 공군의 상황을 어렵게 만든 사례

최근 공군에서는 동력으로 제어되는 비행기의 100주년 기념일을 축하하는 행사를 가졌다. 오늘날 민간 비행기 혹은 군 비행기의 장점은 의심할 여지가 없지만, 처음부터 발전된 모습을 보여 왔던 것은 아니다. 사실 군 비행술의 초기 시절에는 강력한 반대자들이 있었는데, 그들은 비행기가 전쟁에서 실질적인 장점을 지니지 않는다고 믿는 특정 부대(해군과 육군)의 리더들이었다.

비전적인 사고를 지닌 Billy Mitchell은 제1차 세계대전 때 비행기를 이용해 모든 것이 제거될 수 있는 참혹한 현장인 적진으로 날아간 첫 번째 미국인이었다. 당시에 Mitchell 대령은 어떻게 비행기가 적의 중심부를 타격할 수 있고, 전쟁의 전통적인 방법과 관련해 인명 피해를 최대한 줄일 수 있을지를 생각해 보았다. Mitchell은 장군의 칭호를 달고 제1차 세계대전 이후 미국으로 돌아오자마자, 미래의 전쟁은 공중에서 어떻게 전쟁을 하느냐에 따라 바다와 육지의 전시 상황이 결정될 것이라고 강력하게 주장하였다. 하지만 이러한 비전을 가진 리 더는 종종 그러한 발언 때문에 이단자로 몰리기 쉬웠다. 마침내 그는 군대 체제에 위협이 되는 인물로

인식되었다. 그 당시 군대 지휘관들은 전쟁이라고 하면 육지와 바다라는 오직 2가지 범위로 한정하여 생각했지만, Mitchell은 세 번째 영역인 하늘의 중요성을 알고 있었던 것이다. 상관에게 주장을 바꿀 것을 지시받았지만, Mitchell은 자신의 비전을 공유하려고 더욱 노력하였다. 1921년 7월, 군 당국은 Mitchell에게 공군에 대한 그의 아이디어를 실험할 수 있도록 허락하였다. 바다 속으로 절대 가라앉지 않을 것이라고 믿어 온 독일의 군함 Ostfriesland에 대항하여 전투용 폭격기 한 대가 준비되었다. 약 300명의 군 부대 관계자, 정부 요원, 공공기관의 리더가 참석하여 이 실험을 지켜보았다. 오후 12시 19분에 폭격기가 이륙하여 20분 후에 폭탄을 발사하였고, 12시 40분에 마침내 무적의 독일 군함이 바다 밑으로 사라졌다. 이 실험으로 공군의 중요성이 명백하게 입증되었음에도 불구하고, 대부분의 군 부대 지휘관은 비행기를 주요 도구로 사용하는 것은 전쟁에서의 장점이 없어지는 것이라고 소리를 높였다. 그 당시 육군의 John Pershing 장군은 여전히 군함이 해군의 중추 역할을 해야 한다고 주장하였다.

자신의 아이디어에 대한 강력한 비판에도 불구하고, Mitchell은 계속해서 미국 전역의 사람들에게 미래에 대한 자신의 비전을 공유하였다. 하지만 군 당국은 Mitchell을 하와이, 필리핀, 중국, 인도 그리고 일본의 조사단으로 보내 버렸다. 미군으로부터 연락이 단절되었는데도 공군에 대한 그의 열정은 식지 않았다. 이와는 반대로 해외 관측자들은 그의 주장처럼 미래 전쟁은 하늘이 지배할 것이라는 강한 확신을 밝혔다. 1920년대 중반, Mitchell은 일본과의 긴박한 전쟁을 예상하고, 일본인이 하늘에서 무서운 공격을 감행할 것이라고 가정했다.

1936년 2월 19일, 57세의 나이로 Mitchell은 세상을 떠났다. 그 후 6년 뒤 일본이 하늘에서 진주만을 공격하여 미군을 초토화시킨 사태가 벌어졌다. 제2차 세계대전 동안 Roosevelt 대통령은 여러 가지의 중대한 결정에 직면하게 되었다. 그의 첫 번째 결정 중 하나는 군의 근본적 갈등을 해결하는 것이었다. Billy Mitchell의 비전을 기억하면서 Roosevelt 대통령은 전쟁의 전통적인 방법을 고집하려는 군 조언자들의 제안을 바꾸었다. 그는 공군에게 전격 지원을 하라고 명령하였다. Roosevelt 대통령의 명령이 있기 이전에는 미국에서 단지 2년에 800대의 비행기만 생산되었으나, 이후에 Roosevelt는 1년마다 4천 대의 군 비행기를 생산하라고 지시했다.

이러한 Billy Mitchell의 이야기는 무의식적으로 깊게 뿌리내린 사고가 비판적으로만 작용하여 어떻게 새로운 아이디어에 대한 긍정적인 관점을 배척했는지를 잘 보여 준다.

출처: Bradley (2003).

해야 할 책임을 지닌다. 연구 결과는 전달된 피드백의 방법이 창의성을 지원하거나 방해할 수 있다고 설명한다. 긍정적 판단의 경우 결점에 관심을 두기보다는 장점에 초점을 맞추는 것이 창의성을 지원하는 접근 방법이다. Byrne 등(2009)이 언급했듯이, "리더는 발전 가능한 아이디어를 지나치게 비판하지 말고, 그 아이디어가 더욱 향상될 수 있도록 기술적인 피드백을 제공하는 데 초점을 맞추어야 한다."(p. 260) 긍정적인 판단은 또한 더욱 개발될 가능성이 있는, 완전한 형식을 갖추지 않은 불완전한 아이디어를 허락한다. Andrews와 Gordon(1970)은 부정적인 피드백이 처음부터 제공될 경우 구체적인 창의성은 사라질 확률이 높다는 사실을 발견하였다. Gallucci, Middleton과 Kline(2000)은 미성숙한 비평이 창의적인 사람들을 사라지게 할 수도 있다고 주장하였다. 이에 대해 더욱 구체적으로 말하자면, 이러한 현상은 아이디어가 발달적 단계에 있을 때 자주 발생한다.

참신함의 유지

참신함의 유지라는 원리는 확산적인 과정에서 새로움을 유지하고 보호하려는 필요성과 직접적으로 연결된다. 긍정적인 판단의 원리는 사람들이 어떻게 반응하며 생각을 평가하고 변화시키는지를 결정하는 데 도움이 된다. 참신함을 유지한다는 것은 독창적인 아이디어가 구체적으로 실행된다는 의미다. 당신이 비누 제조 회사의 CEO라고 가정해 보자. 마케팅 팀에서 최상의 전략을 보여 주고 있는 상황이다. 거대한 사은품 꾸러미라는 새롭고 흥미로운 아이디어가 제안되었다. 그것은 바로 100개들이 비누 상자를 구입하면 참나무 책상을 사은품으로 주자는 내용이었다. 직원들은 당신의 반응을 기다리고 있는 상황이다. 비누 제조 회사의 CEO인 당신은 그러한 아이디어에 대해 어떻게 반응할 수 있겠는가? 비누 100개의 구매와 참나무 책상을 무료로 주는 것의 아이디어를 어떻게 생각하는가? 아마도 대부분의 사람은 그것이 터무니없는 생각이라고 비웃을지 모른다. 회사의 이윤을 고려한다면 절대적으로 경제적인 효과가 없을 것이라고 판단되기 때문이다.

과연 어떤 일이 벌어졌을까? 1800년대 후반에서 1900년대 초까지 뉴욕 주 버펄로에 위치한 Larkin 비누 회사는 실제로 비누의 판매와 함께 참나무 책상을 무료로 주었고, 그러한 시도는 매우 큰 성과를 거두었다(Larkin, 1998). 그 비누 제조업자는 좋은 피아노 램프, 참나무 의자와 같은 진귀한 사은품도 추가했다. 가장 인기 있었던 사은품은 역시 참나무 셔터쿼 책상이었다. 행사 초기에는 제조업자에게 대량의 도매가로 완제품을 구매했지만, 곧 비누 회사는 그들 스스로 사은품을 생산하는 것이 더 많은 이윤을 낼 수 있다고 판단하였다. 이러한 시도는 회사가 직접적으로 가구와 도기 제작에 관련된 일을 시작하는 계기를 만들어 주었다. 사실 오늘날의 Buffalo China라는 회사는 Buffalo Pottery를 이어 1901년 Larkin 비누 회사에서 유래한 것이다.

그렇다면 왜 이러한 아이디어가 그토록 성공을 거둘 수 있었던 것일까? 여러 가지 이유 중 첫 번째는 이윤의 마진율이 높았기 때문이다. Larkin 회사는 100개의 비누가 담긴 한 상자를 10달러에 판매했다. 그 비누 하나를 생산하는 데는 겨우 몇 페니 정도밖에 들지 않았고, 셔터퀴 책상을 생산하는 데는 4달러가 필요했다. 그러므로 (1900년 2월 하루에만 2,036개의 상자를 판매한) 가장 인기 있었던 프리미엄 상품은 각 상자마다 50%가량의 이윤을 달성할 수 있었다. 이 회사가 3천만 달러 수준(오늘날 달러 환율로 환산하면 대략 240억 달러)의 회사로 성장할 수 있었던 이유는 참나무 책상 같은 특별한 사은품을 준다는 마케팅 전략이 성공했기 때문이다. 결국 한 상자의 비누를 아름다운 책상과 함께 받는다면 어떤 고객이 그 아름다운 책상과 비누에 대해서 주변 사람들에게 소문을 내지 않을 수 있겠는가?

참신함의 유지는 이전에 생성된 독창적인 개념을 즐기게 해 줄 뿐만 아니라 기대하지 못한 일들도 벌어지게 할 수 있다. 때때로 한 가지 문제를 창의적으로 해결하려고 노력하다 보면 기대하지 못한 것까지 우연히 발견하는 경우가 있다. 참신함의 유지란 실수에 따른 결과를 반드시 해결하라는 의미가 아니라 새로운 발견과 관련된 이익에 더욱 개방적이어야 한다는 뜻이다. 전자레인지는 이런 방법으로 발명되었다. 마그네트론은 영국에서 제2차 세계대전 때 발명되었다. 극초단파를 뿜어내는 마그네트론 관은 영국으로 폭탄을 투하하러 오는 독일 비행기의 위치를 찾기 위해서 설치되었다. 몇 년 뒤에 극초단파로 작업을 하던 Percy LeBaron이 자기 주머니 속에서 녹은 초콜릿을 발견하였다. 그는 이 특별한 사건을 그냥 넘기지 않고 호기심을 가지고 극초단파가 원인이라고 가정하면서 연구에 몰두하였다. 이와 관련된 조사로 극초단파가 많은 음식을 일반적인 오븐보다 더 빨리 요리될 수 있게 만든다는 사실을 발견하였다(The great idea finder, 연도 미상).

비아그라의 경우 또한 참신함에 대한 가능성으로 큰 수익을 낼 수 있는 방법을 보여 준 사례다. 비아그라의 발명으로 유명한 다국적 제약 회사 Pfizer는 이 약의 기능을 처음부터 발기부전 장애에 관한 연구에서 시작하지 않았다. 예리한 관찰력을 가진 치료사들 덕분에 비아그라가 발견될 수 있었던 것이다. 초기에 화합물 UK-92480으로 구성되었다고 알려진 비아그라는 1989년 고혈압을 억제하는 약으로 사용되었다. 그 후 급성 통증에 대한 잠정적인 치료법으로도 사용될 수 있다고 알려졌다. 하지만 급성 통증의 치료법을 연구하는 동안 의문스러운 부작용이 발생하였다. 치료사들은 약을 복용한 후 일어나는 발기 현상을 관찰할 수 있었다. 그 당시 성기능 장애가 의학적으로 치료될 수 없다는 가설이 있었지만, 이러한 부작용으로 인해 그 연구팀은 결국 먹는 약으로서 성기능 장애 치료가 가능한 비아그라를 만들어 낼 수 있었던 것이다.

요약해 보면, 생동감 있는 참신함을 유지하는 목적은 2가지로 나누어 볼 수 있다. 우선, 사람들이 참신한 아이디어를 성급하게 포기하지 않도록 도와주는 것이다. 그리고 이 원리의 두 번째 목적은 기대하지 못한 결과에 호기심을 가지고 개방적인 태도를 취하도록 하는 것이다.

목표 확인

확산적 사고의 원리는 생각을 제한하지 않고 가능성을 더욱 많이 확보하도록 설계되었다. 즉, 우리의 마음을 자유롭게 만드는 것이다. 반면 수렴적 사고를 하는 동안에는 상황의 현실을 신중하게 직시하는 것이 중요하다. 이를 위해 성공을 확실하게 보장하는 기준이 필요하다. 성공을 위한 그 기준이 명확해질수록 어떤 대안이 가장 유용한지에 대한 결정을 내리기가 더욱 쉬워진다. 이러한 원리는 우선 목표를 확인하는 것부터 시작한다.

목적을 현실에 맞추면서 동시에 참신함을 유지하여 수렴적 사고의 원리를 가져 보라는 것이 모순일 수도 있다. 하지만 이 2가지의 원리 중 어느 한쪽을 무시하라고 한다면 이는 더욱 논리적인 사고에 위반될 수 있다. 오히려 2가지 사고를 강조하여 병렬적 균형을 맞추는 것이 결과적으로 창의적인 변화에 이르는 수단이 될 수 있다. 그 정의를 다시 한 번 상기해 보면, 창의성은 유용하면서 참신한 산출물이라고 할 수 있다. 참신함과 유용함 사이의 조화로운 균형은 그래픽 디자이너 Oldach의 조언을 통해 이해할 수 있다. "당신은 평가 과정을 통해 현실과 창의성 모두를 포용해야 한다. 과도한 창의성은 의사소통에 힘든 관점을 제공할 수 있다. 반면 과도한 현실성은 위험적인 부분이나 혁신적인 해결책으로부터 멀어지게 할 수 있는 시야를 주기도 한다."(p. 88) 제한을 둔다는 것이 반드시 창의적인 사고에 방해가 된다는 의미는 아니다. 즉, 적절한 제한은 그것의 가장 큰 효과를 낼 만한 독창적인 개념 안에서 뼈대를 세우도록 도움을 줄 수 있다.

창의성은 참신함을 추구하기 위해 새로운 결과물만을 추구해야 한다는 것을 의미하지는 않는다. 창의적인 천재는 독창적이며, 필요를 충족하기 위해 새로운 방법을 성공적으로 찾아낼 수 있다. 창의적인 산출물은 현재의 패러다임을 확장하는 것 또는 새로운 패러다임을 만드는 것으로 독창적으로 보일 수 있다. 그러나 창의성을 고려한 산출물이란 결국에는 사회적으로 유용해야만 한다. 미니밴에서 두 번째 문을 운전자 측에 위치시킨 것은 현재의 패러다임을 확장한 사례다. 메모지의 시장을 새롭게 창출한 Post-it의 창의성 역시 새로운 패러다임을 만들었다. 궁극적으로 2가지 산출물은 고객의 필요라는 유용성과 새로움의 제한점에서 만나야만 한다. 그러므로 확산적인 사고를 이용해 생성된 대안은 소비자, 고객, 학습자 혹은 독자의 요구와 밀접하게 관련되어 조화를 이루어야만 한다.

집중 유지

수렴적인 사고는 측정 가능한 접근법을 통해 신중하게 이루어져야 한다. 매우 역동적인 에너지가 확산적 사고에 쓰인다면, 수렴적 사고는 더욱 성찰하는 과정이라고 볼 수 있다. 확산적인 대안을 생성하는 데 필요한 시간만큼 최고의 선택을 평가하거나 결정하기 위해서도 많은 시간이 필요하다. 대부분의 회의는 확산적이고 수렴적인 사고 사이의 균형을 80 대 20 법칙에 따라 진행한다. 그러한 회의에서는 대안을 생성하는 데 주어진 시간의 80%를 소비하고, 남은

20%의 시간은 좋은 대안을 결정하는 데 투자한다. 하지만 팀의 구성원들은 탐색 작업을 하는 동안 항로를 잊어버려 시간을 허비하고, 결정해야 할 시간이 얼마 남지 않았음을 갑자기 인식할 수 있다. 이러한 경우에는 결정 도달점의 압박으로 최고의 대안을 선택하지 않고 최종 대안을 쉽게 선택해 버릴 수 있는 위험이 따른다. 그러므로 수렴적 사고의 가장 마지막 원리는 최고의 대안이 선택되고 발전되도록 생각과 에너지를 투자하기 위해 집중을 유지하는 것이다.

하지만 아무리 집중력을 유지하고 있을 때라도 갑자기 좋은 아이디어가 떠오르는 '아하' 현상을 부정해서는 안 된다. 확산적인 사고 과정 중에 돌파의 역할을 할 수 있는 생각을 떠올린 개인이나 팀 구성원도 있을 것이다. 그러한 돌파가 위협적일 때는 곧바로 확산적 사고에서 수렴적 사고로 전환하는 것이 적절하다. 여러 가지 대안 중에서 선택을 위해 많은 시간을 줄일 수 있는, 즉 신속하게 바꾸어 적용할 수 있는 흥미롭고 활기찬 대안일지라도 그것을 적용하기 전에 면밀히 검토하고 실험해 보는 것은 매우 중요한 일이다. 숙련된 목수를 위한 속담이 있다. "두 번에 걸쳐 측정하고, 한 번에 잘라라." 그리고 좋은 대안을 미리 준비해 두는 것도 현명한 일이다.

유난히 창의적인 사람들이 사회에서 널리 인정받기 위해 얼마나 정교한 수렴적 사고의 과정을 거치는지 보여 주는 수많은 사례가 있다. 솔직히 말해서 체계적이고 정교한 사고의 능력, 집중을 유지하는 능력이 없었다면 위대한 창작자 중에 몇 명은 오늘날과 같은 인정을 받지 못했을 것이다. William Wordsworth의 시를 분석해 보면, 그의 초고 집필 작업은 첫 번째와 마지막 단계에서 그렇게 간단한 방법으로 이루어지지 않았음을 알 수 있다. 반대로 그는 수정하고 다시 쓰기를 반복하는 데 많은 시간을 투자했다. 사실 Wordsworth의 '서곡(The Prelude)'이라는 시가 완성되기까지는 40년 정도의 기간 동안 수정 과정이 이루어졌다. Wordsworth는 자연환경을 아름답게 묘사하는 능력을 지닌 것으로 유명하다. 이러한 기법에 대해 Jeffrey(1989)는 다음과 같이 평가하였다. "이러한 자연주의는 단순하게 자발적인 행위에 의해서 성취된 것이 아니다. 그것은 자기성찰과 수정의 과정을 거치면서 더욱 정교하게 다듬어졌다. 시를 쓰는 동안에 Wordsworth는 가끔씩 수정하기 위해 필요한 것들을 메모하였다."(p. 71) 〈생각 상자 5-4〉는 Picasso가 어떻게 집중력을 유지할 수 있었는지를 설명한다.

〈생각 상자 5-4〉 실화

Pablo Picasso의 집중력 유지법

현대 예술에 Picasso보다 큰 영향을 끼친 예술가는 거의 없다 해도 과언이 아닐 것이다. Picasso는 사춘기 때 자기 아버지의 작품을 포함하여 많은 지방 작가의 작품을 능가한 그림을 그린 천재 소년이었다. Picasso의 재능은 확실하게 타고났지만, 그가 현대 예술을 대표할 수 있는 인물로 성장할 수 있었던 것은 그의 재능 덕분만이 아니었다.

Picasso의 창의적인 작품들은 위대한 노동의 대가로 탄생하였다. 방사선을 통한 검사 결과를 보면, Picasso는 계속해서 자신의 작품들을 수정했음을 알 수 있다. 그의 최종 작품 표면에 없는 많은 다른 이미지와 형상이 방사선을 통해 나타난 것이다.

하버드 대학교 교수 Howard Gardner는 비록 Picasso가 매년 수많은 작품을 만들어 냈지만, 스스로 위대하다고 생각한 작품은 그리 많지 않았을 것이라고 했다. 이러한 작품들에 대해 Gardner(1993)는 "Picasso는 아마도 더 큰 화포를 사용했을 것이고, 준비에 오랜 시간이 걸렸을 것이며, 많은 스케치와 초안이 있었을 것이다."라고 했다(p. 152). 어떤 경우에는 최종 작품을 완성하기까지 10년 정도의 기간이 걸리기도 하였다. 이러한 과정을 거쳐 걸작이 완성된 것이다. 예를 들어, 20세기의 가장 중요한 그림 중 하나로 평가받는 〈아비뇽의 처녀들(Les demoiselles d'Avignon)〉이 완성되기까지, 그 작품을 위해서 아이디어를 적은 노트가 무려 8권이나 되었다고 한다.

수렴하는 동안 집중력을 유지해야 한다는 것은 비판적 분석과 동시에 직관적 통찰을 균형 있게 유지해야 한다는 것을 의미한다. 비판적 분석은 주관적 통찰을 객관적으로 실험하고 수정하는 데 도움을 주는 반면, 직관적 통찰력은 어떤 대안이 실행하기에 가장 적절한지를 결정하는 데 도움을 준다. Palus와 Horth(2002)는 이것을 분석적 샌드위치라고 하였다. 그들은 리더가 애매한 문제를 균형 있게 다루기 위해 비판적 분석을 사용해야 하고, 동시에 엄격한 결정을 내리기 위해 객관적인 느낌과 직관적 통찰력을 사용해야 한다고 주장했다. 고위 관리자의 자리를 놓고 후보자들을 선별하는 효율적인 연구에서 Guzzo와 Palmer(1998)는 참가자들의 직관적 통찰력과 섬세한 분석력이 조화롭게 개입할 때 최선의 결정이 이루어진다고 하였다. 특히 그들은 선택 과정의 초기 단계에서 직관적 통찰력과 개인 선호도의 효과적인 결합을 보일 때 더욱 신중한 분석을 할 수 있다고 밝혔다. 요약하자면, 직관적 통찰력은 금속 탐지기와 같다. 그것은 많은 가능성 위에서 우리가 제로 상태에 있도록 도와준다. 비판적인 분석은 바닥에 숨은 보물을 찾기 위해 사용되는 땅 파는 기술과도 같다. 그것은 창의적인 과정에서 수렴적인 사고를 하는 동안 집중을 유지함으로써, 목표를 위한 비판적 분석과 직관적 통찰력이 결합하게 한다. 집중력을 유지한다는 것에는 시간이 걸리는 작업에 창의성을 작동한다는 사실이 내포되어 있다. 관리자와 리더는 개인과 팀이 창의적인 사고에 몰두할 수 있도록 집중력의 중요성을 인식할 필요가 있다. 즉, 인내와 헌신이 필요하다. 압력과 방해에도 불구하고 리더는 자신의 팀을 유지하는 데 도움을 주어야 한다.

지금까지 확산적이고 수렴적인 사고와 관련된 주요 원리를 살펴보았다. 다음은 와일드카드의 원리인 숙고에 대해 살펴보겠다.

숙고하기 위한 시간적 여유: 와일드카드의 원리

이 장에서는 확산과 수렴의 과정을 위한 원리를 제공하였다. 끝으로, 확산과 수렴의 사고 모두를 지지하는 중요한 하나의 원리를 더 추가하고자 한다. 그 원리는 '숙고하기 위한 시간'이다. Graham Wallas(1926)의 창의적인 과정에 대한 전형적인 설명은 사고의 4가지 요소인 준비(preparation), 부화(incubation), 조명(illumination) 그리고 검증(verification)으로 특징지을 수 있다. 준비는 문제가 의식적이고 체계적으로 조사되는 요소라고 할 수 있다. 하지만 부화시키는 동안에는 그 문제가 의식적으로 작동하지 않는다. 즉, 숙고하기 위한 시간 동안 문제에 대한 해결책의 활동적 실행으로부터 잠시 휴식을 취하는 것이라고 할 수 있다.

숙고라는 용어는 달걀 안에 있는 병아리의 부화라는 표현으로 설명할 수 있다. 알 속에 있는 병아리는 관찰자에게 보이지 않는다. 그리고 가끔씩 완벽하지 않은 채로 발전하는 경우도 있다. 종종 숙고의 단계가 끝난 후에 해결책이 갑자기 마음속에 떠오를 수 있다. '반짝' 하고 전구가 켜지는 것이다. Wallas는 이 요소를 조명 단계라고 언급했다. 마지막 요소인 검증에서는 그 해결책이 실질적 효과가 있는지를 검증해 볼 수 있다.

중요한 문제를 해결하려고 할 때 아무것도 하지 않는 시간이 가치 있다고 느끼는 것은 모순이라고 생각할 수 있다. 그러나 어떤 문제로부터 마음을 잠시 놓아두는 것의 가치를 강조하는 역사적인 사례는 많다(Smith & Dodds, 1999). 독일의 물리학자 Herman von Helmholtz는 최고의 아이디어는 책상에서 일할 때 생각나는 것이 아니며, 태양 아래에서 산책을 즐기며 쉴 때 오히려 반짝이는 아이디어가 떠오른다고 주장하였다. 프랑스의 수학자인 Henri Poincaré는 최고의 위대한 발견 2가지가 자신을 찾아왔을 때는 수학 문제를 풀려고 몰두하지 않았을 때였다고 밝혔다. 즉, 하나의 통찰은 군인으로서 복무할 때, 그리고 다른 하나는 여행 중에 왔다고 하였다(Wallas, 1926). 스코틀랜드 발명가인 James Watt는 증기 힘을 최대한 끌어올릴 수 있는 응축기의 발명이 자신이 잠을 자는 동안 떠올린 아이디어에서 비롯된 것이라고 하였다(Carnegie, 1905). Kary Mullis라는 생화학자는 DNA 분자의 대체 문제로 몰두하던 중, 자신이 캘리포니아의 언덕을 운전하는 동안 아이디어의 돌파가 일어났다고 했다. 그 후 Mullis는 자신의 차 안에서 받은 통찰로 인해 노벨상을 수상하는 행운을 잡았다.

우리 역시 일과 관련하여 숙고에 대한 자신만의 이야기를 한 가지 이상씩은 가지고 있을 것이다. 일을 하지 않는 동안 일에 관련된 최고의 아이디어가 어떻게 떠올랐는지 인식했던 적이 있는가? 아마도 운전을 하거나 육체적인 운동에 몰입하거나 면도 또는 공상을 할 때 그 문제와 관련된 아이디어의 돌파가 있었을 것이다. 경험상 숙고를 통한 창의적인 천재성을 인정받은 유명한 사람들의 증거 외에도 과학적 연구에서는 숙고를 위한 시간적 투자의 장점을 강조해 오고 있다. Smith와 Dodds(1999)는 실험을 준비하거나 통찰적인 문제를 해결하고 기억을 상기할 때처럼 숙고의 시간을 가진 연구 참가자들이 더욱 뛰어난 결과를 보였다고 발표했다. Ellwood, Pallier, Snyder와 Gallate(2009)는 창의성과 문제해결을 위한 숙고 및 그 효과에 대해 연구하였다. 그들은 3개의 집단을 나누어 아이디어 생성 검사를 실시하였다. 첫 번째 집단은 해결해야 할 문제와 연결된 비슷한 일을 하면서 쉬는 시간을 가졌고, 두 번째 집단은 그 문제와 상관없는 일을 하면서 쉬는 시간을 가졌다. 그리고 마지막 집단은 쉬지 않고 계속 그 문제의 일을 진행했다. 연구팀은 비슷한 일을 하거나 쉬지 않고 일을 진행한 집단보다 다른 일을 하면서 업무를 수행한 집단의 아이디어 생성이 더욱 유용하다는 사실을 확인할 수 있었다.

수많은 연구가 숙고에 대한 효과적인 방법을 설명하고자 시도하였다(Smith & Dodds, 1999). 한 연구는 숙고의 시간이 마음을 재충전할 수 있도록 허락한다고 주장하였다. 사고는 특정한 문제를 일시적으로 해결하기 위한 의식적인 노력이므로, 우리는 정신적 재충전을 위한 물리적 에너지를 가져야 한다. 어떤 사람들은 숙고 기간에도 그 문제와 관련된 경험과 자극에 노출되어야 돌파가 일어날 수밖에 없을 것이라고 언급한다(예: Isaac Newton 경과 떨어지는 사과의 이야기). 하지만 숙고에 대한 또 다른 이론은 해결책을 위해 그 연구로부터 떨어져 있는 시간이 부적절한 해결을 잊어버리도록 돕는다고 믿는다. 즉, 잊어버림으로써 비생산적인 해결에 집중하는 것을 멈추고, 최고의 해결책을 명확히 볼 수 있다. 숙고의 효과적인 방법을 설명하기 위해 다양한 이론과 연구가 진행되고 있다. 아직까지 과학적으로 어떤 연구가 가장 정확하다는 결론은 내려져 있지 않다.

비록 과학자들이 숙고의 효과적인 방법에 관한 정확한 결론을 도출하지는 못했지만, 창의적인 돌파로 이끌 수 있는 지식의 역할에 대한 합의점은 존재한다(Kaufmann, 1988; Weisberg, 1999). 우리는 원하는 모든 것을 숙고할 수 있다. 그러나 특정 문제와 관련된 필수 배경지식을 소유하고 있지 않으면 그 분야에 대해서는 창의적인 아이디어가 나올 가능성이 매우 희박하다. Kaufmann(1988)은 다음과 같이 언급하였다.

> 높은 수준의 창의성은 잘 구성된 특정 분야의 수많은 지식의 양에 따라 결정된다고 할 수 있다. 창의성의 열매가 무르익기 전에 관련된 지식의 영역에서 오랜 경력을 지녀야 하고, 필요한 기술이 반드시 선행되어야 한다(p. 114).

비록 숙고의 효과적인 방법에 대한 명확한 정의는 존재하지 않지만, 신중한 생각을 통하여 생산된 결과는 확산적이고 수렴적인 사고 모두에 매우 유익하다. 확산적 사고와 관련된 숙고의 시간은 리더가 진정한 돌파에 이르도록 대안 생성의 길로 인도해 준다. 확산적 사고의 활발한 방법이 만족할 만한 결과에 이르지 못했다면 의도적으로 숙고의 시간을 가져 보는 것도 매우 유익할 것이다. 휴식을 취한다거나 다른 프로젝트를 진행한다거나 역동적인 신체적 활동에 몰입해 보자. 마음에 떠오르는 어떠한 생각이라도 받아들일 수 있도록 준비하자.

게다가 숙고는 유력한 대안을 평가할 때 도움이 된다. 예를 들어, '하룻밤 자고 생각해 볼 필요가 있다.'는 표현은 정보를 흡수하려 할 때 사용될 수 있다. 행동으로 옮기기 전에 대안을 깊이 생각하는 동안 강점, 약점 그리고 가능성 있는 적용의 큰 이해를 살펴볼 수 있다. 바쁜 일정으로 숙고의 시간이 부족하더라도 가능하다면 언제라도 시간을 투자하는 것이 현명하다.

마지막으로, 숙고에 대한 생각은 자연적이기 때문에 리더는 신중한 생각을 언제든 받아들일 수 있는 준비를 해야 한다. Leonardo da Vinci와 Charles Darwin은 일지를 가지고 있었다. Picasso는 노트를 가지고 있었고, Michael Faraday는 아이디어 책을 늘 가지고 다녔다. 아이디어는 어느 순간 찾아올 수 있고, 그것이 받아들여지지 않으면 순식간에 사라져 버리기도 한다. 다음 장부터는 아이디어를 포착할 수 있는 창의적인 시스템을 소개하고자 한다. 아이디어의 시스템은 신선한 생각을 포착하기 위해 사용될 수도 있고, 이전의 아이디어, 질문, 관찰, 공상을 통해 나온 생각을 정교하게 수정해 나갈 수도 있다.

〈생각 상자 5-5〉 핵심 어휘

범주화된 사고의 전환을 위한 주요 어휘

• **확산적 사고**: 많은 수의 다양하고 참신한 아이디어를 위한 광범위한 탐색

• **수렴적 사고**: 집중적이고 긍정적인 대안들의 평가

• **확산적 원리**
–**판단 유보**: 가능한 모든 대안이 생성되어 잠재적인 가치를 알 수 있을 때까지 최대한 평가 자체를 연기하는 것
–**많은 양의 아이디어**: 주로 사고의 유창성에 목적을 두고, 많은 가능성을 생성해 내는 것
–**연결 짓기**: 이미 존재하는 것과 연결하여 새로운 생각이나 정교함으로 이끄는 것
–**참신함의 추구**: 새로운 기회로서, 새로운 관점 혹은 패러다임의 돌파를 의도적으로 찾기 위한 사고를 뻗어 나가는 것

• **수렴적 원리**
–**긍정적인 판단의 적용**: 단점을 확인하여 강조하는 것보다 신중하게 장점을 고려하는 것
–**참신함의 유지**: 지나쳐 버릴 수 있는 매우 독창적인 대안을 구체적으로 실행해 나가는 것
–**목표 확인**: 현실적이고 유용한 것을 고려하는 것
–**집중 유지**: 최종적으로 선택된 대안을 확인하면서 필요한 사고와 에너지를 투자하고 발전시키는 것

• **와일드카드의 원리**
–**숙고를 위한 여유**: 문제에 대한 해결책이 잘 진행되지 않을 때 그 문제에 집착하지 않고 잠시 휴식을 취해 보는 것

학습 내용 적용

리더십이란 지위가 아닌 행동에 관한 것이다. 이 장에서 공유했던 원리를 구체화한다면 창의적인 사고에 몰입하는 능력을 행동으로 실천할 수 있다. 무한한 도전과 기회를 통해 참신한 해결책을 발달시킬 수 있는 유연한 사고의 소유자는 자신과 다른 사람들의 능력을 향상시킬 수 있다. 다음의 몇 가지 활동은 이 장에서 배운 원리를 내면화하는 데 도움을 줄 것이다.

1. 며칠 혹은 한 주 동안 자신과 다른 사람들이 어떻게 아이디어에 반응하는지 관찰하여 일지에 기록해 보자. 자신과 다른 사람들이 아이디어를 어떻게 판단하는지 묘사해 보자. 결정된 판단에는 어떠한 사항들이 영향을 미쳤는가? 자신에게 제시된 새로운 아이디어에 대한 응답으로 긍정적인 판단을 할 것을 약속하자. 며칠 혹은 한 주 동안 이것이 어떻게 진행되었는지 기록해 보자. 아이디어에 대한 자신의 긍정적인 응답으로 나타난 결과는 무엇이었는가? 긍정적으로 유지하는 것은 얼마나 쉬웠는가 또는 어려웠는가?

2. 진행 방법에 따라 불확실한 상황의 문제를 생각해 보자. 이러한 문제에 반응하여 이미 생각했거나 시도했던 일들을 기록해 보자. 그 문제를 다루기 위해 최소한 50가지의 새로운 방법을 만들어 많은 양을 추구하는 원리를 활발하게 적용해 보자. 이때 참신한 아이디어를 포함한다. 더 많은 선택 사항을 펼치는 데 어떤 방법이 도움이 되었는가? 어떤 통찰력이 자신에게 제공되었는가?

3. 딜레마, 의사결정 혹은 과거의 창의적인 문제에 직면했을 때, 어떻게 스스로 숙고할 수 있는 시간을 가졌는가? 숙고의 시간이 유용했던 방법은 무엇이었는가? 성찰의 시간을 확실하게 갖기 위하여 최근에 무엇을 하였는

가? 숙고를 위한 시간을 어떻게 추적하고 기록하였는가? 어떤 식으로 숙고할 시간을 확보할 수 있었는가? 앞으로 몇 주에 걸쳐 아이디어에 대한 흔적, 프로젝트에 대한 생각, 확인된 문제, 미래의 가능성과 기회를 작성해 보자. 할당된 일정 기간이 지난 후에는 기록한 일지를 돌아보며 새롭고 유용한 통찰력이나 나중에 이용할 수 있는 목록을 설명해 보자. 아이디어 일지를 작성했던 과정에 대해 성찰해 보자. 그 자체가 얼마나 유용하였는가?

4. 매우 특별하고 참신한 아이디어를 설명해 보자. 그것은 아마 우리가 소개받았던 것일 수도 있고, 스스로 생각해 낸 것일 수도 있다. 진실로 특이한 아이디어를 펼쳐 보자. 일단 아이디어가 정의되면, 그 아이디어와 관련된 긍정적인 모든 목록을 스스로 작성해야 한다. 그것의 장점은 무엇인가? 긍정적인 특징의 목록을 만든 후에 그것의 결점을 고려해 보자. 아이디어의 약점을 목록으로 작성해 보자. 약점의 항목을 검토해 보자. 이러한 제한점을 극복할 수 있는 방법을 찾을 수 있는가? 독창적인 아이디어가 더욱 잘 적용되도록 하려면 그것을 어떻게 수정할 수 있는가? 참신성을 유지하고 처음에 떠올랐던 특별한 아이디어가 사라지지 않도록 하기 위해 어떤 방법을 사용하였는가?

제2부

리더를 위한 사고 도구

제6장

상황 평가:
진단적 사고를 위한 도구

> 발견을 위한 진정한 항해의 시작은 새로운 망원경을 가지는 것이 아니라 새로운 시각을 가지는 것이다.
>
> —Marcel Proust—

미리보기

리더로서 당신은 특정한 행동을 취해야 하는데 정보가 너무 많거나 충분하지 못하여 당황해 본 적이 있는가? 당신의 주변에서 무슨 일이 일어나고 있는지 정확하게 알고 있는가? 효과적인 진단은 문제해결의 핵심이고, 정보는 진단의 핵심이라고 할 수 있다. 이 장에서 우리는 먼저 자료의 중요성과 그 자료에 대한 진단적 사고의 인지적 기법에 대해 논의할 것이다. 또한 상황 평가(assessing the situation) 단계를 위한 데이터베이스로서 CPS의 이중적 내용과 과정의 기능을 알아볼 것이다. 더불어 새로운 정보를 입수하고 관리하기 위한 진행 방식과 진단적 사고가 함께 작동할 수 있는 방법을 살펴볼 것이다. 마지막으로 자료 수집을 위한 4가지의 확산적이고 수렴적인 사고의 도구(육하원칙, Why-Why 다이어그램, 히트, 하이라이트)를 설명할 것이다. 그리고 창의적 문제해결 관리 방법에 대한 의사결정의 3가지 초인지적 도구(4I's, 키워드 검색, If-Then 분석)도 소개할 것이다. 이러한 도구들은 리더가 기회를 인식하면서 위기를 효과적으로 극복하는 데 도움을 줄 수 있다.

리더십에서의 진단적 사고:
현명한 의사결정을 위한 자료 수집과 활용

리더십이란 다른 사람들에게 영향력을 행사하는 것이다. 중요한 질문에 대한 답을 알고 있다는 것 혹은 답이 무엇인지와 해답을 찾는 방법을 안다는 것은 사람들이 생각하고 행동하는 방향에 지대한 영향을 미친다. 월드와이드웹(World Wide Web)과 인공위성을 통한 동시대적 전송의 기술적 발전으로 속도와 양이 결합되어, 우리는 상상할 수 있는 거의 모든 주제의 대량 정보를 즉각적으로 제공받고 있다. 그러나 정보의 양을 관리하는 방법과 대량의 정보를 이용하여 의사결정을 하는 방법은 완전히 다른 관점으로 보아야 한다.

우리가 하루에 어느 정도의 정보를 접할 수 있는지 대략 머릿속으로 목록을 만들어 짐작해 보자. 매일 우리에게 정보를 주는 다른 사람들, 책, TV, 라디오, 인터넷 검색 및 뉴스, 이메일, 전화 통화 등의 출처를 생각해 보자. 대략 몇 가지의 정보를 접한다고 생각하는가? 백 개? 천 개? 만 개? 리더의 의사결정을 기다리는 어마어마한 정보의 양은 정말 압도적이다. 정보를 관리하고 이 정보를 기반으로 현명한 의사결정을 하는 것이 바로 리더십의 핵심이다. Conner(1992)는 『변화의 속도 관리(*Managing at the Speed of Change*)』에서 다음과 같이 밝혔다.

우리는 새로운 정보와 영향력을 소화하는 능력에 따라 끊임없이 움직이면서 변화하고 있다. 극적인 변화의 의미를 이해하여 얼마나 잘 대응하느냐는 도전 과제에 따른 성공적인 관리 능력에 달려 있다(p. 11).

CPS에서 자료를 점검하고 사용할 때 필요한 사고의 종류는 **진단적 사고**(diagnostic thinking)다. 진단적 사고란 상황을 면밀히 검토하고 문제의 본질을 설명하면서, 실행될 적합한 과정에 대하여 의사를 파악하는 것이다. 리더십의 역할을 효과적으로 수행한다는 것은 의사가 질병의 원인을 판단하는 것과 같다. 무엇을 해야 하는지, 누가 우리에게 도움이 되는지 혹은 방해가 되는지, 왜 우리가 그것을 해야

〈생각 상자 6-1〉 핵심 어휘

상황 평가를 위한 주요 어휘

- **상황 평가하기(assessing the situations)**
  - 관련 자료를 기술하고 파악하기
  - 창의적 문제해결의 초인지적 방법으로 다음 단계를 판단하기
- **호기심(curiosity)**: 탐구심이 많아서 배우고 알고자 하는 열정
- **자료(data)**: 관찰, 사실, 정보, 해설, 소문, 심지어 맛이나 냄새 또는 예감, 추측, 가설, 감정, 부조화, 불평, 정보의 격차 등과 같은 오감을 통해 수집한 정보
- **진단적 사고(diagnostic thinking)**: 상황을 면밀히 검토하고 문제의 본질을 파악하여 앞으로 진행될 적절한 단계를 결정하기
- **초인지(metacognition)**: 인지적 목표를 성취하기 위해 자신의 사고 과정을 점검하고, 사고의 방향을 정할 수 있는 능력. 즉, 자신의 사고에 대해서 생각하고 인지적 과정의 방향을 결정할 수 있는 것
- **초인지 도구(metacognitive tool)**: 개인 또는 집단의 사고에 초점을 맞추어 창의적 문제해결이나 다른 과정에 상호적으로 참여를 유도하는 구조화된 전략
- **사고 도구(thinking tool)**: 개인이나 집단의 사고에 초점을 맞춘 구조화된 전략

하는지(혹은 하지 말아야 하는지), 그리고 그것을 어떻게 했어야 했는지를 결정한다. 진단적 사고에서는 자료를 모으고, 상황을 검토하며, 자신의 선택을 분석하고, 결정을 내린 다음에 필요한 과정의 단계가 무엇인지 결정한다. 이러한 사고는 다른 여러 사람을 연결할 수 있는 포괄적인 기술이다. 사실 상황 평가의 실행 기능은 창의적 문제해결 과정 전반에 걸친 자료 수집과 의사결정을 위한 리더십의 기본 설계도다.

진단적 사고는 효과적인 리더십을 발현하는 데 있어 핵심이 된다. 그 이유는 정보력을 포함한 리더의 의사결정이 사고를 점검하고 방향을 결정해야 하기 때문이다. 이 기능은 리더가 주도권을 갖고 처리하기 위해서 사용할 수 있는 실질적인 사고를 의미한다. 공식적으로 리더의 자리에 있는 사람은 보통 긍정적인 결과를 위해 복잡한 상황을 통과하면서 집단을 이끌 것이라고 기대된다. 정부 관료, 축구 코치, 행사 기획자, 교향악단 지휘자, 무대 연출가, 프로젝트 매니저, 학교 교장, 공장 관리자, 대학 학장 그리고 그 밖의 공식적인 리더가 어떻게 상황을 끊임없이 관찰하면서 바람직한 결과를 향해 활동하는지 생각해 보자. 리더는 자신의 통제권이나 영향력을 벗어난 복잡한 상황을 허락하는 위험을 감수해야 한다. 그렇지 않다면 리더 스스로의 마음을 이러한 자동 조정 장치에 맡길 여유가 없는 것이라고 해석할 수 있다.

리더는 사회조직에서 특별한 영향력을 행사하므로, 사회 변화에 참여하는 리더는 특히 상황과 행동의 효과를 점검하기 위해 자료를 수집하고 사용하는 것에 능숙해야 한다. 예를 들어, 미국에서 여성

참정권 운동으로 시작된 사회적 변화를 떠올려 보자. 1848년 소규모 개혁주의자 집단이 사회적·시민적·종교적 배경과 여성의 권리를 주장하며 뉴욕의 세니커폴스에서 집회를 열었다. 1920년 미국 수정헌법 제19조의 통과로 이 집단의 활동은 70여 년 이상 지속되어 리더십 활동의 큰 촉진제 역할을 하였다. 그 결과, 여성에게 투표권을 허용하는 역사적인 사건이 이루어졌다. 이 운동의 시작에 참여했던 Elizabeth Cady Stanton, Lucretia Mott, Susan B. Anthony 등의 여성은 특정한 집단이나 단체로부터 임명을 받은 것이 아니었다. 1800년대 중반 미국 사회에서 여성이 리더의 역할을 맡고 사회적 변화를 위해 힘을 모을 수 있는 기회가 적었기 때문이다. 그 당시 여성은 교사, 재봉사, 공장 노동자만 될 수 있었을 뿐, 대중 앞에서 연설을 하거나 공직을 맡거나 대학에 다니는 상황은 허락되지 않았다.

발전과 위험이 동시에 따르는 이러한 활동들의 자료에 대해 지속적인 평가가 필요하였다. 리더십의 주요 활동은 몇 가지 의사결정과 약간의 후속 조치만을 필요로 하는 것은 아니다. 다른 사고 기법 중에서도 진단적 사고는 리더에게 많은 도움이 된다. 따라서 그들은 ① 유럽과 다른 대륙에서의 여성 운동을 관찰하고 참고하였으며, ② 전 세계적인 노예해방 운동에 토대를 둔 여성의 권리를 위한 독립선언을 기초로 하였고, ③ 여러 가지 활동을 조율하여 결국 개혁으로 이끌 수 있었다.

여성 권리 운동의 주요 리더 중 한 사람인 Elizabeth Cady Stanton은 다른 상황을 관찰하고 배울 수 있는 전형적인 리더의 역량을 갖추었다. Stanton은 여성과 아동의 학대에 초점을 맞추었던 금주 운동(temperance movement) 활동을 통해 처음으로 개혁의 의미를 깨달은 것이다. 이후 그녀는 노예해방 운동에 합류했고, 이 활동에서 배운 것을 활용하여 여성의 권리에 대한 자신의 주장을 더욱 발전시켜 나갔다. Stanton은 리더가 가져야 할 진단적 사고의 중요성을 언급하였다. 그녀는 "나이가 들수록 세상을 도울 수 있는 힘이 더 강해지는 것 같다. 나는 눈덩이와 같다. 더 많이 굴러갈수록 더 커진다."라고 말했다.

Block(1987)은 리더십을 "목표를 현실로 향해 옮기는 과정"(p. 98)이라고 설명했다. 우리는 상황을 평가하고 적절한 진행 방법을 파악할 수 있는 능력인 진단적 사고를 추천한다. 여성의 참정권 운동에 참여한 리더들은 이러한 진단적 사고를 통해 자신의 꿈을 성공적으로 실현할 수 있는 가능성을 더욱 높일 수 있었다.

정의적 기법인 유념이 진단적 사고를 지원하는 방법

4장에서 언급한 것과 같이, CPS는 단순한 인지적 과정이 아니다. 정서는 CPS 전 과정의 진행 방식과 상황 평가에서 중요한 역할을 한다. 진단적 사고는 **유념**(현재 상황과 관련된 생각, 느낌 그리고 감각을 동원하여 집중하기)이라는 정의적 기법의 지원을 받는다. 진단적 사고에는 2가지 기능이 있다. ① 상황을 면밀히 검토하고 문제의 본질을 파악하는 것, ② 적합한 실행 과정에서 의사결정을 위해 정보를 사용하는 것이다.

첫 번째 기능은 무슨 일이 발생하였는지 이해하기 위해 다양한 자료를 수집하는 것을 포함한다. 이때 유념은 호기심(탐구심이 많아서 배우고 알고자 하는 열정)을 자극하는 표현이 될 수 있다. 이것은 당신이 상황 탐색을 확장하도록 도움을 준다. 단순한 사실만이 중요한 것은 아니다. 유념을 위한 자료는 감정을 사용하는 것을 원칙으로 한다. 문제와 관련된 핵심적인 감정을 갖는 것, 설명할 수 없는 방법으로 누군가를 포함하고자 하는 것, 무슨 일이 일어날 것인지에 대해 의심을 갖는 것은 모두 안다는 것의 정의적인 방법을 의미한다. 의사결정이라는 두 번째 기능에서 유념은 현재 상황과 관련된 생각, 느낌 그리고 감각을 동원하여 진단적 사고를 지원한다. 의사결정을 한다는 것은 단순한 사실만을 고려한 것이 아니므로 머리와 가슴 모두를 잘 활용할 수 있어야 한다. 당신은 인지적인 방법으로 스스로에게 "이성적으로 이해가 되는 것일까?"라고 질문하는 동안 정의적인 방법으로는 "내가 그것을 좋아하는가?" "나에게 정말로 중요한 일인가?" "진심으로 나의 에너지를 그 상황에 집중시키길 원하는 것일까?"라고 질문할지도 모른다.

상황 평가의 특성과 목적

당신이 처음으로 집을 구입해야 하는 시기에 그 과정에 대한 정보를 원한다고 상상해 보자. 우선 인터넷 창을 열고 '집을 구입하는 방법'이라고 검색할 것이다. 놀랍게도 당신이 검색한 내용은 대출 방법, 가격 산출, 현금으로 거래하지 말라는 기본 사항, 증서에 관련된 것, 등기부 확인, 부동산 선택 등 약 1억 800만 개나 되는 정보를 포함할 수 있다. 그렇다면 자신의 상황을 고려하여 어떻게 결정을 내릴 수 있을까? 법적 사실과 광고 여부를 어떻게 확인할 수 있을까? 인터넷은 한꺼번에 많은 양의 정보를 손쉽게 구할 수 있는 장점을 갖는다. 이러한 면에서는 매우 유용할 수 있지만, 정보를 수집하기에는 부족한 부분이 있다. 따라서 당신은 적절한 요소를 고려하여 정보를 분류할 필요가 있다. 그런 다음 진행할 방법을 결정한다. 이러한 예는 CPS의 상황 평가 기능과 비슷하다. ① 자료를 수집하여 도전 과제에 적절한 내용인지 결정하는 것, ② 창의적인 사고가 필요한지 판단하여 CPS 과정의 어느 단계에서 시작할지 결정하는 것이다. 이해관계가 클수록 자신의 선택과 결정을 위한 정확한 자료는 더욱 필요하다. 그럴수록 더욱 신중한 사고를 해야 한다. 〈표 6-1〉은 상황 평가가 리더에게 중요한 이유를 설명하고 있다.

상황 평가는 창의적 문제해결 과정 중 핵심적인 지휘 본부의 기능을 담당한다([그림 6-1] 참고). 또한 그것은 창의적 문제해결 과정을 시작하는 데 필요한 시동 장치와도 같다. 어떤 문제를 효과적으로 해결하기 위해서는 우선 위기와 기회, 필요와 문제의 특성을 파악해야 한다. 따라서 창의적 문제해결에 참여하려면 언제나 어떤 단계로든 상황 평가에서 시작해야 한다. 이 단계는 문제의 내용과 관련된 정보를 파악하는 것뿐 아니라 어떤 단계가 문제해결을 시작하기 위해 가장 효과적인지 결정하는 데 도움이 될 것이다.

효율적인 여행을 계획할 때와 마찬가지로 기간과 장소를 고려하

〈표 6-1〉 리더가 상황 평가를 능숙하게 해야 하는 주요한 이유

- 리더는 영향력을 행사하고 영향을 받는 위치에 있기 때문에 주고받는 자료에 대한 정확한 이해가 필요하다.
- 변화는 사람들의 생활에서 언제나 일어나는 현상이므로 리더는 새로운 아이디어와 상황에 대처하여 신속하게 움직일 필요가 있다.
- 리더는 새롭게 등장하는 환경과 변화에 적응하고 적절히 대응하기 위해서 끊임없이 상황을 점검할 필요가 있다.
- 리더는 정보의 흐름 앞에 선 문지기다. 그러므로 주어진 시간에 어떤 사람들과 어떤 정보를 공유해야 하는지를 반드시 알아야 한다.
- 리더는 끊임없는 정보의 홍수 속에서 필요한 정보의 중요성을 인식하고 있어야 한다. 상황 판단 기술은 리더가 정보를 분류해 내고 두드러진 특징을 신속하게 발견하는 데 도움을 준다.
- 리더의 의무는 단순한 의사결정이 아닌, 훌륭하고 현명한 결정을 내리는 것이다. 따라서 리더는 적극적으로 자료를 수집하고, 충분한 정보를 바탕으로 신중한 결정을 내리는 데 집중해야 한다.
- 리더는 자료를 포착할 수 있는 폭넓은 네트워크를 통해 기회를 놓치지 말아야 한다.
- 어떤 방향을 취해야 할지 알기 위해 리더는 현실의 상황을 이해해야 한다. 정보가 풍부할수록 변화를 향한 창의적인 경로를 파악할 수 있는 가능성이 더욱 높아진다.
- 리더는 반드시 자료를 수집해야 할 뿐만 아니라 자료를 해석하고 그 의미를 탐색해 보아야 한다.
- 다른 사람을 인도하고 그에게 조언해 주는 것이 리더의 역할이다. 따라서 진행 과정에서 사람들이 스스로 위치를 파악할 수 있도록 적절한 시간에 도움을 주어야 할 뿐만 아니라 과정과 내용에서 무슨 일이 일어나고 있는지 정확하게 인식해야만 한다.

출처: Puccio, Murdock, & Mance (2005).

기 위해서는 출발지 선정이 중요하다. 창의적 문제해결을 이용하는 경우, 리더는 여행의 시작부터 마지막까지 장거리 여행(비전 탐색, 과제 수립, 아이디어 탐색, 해결책 수립, 수용안 탐색, 계획 수립)을 선택하거나 단거리

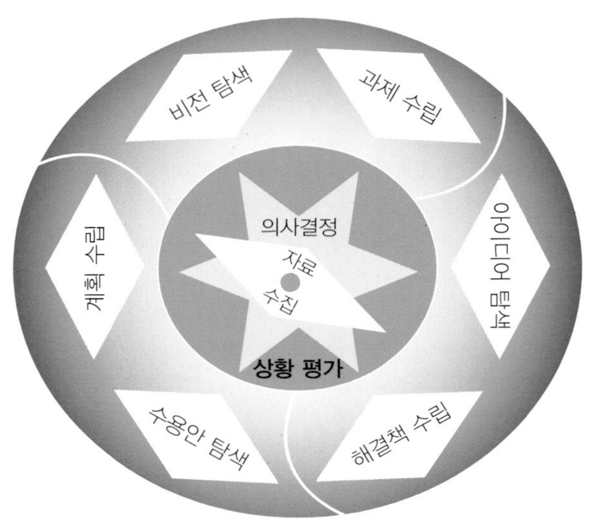

[그림 6-1] 창의적 문제해결 사고 기법 모델에서의 상황 평가

출처: Puccio, Murdock, & Mance (2005).

여행을 선택할 수 있다. 예를 들어, 해결책을 강화하고 다른 사람들의 허락을 받기 원한다면 해결책 탐색부터 계획 수립까지 필요한 곳으로의 단거리 여행을 할 수 있다. 창의적 문제해결의 장점은 지휘 본부에서 어떤 선택이라도 가능하게 관리한다는 것이고, 단점은 그 융통성으로 인해 너무 많은 선택권을 가질 수도 있다는 것이다. 리더는 창의적 문제해결 지휘 본부에서 이루어진 진행을 결정하고, 그 결과에 따른 책임을 감당해야만 한다.

이러한 내용과 과정의 2가지 기능에 대해 더욱 자세히 살펴보자. 상황 평가를 위해서는 무슨 일이 일어나고 있는지를 정확하게 이해할 수 있도록 자료 수집부터 시작한다. 이때 수집하는 자료는 관찰 가능한 사실로만 제한하지 말아야 함을 기억하자. 상황 평가에서 쓰이는 **자료**라는 용어는 우리의 오감을 통해 수집(관찰, 사실, 정보, 해설, 소문, 심지어 맛이나 냄새)할 수 있다. 하지만 CPS와 관련된 자료는 더 직관적인 출처(예감, 추측, 가설, 감정, 부조화, 불평, 정보의 격차)를 통해서도 나올 수 있다(Isaksen & Treffinger, 1985). 우리는 여기서 선택, 결정, 행동에 바탕을 둔 확산적 사고의 기초를 제공하는 입력과 출처에 관한 '자료'를 사용할 수 있어야 한다.

일단 리더는 상황이나 내용 면에서 누가 관계하는지, 중요한 사항은 무엇인지, 그 전에 무엇이 시도되었는지, 언제 그 일이 일어나는지, 이러한 일을 하는 것이 왜 중요한지 등에 대한 확실한 정보를 이해해야 한다. 그런 다음 CPS 과정을 사용하는 데 있어서 다음 순서를 결정할 시간이 주어진다. 이러한 준비는 적절한 치료를 하기 위해서 질병을 진단하는 의사의 업무와 유사하다. 어떤 경우에는 더 많은 정보를 수집해야 한다. 예를 들어, 환자는 추가 검사를 위해 전문가에게 보내지고, 일단 그 정보의 분석이 끝나면 그다음으로 치료 과정이 정해진다. 요점은 리더에게 필요한 것과 각 단계가 제공할 수 있는 것이 무엇인지에 대해 면밀한 검토를 마친 후 가장 적절한 다음 단계를 결정하는 것이다. 다행히도 CPS의 경우는 의학적 치료에 대해 잘못된 판단을 내리는 것보다 훨씬 관용적이다. CPS는 융통성 있는 과정이다. 만약 상황 평가에서 처음에 결정한 다음 단계가 효과가 없는 것으로 보이면 재평가를 한 후 더욱 적절한 다른 단계로 이동하면 된다. 예를 들어, 사람들이 문제의 정확한 특성을 안다고 믿고 바로 아이디어 탐색으로 이동했다가 실제로 당면한 문제와는 관계가 없는 몇 가지 아이디어만을 발견하는 경우도 많이 있다. 이러한 경우, 일반적으로 잘못된 시작에 대해 상황을 재평가한 후 과제 수립 단계로 되돌아가 자료를 재점검하고 과제를 다시 정의하면 된다.

앞서 CPS는 생각하는 사람의 사고 과정이라고 여러 번 설명하였다. 이것은 특히 상황 평가에서 분명하게 이루어진다. CPS를 사용하는 것은 그렇게 어렵지는 않지만, 그 단계들의 항해법을 배우려면 이 모델의 기능과 구조에 대한 기본적인 이해가 필요하다. 과정을 통해서 문제를 해결할 뿐만 아니라 가장 생산적인 경로를 취하고 있음을 확인할 수 있는 과정을 이해해야 하고, 그러한 자신의 사고에 대해 생각할 수 있는 능력이 있어야 한다. 감각적이면서도 절대적으로 필요한 상황 평가를 뒤로 하고 다음 단계로 이동할 수는 없다.

CPS 주변을 이동할 때 리더는 정보의 의미와 유용성에 대해 끊임없이 확인하고 점검하며, 결정을 내리는 데 참여한다. "과정에 맞는 진행 방식으로 올바로 나아가고 있는가?" "이러한 진행 방식은 나에게 효과적인가?" "나는 필요한 방식을 취한 후 또 다른 방식으로 나아갈 수 있을까?" "충분히 확산적인 사고를 하였는데, 이제 수렴적인 단계로 이동할 수 있을까?" 이러한 질문은 CPS를 사용할 때 발생하는 연속적인 진단적 사고의 종류를 나타낸다. 비유하자면 자동차를 운전하는 사람처럼 운전대를 잡고 있는 동안에는 절대 졸지 말아야 하며, 최종 목적지에 성공적으로 도착하기 위해서는 운전을 하는 동안 깨어 있어야만 하는 것이다.

창의적 문제해결 과정의 단계:
도구에 대하여

지금까지 리더가 이 단계의 이중적인 기능을 이해할 수 있도록 돕고자 상황 평가의 특성과 목적에 대해 설명하였다. CPS 단계를 성공적으로 수행하기 위해서는 단순히 그 기능을 아는 것만으로는 충분하지 않다. 그것은 마치 누군가에게 실제로 식사를 준비하는 데 필요한 도구는 주지 않고 주방의 기능만 설명하려는 것과 같다. 요리사가 특별한 요리를 하려면 필요한 도구를 갖추어야 하듯이, CPS는 진행 단계의 과정에서 다양한 수행이 이루어지도록 도구를 제공한다.

여기서 사용하는 **도구**(tool)의 일반적인 정의는 과제를 수행하기 위해 방법을 제공하는 그 무엇이다. CPS 과정의 진행 단계를 수행하기 위해서는 **사고 도구**(thinking tools)를 사용해야 한다. 개인 또는 집단이 각 진행 단계의 의도된 기능을 확실하게 성취할 수 있도록 도와주는 것이 바로 이러한 도구다. 그러므로 사고 도구는 CPS의 목적을 위해서 개인 또는 집단의 사고에 초점을 맞추고 구성하며 이끄는 구조화된 전략이라고 정의할 수 있다. 따라서 진행 단계를 설명하는 각 장(6장부터 12장까지)에서는 특정한 단계에 제한을 두지 않고 유용하게 사용할 수 있는 도구를 제시할 것이다. 리더는 진단적·비전적·전략적·이상적·평가적·맥락적·전술적 사고를 잘 활용할 수 있는 도구에 익숙하기만 하다면 CPS 틀을 충분히 자유자재로 사용할 수 있게 된다.

2장에서 언급하였듯이 CPS의 각 단계는 확산적인 부분(즉, 대안 생성)과 수렴적인 부분(즉, 구별하기, 선택하기, 대안을 지원하기)을 포함한다. 그리고 대부분의 도구는 확산적이고 수렴적인 사고를 발전시키기 위한 구성 여부에 따라 추가로 분류했다. 해결책 수립만 제외하고는 각 장에서 언급하는 도구는 확산적이고 수렴적인 도구로 분류할 수 있다. 한편 해결책 수립과 관련된 도구는 매우 통합적인 경향이 강하므로 평가적 사고를 위해 자체적으로 확산적이고 수렴적인 부분을 포함할 수 있다.

우리는 이제 상황 평가에 도움을 줄 수 있는 기본적인 진단적 사고 도구를 알아본 후에 CPS 과정에서 상황 평가 시 필요한 몇 가지 핵심적인 초인지적 도구(metacognitive tools)를 설명할 것이다. 자료를 설명하고 정의를 내린 후, 다음 단계를 판단하기 위한 2가지 도구 세트는 상황 평가의 이중적인 기능을 설명한다.

상황 평가를 위한 확산적 사고 도구

여기서 제시하는 모든 확산적 도구는 리더가 직면한 상황의 내용을 광범위하게 생각할 수 있도록 도와준다. 자료를 수집할 때 다양한 정보망을 활용하는 것은 상황 평가를 위한 첫 번째 기능이다. 〈표 6-2〉에서 제시하고 있는 도구의 설명은 최대한 다각도로 상황을 탐색할 수 있는 확산적 사고의 활용 방법이다.

〈표 6-2〉 상황 평가: 확산적 도구의 개요

도구명	도구의 역할	사용자의 역할
육하원칙	'누가, 무엇을, 언제, 어디서, 왜 그리고 어떻게'라는 질문으로 자료의 기본적인 틀을 제공한다. 이러한 틀을 이용해서 개인이나 집단은 기회 및 위기와 관련된 자료를 탐색할 수 있다.	데이터를 수집하고, '누가, 무엇을, 언제, 어디서, 왜 그리고 어떻게'라는 전반적인 질문에 답해 보자. 리더는 처음의 관점을 포함하여 각 범주 내에서 확산적 사고를 유지할 수 있다.
Why-Why 다이어그램	"Why?"라는 질문을 통해 숨겨진 상황을 분석하여 발견할 수 있다.	창의적 사고가 필요로 하는 상황을 인식해 보자. 이 상황과 관련해서 "Why?"라는 질문을 던져 보자. 예를 들어, "왜 이 일이 일어났는가?" "왜 이것이 문제인가?" 또는 "왜 이것이 중요한가?" "왜?"라는 질문을 여러 번 해 보자. 일단 처음 대답을 기록하고, 두 번째 "Why?"는 처음 답한 내용을 바탕으로 다시 질문해 본다.

출처: Isaksen & Treffinger (1985); Noller, Parnes, & Biondi (1976); Higgins (1994); Majaro (1991).

육하원칙

의문문으로 연결된 진단적 도구로서, 기자들이 시간적 또는 공간적 제한을 극복하고 기본 사항을 전달하기 위해 처음으로 시도하였던 질문이다. '누가, 무엇을, 언제, 어디서, 왜 그리고 어떻게'로 이루어진 육하원칙은 자료를 정의하고 관리하기 위한 기본적인 질문으로 이루어진다(Isaksen & Treffinger, 1985; Noller, Parnes, & Biondi, 1976). 육하원칙의 기본적인 질문은 확산적 사고의 기법을 포함한다. 각 단어 뒤에 '그 밖에(else)'를 추가하면 같은 범주 안에서 더욱 많은 정보를 얻을 수 있을 것이다(누가?/그 밖에 누가?, 무엇이?/그 밖에 무엇이?). 이것은 간단한 의미론적 기법으로도 설명할 수 있다. 지정된 질문을 하면 리더의 마음은 적절한 대답을 찾기 위해 노력한다. '그 밖에'를 추가하면 리더의 마음은 같은 범주 안에서 효율적인 선택을 위한 더 많은 자료를 찾을 수 있을 것이다. 육하원칙을 적용하기 위해서는 다음과 같은 점을 고려해야 할 것이다.

1. **확산적 사고의 원리를 따르자.** 개인이나 집단 내에서 확산적 사고 원리를 이용하는 데 주력해 보자.

2. **상황을 설명하고 육하원칙을 적용해 보자.** 리더는 이해나 발전이 필요한 상황을 찾아본다. 육하원칙을 각각 다른 종이에 분류하여 기록한다. 또는 종이 한 장을 각 부분으로 나누어 한 가지씩 질문을 적어 둔다. 각각의 범주를 분리하여 질문에 대한 대답을 그 질문 아래에 기록해 보자. 시작에 앞서 아래의 예를 참고한다. 더 많은 질문을 만들어 각 범주와 관련된 풍부한 자료를 조사한다. 대답이 중복되어도 괜찮다. 자료가 중복되는 것이 불일치되는 것보다 훨씬 낫다. 마지막으로, 질문에 적용되지 않는 내용은 그냥 넘어가면 된다.

- **누가(who)**: 누가 이 일을 진행할 것인가? 누가 중요한 의사결정

권자인가? 이 상황의 영향을 받는 사람들은 누구인가?

- **무엇을**(what): 이 상황 속에 감춰진 선행 사건은 무엇인가? 이상적인 결과는 무엇인가? 이미 시도한 것은 무엇인가?
- **언제**(when): 이 일은 언제 시작되었는가? 언제 행동으로 옮기길 원하는가? 이것이 언제 해결되기를 원하는가?
- **어디서**(where): 이 일은 어디서 일어났는가? 이 상황을 둘러싼 물리적이고 심리적인 요인은 무엇인가? 어디에서 이러한 상황을 성공적으로 관리하였는가?
- **어떻게**(how): 그것을 어떻게 처리하였는가? 이것과 비슷한 상황은 어디에 있는가? 어떻게 그 상황들이 비슷한가?
- **왜**(why): 왜 이 일이 중요한가? 왜 이 일이 일어났는가? 왜 리더 혹은 다른 사람들이 이 상황에 관심을 갖는가?

3. **풍부한 자료를 얻기 위해 '그 밖에'라는 꼬리표를 사용하여 질문하자.** 어떤 한 가지 질문이 다른 질문보다 더 우수하지는 않으며, 특별한 순서를 반드시 지켜야 하는 것도 아니다. 질문을 하면서 많은 정보를 얻고 싶다면 '그 밖의 누가/무엇을/언제/어디서/왜/어떻게'라는 질문을 추가해 보자. 풍부한 정보를 얻기 위해 또 다른 질문을 해 보자. 판단을 유보하고, 많은 양의 아이디어를 산출해 보고, 연결 지어 생각하고, 참신함을 추구하여 구체화된 자료를 추가해 보자.

4. **자료를 확인하자.** 자료의 많은 양과 다양성을 위해 신속히 검

토해 보자. 만족스럽다면 수렴하는 방향으로 나아가고, 그렇지 않다면 필요한 만큼 많은 범주 속에서 다양한 아이디어를 생성해 보자.

Why-Why 다이어그램

Why-Why 다이어그램은 일본에서 품질을 위하여 부분적으로 '5 Whys'라고 불리는 기법을 응용함에 따라 만들어졌다. Why-Why 다이어그램의 목적은 체계적인 방법으로 문제의 핵심에 도달하고, 전반적인 문제의 결과와 연결 짓는 것이다. 즉, '왜?'라는 질문을 통해 숨겨진 이유를 찾고 기본적인 문제를 확인한다. 같은 자료에 대해 지속적으로 '왜?'라는 질문을 하는 것은 문제를 다시 설명하게 만들고, 이론적인 대답도 끊임없이 만들어 내게 한다. 이 도구를 완성하기 위해서 다음을 참고한다.

1. **확산적 사고의 원리를 기억하자.** 확산적 사고의 원리를 검토하고, 그것을 지침으로 도구에 적용해 보자.

2. **상황을 파악하고 '왜?'라는 질문을 적용해 보자.** 명확하게 해야 할 필요가 있는 부분을 생각하여 상황을 파악하자. 종이 한 장을 준비하고 왼쪽 아래 중간 지점에 상황의 제목을 적는다. 개인이나 집단으로 이 상황에 대해 '왜?'라고 계속 질문해 보자. '왜?'라는 질문은 그 상황에 더욱 깊이 들어갈 수 있도록 도움

을 준다. "왜 이 일이 일어나는가?" "왜 이것이 문제인가?" 가능하면 '왜?'라는 질문을 최대한 많이 사용하여 생각해 보자. 이 질문에 대한 대답 목록은 오른쪽 열에 오도록 기록하자.

3. **문제에 대한 관점을 넓히기 위해 '왜?'라는 질문을 다시 사용해 보자.** 방금 전에 만든 대답 목록에 대한 '왜?'라는 질문의 반응을 두 번째 열에 나열해 보자. 이 두 번째 '왜?' 질문에 대해 여러 가지로 대답을 해 봄으로써 스스로의 상황을 더 깊이 관찰해 볼 수 있다. 이러한 과정을 마치면 리더는 종이 왼쪽에 적어 놓은 제목의 대답들을 부채 모양으로 펼쳐 볼 수 있을 것이다.

4. **각각의 요소를 확장해 보자.** 각각의 대답에 연속으로 '왜?'라는 질문을 계속하여 부채 모양으로 늘려 보자. 가능한 원인과 이유를 철저하게 탐색할 때까지 계속 진행하자. 각각의 요소가 논리적 결론으로 만족되면 상황에 대한 가장 중요한 관점을 파악하기 위해 수렴적 사고로 옮겨 보자.

확산적 사고 도구는 리더가 문제의 다양한 이유를 찾고 풍부한 자료를 수집하도록 돕는다. 지금까지 최대한 다양한 각도로 상황을 점검해 보았다. 그렇다면 다음에 할 일은 무엇인가? CPS 과정의 진행 단계에서 확산적 사고는 수렴적 사고와 균형을 이루게 되어 있다. 확산된 자료를 더 쉽고 편하게 관리하기 위해서는 가장 중요한 자료를 중심으로 수렴적인 사고를 해야만 한다. 이제부터는 방대한 자료를 분류하여 압축시키는 데 도움이 되는 몇 가지 사고 도구를 설명할 것이다.

상황 평가를 위한 수렴적 사고 도구

'너무 많은 정보가 있다.'는 말은 일반적으로 누군가가 정보에 압도되어 자기가 알고 싶지 않은 무언가를 배워야 할 때 사용된다. 상황 평가에서 확산적 도구를 통해 얻은 방대한 자료를 보고 이런 생각을 할 수도 있다. 앞으로 CPS를 발전시키기 위해서는 우선 필요한 자료를 파악해야 한다. 문제와 가장 관련 깊은 자료를 선별하기 위해 상황 평가에 적용할 수 있는 수렴적 사고 도구를 알아보자.

〈표 6-3〉은 리더의 상황에서 가장 적절한 자료를 파악할 수 있도록 도움을 주는 수렴적 사고의 도구를 설명한다.

히트

히트(Hits)는 효과적이고 간단하게 선택할 수 있어 모든 종류의 사고와 함께 광범위하게 사용되는 수렴적 도구다. 의사결정을 간단하게 할 수 있는 경우에는 CPS가 필요하거나 그렇지 않을 수도 있는 다양한 행동으로 이동이 가능하다. 히트는 우회하지 않고 똑바로 나가는 도구다. 지금까지 생성된 자료를 신속하게 살펴보고, 흥미롭거나 호기심을 자극하는 문제 상황의 본질을 표현한 자료 옆에 별표

〈표 6-3〉 상황 평가: 수렴적 사고 도구 개요

도구명	도구의 역할	사용자의 역할
히트(Hits)	방대한 정보 속에서 가장 적절한 자료를 찾아내기 위해 직관적인 접근법을 이용한다. 개별적인 자료 항목을 관리하기 쉽도록 그 수를 줄여 나간다.	자료의 목록을 검토한다. 자료를 살펴볼 때 눈에 띄거나 상황과 가장 관련이 깊은 항목에 표시한다.
하이라이트 (Highlighting)	가장 관련 깊은 자료를 인식하고, 개별 자료의 요점을 정리하여 분류한다.	기본적으로 3단계를 거친다. 첫째, 자료에서 선택을 한다. 둘째, 선택된 자료 내에서 분류한다. 셋째, 분류된 각각의 범주에 이름을 붙인다.

출처: Treffinger, Isaken, & Firestien (1982); Treffinger et al. (1982).

혹은 다른 표시를 해 보자. 자기가 선택하는 모든 히트에 구체적인 이유가 있어야만 하는 것은 아니다. 이 도구를 사용하는 경우는 매우 직관적일 때가 많다. 예를 들면, 리더가 그 자료에 매료될 수도 있다. 옳다는 느낌 때문에 그것이 마음에는 들지만 구체적으로 그 이유를 말하지 못하는 경우도 있다. 한 번 더 자료를 살펴볼 땐 새로운 선택을 의도적으로 해야 함을 잊지 말자.

이 도구를 집단에서 사용할 경우, 자료를 도출하기 위해 구성원들에게 선택할 수 있는 기회를 줌으로써 각 개인이 같은 수의 선택을 할 수 있도록 한다. 그렇게 하면 집단은 상황의 핵심 요소에 대한 이해를 상호작용하면서 공유할 수 있다.

하이라이트

하이라이트(Highlighting)란 히트, 압축(묶음), 다시 설명(열중)하기를 하나의 도구로 결합시킨 것을 말한다. 하이라이트를 사용하기 위해서는 다음의 진행 방식을 참고하자.

1. **수렴적 사고의 원리를 재검토하자.** 이 도구를 사용하기 위해 수렴적 사고의 원리를 사용하자.

2. **모든 선택에 번호를 붙이자.** 종이 한 장에 자료를 기록할 경우에는 자료에 번호를 붙일 필요가 있다. 자료 획득을 위해 접착식 메모지를 사용한다면 번호를 따로 붙일 필요는 없다.

3. **선택된 내용을 파악하자.** 이미 설명한 절차를 사용하여 표시한 자료를 선택하자.

4. **자료를 분류하여 나누자.** 어떤 자료들이 서로 비슷한지, 공통점이 있는지 혹은 효율적으로 분류할 수 있는지 알아보기 위해 선택된 내용만을 검토해 보자. 종이나 컴퓨터 화면에서 선택된 자료의 번호를 나열하고, 무엇이 함께 속하는지 확인하기 위해 동그라미로 표시해 보자. 자료를 접착식 메모지에 기록한 경우에는 간단하게 비슷한 자료들끼리 모아서 분류하면 된다. 각각 분류되고 선택된 자료의 수는 다양할 것이다. 다수의 선택을

포함하는 '과열 지점'이나 1~2개 정도의 자료밖에 없는 집단도 있을 수 있다. 모든 자료를 강제로 집단으로 나눌 필요 없이 독특한 자료는 따로 구분하여 관리해 본다.

5. **분류한 내용에 이름을 붙이자.** 분류한 내용의 주제를 명확하고 간결하게 표현할 수 있는 대표적인 단어나 구절을 정의해 보자. "이 집단은 무엇에 대한 내용을 다루는가?"라고 스스로 질문해 보자. 안에 들어 있는 모든 선택된 자료의 의미와 의도를 표현하는 단어 혹은 구절에 대한 분류가 무엇인지 다시 진술해 보자. 반복된 설명은 그 집단에 들어 있는 자료에 대한 시각을 확장시켜 주며, 더 높은 차원으로 열정을 뻗어 나가게 한다. 단순한 자료의 경우에는 재설명이 필요 없다.

과정 전체에 걸친 수렴적 사고 도구 사용

상황 평가에서 수렴하기 위한 사고 도구의 일반적 특징은 CPS의 모든 진행 단계에서 유용하게 쓰일 수 있다는 것이다. 이러한 도구는 다목적으로 사용할 수 있기 때문에 앞으로 이어질 6가지의 진행 단계마다 수렴적 사고를 설명할 것이다. 특히 이러한 선택의 기능은 이 과정의 모든 단계에서 수렴을 위한 도구로 다양하게 사용된다.

창의적 문제해결 과정 살펴보기:
필요한 단계로 이동하기 위한 초인지적 도구

상황 평가가 2가지 기능을 가지고 있다는 것을 기억하자. 앞서 제시한 도구는 자료를 수집하는 것(확산적 도구)과 가장 중요한 자료를 선택하는 것(수렴적 도구)을 돕도록 설계되었다. 이제는 상황 평가의 두 번째 기능인 CPS에서 필요한 단계로 이동하기 위한 순서를 결정하는 시간이다.

우리는 전 과정을 거쳐서 다음으로 이동할 단계를 결정하는 데 도움이 되는 3가지 초인지적 도구를 제시하고자 한다(〈표 6-4〉 참고). 첫 번째 도구인 4I's는 방금 진단한 상황에 CPS를 적용하는 것의 가치 여부를 판단하는 데 도움을 주도록 설계되었다. 모든 문제가 창의적 사고를 요구하는 것은 아니다. 사고를 요구하지 않는 문제에 창의적 에너지가 투입되는 것을 막기 위해 4I's를 사용하길 제안한다. 어떤 문제에 CPS를 적용하는 것이 도움이 된다고 판단되면 이 과정 안에서 다음 진행 순서를 결정할 수 있다. 다음에서 소개하는 초인지적 도구인 키워드 검색과 If-then 과정 분석은 상황 평가를 한 후에 가장 적절한 진행 단계를 파악할 수 있도록 도와준다. 이러한 도구는 상황 평가와 문제에 적용할 수 있는 가장 생산적인 방법을 제공한다. 초인지적 사고는 CPS 과정 전체를 이끌기 위해 필요하다. 이러한 도구는 각각의 CPS 과정 진행 단계의 마무리에서 다음으로 이동할 수 있는 진행 단계를 결정하는 데 사용된다. 많은 경우, 리더는 신속한 진단을 통해 앞으로 나아갈 수 있다. 하지만 때로

〈표 6-4〉 상황 평가: 초인지적 도구

도구명	도구의 역할	사용자의 역할
4I's	개인이나 집단이 인식한 문제가 CPS 과정에 잘 맞는지 판단하도록 도와준다.	인식된 문제가 CPS 과정으로 도움을 받을 수 있는지 4가지 기준을 이용해 보자. 문제를 내놓은 개인이나 집단이 상황에 직접적인 '영향력'을 미칠 수 있는지 판단하는 것부터 시작하자. 그리고 '상상' 속에서 해결책은 무엇인지 탐색하자. 마지막으로 상황의 해결에 대해 어느 정도 '흥미'를 끌 수 있는지와 상황의 '즉각성'을 결정하자.
키워드 검색	다른 진행 방식과 관련된 활동을 설명하는 단어 목록을 제공한다. 이러한 키워드는 리더가 어느 단계로 진입해야 하는지 알도록 도와준다.	수렴된 자료의 목록을 점검한 뒤에 상황을 표현하는 과제 진술문을 만들자. 진술문에 사용된 동사를 설명하고, 6개의 CPS 진행 단계와 관련된 키워드의 목록을 비교하자. 대안적 과제 진술문을 만들기 위해 이 목록을 사용하자. 최종 과제 진술문을 선택하고, 과제 진술문과 가장 관련이 깊은 CPS 단계로 진행해 보자.
If-Then 과정 분석	초인지적 도구는 If-then 시나리오 목록을 제시함으로써 사람들이 CPS 과정에 들어가도록 한다. 시나리오의 'If'는 왜 그 과정이 필요한지 설명한다. 반면 'Then' 부분은 앞으로 취할 수 있는 가장 적절한 단계를 의미한다. 예를 들어, 만일 도전을 극복하기 위해서 아이디어를 내는 것이 필요하다면 아이디어 탐색으로 진행하면 된다.	문제와 관련된 과정에서 필요한 것이 무엇인지를 생각해 보자. 표의 윗부분부터 시작해서 리더가 해야 할 필요가 있다고 생각하는 것과 알맞은 진술문을 찾을 때까지 'If' 진술문을 읽어 보자. 각각의 'If' 진술문은 리더의 필요를 최상으로 충족해 주는 진행 방식의 'Then' 진술문과 짝을 이루게 한다. 리더가 파악한 'If' 진술문과 어울리는 진행 과정의 방식을 찾고, CPS 과정의 방식으로 진행하자.

출처: Isaken & Treffinger (1985); Puccio, Murdock, & Mance (2005). Miller, Vehar, & Firestien (1996).

는 이전의 단계로 돌아가거나 앞의 몇 단계를 건너뛰거나 혹은 간단하게 CPS를 빠져나와 조치를 취하는 것이 새로운 통찰력을 키울 수 있게 해 주는 생산적인 행동이 될 수 있다.

4I's

CPS 단계로 진행하기 전에 그 상황이 창의적 사고를 필요로 하는지를 결정해야 한다. 이미 무엇을 해야 하는지 알기 때문에 새로운 사고를 필요로 하지 않는 과제가 있다면 새로운 생각을 의도적으로 도입하여 사용하는 것은 큰 의미가 없다. 따라서 CPS로 더 들어가기 전에 4I's(Isaksen & Treffinger, 1985)라고 불리는 간단한 검사 도구를 사용하길 추천한다.

중요한 자료와 설명된 문제를 살펴볼 때, 그 상황이 다음의 4가지 기준을 충족하는지 확인해 보자.

- **영향력**(influence): 문제를 가진 개인이나 집단이 상황의 변화에 영향을 미칠 수 있는 위치에 있는가? 그러한 위치에 있는 사람들이 문제에 대한 해결책이 결정되었을 때 그것을 실행할 수 있는 힘 또는 잠재력을 가지고 있는가?
- **상상**(imagination): 그 문제가 창의적인 사고를 필요로 하고, 개인이나 집단이 그 상황을 위해 새로운 사고나 접근법을 원하고 있는가?
- **흥미**(interest): 이것은 중요한 문제이고, 개인이나 집단이 전적으

로 이 문제를 해결하기 위한 시간 투자의 필요성을 인식하고 있는가?

- **즉각성**(immediacy): 이 상황이 현재 혹은 가까운 미래에 주의를 끌 수 있는가?

4I's는 "이 문제가 CPS의 사용을 필요로 하는가?"라는 기본적인 과정을 결정하도록 요구되므로 초인지적 도구라고 할 수 있다. 문제가 이 4가지 기준을 만족한다면 창의적 문제해결에 도움이 될 것이고, 6단계 중에서 가장 유익한 출발점을 결정하게 될 것이다.

키워드 검색

직면한 문제를 해결하기 위해 우선적으로 생각해야 하는 것은 상황을 파악하는 것이다. **키워드 검색**(key word search)에서 리더는 CPS 과정 중 어디로 가야 하는지 결정하기 위해 동사를 사용해 본다. 〈표 6-5〉는 CPS 단계의 관계를 바탕으로 동사의 범주를 분류하였다. 예를 들어, 누군가가 '생각하기'를 원한다고 말했을 때, 이것은 비전적인 사고(visionary thinking)가 필요함을 나타내므로 CPS의 비전 탐색의 단계로 진행하면 된다. 반면 '실행하다'라는 단어를 사용하는 것은 전술적 사고(tactical thinking)의 필요를 제안하기 때문에 계획 수립의 단계로 나갈 수 있다. 언어 사용과 사고의 본질 사이를 연결하여 다음 단계를 진행해 보자.

〈표 6-5〉 키워드 검색

- **비전 탐색**: 상상하다, 꿈꾸다, 살펴보다, 예상하다, 묵상하다, 보다, 사색하다, 숙고하다, 의심하다 등
- **과제 수립**: 명확히 하다, 풀다, 해설하다, 정의하다, 해독하다, 폭로하다, 발견하다, 원인을 구별하다 등
- **아이디어 탐색**: 제안하다, 고안하다, 돌파하다, 일으키다, 개혁하다, 기획하다, 처리하다, 기억하다, 방법을 찾다, 구성하다, 방법을 설계하다 등
- **해결책 수립**: 개발하다, 다듬다, 확장하다, 평가하다, 구체화하다, 강화하다, 정제하다, 분석하다, 최대화하다, 구축하다 등
- **수용안 탐색**: 납득시키다, 확신시키다, 거래하다, 홍보하다, 강화하다, 영향을 미치다, 설득하다, 던지다, 배치하다, 소개하다, 변호하다, 보급하다, 추천하다 등
- **계획 수립**: 집행하다, 수행하다, 하다, 작성하다, 조정하다, 고안하다, 구상을 다듬다, 개괄하다, 정리하다, 펼치다, 순서를 정하다, 행동하다, 실행하다 등

출처: Puccio, Murdock, & Mance (2005).

1. **과제 진술문의 틀을 만든다.** 수렴된 자료 목록을 검토하고 최초의 과제를 제시하여 그 틀을 만들어 보자. 과제 진술문은 상황을 표현하는 하나의 문장이다. 그것은 앞으로 실행해야 할 일을 한눈에 볼 수 있도록 도와준다. 과제 진술문은 상황 평가의 부분이고, 수집한 자료를 기반으로 "나/우리는 ……를 하고 싶다."로 시작해야 한다. 다음은 과제 진술문의 몇 가지 예다.

- 나는 새로운 진로 방안을 생각해 보고 싶다. [비전 탐색]
- 나는 판매 실적이 떨어지는 이유를 발견하고 싶다. [과제 수립]
- 우리는 서비스를 받기 위해서 고객이 거쳐야 하는 행정적인 절차를 줄일 수 있는 방법을 제안하고 싶다. [아이디어 탐색]

- 우리는 방과 후 프로그램을 강화하고 싶다. [해결책 수립]
- 나는 중앙행정부의 새로운 정책을 적용하고 싶다. [수용안 탐색]
- 우리는 3분기 말까지 새로운 소프트웨어 시스템을 실행하고 싶다. [계획 수립]

이 과제 진술문에서 사용한 언어는 CPS 단계의 순서를 위한 단서를 제공할 수 있다. 특히 동사는 생각의 종류를 지적해 주며, 과제를 언급하는 데 가장 적합한 진행 단계를 표현할 수 있다. 각각에 해당하는 과제 진술문의 예는 어떤 단계가 상황 평가 후에 이동해야 할 가장 적절한 곳인지를 나타내 준다.

2. **다른 동사를 사용하여 과제 진술문을 검증한다.** 최초의 과제 진술문에서 동사를 정의한다. 〈표 6-5〉에서는 어떤 동사가 상황을 가장 잘 설명하는지 확인할 수 있다. 진행 방식 안에 가장 이해력을 높여 주거나 리더의 의도를 가장 적절하게 표현해 주는 다른 동사를 추가해 보자.

3. **최종 과제 진술문을 작성하고, 진행 방식에 맞도록 설명한다.** 과제 진술문의 표현을 여러 가지 방법으로 바꾸어 본 다음에 자신의 상황과 가장 잘 맞는 진술문을 확인하자. 그것은 자신이 원하는 것이 무엇인지를 가장 잘 설명해 주는 진술문이다. 집단으로 작업을 할 경우에는 의견을 모아 합의된 최종 과제 진술문을 사용하자. 〈표 6-5〉에 있는 키워드 목록을 이용하여

어떤 진행 방식이 자신의 과제 진술문에 가장 적합한지를 확인한 후 그 방식으로 진행하자.

If-Then 과정 분석

CPS에서 다음 순서를 파악하기 위한 간단한 접근법은 6단계 중에서 어떤 기능이 리더의 목적에 가장 잘 맞는지를 확인하는 것이다. **If-Then 과정 분석**이라 불리는 초인지적 도구는 리더가 CPS를 진행하는 과정 중에 가장 도움이 되는 단계를 결정할 수 있도록 도움을 준다(Miller et al., 2001).

키워드 검색의 경우와 마찬가지로 "나는/우리는 ……을 하고 싶다."라는 구조로 과제 진술문을 작성한다. 과제 진술문은 핵심 자료를 기반으로 해야 하며 성취하고자 하는 것을 요약해 줄 수 있어야 한다. 일단 과제 진술문이 생기면 CPS 과정 중 다음에 어디로 가야 하는지를 결정하기 위해 〈표 6-6〉을 활용해 보자. 리더가 성취하고자 하는 것을 생각하고, 그것을 각각의 CPS 단계의 기능을 설명하는 6가지 'If' 진술문과 맞춰 보자. 'If' 진술문 가운데 리더가 해야 한다고 생각하는 설명의 'If' 진술문에서 멈춘다. 상황을 설명하는 'If' 진술문을 발견하면 바로 옆의 'then' 글을 읽어 보자.

집단으로 작업하는 경우에는 합의를 얻어 의견을 일치시킨다. 이처럼 다음 단계의 순서에 대해 확실한 결정을 내리는 것은 불필요한 수고를 덜어 준다. 또한 대부분의 경우 문제해결을 위한 회의를 하지만, 창의적 과정은 다른 부분에서 이루어지므로 궤도를 벗어날

〈표 6-6〉 If-Then 과정 분석

If	Then
목표나 노력에 대한 결과를 수립할 필요가 있다.	비전 탐색으로 가라.
원하는 결과를 달성하기 위해 검토할 수 있는 장애물이나 대책을 설명할 필요가 있다.	과제 수립으로 가라.
원하는 결과를 위한 구체적인 과제(들)를 설명하였지만 이러한 과제를 어떻게 처리해야 할지는 모른다.	아이디어 탐색으로 가라.
과제를 극복하기 위해 실행 가능한 해결책으로 변형될 수 있는 아이디어를 가지고 있다.	해결책 수립으로 가라.
실행하고 싶은 해결책 또는 계획된 변화를 가지고 있다. 그리고 주변 환경이 리더의 사고를 지원하는지 확인하고 싶다.	수용안 탐색으로 가라.
리더는 해결책 또는 변화의 계획을 가지고 있다. 그러나 사고의 실행을 위한 정확한 단계를 확신할 수는 없다.	계획 수립으로 가라.

출처: Miller et al. (2001).

위험이 있다. 따라서 작업을 특정한 단계에서 해야 한다는 확실한 결정은 시간을 절약해 주고, 좌절감을 줄여 주며, 노력에 따른 결과를 향상시킬 수 있도록 이끌어 준다.

학습 내용 적용

리더는 정보를 수집하고 설명하며, 생성하거나 실행하기 위한 중요한 과제를 가지고 있다. 성공이나 실패의 중요한 결정이 되는 정보는 하나밖에 없을 때도 있지만, 실제적으로 대량의 정보를 발견, 분류, 사용, 관찰할 수 있는 방법을 향상해야 한다. 다음의 활동을 통해 진단적 사고 기법을 높여 보자.

1. 일반적인 관찰 기법을 강화하기 위해 눈을 감고 사무실이나 집 안의 익숙한 공간을 떠올려 보자. 그런 다음 머릿속으로 그려 본 것과 실제 있는 것을 비교하자. 얼마나 정확하게 상상하였는가? 관찰 기법이 향상될 수 있는지 보기 위해 정기적으로 이러한 기본 훈련을 해 보자.

2. 삶에서 있었던 개인적인 혹은 직업적인 위기나 기회를 설명해 보자. 생각할 수 있는 모든 자료를 모을 수 있게 확산시키라. 확산적 지침을 이용하여 양과 참신함을 확대해 보자. 최소한 50개의 자료를 모으도록 노력한다. 사실을 포함해서 자신의 감정, 예감, 직관을 사용한다. 결과를 검토해 본다. 놀랄 만한 정보가 있는가? 이전에 생각하지 못했던 새로운 것이나 다른 것이 있는가?

3. 앞서 기록한 확산적인 목록을 다시 살펴본다. 수집한 정보의 양을 어떻게 관리할 수 있는가? 어떤 자료가 중요하고 그렇지 않은지 알 수 있는 방법은 무엇인가? 이런 종류의 의사결정을 내리기 위해 평소 사용하는 전략은 무엇인가? 이제 이 목록에서 가장 중요한 자료를 고를 수 있도록 히트라는 도구를 적용해 본다. 이것은 정보 관리에 어떻게 도움이 되는가? 핵심 자료를 파악하고 선택하는 것에서 취할 수 있는 행동이 있는가?

4. 자신의 생각에 대해 사고하는 습관을 가져 보자. 어떤 활동이나 과제를 완료하고 나서 몇 분 동안 다음과 같은 질문의 시간을 가져 보자. "과제를 성공적으로 완수하기 위해서 나는 무엇을 하였는가?" "문제해결 과정에서 무엇이 효과적이었고, 무엇을 발전시켜야 하는가?" 미래의 발전을 위해 이러한 내용을 기록할 메모지나 노트를 항상 가지고 다니도록 한다.

제7장

비전 탐색:
비전적 사고를 위한 도구

미래는 자신의 꿈을 믿는 사람들의 것이다.

—Eleanor Roosevelt—

미리보기

이 장에서는 비전적인 사고를 가지고 효율적으로 참여하기 위한 방법과 그 진행 절차를 알아볼 것이다. 예전부터 우리는 꿈꾸기라는 정의적 기법의 지원을 통해 목표하는 것을 생생한 이미지로 분명하게 표현함으로써 비전적인 사고를 인식할 수 있었다. 이러한 사고의 인식 없이 중요한 목표를 설명하기란 매우 어렵다.

비전 탐색(exploring the vision) 단계에서는 비전적인 사고가 중요한 리더십 기법이 되는 이유를 언급할 것이며, 비전 탐색의 방법을 설명할 것이다. 그리고 비전적인 사고를 효율적으로 자극해 줄 수는 목표 인식의 사고(wishful thinking), 스토리보드(storyboarding), 성공 지대(success zone)라는 3가지 도구를 설명하겠다.

리더십에서의 비전적 사고

연설가이며 철학자이자 정치가인 Marcus Tullius Cicero는 "오래된 문제를 다시 화제로 다루지 말고, 차라리 다가올 미래를 위해 준비하자."라고 말하였다. 그의 말은 CPS의 단계 중에서도 비전 탐색의 목적을 설명하는 것이다. 왜냐하면 이 단계의 목적이 비전적인 사고를 높여 주는 것이기 때문이다. 비전은 가고자 하는 곳의 이미지를 제시하며, 바람직한 미래를 분명하게 표현하도록 도와준다. 또한 성취하고자 하는 것을 명확하게 인식하여 창의적 노력을 통해 자신만의 유일한 관점을 가질 수 있도록 하기도 한다. CPS를 통해 추구할 미래 방향의 대안적인 목적을 검토해 보고(즉, 이 단계의 확산적 부분), 목표를 위한 가장 생산적인 대안은 무엇인지 인식해 보자(즉, 이 단계의 수렴적 부분).

어떤 경우에는 미래를 위한 비전을 갖는 것이 위기를 극복하기 위한 방향으로 제시될 수 있다. Mohandas Gandhi의 인도 독립을 향한 열정적 노력이 좋은 사례다. 그는 영국의 식민지였던 인도의 독립이라는 목표를 가지고 불복종과 자립의 운동을 시작하였다. 또한 Gandhi는 가내 수공업을 부활시켜 인도의 경제적 독립을 확립하고자 했으며, 물레를 이용하여 인도 토착 산업을 부흥시키기 위해 노력하였다.

다른 경우에는 문제에 대한 반응으로서가 아닌 새로운 기회를 위해서 비전을 창출할 수 있다. 예를 들어, 소비자들은 휴대용 녹음 재생기가 필요하다고 생각하지 않았지만 SONY의 Akio Morita 회장은 그것을 기회로 인식하여 아이디어를 확인하고 개발하였다. 그리하여 SONY Walkman이 등장하면서 소비자들의 음악을 듣는 방식이 바뀌게 되었다. 이를 통하여 그는 SONY를 세계에서 가장 유명한 브랜드로 성장시켰다. Walkman은 브랜드 이미지를 품질만큼 우수한 것으로 만들어 보겠다는 목표를 이룬 일본 회사의 사례다. Morita 회장은 일본 상품이 단지 품질만 좋은 상품으로 인정받던 시기에 이러한 비전을 품고 있었다. Morita 회장이 일을 시작했을 때 일본 상품은 열등하다는 인식이 있었고, 결국 많은 일본 회사가 그들 자신의 상품을 다른 나라 회사의 브랜드명으로 대신 판매하는 경우가 많았다. Kahan(2002)은 다음과 같이 말했다. "상품 자체로 일본의 브랜드 지위가 올라가리라고는 거의 생각해 보지 못했다. 하지만 이러한 브랜드 지위 확립이 바로 Morita가 추구하는 것이었다. 그에 따라 SONY는 소비자가 최고의 품질로 인식하는 브랜드로 정착할 수 있었고, 마침내 그의 비전이 이루어졌다."(p. 46) SONY를 최고의 브랜드로 끌어올릴 수 있는 기술력이나 마케팅의 영향력이 있었음에도, 새로운 가능성을 이미지화할 수 있는 능력이 성공의 촉진제가 될 수 있었던 것이다. 지금은 물론 Walkman을 대신하여 새로운 기술력을 활용한 MP3, iPod, iPhone 등이 등장하였다.

Collins와 Porras(1994)는 조직의 성공을 달성하는 데 있어 비전의 중요성을 강력하게 주장하였다. 그들은 어떠한 특정 요인이 기업을 '최고 중의 최고'가 될 수 있게 하는지 철저하게 연구했다. 즉, 수십 년간 번영해 왔고, 다양한 제품이 순환해 왔으며, 다른 여러 경영진에 의해 충분히 오랫동안 유지되면서 정체성을 사회의 한 부분으로 자리매김해 온 강력한 브랜드 인지도를 가진 몇몇 기업을 조사하였다(예: Sony, American Express, General Electric, 3M 등). 각각의 조직은 체계적으로 해당 사업 분야의 다른 조직과 비교되었다. 최고의 회사를 구별하게 하는 가장 중요한 차이점은 바로 '큰 야망을 품은 대담한 목표(big hairy audacious goals)'를 소유하고 있었느냐는 것이다. 이를 줄여서 BHAG라고 표현하였다. 그들은 "진정한 BHAG는 확실하게 사람의 마음을 이끌 수 있다. 그것은 위대한 팀 정신의 노력으로 더욱 강화되어야 한다."(p. 94)고 언급했다. 그들이 연구했던 큰 비전을 가진 회사들은 대담한 도전 과제를 내세웠고, 그것을 추구해 온 역사를 가지고 있다.

작곡가이자 영화제작자인 Robert Fritz(1991)는 창의적 과정에서 가장 중요한 것은 비전이라고 주장하였다. 창의적인 과정은 추구하는 것의 개념을 확실히 세우고, 비전을 현실화하는 강력한 열망을 품는 것에서부터 시작한다. 창의성은 진공 상태에서 일어나지 않는다. 뛰어난 아이디어와 돌파는 갑자기 머릿속에서 터져 나오는 것이 아니다. Fritz가 관찰한 것과 같이, "우리가 가질 수 있는 흔한 오해는 뛰어난 아이디어가 갑자기 떠오른다든지, 축복받은 소수에게나 존재하는 깨달음, 비전 그리고 영감의 형태로 찾아온다고 믿는 것이다. 이러한 오해가 창의적 사고를 신비롭고 신화적인 것으로 만들어 준다."(p. 21) 창의적 과정에 대한 Fritz의 설명은 원하는 것에 대한 일반적인 개념에서 출발하여 최종 결과물에 이르기까지 더욱 구체적인 비전을 만들어 간다는 것을 의미한다. 그는 "우선 당신이 어디로 가고 싶은지를 알아야 어떻게 그곳에 도착할 수 있을지 생각해 볼 수 있다."(p. 25)고 언급했다. 비전 탐색의 목적은 개인, 팀 또는 조직이 도달하고자 하는 곳으로 가도록 하기 위한 도구와 절차를 제공하는 것이다.

리더는 CPS 과정의 비전 탐색을 위해 비전적 사고(visionary thinking)에 몰두하고 그것을 내면화하여 타인이 바라는 것을 끌어낼 수 있는 능력을 강화할 수 있다. 수많은 리더십 이론가가 비전적 사고의 중요성을 언급하였다(예: Bennis & Nanus, 1985; Collins, 2001; Kouzes & Posner, 1995; Northouse, 2004; Palus & Horth, 2002; Tichy & DeVanna, 1990). 60명의 미국 CEO를 연구한 Bennis와 Nanus(1985)는 유능한 리더들이 창의적 사고에 어떻게 몰두하는지 분명하게 표현하였다. 그들은 리더들이 비전을 통해서 현재와 미래를 연결하는 다리를 만든다고 주장하였다. Collins(2001)는 리더십 역량의 위계 단계를 주장하면서 4번째 수준의 능력 있는 리더를 "사람의 마음을 움직이게 만드는 명백한 비전을 가지고 높은 업무 성과 기준을 제시하는 열정을 갖춘 자"(p. 20)라고 정의하였다. 리더들은 현재 존재하지 않는 미래 상황을 효과적으로 제시하는 능력뿐만 아니라 타인의 소망을 이끌어 내는 능력도 갖추어야만 한다. Bennis와 Nanus(1985)는 비전의 장점을 다음과 같이 설명했다.

> 한 조직이 목표, 방향 그리고 바람직한 미래에 대한 분명한 비전을 가지고 있을 때, 그리고 그 이미지가 널리 공유되었을 때 개인은 조직과 사회에서 자기 자신의 역할을 찾을 수 있다. 이것은 개인에게 권한을 부여하고 그들이 자신의 위치를 파악할 수 있게

만든다. 비전을 통해 그들 스스로가 의미 있는 특정한 부분을 이해할 수 있게 되기 때문이다. 단순히 지시를 따르는 로봇과도 같았던 사람들은 창의적이고 목적이 있는 도전에 참여하는 변화를 경험하면서 자신의 중요성을 인식하게 된다. 하지만 비전이 없는 집단의 개인은 문제가 생기면 좌절하고 철수하게 될 가능성이 높다(p. 91).

Kouzes와 Posner(1995)는 분명한 비전을 지니지 못한 집단의 비유를 들었다. 디지털 프로젝터와 파워포인트를 사용하는 긴 발표를 듣고 있다고 가정해 보자. 이 프로젝트의 초점이 명확하지 않은데 발표자가 이 사실을 모른다고 했을 때, 청중은 발표에 집중하기 어려울 것이다. Kouzes와 Posner에 따르면 이러한 비유는 비전이 없는 팀에서 일하는 사람들이 갖는 경험과 매우 비슷하다.

이 장의 목적은 리더가 비전적인 사고에 몰입하여 이러한 사고로 다른 사람들을 격려하는 능력을 키우도록 몇 가지 실용적인 방안을 제시하는 것이다. 〈표 7-1〉은 비전 탐색이 리더에게 중요한 이유를 설명한다.

정의적 기법인 꿈꾸기가 비전적 사고를 지원하는 방법

꿈꾸기(dreaming, 희망 사항을 가능한 한 상상해 보는 것)라는 정의적 기법은 비전적 사고가 추진되도록 자극한다. 이는 당신이 원하는 것을 성취할 수 있도록 적극적으로 상상하

〈표 7-1〉 리더가 비전 탐색을 능숙하게 해야 하는 주요한 이유

- 미래의 기회를 확인하기 위해서
- 다른 사람들이 목표를 확인하고 일할 수 있도록 돕기 위해서
- 미래에 무엇이 필요한지 예상하면서 비전적인 사고에의 몰입을 통해 높은 성과를 확신하기 위해서
- 구성원들의 합의를 도출하기 위해서
- 다른 사람들에게 방향을 제시하기 위해서
- 목표 의식을 형성하기 위해서
- 목표하는 산출물의 명확한 이미지를 가지고 적극적인 변화를 시작하기 위해서
- 개인 또는 집단의 발전을 위해 어떤 활동이 가장 큰 잠재력을 갖추고 있는지 구별하기 위해서
- 다른 사람들이 뛰어난 업적을 세울 수 있도록 격려하기 위해서

출처: Puccio, Murdock, & Mance (2005).

게 만든다. 꿈을 꾸거나 몽상을 하는 동안에는 명예, 밝은 미래, 행운, 건강 등 원하는 것은 무엇이든 가질 수 있다. 현재의 어떠한 상황에서도 그것이 가능하다고 상상해 보면 실질적으로 이루어질 것이라 마음먹은 것을 믿게 된다. 역사를 돌이켜 봤을 때 오늘날의 현실은 누군가의 상상력에서 시작된 것이다. 누가 1900년에 69년 후 인간이 달 위를 걷게 될 것이라 상상할 수 있었을까? 그 당시 누가 같은 날 뉴욕 시에서 아침 식사를 하고 저녁은 샌프란시스코에서 즐길 수 있을 것이라 상상할 수 있었겠는가? 100년 동안 살면서 세계 일주, 전자레인지, 휴대폰, 컴퓨터 등의 놀라운 경험을 전 생애에 걸쳐 하게 될 것이라 생각해 보자. 중요한 사실은 그 당시 누군가는 기술력이 뒷받침되지는 않았지만 그러한 것들을 꿈꾸었다는 것이다.

〈생각 상자 7-1〉 핵심 어휘

비전 탐색을 위한 주요 어휘

- **꿈꾸기(dreaming)**: 희망 사항을 가능한 한 상상해 보는 것
- **비전 탐색(exploring the vision)**: 목표하는 산출물의 이미지 형성을 위한 CPS 단계의 과정
- **비전적 사고(visionary thinking)**: 창출하고자 하는 것의 생생한 이미지를 분명하게 표현하는 능력

비전 탐색의 특성과 목적

가끔씩 복잡한 상황에 처하면 무슨 말을 해야 할지 난감할 때가 있다. 예를 들어, 한 개인이 건강 증진의 필요성을 인식할 경우, 혹은 어떤 집단이 업무 성과를 극적으로 향상하고자 할 경우 더욱 혁신적인 변화를 위한 결정이 필요하다. 이들은 모두 의미 있는 목표를 가지고 있다. 하지만 특정한 행동을 취하기에는 너무 불확실한 목표들이라고 할 수 있다. 한 학군 내에 있는 모든 학생의 성취 수준을 올리려고 도전하는 교육감이나, 오늘부터 회사가 더욱 혁신적으로 바뀌게 될 것이라고 전 사내에 통보하는 CEO를 상상해 보자. 그들의 광범위한 목표에 어떻게 실질적인 반응을 보일 수 있을까?

광범위한 목표의 추구는 잘못된 출발, 비효율성, 재가공, 절망 그리고 때로는 아무런 행동도 하지 않는 결과를 초래할 수 있다. 너무 불확실하기 때문에 효율적으로 반응할 수 없었던 적이 있는가? 혹은 어린아이나 동료, 친구 또는 직접 관련된 보고서에 다시 질문을

한 적이 있는가? 비전 탐색의 단계는 어떤 일이 반드시 이루어져야 하며, 얻고자 하는 것에 초점을 맞추어야 할 때 사용된다. 여기에서 제시한 도구들은 초기에 다양한 미래를 탐색하고 가장 생산적인 비전을 확인할 수 있도록 신중한 절차를 제공한다.

비전 탐색은 CPS 과정의 명시(clarification)라는 요소에 위치한다. 이 단계는 과제 수립과 연결되어 밀접하게 작업이 이루어진다. 비전 탐색부터 과제 수립까지는 자연스러운 변화 과정을 거친다. 즉, 원하는 곳으로 가기 위한 큰 그림을 인지하는 것에서 시작하여 과정 속의 장애물을 확실하게 파악하는 것으로 나아간다. 이러한 진행을 위해 비전 탐색은 종종 과제 수립의 단계로 이동하게 될 것이다.

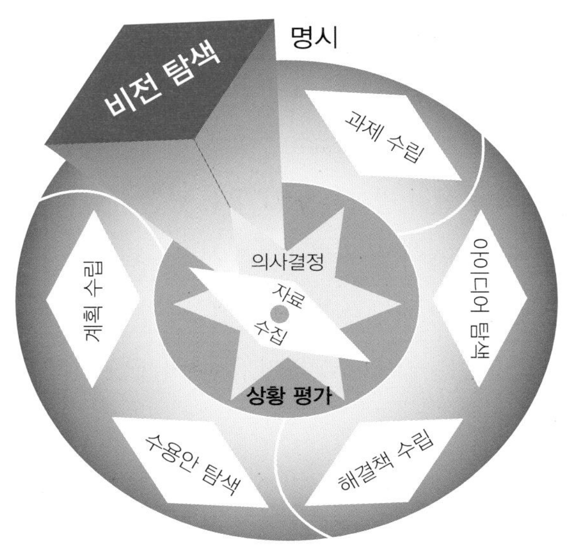

[그림 7-1] 창의적 문제해결 사고 기법 모델에서의 비전 탐색

출처: Puccio, Murdock, & Mance (2010).

비전 탐색은 CPS의 명시 요소에 있는 매우 넓은 의미의 개념적 단계라고 할 수 있다. 목표나 소망과 같은 폭넓은 개념의 사고와는 달리, 구체적인 문제의 정확한 목표 지점을 확인해야 한다. 구체적인 문제란 과제 수립 단계에서 활동할 때 성공적인 목표 달성에 방해가 되는 장애 요소를 말한다. 다른 단계와 마찬가지로 비전 탐색 단계는 더욱 구체적인 생각을 효과적으로 생성하기 위한 쟁점을 탐색하는 것으로 시작한다.

항상 처음에 다루어지는 상황 평가를 위한 초인지 단계를 제외하고는 CPS 진행 방식을 통한 자연스러운 발전은 언제나 비전 탐색부터 시작한다. 이와 같이 비전 탐색은 다음으로 이어지는 다른 활동들의 중심 역할을 한다. 과제 확인, 아이디어 생산, 해결책 개발, 상황 평가 그리고 행동 계획 작성은 중요한 목표를 향해 움직이도록 설계되었다. 상황 평가를 통해 개인이나 집단의 목표가 분명해졌다면 비전 탐색은 필요하지 않을 수도 있다. 하지만 개인이나 팀이 어떤 방향을 취해야 할지 명확하지 않거나, 집단 내에서 의견 합의가 부족한 경우에는 CPS의 비전 탐색부터 시작하도록 한다.

이 장에서는 2개의 확산적 도구와 하나의 수렴적 도구를 소개한다. 이러한 도구들은 중요하고 의미 있는 목표를 인지하는 능력을 높일 수 있게 설계되었다.

비전 탐색을 위한 확산적 사고 도구

한 가지의 독단적인 견해를 갖기

전에 미래의 다양한 시나리오를 고려한 비전 탐색의 확산적 사고를 사용해 보자. 다양한 확산적 도구가 있지만, 여기서는 다양한 시나리오 탐색을 위한 2가지 도구인 목표 인식의 사고(wishful thinking)와 스토리보드(storyboarding)를 소개하고자 한다. 〈표 7-2〉는 어떻게 비전 탐색을 사용할지에 대한 상세한 정보와 함께 이러한 도구들의 개요를 설명한다.

〈표 7-2〉 비전 탐색: 확산적 도구의 개요

도구 이름	도구의 역할	사용자의 역할
목표 인식의 사고	목표로 추구하거나 그렇지 않은 결과물의 관점에서 미래를 생각해 본다.	가능한 한 긍정적인 미래의 결과물 목록을 생성할 수 있도록 확산적 사고를 사용해 보자. 창의적 사고를 위해 '만약 ……하다면 그것이 좋아질 텐데'라는 진술문을 사용하자. 피하고 싶은 결과나 부정적인 상황의 잠재적 결과물에 대해서도 같은 방법으로 시도해 보자. 이번에는 '만약 ……하다면 그것은 끔찍해질 텐데'라는 표현을 사용해 보자.
스토리보드	미래의 목표를 달성하기 위해 필요한 사항과 진행 방식을 정의한다.	6컷 만화를 만들어 보자. 첫 번째 컷에는 현재 상태의 이미지를 그려 보고 여섯 번째 컷에는 목표하는 미래 상황의 이미지를 그려 보도록 한다. 그리고 나머지 컷에는 현재 상태에서 출발하여 목표한 미래 상황까지 나아가기 위한 필수 과정으로 채워 나간다.

출처: Isaksen & Treffinger (1985); Forsha (1995).

목표 인식의 사고

이 도구는 긍정적이고 부정적인 부분 2가지 모두와 특정 주제나 쟁점을 다룸으로써 다양한 미래 결과물에 대해 생각해 볼 수 있도록 설계되었다(Isaksen & Treffinger, 1985). CPS에서 사용하는 용어는 사람들의 생각을 인도하도록 돕는다. 목표 인식에서 사용하는 진술문으로는 WIBNI로 축약되는 '만약 ……하다면 그것이 좋아질 텐데(Wouldn't it be nice if ……)' 그리고 WIBAI로 축약되는 '만약 ……하다면 그것이 끔찍해질 텐데(Wouldn't it be awful if ……)'와 같은 것이 있다.

목표 인식의 사고(wishful thinking)를 사용하기 위해서는 다음의 사항들을 고려해야 한다.

1. **일반적인 주제를 탐색하여 인지한다**(즉, 개인, 팀 혹은 조직적 상황에서). 이 주제는 간절히 희망하는 사고가 중심을 이루며, 매우 광범위하지만 간략하게 제시된다. 책 제목이나 신문 헤드라인에 있는 주제처럼 진술할 것을 추천한다(예: ACME 그룹 판매량이 3배로 증가함, 긍정적 미래를 위해 스몰빌 학교 관할 지역이 학생들을 준비시킴).

2. **WIBNI와 WIBAI의 발언을 사용하여 많은 대안을 생성한다.** 확산적 사고를 위한 지침에 따라 최소한 30개 정도로 가능한 한 많은 진술문을 만들어 보자. 〈표 7-3〉은 새로운 사업 기회를 추구하기 위한 기업의 희망과 관련된 WIBNI와 WIBAI의 예를 보여 준다.

〈표 7-3〉 목표 인식 사고의 예

만약 ……하다면 그것이 좋아질 텐데	만약 ……하다면 그것이 끔찍해질 텐데
우리가 외부 시장을 얻으려고 애쓴다면 …….	우리가 정체된다면 …….
외국 기업가들과 협력할 수 있다면 …….	시장의 급격한 변화가 있고, 우리의 주요 사업 영역이 고갈된다면 …….
사업을 프랜차이즈화한다면 …….	관리하기 힘들 정도로 너무 많은 방향으로 뻗어 나간다면 …….
사업 시작에 노력을 전념하는 동안 현재 운영 상태를 유지할 수 있다면 …….	주요 고객을 잃게 된다면 …….

출처: Puccio, Murdock, & Mance (2005).

3. **핵심 진술문을 확인한다.** 6장에서 언급한 도구인 히트를 사용해서 가장 유력하게 보이는 긍정적 상황(WIBNI 진술문)과 부정적 상황(WIBAI 진술문)을 확인해 본다.

4. **WIBAI 진술문을 반대로 전환시킨다.** WIBAI의 발언이 선택되면 긍정적인 형태에 중점을 두어 반대로 전환시켜 보자. 예를 들어, "이 분야의 우수한 기술력을 따라잡을 수 없다."라는 표현이 있다고 하자. 이 WIBAI 발언을 "우리는 그들의 우수한 기술력을 따라잡을 방법을 찾았다."로 바꿀 수 있다.

목표하는 목록이 작성되면 이 도구의 사용을 마무리할 수 있다.

그럼 이제는 무엇을 해야 하는가? 이제는 이 단계의 수렴적 사고를 수행하고, 추구하려는 한 개 이상의 희망 사항을 선택할 시간이다. 이 작업을 위해 선택하기 도구를 사용할 수 있다. 리더가 더욱 분석적인 방법을 원할 경우, 이 장 뒷부분에서 설명하는 성공 지대나 또 다른 도구들을 사용할 수도 있다.

스토리보드

목표 인식의 사고에서 언어적인 면에 의지했다면, 스토리보드에서는 특별히 시각적 이미지를 강조한다. Forsha(1995)는 스토리보드가 "그림, 숫자 그리고 단어를 사용하여 중요한 변화에 따라 순서를 조합해서 하나의 흥미로운 이야기로 만들어 나가는 것"이라고 하였다(p. 6). Forsha에 따르면, 스토리보드는 수세기 동안 의사소통의 수단으로 사용되어 왔다. Forsha는 시스틴 성당 천장이 하나의 스토리보드로 구성되어 있다고 설명하였다. 신문의 연재만화 또한 스토리보드의 훌륭한 예다. 20세기 동안 스토리보드는 흔히 영화, TV 쇼, 상업 광고의 구상을 개발하고 조직하기 위한 공식적인 도구로 사용되어 왔다(Forsha, 1995). Forsha는 스토리보드를 다양한 방법으로 사용할 수 있다고 주장하였다. 이 책의 목적에 맞게 우리는 스토리보드를 그 원래의 목적인 이야기로 구성할 것이다. 특히 비전 탐색에서는 이야기의 시작(현재)부터 추구하는 결과(미래)에 이르기까지 일련의 중요 사건을 강조하는 컷으로 구성된 스토리보드를 사용할 수 있다. 스토리보드를 사용하기 위해서는 다음의 사항을 고려해야 한다.

1. **탐색된 주제를 인지한다.** 신체 건강, 팀의 문제, 특정한 목표를 성취하는 것, 새로운 시장에 진출하는 조직의 목표 등 특별한 쟁점이 될 수 있다.

2. **몇 컷을 활용하여 스토리보드를 사용할 것인지 결정한다.** 6개 이상 8개 이하의 컷을 추천한다. 커다란 종이나 카드에 패널을 그린다. 이러한 패널들은 만화처럼 순서대로 배열해야 할 것이다.

3. **현재 상황을 인지한다.** 첫 번째 컷에서 현재 상황을 보여 주는 그림을 그린다.

4. **미래를 계획한다.** 이 상황에서는 이상적인 결과가 어떻게 나올 것인지 생각해 볼 수 있다. 상상력을 가지고 재미있게 작업해 본다. 추구하는 결과에 대해서는 판단을 미루어야 한다는 것을 기억해 둔다. 미래에 대한 바람직한 결과를 구상했다면 그것을 마지막 컷에 그린다.

5. **이야기를 완성한다.** 현재 상황과 목표하는 결과를 두고 어떤 방식으로 전개되어야 하는지 생각해 본다. 현재 상황과 목표하는 결과 사이의 컷들은 주요한 사건과 활동으로 채워 나간다.

6. **패널들의 이미지를 상세하게 다듬는다.** 스토리보드는 단순히

이미지에 제한을 두지 않는다. 어떤 경우, 스토리보드는 각 패널과 관련된 핵심 쟁점, 결과, 장애물 혹은 관련 통찰로 채우는 것이 도움이 될 수 있다. 이러한 것들은 각 패널의 내부 또는 주변과 관련된 단순한 문장으로 기록될 수 있다.

개인이나 팀이 스토리보드를 구별해서 완성했다면 이러한 개별 스토리보드를 하나의 이야기로 합쳐야 한다. 이를 위해 개인에게 스토리보드를 공유할 수 있는 시간을 제공한다. 그런 다음 개별 스토리보드의 요소를 선택하여 완성된 팀 스토리보드로 합친다. 이러한 요소들의 선택을 위해서 히트 도구나 토론 활동을 사용한다. 다시 한 번 현재 상태를 그린 컷에서 시작하여 미래를 표현한 컷으로 이동하면서 중간 컷들을 채워 나간다.

기억을 되살리기 위해서 다시 말하자면, 비전 탐색의 단계와 관련된 주요한 사고 기법은 전략적 사고다. Forsha(1995)에 따르면, "스토리보드 개념은 사업 계획을 생성할 때 유용하다. 특히 최초의 아이디어부터 최종 결과에 이르기까지의 사업 과정을 한눈에 볼 수 있도록 시각화하여 임원들을 이해시키는 데 도움을 줄 수 있다."(p. 12) 그러므로 스토리보드는 전략적 사고에 몰입할 수 있도록 하는 탁월한 도구라고 할 수 있다.

비전 탐색을 위한 수렴적 사고 도구

전략적 사고를 성공적으로 수행하기 위해서는 미래를 꿈꿔야 하고, 추구해야 할 가치가 있는 꿈들은 어떤 것인지를 결정해야 한다. 따라서 기회비용이라는 측면에서 확산적 사고는 반드시 수렴적 사고와 균형을 이루어야 한다. 미래에 대한 다양한 대안을 가지고 있을 때 어떤 선택이 성공을 향한 가장 큰 잠재력을 가지고 있는지 구분할 수 있어야 한다는 의미다. 효과적인 선택을 할 수 있도록 돕는 수렴적 도구로는 6장에서 이미 제시한 히트가 많은 아이디어를 좁혀 나가는 데 매우 유용할 것이다. 특별히 미래의 진술문을 다룰 수 있는 또 다른 도구로 성공 지대를 들 수 있는데, 그것은 〈표 7-4〉와 같다.

〈표 7-4〉 비전 탐색: 수렴적 도구의 개요

도구 이름	도구의 역할	사용자의 역할
성공 지대	가장 유력한 이미지를 결정하기 위한 검사 도구다.	모든 대안은 중요도와 성공 가능성이라는 2가지 기준으로 평가할 수 있다. 미래 이미지를 평가한 후에는 이러한 선택이 가치를 지니는지 확인하기 위해 그래픽 매트릭스 안에 각각을 위치시켜 보자.

출처: Treffinger (1992).

성공 지대

이 도구는 Treffinger(1992)가 채택한 것으로, 많은 목표와 미래 시나리오 혹은 희망하는 진술문 등을 평가하여 가장 유력한 결정을 하도록 도와준다. 이 도구에는 선택을 평가하는 2가지 기본적인 방식이 있다. 성공 지대(success zone)의 매트릭스 안에서 선택해 보자. 각각의 선택을 평가하기 위해 사용할 수 있는 2가지 기준은 '중요도'와 '성공 가능성'이다.

일반적으로 첫 번째 기준인 중요도는 이 선택이 얼마나 결정적인지를 판단하는 기준이다. 궁극적으로 성공에 기여한다면 그 선택은 아마 중요하다고 할 수 있을 것이다. 여기에서 선택된다는 것은 개인이나 집단 또는 조직의 사명과 일치한다는 것을 의미한다.

두 번째 기준인 성공 가능성은 주어진 선택 사항에서 목표한 미래를 달성하는 데 얼마나 자신이 있는지를 판단하는 기준이다. 즉, 특정 목표가 현재와 미래의 환경적 요인과 자원을 고려할 때 어느 정도 달성 가능성이 있는지를 살펴보는 것이다. 어떤 개인과 집단은 거의 모든 목표가 가능성이 있다는 믿음을 가지고 처음부터 쉽게 생각할 수 있다. 하나의 목표를 다른 목표와 구별하면서 그 목표의 달성을 위해 얼마나 많은 에너지와 노력이 필요한지 신중하게 고려해야만 한다. 그러한 상황에서 성공 가능성은 성취하기 쉽다고 생각하는 것보다 더 나을 수 있다.

이상은 2가지 기준(중요도와 성공 가능성)에 대한 일반적인 설명이다. 미래의 목표를 평가하기 전에 현재 작업 상황을 확실하게 인식하는 것이 필요하다. 그렇지 않다면 기존에 이미 선택되어 적용된 기준을 재평가해야 한다. 집단 상황에서 모든 구성원이 평가 기준에 대한 공동의 이해를 추구하는 것은 매우 중요하다. 그러므로 집단에서는 이러한 원리를 적용하기 전에 중요도와 성공 가능성에 대한 정의에 동의하는 시간을 가질 필요가 있다. 성공 지대를 사용하기 위해서는 다음과 같은 사항을 고려해야 한다.

1. **중요도와 비교하여 선택을 평가한다.** 두 기준(중요도와 성공 가능성)에 맞추어 1점(낮은)부터 9점(높은)까지의 척도를 사용한다. 가장 중요하지 않은 미래 목표를 1점으로 하고, 가장 중요한 미래 목표를 9점으로 표시한다.

2. **성공 가능성을 배경으로 선택을 평가한다.** 9점은 성공할 가능성이 가장 높을 때 주어진다. 반대로 성공할 가능성이 낮거나 성취하는 데 너무 많은 에너지가 필요하다면 1점을 준다.

3. **2개의 축을 가진 바둑판 평면을 만든다.** 추천하는 매트릭스는 [그림 7-2]에 나와 있다. X축은 성공 가능성을, Y축은 중요도를 나타낸다. 각 축은 세 영역으로 분류한다(1-3, 4-6, 7-9로 나누어 선택). 또한 2개의 축을 가로질러 9개의 범주로 나누어 본다.

4. **바둑판 평면에 목표를 표시하고 그 결과를 고려해 본다.** 모든 선택을 매트릭스에 놓고 평가한다. 성공 지대 매트릭스에 하나

	높음	창의적 도전 (creative challenge)	목표 확장 (stretch goals)	유력한 기회 (promising opportunity)	요소: 낮음 1–3 중간 4–6 높음 7–9
중요도	중간	힘든 노력 (difficult endeavor)	회색 지대 (gray area)	적절한 기회 (low–hanging fruit)	
	낮음	시간 낭비 (waste of time)	귀찮음 (why bother?)	혼란 (a distraction)	
		낮음	중간	높음	**성공 가능성**

[그림 7–2] 성공 지대

출처: Treffinger (1992).

의 선택을 올려놓고, 먼저 성공 가능성 축에 따라서 선택을 표시한다(즉, 낮음, 중간, 높음). 그런 다음 그 중요도의 낮음, 중간, 높음의 정도를 확인하여 해당 선택을 9개 영역 중 하나에 배치한다.

피드백을 제공하기 위해 각 칸에 이름을 붙인다. '유력한 기회'는 성공 가능성과 중요도가 높은 선택이다. 이 선택들은 신중하게 고려해야 할 가치가 있는 미래 목표다. '창의적 도전'은 성취하기 어렵지만 개인, 팀 혹은 조직에 매우 중요한 의미와 가치를 지닌다. 이에 해당하는 선택들은 장애물 극복을 위해 상상력과 에너지가 필요한 요소이므로 '창의적 도전'이라고 할 수 있다. 이러한 선택들을 추구하는 것도 좋지만, 성공을 방해하는 문제들을 확인하는 것도 마찬가지로 중요하다. 그리고 성취하는 데 그다지 어렵지 않은 '목표 확장'이 있다. 오른쪽 아래의 끝 부분은 '혼란'이다. 여기에 위치한 선택들은 성취하기는 쉽지만 상대적으로 가치가 거의 없다는 의미를 내포한다. 왼쪽 아래는 '시간 낭비'다. 이러한 선택들은 성공 가능성과 중요도가 모두 낮기 때문이다. 어떠한 선택이 아래쪽 세 영역에 위치한다면 그 선택을 추구할 때는 각별히 주의해야 한다. 마지막으로, 중간 부분은 해당 선택들의 성공 가능성과 중요도가 중간 정도이기 때문에 '회색 지대'라고 불린다. 이러한 9개의 부분을 비교해 본다면 윗줄에 위치한 선택들이 미래를 위해 추구하기에 가장 전망이 밝다고 할 수 있다.

창의적 문제해결의 다음 단계는 무엇인가

앞서 언급한 것과 같이, 비전 탐색과 과제 수립은 밀접하게 연결되어 있다. 그러므로 CPS 과정에서 가장 자연스러운 다음 방향은 목표 달성의 문제점을 파악할 수 있는 과제 수립의 단계로 진행하는 것이다. 이처럼 순서에 맞추어 CPS 과정이 진행될 수도 있지만, 필요에 따라 다른 진행 방식으로도 이동이 가능하다. 또한 목표 달성을 위해 필요한 경로가 분명하게 설정될 수도 있다. 목표를 어떻게 수행해야 하는지 정확하게 이해한다면 CPS는 더 이상 필요하지 않을 수도 있다. 다음 방향의 순서를 정하기 위하여 6장에서 언급한 If-then 도구를 활용해 보자.

학습 내용 적용

CPS 과정의 목표는 리더가 비전적인 사고에 몰입하도록 도와주는 것이다. 리더는 이 장에서 다룬 도구들을 활용하여 목표로 하는 미래의 생생한 이미지를 전달할 수 있으며, 나아가 왜 그것을 추구해야 하는지 분명하게 표현할 수 있어야 한다. 왜 그것이 중요한가? Kouzes와 Posner(1995)는 다음과 같이 설명하였다.

> 미래를 제시한다는 것 자체는 도전적이면서도 불명확한 요구로부터 시작한다는 것을 의미한다. 이러한 요구의 강도가 더해질수록 결정적인 강도 또한 높아질 수 있다. 이러한 내적 힘의 강도는 실제로 원하는 것이 무엇인지를 명확하게 보여 준다. 조직이 무엇을 성취하길 원하는지 감각을 동원해 보라. 아마도 이미지를 적거나 그 모델을 그릴 수도 있을 것이다(p. 98).

다음은 적용을 위한 몇 가지 생각이다.

1. 미래를 위해 목표로 하는 목록을 작성해 보자. "지금부터 5년 후, 10년 후 또는 20년 후 내가 어디에 있길 원하는가?"하고 자문해 보자. 삶의 모든 측면(유대관계, 경력, 건강, 경제, 기타)에 대해서 100개의 진술문을 만들라. '만약 ……하다면 그것이 좋아질 텐데'와 '만약 ……하다면 그것이 끔찍해질 텐데'를 사용하라. 가장 가능성이 높은 것을 선택하여 작업을 시작해 보자!

2. 팀 작업 시 결과에 대한 공유된 비전으로 새로운 프로젝트를 시작하자. 비전을 만들기 위해 스토리보드나 목표 인식하기의 사고를 이용해 보자.

3. 현재 고려하고 있는 몇 가지 목표나 희망 사항을 확인해 보자. 목표하는 최고의 선택을 판별하는 데 도움을 주는 성공 지대를 사용하자.

제8장

과제 수립:

전략적 사고를 위한 도구

문제를 체계화하는 것이 문제의 해결책부터 제시하는 것보다 더 중요하다. 새로운 관점에서 문제와 가능성을 이끌기 위해서는 창의적인 상상력이 필요하다.

—Albert Einstein—

미리보기

'해결'되었다고 생각했던 문제가 다시 발생한 경우가 있었는가? 문제가 재발하는 이유에는 여러 가지가 있다. 아마도 근본적인 문제를 해결하기보다는 겉으로 드러난 증상만을 급하게 처리하기 때문에 문제가 재발할 것이다. 때로는 겉으로 드러난 문제가 그 문제의 핵심이 아닌 경우도 많다. 이때는 문제의 근원을 발견하고 노출시켜서 근본적인 원인을 살펴보는 것이 필요하다.

이 장에서 우리는 과제 수립(formulating challenges) 단계에 대해 설명할 것이고, CPS 과정에서 그것의 중요성에 대해 논의할 것이다. 리더는 다양한 관점을 가지고 문제에 대한 정의를 내려서 그 문제로 인한 현재의 위기를 깊이 이해할 수 있어야 한다. 또한 현재에서 미래로 가는 경로를 발전시키기 위해 잠재적인 기회를 노출해야 한다.

이 단계의 맥락에서는 확산적이고 수렴적인 역동성을 살펴볼 필요가 있다. 과제 수립을 위한 CPS의 전략적 사고를 지원하기 위해 과제 진술문(statement starters)과 생각 그물(web of abstraction)이라는 도구를 소개할 것이다.

리더십에서의 전략적 사고

Martin Luther King 목사는 꿈이 있었다. 1963년 8월, 워싱턴 DC에 있는 링컨 기념관 계단에서 수백·수천 명이 모인 가운데 그는 이 꿈을 감동적으로 나누었다. 미래의 강력한 비전을 펼쳐 보인 이 연설은 많은 사람이 뽑은 역사상 가장 훌륭한 연설 중 하나가 되었다. King 목사의 '나는 꿈이 있습니다.'라는 연설문의 전체 내용은 웹사이트 www.mlkonline.net/dream.html에서 볼 수 있다.

King 목사는 비전을 가진 훌륭한 리더다. 7장의 비전 탐색에서는 리더가 다른 사람들을 움직이게 하는 데 미래에 대한 비전을 제시하는 것이 얼마나 중요한지를 살펴보았다. 하지만 리더가 비전만 품는다고 모든 것이 해결되는 것은 아니다. 리더는 또한 전략적으로 생각할 수 있는 능력을 가지고 있어야 한다. 즉, 꿈을 갖는 것뿐만 아니라 그 비전을 표현하기 위해 무엇을 행해야 하는지를 인식할 수 있어야 한다.

전략적 사고(strategic thinking)는 목표로 하는 비전으로 가는 길에 놓인 과제를 분명하게 밝히면서 미래를 향한 방향이나 경로를 만들어 나가는 데 필요한 요소다. King 목사의 예를 다시 한 번 생각해 보자. 어떻게 그는 인종차별이 심한 1960년대의 미국 사회에서 모든 이에게 동일한 기회가 있는 미래로 나아가도록 사람들을 이끌 수 있었는가? 그가 인지하고 언급한 과제는 오랜 문화적 규범과 깊이 뿌리내리고 있는 법이었고, 그러한 과제는 그에게 창의성과 인내심을 요구하였다. 그의 앞에 놓인 과제는 학교에서 차별을 철폐하는 방법, 모든 인종에게 대중교통과 기타 편의시설을 개방하는 방법, 고용 차별을 없애는 방법이었다. 리더로서 King 목사를 돋보이게 한 능력은 자신의 비전으로 가는 길에 놓인 과제(일부는 극복할 수 없는 문제처럼 보이는)를 명확하게 표현한 것이었다. 그는 다른 사람들이 자신을 따르게 할 수 있는 방법을 찾기 위해 노력했다. 오늘날 우리가 누릴 수 있는 여러 가지 권리와 평등은 그가 세운 전략적 사고의 결과물과 직접적으로 연결된다.

앞 장에서 다룬 비전적 사고는 전략적 사고에 비해 더욱 넓은 의미를 포함한다. 전략적 사고는 구체적이며 미래로 가는 방향이나 진로를 발전시키는 데 중심을 둔다. **전략적 사고**(strategic thinking)는 반

〈생각 상자 8-1〉 핵심 어휘

과제 수립을 위한 주요 어휘

- **도전/과제(challenge)**: 비전이 성취되는 길에 놓인 장애물(위기 극복, 기회 추구)
- **과제 수립(formulating challenge)**: 목표하는 결과를 이루기 위해 반드시 그 차이를 인지해야 하는 창의적 문제해결 진행 단계
- **문제(problem)**: 위기와 기회 또는 가지고 있는 것과 원하는 것 사이의 차이
- **문제 발견(problem finding)**: 해결에 앞서 특별한 문제에 관하여 생각하고, 제시, 성립, 발생을 향한 행동, 태도, 사고 과정을 갖는 것(Jay & Perkins, 1997, p. 259)
- **근본 원인(root cause)**: 문제의 가장 근본적인 이유, 특정한 사건의 원천 또는 기원(iSixSigma, 연도 미상)
- **차이점 지각(sensing gaps)**: 현재 존재하는 것과 미래에 목표로 하는 것의 차이를 주의 깊게 인식할 수 있는 능력
- **전략적 사고(strategic thinking)**: 반드시 언급해야 할 중요한 쟁점을 확인하고 비전을 성취하기 위해 길을 찾는 것

드시 언급되어야 할 중요한 쟁점을 인지하고, 목표하는 미래로 향해 가는 길을 찾는 것을 포함한다. 전략적으로 사고하는 리더는 현재와 미래를 이어 주는 다리 혹은 고속도로와 같은 역할을 한다. 미래의 목표를 향해 나아갈 수 있는 합리적인 방법으로는 여러 가지가 있을 것이다. 여기에서 리더는 가장 유력한 하나를 결정하기 전에 많은 가능성을 고려해 볼 필요가 있다.

비전의 추상적이고 개념적인 생각으로부터 목표하는 미래의 구체적인 경로와 명확한 방향을 설정하기 위해서는 리더에게 전략적인 사고가 반드시 필요하다. 창의적 문제해결을 위한 도전적 과제 수립의 진행 단계는 리더가 최선의 길을 결정하기 전에 여러 가지 잠재적인 경로를 탐색하도록 도와준다. 〈표 8-1〉은 리더가 도전적

〈표 8-1〉 리더가 도전 과제 수립을 능숙하게 해야 하는 주요한 이유

- 과제를 다루는 데 있어 고정관념에서 벗어나기 위해
- 예전부터 존재하고 있었지만 깨닫지 못했던 기회를 발견하기 위해
- 쟁점의 근원을 찾기 위해
- 복잡한 과제 안에 숨겨진 문제를 파악하기 위해
- 잘못되었거나 수준이 낮은 해결책을 추진하는 데 필요한 시간 혹은 돈과 같은 에너지를 낭비하지 않기 위해
- 적당해 보이지만 세밀하게 다루어지지 않은 해결책들을 성급하게 판단하지 않기 위해
- 효율적인 문제해결을 위해서 논리적 설명이 가능한 산출물로 과제를 재구성하기 위해
- 쟁점을 더욱 분명하고 효율적으로 정의하기 위해
- 진행에 앞서 추정할 수 있는 내용을 분석하기 위해

출처: Puccio, Murdock, & Mance (2005).

인 과제 수립을 능숙하게 해야 하는 이유에 대해 설명하고 있다.

정의적 기법인 차이점 지각이 전략적 사고를 지원하는 방법

특별히 전략적 사고를 지원하는 정의적 기법은 차이점 지각(sensing a gap, 현재 상태와 목표하는 상태의 불일치를 신중하게 파악하기)이다. 4장에서 언급한 것과 같이, 차이점을 인식하는 것은 과정에 방해가 되는 걸림돌을 발견하는 것이다. 그것은 분명한 사실에 중점을 두는 것보다 알지 못했던 사실을 발견하는 것에 도움이 된다. 때때로 이것은 직감이나 감정의 형태로서, 자신이 무언가를 놓친 것 같은 느낌이다.

차이점을 감각적으로 지각할 수 있다는 것은 자신이 문제의 핵심을 발견하고 다른 방법으로 문제를 구성하도록 유도할 수 있다는 의미를 지닌다. 예를 들어, 올해에는 새로운 직업을 얻겠다는 개인적인 목표를 가지고 있다면 경제적인 어려움은 유익한 장애가 되지 않을 수 있다. 새로운 구직 시장에 맞게 이력서를 작성하거나 인적 네트워크를 확장하는 것 역시 필요할 수 있다. 이력서를 작성하기 위한 아이디어의 형태는 네트워크를 확장시키기 위한 아이디어와는 매우 다를 것이다. 지금과 미래의 직업의 차이점을 지각하고 그것을 극복하기 위한 아이디어를 생성한다면, 당신은 가장 중요한 과제를 인식하여 성공할 수 있을 것이다.

과제 수립의 특성과 목적

과제 수립은 비전 탐색을 위한 사고 기법의 명확성이라는 목적을 가지고 자연스럽게 진행될 수 있는 과정이다([그림 8-1] 참고). 당신은 질문하기, 잠시 멈추기 그리고 다시 생각하기와 같은 전략적 사고를 하면서 시간을 보낼 수 있다. 상황을 명확하게 하기 위해 의도적으로 CPS를 사용하는 것은 최소한 두 가지의 구체적 이익으로 이끌 수 있다. 첫째, 불확실한 추측을 뛰어넘어 확고한 CPS의 사고 구조를 가진다. 둘째, 의도적인 노력을 지원할 수 있는 도구를 가진다.

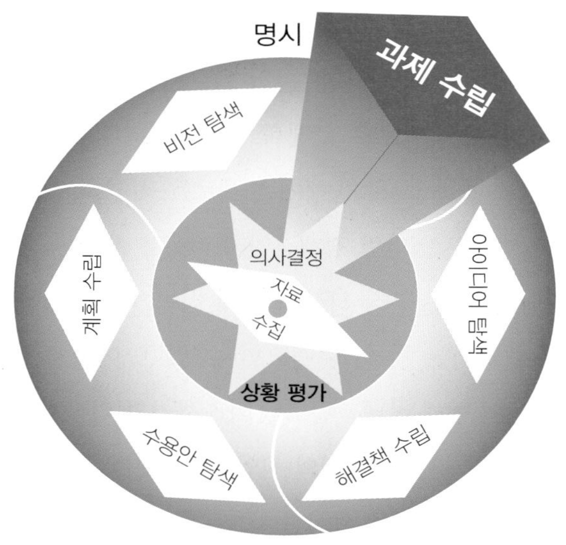

[그림 8-1] 창의적 문제해결 사고 기법 모델에서의 과제 수립

출처: Puccio, Murdock, & Mance (2005).

사고의 지지와 안내를 위해 리더는 CPS 과정의 전략적 사고를 유용하게 사용할 수 있다. 과제 수립 단계에서는 효과적인 문제해결을 가로막는 중요한 두 가지 사안에 대한 개념을 명확히 하고 자주 그것을 수정할 것이다. 그것은 ① 상황의 범위(어디서 그 문제가 시작되었고 마무리되었는가?), ② 문제해결의 방향(문제에 접근하는 최상의 방법은 무엇인가?)이다.

과제 수립 단계에서는 현재의 상황과 목표하는 비전 사이의 장애물을 탐색하여 가장 중요해 보이는 장애물에 관심을 모을 수 있다. 그 장애물을 넘기 위해 창의적인 아이디어를 구상해 본다. 이러한 결정은 과제의 범위에 영향을 미친다. 어떤 경우엔 비전으로 가는 길이 복잡하고, 해결해야 할 과제와 하위 과제가 많다는 것을 발견하기도 한다. 다른 경우엔 일단 정확하게 과제의 틀을 정하고 나면 해결책이 명확해질 수 있다. 과제의 수립은 앞으로 노력해야 할 방향과 관련이 있으므로 그 방향을 확산적으로 추진해야 하는 강력한 이유가 된다. CPS의 모든 단계에서 우리는 언제나 확산적이고 수렴적이어야겠지만, 여러 가지 다양하고 독창적인 관점을 광범위하게 추구하는 것은 초기에 혼란스럽거나 암묵적인 상황을 명확하게 규정하기 위해서다.

아이디어를 생성하기 위해 노력하는 사람에게는 문제가 명백하게 보일 수 있다. 하지만 장기적으로 볼 때 문제의 범위와 방향에 영향을 미치는 대안적 관점을 생성하는 것이 리더에게는 가장 생산적인 일이다. 동일한 방식으로 사물을 바라보는 습관은 창의적 사고를 방해하는 강력한 적이 된다. 오래된 격언을 쉬운 말로 표현한다면, “만약 우리가 이미 생각한 것만을 고집한다면 언제나 정해진 것만 그대로 하게 될 것이다.”

총체적 품질 관리(total quality management)와 식스 시그마(six sigma)에 참여하는 조직은 어골도(Ishikawa, 1985)와 근원 분석하기(Fagerhaug & Anderson, 1999)와 같은 도구를 사용해 볼 수 있다. 이러한 도구는 하나의 증상처럼 보이는 어떤 문제의 관점에서 벗어나 숨겨진 다양한 문제의 근본 원인을 탐색하도록 도와줄 것이다. 가장 근본적인 문제의 근원(iSixSigma, 연도 미상)을 발견한다는 것은 문제의 재발을 방지할 수 있다는 것을 의미한다. 문제에 대한 새로운 시각을 제공하면서 어떤 사건의 근원을 밝힘으로써 성공적인 해결책을 제안할 수 있다.

대안적인 시각을 고려하는 것은 특별히 전략적 사고에 도움이 된다. 직관, 가치관, 관점, 또는 이미 마음속에 있는 접근법 모두 우리의 사고에 영향을 미칠 것이다. 예를 들어, 외과의사가 의학적인 문제를 처음으로 진단한다면 병을 고치기 위한 수술을 할 확률이 얼마나 높을까? 그렇지 않고 먼저 내과의사나 가정의학과 담당의를 찾아간다면? 또는 동종 요법의 다른 의사에게 진단을 받는다면 어떻게 될까?

중요한 요지는 어떤 문제해결 상황에서의 아이디어나 해결책의 유형은 그 상황의 틀을 형성하거나 바라보는 방법과 직접적으로 연결된다는 것이다. 예를 들어, 대부분의 자영업자는 직장을 그만두거나 해고된 후에 창업을 시작한다. 이는 실직을 실패로 보는 대신 사업 시작의 기회로 재해석하는 경우다. 이러한 사람들은 다음과 같이 주장하기도 한다. “해고는 지금까지 나에게 일어난 사건 중에서 가장 좋은 일이었다. 강압이 없었더라면 나 스스로 직장을 나올 수 있었을지 의문이다." 고정관념을 탈피한 대안적 방법은 현재의 상황을 흔들어 버릴 수 있다. 이런 대안적 시각은 그동안 생각해 보지 못했던 새로운 방법의 가능성을 활짝 열어 주는 강력한 창의적 사고를 제공한다. 과제 수립과 관련된 중요한 기법을 추가로 알고 싶으면 문제의 발견과 정의에 대한 창의성 문헌을 개관한 〈생각 상자 8-2〉를 참고해 보라.

전략적인 사고방식을 사용하여 미처 알지 못했던 사실을 발견하게 되는 경우도 있다. 이것이 창의적 과정의 힘이다. 철학자 John Dewey는 가장 중요한 과제를 파악하고 정의하는 데 시간을 들이는 것의 장점에 대해 "문제가 적절하게 명시되었다면 반 정도는 해결되었다고 볼 수 있다."라고 말하였다.

〈생각 상자 8-2〉 연구 노트

문제의 발견과 정의

위기와 기회가 포함된 문제를 발견하기 위한 아이디어를 요구하는 것은 미리 해결책을 준비하지 못한 평범한 사람에게는 다소 부담이 될 수도 있다. 문제의 시나리오를 제시하는 것에서부터 문제의 발견에 이르기까지 연속적인 현상을 파악하기 위해 1970년대에 Csikszentmihalyi와 Getzel(1971), Getzel(1975)이 연구를 시작하였다. 그 이전에는 이러한 이슈를 Wertheimer(1945)와 Dewey(1933)가 전반적으로 다루었다.

Jay와 Perkins(1997)에 의하면 문제 발견(problem finding)이란 "문제해결을 위한 과정과는 다르게 문제의 상상, 제시, 성립, 생성을 직접 겨냥한 행동, 태도, 사고 과정"(p. 259)이라고 할 수 있다. 일반적인 용어로 문제 발견은 문제해결에 선행하는 과정이다. 그것은 실질적인 문제해결 전에 일어나는 활동을 포괄적으로 설명하는 용어다. 이 용어는 문제 발견, 문제 구성, 문제 표현, 문제 제시, 문제 정의, 문제 파악 등의 의미를 포함한다. 이들 중 일부는 서로 비슷하지만, 문헌 속에서는 다양한 용어로 논의될 수 있다.

Runco와 Dow(1999)는 문제 발견이란 일차원적 개념이 아니라 강력한 상호작용과 복잡한 기술을 수반하는 것이라고 제안하였다. 대부분의 연구자는 문제 발견에 대한 Runco의 다차원적 개념에 동의하고 있다. Runco는 문제 발견에 대한 종합적인 정의는 다음의 요소까지 포함해야 한다고 설명하였다. 첫째, 한 가지 상황에서 문제나 질문을 상상해 보고, 일어날 수 있는 일들을 구성해 본다(문제 파악). 둘째, 실질적인 진술문을 규정하고 명확하게 표현한다(문제 정의). 셋째, 문제 수립과 그 해결 방안의 특성을 정기적으로 평가한다. 마지막으로, 수시로 문제를 재정립한다(Runco, 1994a).

많은 연구자와 학자가 문제를 파악하고 규정하는 일의 중요성을 강조하였다. Getzels와 Csikszentmihalyi(1976)는 젊은 예술가들의 작품에 대한 경험적 연구를 다음과 같이 언급하였다. "문제 발견은 창의성의 결정적인 요소이며, 나아가 그것은 만족스러운 신뢰도와 타당도로 평가되고 관찰될 수 있다."(p. 115) Dewey(1933)는 안다는 것의 첫 번째 단계란 문제 발견의 활동이라고 표현하였다.

문제 발견에 대한 더 많은 정보를 얻고 싶으면 Dillon(1982), Jay와 Perkins(1997), Runco(1994b)의 연구를 보라.

과제 수립을 위한 확산적 사고 도구

앞에서 과제 수립이 강력한 확산적 사고의 초점을 가지고 있음을 언급하였다. 〈표 8-2〉는 과제의 범위와 방향에 대한 대안적 시각을 만드는 데 우수한 효과를 지닌 두 가지 확산적 도구를 개관한다. 브레인스토밍도 도움이 되지만, 이에 대해서는 9장에서 설명하겠다.

〈표 8-2〉 과제 수립: 확산적 사고 도구의 개요

도구 이름	도구의 역할	사용자의 역할
과제 진술문	아이디어 생성과 문제 해결을 위해 긍정적이고 미래 지향적인 사고의 틀 안에서 과제를 분명하게 설명할 수 있도록 한다.	각 과제의 처음 부분에 진술문 시작을 배치해 보자. 어떤 방식들로 ……하면 좋을까(In What ways might I: IWWMI)? 어떻게(How to: H2)? 무엇이 좋을까(What might: WM)?
생각 그물	처음부터 제시된 과제에 대해 더욱 이론적이고 구체적인 시각을 포함한다. 다양한 직관을 이용해서 과제를 보도록 한다.	최초의 과제나 목표에 대한 진술로 시작하자. 이론적이고 구체적인 시각을 가진 과제를 도출하기 위해서 '왜' 또는 '무엇이 나/우리를 가로막는 방해 요인인가'를 질문해 보자. 추가적인 과제를 생성시키기 위해 '그렇지 않다면 왜' 또는 '그 밖에 무엇이 나/우리를 가로막는 방해 요인인가'를 질문해 보자.

출처: Parnes (1967); Basadur (1994); Hayakawa (1979); Isaksen, Dorval, & Treffinger (1994); Korzybski (1933); Parnes (1981).

과제 수립에서 과제 진술문

언어는 매우 강력한 힘을 지닌다. 또한 질문을 구성하는 방법은 이어지는 답의 유형에 영향을 미친다. 다음의 표현이 어떤 차이가 있는지 생각해 보자. '나는 새로운 차가 필요하다.'와 '어떻게 하면 내가 새 차를 가질 수 있을까?' 하나는 실제로 응답을 향해 움직이도록 하는 방법이고, 다른 하나는 움직이지 않고 단지 머릿속에만 머무르게 하는 방법이다. 상황에 따라 정확한 용어를 선택하는 것은 다른 사람과 의사소통할 수 있는 능력을 향상시킨다. 그리고 더욱 의미 있게 질문을 구성하는 것은 사람들로 하여금 창의적인 생각을 하도록 이끄는 매우 강력한 방법이 된다. 그룹 활동을 촉진하거나 상담해 주는 사람들은 '예/아니요'의 대답을 이끄는 폐쇄형 질문이 대화에 초대하거나 사고 및 의사소통을 깊게 하지 못한다는 것을 알고 있다. 반대로 개방형 질문은 더욱 정교한 의사소통을 위해 더 많은 생각을 요구한다. 아동을 인터뷰하거나 아동에게 질문을 할 때 어색한 침묵이 흘렀던 경험이 있는가? 물론 이런 침묵 중 일부는 아동의 성숙도와 관련이 있겠지만, 대부분은 폐쇄형 질문과 관련이 있기 때문이다. "좋은 시간 보냈니?" "재미있었니?" "엄마, 아빠랑 같이 왔니?" 어른들은 어색하거나 부자연스러운 침묵을 깨야 한다는 생각을 하겠지만, 아이들은 그저 자신에게 묻는 질문에 '예' 또는 '아니요'로 대답할 뿐이다.

CPS에서는 언어라는 도구를 사용하여 개방형 질문을 한 다음, 생각을 이끌어 낸다. 과제 수립에서는 아이디어를 이끌어 내는 질문 형태로 자신과 다른 사람들이 창의성을 발휘할 수 있도록 돕는다. 이러한 질문의 예로는 다음과 같은 것들이 있다. "어떤 방식들로 나/우리는 ……하면 좋을까(In what ways might I/we……)?" "어떻게 나/우리는 ……하면 좋을까(How might I/we……)?" "어떻게(How to)" "무엇이 좋을까(What might)?" 행동을 취할 사람과 함께 "어떤 방식들로 ……하면 좋을까?"라는 의문형을 조합해 본다. 그 사람이 해야 할 일을 말해 주는 동작 동사를 추가한 다음에 목적어로 마무리를 하면 무언가의 진술문이 아닌 문제해결을 위한 초대가 된다. 예를 들어, "나는 어떤 방식들로 나의 나쁜 습관을 제거할 수 있을까?"라고 표현할 수 있다.

Parnes(1967)는 다음과 같이 언급하였다.

> 문제 발견을 신속하고 생산적으로 할 수 있는 가장 좋은 방법은 "어떤 방식들로 나 또는 우리는 ……하면 좋을까(In what ways might I or we: IWWMI)?"로 묻는 것이다. 아마도 "어떻게 하면 좋을까(How might I)?"는 많은 양의 아이디어보다는 합리성을 요구한다. 앞으로 열거할 문제에 대한 두 가지 진술문은 미래 지향적이고, '주인의식'을 중시하며, 행동 지향적이고, 무한한 가능성을 암시한다(p. 127).

이 단계에서 과제를 표현할 때, 모든 도구와 함께 과제 진술문(statement starters)을 사용할 것을 추천한다. 과제 진술문을 사용하면 문제를 해결할 수 있는 아이디어를 이끌어 내고, 문제의 파악에 특히 도움이 되는 생각의 틀을 형성할 수 있다. 이 절의 다른 도구들에 대한 설명에서 이러한 질문을 활용하는 것을 예시할 것이다.

생각 그물

생각 그물(web of abstraction)이라는 도구는 그물을 엮는 것(webbing)과 같이 비전이나 목표하는 결과와 관련된 다양한 과제를 충분히 검토해 본다는 데 의의가 있다. 생각 그물은 과제를 말로 표현하는 것이 얼마나 구체적인지 혹은 추상적인지에 따라서 여러 가지의 이론적 단계와 관련된 과제에 대해 360도 검토를 해 볼 수 있도록 도와준다. 그물의 중심에는 비전이나 추구하는 결과가 있으며, 여기서부터 두 가지 기본적인 질문을 통해 과제를 보는 다른 방법들을 추가해 나간다. 두 가지 질문은 "왜?"와 "무엇이 나/우리를 가로막는 방해 요인인가(What's stopping me/us)?"다. "왜?"라는 질문을 하면 보다 광범위하고 추상적인 고차원적 과제가 생성될 수 있다. "무엇이 나/우리를 가로막는 방해 요인인가?"라는 질문을 통해서는 보다 구체적이거나 조작적인 과제가 나올 수 있다. 이 두 가지 질문에 답변을 하고 나면 결과적으로 많은 과제가 지도처럼 펼쳐진다. [그림 8-2]의 예는 대학교 교원이며 정교수로 승진하기를 원하는 사람의 개인적인 목표와 관련된 것이다.

생각 그물을 사용하기 위해서는 다음과 같은 사항을 고려한다.

1. **목표나 비전을 정의한다.** 예를 들어, 목표는 "정교수로 승진한다면 좋지 않을까?"라고 표현해 본다. 이러한 목표나 비전을 종이 또는 플립차트의 중앙에 적는다.

2. **"왜?"라는 질문을 하고, 그 대답을 과제 진술문으로 바꾸어 다시 질문한다.** 과제를 생성하기 위해서 "왜?" "이 비전을 추구하는 데 관심을 갖는 이유는 무엇인가 또는 이것이 왜 나에게 중요한가?"라는 질문을 스스로에게 던진다. 그에 대한 답변을 질문 형식으로 계속 표현해 본다. 이 예에서 첫 대답은 더 잘 알려지고 싶다는 욕망으로부터 이끌어진다. 이전 질문에 대한 답

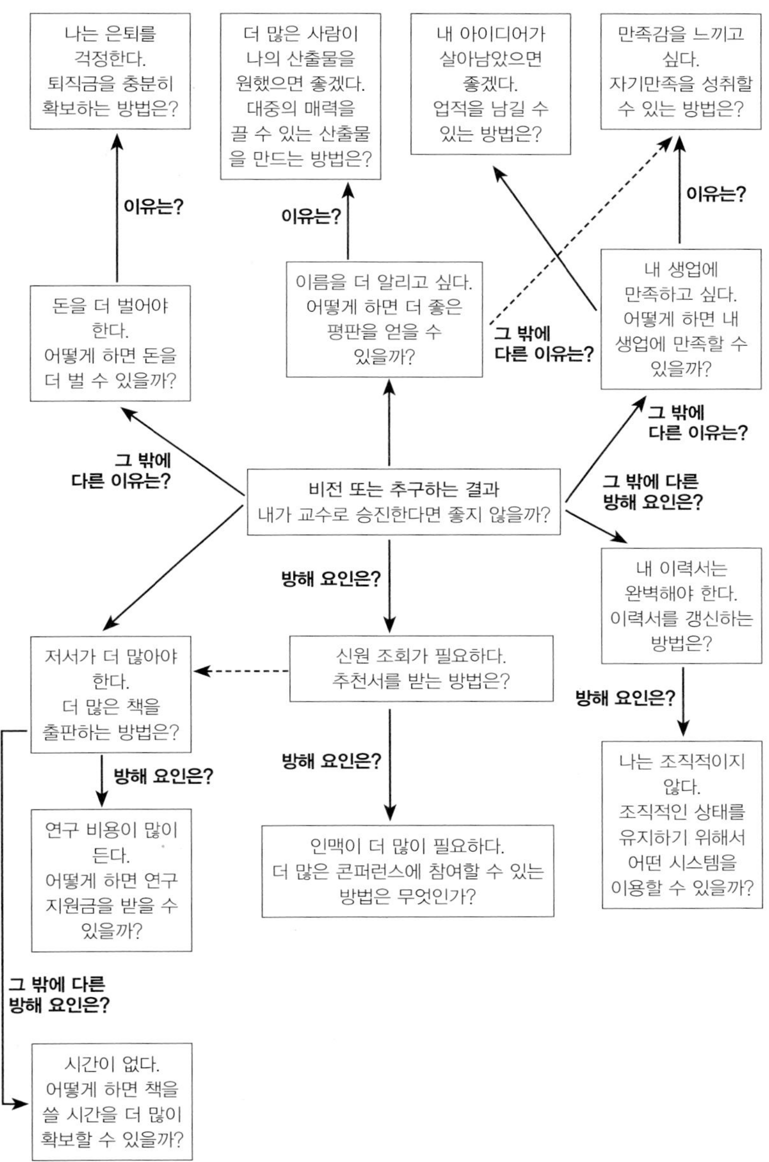

[그림 8-2] 생각 그물의 개인적 예

을 근거로 새로운 진술문을 사용해 본다. "어떻게 더 좋은 평판을 얻을 수 있을까?"

3. **"이것이 나에게 중요한 또 다른 이유는 무엇인가?"라고 질문한다.** 다른 과제들을 탐색하기 위해서 비전으로 돌아가 보자. 다시 그 대답을 질문으로 바꿔 본다. 이번에는 교원이 자기가 돈을 더 많이 벌 수 있기 때문에 승진이 필요하다고 대답한다. 이 대답은 새로운 과제로 전환시킬 수 있다. "어떻게 하면 내가 더 많은 돈을 벌 수 있을까?" 더 이상 새로운 대답이 나오지 않을 때까지 "그 밖에 다른 이유는?"이라는 질문을 계속 추가한다.

4. **방금 정의한 새로운 과제에 대해서 "왜?" 또는 "그 밖에 다른 이유는?"을 질문해 본다.** 이것은 과제를 확장시킬 것이다. 예를 들어, "어떻게 하면 더 좋은 평판을 얻을 수 있을까?"라는 과제로 돌아가서 "왜 나는 좋은 평판을 얻기를 원하는가?"라는 질문을 해 보자. 이에 대한 대답으로 교원은 평판이 좋아지면 사람들이 자신의 업적(즉, 책, 논문, 훈련 프로그램 설계, 소프트웨어 등)에 더 많은 관심을 가지게 될 것이기 때문이라고 한다. 이 대답은 새로운 과제로 이어질 수 있다. "어떻게 하면 나의 산출물이 대중의 매력을 사로잡을 수 있을까?" 다음으로, 이 교원은 새로운 과제의 파악으로 이어지는 질문을 스스로 해 본다. "평판이 좋아지면 나에게 중요한 그 밖에 다른 이유는 무엇인가?" 어떤 경우 "왜?" 또는 "그 밖에 다른 이유는?"에 대한 대답이 이미 그물에

포착되어 있을 수 있다. 이러한 경우에는 단순하게 두 과제를 연결하는 선을 그어서 그 관계를 보여 주면 된다(예에서는 점선으로 표시하였다). "왜?" 그리고 "그 밖에 다른 이유는?"을 계속 질문하면서 다양한 과제를 정의할 수 있도록 사고를 확장해 나간다.

5. **더욱 구체적으로 과제를 탐색하기 위해 "무엇이 나/우리를 가로막는 방해 요인인가(What's stopping me/us)?"라는 질문을 한다.** 처음의 목표나 비전으로 돌아가 보자. 이 교원의 경우에는 그 질문이 "무엇이 정교수가 되는 데 있어 나를 가로막는 방해 요인인가?"가 된다. 그녀의 처음 대답은 자기가 핵심 인물에게 추천서를 받을 수 있다고 믿지 못하는 것이다. 따라서 "추천서를 받는 방법은?"이라는 새로운 과제를 인식한다. 그런 다음 "그 밖에 무엇이 승진하는 데 있어 나를 가로막는 방해 요인인가?"라는 질문을 한다. 이것은 유사한 과제를 파악하기 위해서 그 의미를 더욱 확장해 나갈 수 있게 한다. 비전으로 향하는 길에 방해가 되는 다른 요인이 무엇인가에 대한 답으로 이 교원은 스스로 더 많은 책을 출판해야 할 필요가 있다고 판단할 수 있다. 이것은 "더 많은 책을 출판하는 방법은 무엇일까?"라는 새로운 과제로 다시 정리된다.

6. **"방해 요인은?" 또는 "그 밖에 다른 방해 요인은?"이라는 질문을 계속해 보자.** "방해 요인은?"이라는 질문을 함으로써 구체적인 과제를 생성하기 위한 그물의 하위 부분을 탐색해 보자. 가

능한 숨겨진 의미를 파악한다. 궁극적으로 과제의 진술문은 매우 구체적인 형태를 취한다(예: "사람들에게 연락을 취하기 위해서는 어떤 방법이 좋을까?" 또는 "신청서를 보내기 위해서 어떤 방법으로 봉투에 우표를 붙이는 것이 좋을까?"). "그 밖에 다른 방해 요인은?"이라는 질문을 하여 가지치기를 해 나가고, 더욱 다양한 과제를 생성해 보자.

이 예는 단지 부분적으로 완성된 그물에 불과하다. 일반적으로는 예에서 보여 주는 것보다 더 많은 과제가 도출될 수 있다. 이 예는 미완성이기는 하지만 생각 그물을 사용하는 효과를 설명해 준다. 첫째, 이 도구는 추구하는 결과와 관련된 여러 가지 과제를 시각화하여 신속하고 효과적으로 볼 수 있게 한다. 둘째, "왜?"와 "무엇이 나/우리를 가로막는 방해 요인인가?"라는 질문으로 매우 다른 이론적 수준에서 과제를 파악하도록 도와준다는 것이다. 그물 상단의 과제가 업적을 남기고 자기만족을 얻는 것과 같은 포괄적인 과제라는 것에 주목해 보자. 그와는 반대로 "무엇이 나를 가로막는 방해 요인인가?"라는 질문에 대답한 결과로 과제는 더욱 구체적인 형태를 보인다. 인맥 확대하기, 더 많은 콘퍼런스에 참석하기, 책을 쓸 수 있는 시간 확보하기 등이 그 예라고 할 수 있다.

생각 그물에는 두 가지 중요한 장점이 있다. 첫째, 이유에 대해 질문하고 그물을 만들어 가면서, 때로는 자기가 중요하다고 생각하는 목표가 실제로 다른 목표에 의해 가려지지는 않았는가를 발견할 수 있다. 예를 들어, 이 예에서 교원은 자기에게 정말로 중요한 것이 승진이 아니라 은퇴 이후를 위해 재정적인 안정을 세우는 것이다. 따라서 그녀는 더 이상 승진에 주력하지 않고, 재정적인 안정을 확보할 수 있는 방법을 탐색해 보기로 결정한다. 승진은 그 비전을 성취하기 위한 한 가지 방법일 뿐이다. 둘째, 이 그물은 최초 목표를 확인시켜 주고, 해결해야 할 중요한 과제(들)를 지도로 만들어 한눈에 볼 수 있게 해 준다. 그물을 완성하는 과정은 어둠 속에서 기다리는 문제들을 꺼내 볼 수 있도록 전시하는 것이다. 이제 과제들이 눈에 보이기 때문에 그것을 극복하기 위해서 무엇을 해야 하는지 보다 명확하게 파악할 수 있다.

과제 수립을 위한 수렴적 사고 도구

과제와 관련된 다양한 질문을 만들었다면, 이제는 공감할 수 있는 것(들)을 수렴하고 선택할 시간이다. 모든 CPS 의사결정 상황에서와 마찬가지로 선택을 돕기 위해서 수렴적 사고의 원리(긍정적인 판단의 적용, 참신함의 유지, 목표 확인, 집중 유지)를 사용해 보자. 때로는 "아하!" 하고 깨닫는 순간이 올 것이다. 이 순간은 너무나 강력해서 어떤 과제 진술이 문제의 핵심에 이르게 하는지를 정확하게 알려 준다. 일단 과제를 파악하고 나면 CPS의 과제 수립 단계에서 나올 준비를 갖추어야 한다. 어떤 경우에는 다음 단계로 가기 전에, 다양한 잠재적 과제를 살펴볼 필요가 있다. 문제가 복잡하다면 상황을 한층 더 명확하게 규명하기 위해서 한 번에 하나씩 처리할 필요가 있는 하위 과제들을 간과할 수 없기 때문이다. 히트(Hits)나 하이라이트(Highlighting)와 같은 수렴적 도구(6장 참고)는 CPS과정의 다른 단계에서와 같이 전략적 사고를 위한 수렴에도 도움이 된다.

창의적 문제해결의 다음 단계는 무엇인가

과제 수립의 진행 단계를 완성했다면, 명시의 기능을 마무리하고 전환 또는 실행의 요소로 진행할 수 있다. 과제의 대답이 되는 아이디어 유무에 따라서 전환의 첫 번째 단계인 아이디어 탐색으로 이어 갈 수도 있고 그렇지 않을 수도 있다. 혹은 과제 수립에서 도출된 질문의 대답을 알고 있다면 과제 수립에서 바로 해결책을 위한 전환의 단계로 진입할 수도 있다. 때로는 한 단계 뒤로 돌아가서 상황을 평가한 후에, CPS 순서로 정해진 전환이 아니라 수용안 탐색 또는 계획 수립을 사용하는 실행으로 바로 이동할 수 있다. 어떤 경우든 상황에 따라 선택이 가능하고, 다음 단계로의 이동을 결정하기 위해서는 상황 평가로 되돌아갈 것을 권한다.

학습 내용 적용

리더는 단순히 다른 사람들이 따라오길 바라며 강제적인 비전만을 제시하는 사람이 아니다. 대신 리더는 다른 사람들이 구체적인 행동을 하면서 그 비전을 달성할 수 있도록 도와주어야 한다. 적절한 행동을 결정하기 위해서 리더는 현재와 미래 사이를 가로막는 과제를 스스로 검토할 뿐 아니라 다른 사람들이 검토해 볼 수 있도록 지원해야 한다.

다음은 적용을 위한 몇 가지 활동이다.

1. 자신의 개인적인 과제에 대해 과제 진술문을 사용하는 훈련을 해 보자. 언제나 하고 싶었던 것을 생각한다. 아마 창업을 하거나 에베레스트 산을 등반하거나 혹은 다른 막연한 목표를 성취하길 원할지도 모른다. 일단 자신이 원하는 것에 대해 비전을 가지고 있다면 현재와 비전 사이를 가로막고 있는 것이 무엇인지를 파악한다. 과제 진술문('나는 어떤 방법들로 ……하면 좋을까?')을 사용하여 이러한 격차 또는 과제에 대해 30개 이상의 진술문을 만들어 보자. 과제에 대한 핵심 진술문을 확인하고 다음 단계를 위한 함의를 분석해 보자.

2. 이번에는 집단으로 문제를 다루고, 과제 진술문을 사용하여 과제들을 새롭게 구성하도록 시도한다. "경영자들은 결코 그것을 찬성하지 않을 것이다"와 같은 진행을 중단시키는 진술문을 다음과 같이 전환시켜보자. "어떻게 하면 이것의 효과를 경영자들에게 확신시킬 수 있을까?" 또는 "어떻게 하면 이 아이디어를 지지할 경영자를 찾을 수 있을까?" 다시 한 번 다양한 과제를 생성해 보고, 가장 중요한 것을 선택해 보자.

3. 현재의 목표를 정의해 보자. 이 목표와 관련된 과제 진술문을 만들기 위해 생각 그물의 사용을 시도해 보자. 이러한 과제 수립의 확장을 혼자서 또는 집단에서 사용할 수 있게 노력해 보자.

제9장

아이디어 탐색:
이상적 사고를 위한 도구

“이상적인 최고의 리더는 창의적인 선두주자이자 창의적인 코치라고 할 수 있다. 그는 자신을 둘러싼 주변의 창의성을 개발하고 성장시켜 나간다. 가장 중요한 것은 리더가 아이디어의 위력을 반드시 느낄 수 있어야 한다는 점이다.

−Alex Osborn−”

미리보기

과연 누가 아이디어의 위대한 발상을 즐길 수 있을까? 만약 새로운 아이디어를 가진 누군가의 몸동작을 본다면 그의 열정, 흥미 그리고 에너지를 느낄 수 있을 것이다. 당신은 생각해 보지 못했던 어떤 유용한 아이디어가 떠오를 때 지루함을 느끼지 못할 수도 있다.

이 장에서는 CPS 과정에서 가장 잘 인식된 요소인 아이디어 탐색을 살펴보겠다. 또한 지시에 따른 아이디어를 생성하는 방법과 효과적인 아이디어를 이끌어 낼 수 있는 방법을 알아볼 것이다. 더불어 이 단계에서 필요한 확산적이고 수렴적인 사고의 특성에 관하여 논의해 보겠다. 마지막으로, 새롭고 특이하며 유용한 아이디어를 생성하도록 리더를 도울 수 있는 브레인스토밍(brainstorming)과 강제 결합법(forced connections)에 대해서도 소개할 것이다.

리더십에서의 이상적 사고

리더들이 다양하고 많은 아이디어를 가질 필요가 있다는 것에 대해 반문을 제기할 사람은 아마도 거의 없을 것이다. 사실 리더는 자신들의 아이디어 덕분에 선택되고 선출된다고 해도 과언이 아니다. 리더라는 위치는 조직과 공동체가 어렵고 복잡한 문제들을 해결하기 위한 아이디어를 만들도록 강요받는다. 많은 아이디어를 쉽게 생성할 수 있는 리더는 존경받는 '아이디어 맨 또는 우먼'으로 칭송받을 수 있다.

독특한 아이디어를 많이 생성한 유능한 리더는 역사적으로 흔히 찾아볼 수 있다. 예를 들어, 미국 역사상 초기 식민지 시대의 리더인 Benjamin Franklin은 정치가, 투자가 그리고 문제해결자로 잘 알려져 있었다. 정치가로서 그는 군주주의 방식보다는 민주주의 방식으로 나라가 어떻게 이루어져야 하는지에 대한 아이디어를 가지고 있었다. 그는 우체국장으로 일할 때 우편의 배달 경로를 결정하고 거리를 추적할 수 있는 주행 거리계를 발명하였다. 그는 또한 사람들이 집을 따뜻하게 유지하도록 더욱 편리하고 안전한 방법의 프랭클린 난로를 발명하였고, 처음으로 소방대와 화재보험을 만들었다. 대부분의 사람은 그의 발명품 중 하나인 피뢰침에 대해 더욱 많이 알고 있다. 그의 아이디어는 호기심, 재능 그리고 넓은 범위의 흥미에서 비롯된 것이었다.

많은 아이디어를 가진 최근의 저명한 리더들 중 한 명은 Virgin Enterprises(Virgin Records, Virgin Airlines)의 CEO로서, 개인 소유의 섬

을 가진 Richard Branson이다. 그는 4장에서 언급된 정의적 기법인 유희를 참신한 접근법으로 보여 주는 인물이다. 예를 들어, 그는 사진사가 예복을 입도록 하는 새로운 사업을 추진하였다. BT Capital Partners Europe을 경영하는 Randl Shure는 Branson에 대해 "그는 우리에게 위대한 아이디어를 제공할 뿐만 아니라 스스로 투자하여 이윤을 기꺼이 사람들과 함께 나누는 법을 알고 있었다."라고 말하였다(Flynn, Zellner, Light, & Weber, 1998, p. 2). 그는 독특한 계획에 사람들이 투자할 수 있도록 이끄는 '아이디어맨'의 역할을 하고 있었다. Virgin Atlantic의 CEO인 Steve Ridgway는 "Richard는 아이디어가 떠오르면 우리에게 왔고, 우리는 그에게 '진정해, Richard.'라고 말했지."라고 하였다(Flynn et al., 1998, p. 3). 이처럼 다양한 분야에서 다른 아이디어를 생성해 내는 Franklin과 Branson과 같은 리더는 이상적 사고의 기법을 잘 알고 있었다.

아무리 유능한 리더라도 모든 일을 감당해 낼 수는 없기 때문에 리더는 누군가에게 일을 위임하는 것을 배워야 한다. 이렇듯 모든 아이디어의 원천이 리더에게서 나오는 것이 아니므로 리더는 다른 이들에게서 효과적인 아이디어를 끌어내도록 돕는 방법을 배워야만 한다. 5장에서 우리는 Google이 새로운 아이디어 발전을 위해 직원들의 업무 시간 20%를 할애하여 창의성을 지원하는 회사라고 언급하였다. 사실 Google 창시자들의 철학적 원리는 수백 명이 넘는 직원의 반짝이는 아이디어가 새로운 상품과 서비스로 시장을 돌파할 수 있도록 지원하는 것이다. 그들의 리더십은 모든 직원의 잠재적인 가능성의 가치를 높인 훌륭한 인적자원을 최대한 활용하는 것이다.

〈생각 상자 9-1〉 핵심 어휘

아이디어 탐색을 위한 주요 어휘

- **브레인스토밍(brainstorming)**: 구체적인 문제의 해결점을 찾기 위해 그룹에서 시도하는 협상 기법이다. 확산적 사고의 4가지 원리는 구성원들의 자발적인 참여로 생성된 모든 아이디어를 모을 수 있게 한다.
- **아이디어 탐색(exploring ideas)**: 참신한 아이디어를 위한 CPS 단계로 중요한 과제를 언급하기 위해 구성된다.
- **촉진자(facilitatior)**: 문제해결이나 의사결정을 위해 효율적으로 그룹에 도움을 주는 사람이다. 촉진자는 실질적으로 중립을 지켜야 하므로, 해당 과제에 대한 결정권을 지니지 않는다.
- **아이디어(idea)**: 정신적 활동의 생산물이며, 잠재적이거나 현실적으로 마음에 존재하는 생각이나 개념을 뜻한다.
- **이상적 사고(ideational thinking)**: 중요한 과제의 반응으로 초기의 정신적인 이미지나 생각을 만들어 내는 것이다.
- **유희(playfulness)**: 자유롭게 아이디어를 가지고 노는 행위다.

Google이 새로운 아이디어를 지원하는 방법을 〈생각상자 9-2〉에서 살펴볼 수 있다.

오늘날 문제의 특성은 복잡하고 새롭기 때문에 조직에서는 최상의 창의적 사고가 요구된다. 아이디어는 모든 곳에서 존재할 수 있지만, 문제해결을 위해서는 그 쟁점과 가까이 있는 사람들이 가장 생산적인 의견을 낼 확률이 높다. 다른 사람들의 아이디어를 격려하는 것은 리더의 책임이다. 아이디어를 격려함으로써 리더는 직원들이 스스로 미래를 대비하기 위한 의견을 생각해 내도록 한다. 그것은 물이 아래로 흘러가지 않게 가두지 않고 자연스럽게 흐르도록 유지한다. 보통 직원들은 대부분 자신의 아이디어가 환영받지 못할 것이라고 미리 짐작하여 아이디어를 적극적으로 제안하지 않는다.

〈생각 상자 9-2〉 실화

Google이 새로운 아이디어를 지원하는 방법

사람들은 매일 인터넷으로 정보를 검색한다. 피칸 파이의 조리법이 필요할 때, 냉장고가 고장이 나서 수리하는 방법을 알고 싶을 때, 장미나무를 심어야 할 적당한 시기를 알고 싶을 때, 올 여름 런던의 연극 공연 스케줄이 궁금할 때, 인터넷은 즉시 답을 알려 준다. 하지만 누가 이러한 정보를 찾기 쉽게 모아 주고 구성할 수 있을까? 1998년, 캘리포니아의 팰러앨토에 거주하는 Larry Page와 Sergey Brin이라는 2명의 대학원생이 Google이라는 회사를 설립하였다. 그들은 주차장 안에 있는 사무실에서 그들을 포함한 3명의 직원으로 창업하였다. 2009년 7월에는 전 세계적으로 2만 명의 직원이 일하는 회사로 성장하였다. Google의 미션은 세계적인 정보를 조직화하고 그것을 유용하고 접근성이 쉽도록 관리하는 것이었다.

이 책, 특히 이 장에서 추구하는 목적과 이 회사가 관련성이 높은 이유는 창의적인 아이디어를 생성하고 지원하는 방법 때문이다. 창업자의 철학적 바탕은 자신들이 모든 아이디어를 소유하고 있지 않으며 그들의 직원들이 더 많은 아이디어를 소유하고 있을 것이라는 것이다. 그들은 직원들이 인터넷을 통해 지속적으로 다음의 최상의 것을 찾아볼 수 있도록 아이디어의 탐색을 장려한다. 사실 그들의 핵심적인 원리 중 하나는 '대단하다는 것은 충분하지 않다는 것'이다. 그들은 사람들이 정보를 빠르고 효율적으로 찾을 수 있도록 끊임없이 새로운 방법을 찾고 있다. 또한 직원들은 업무 시간의 20%를 새로운 아이디어 탐색을 위해 사용할 수 있고, 그 결과 다양한 상품과 서비스로 확장해 나갔다.

20% 규칙과 같은 아이디어 생성을 지원하는 정책들뿐만 아니라, Google에서는 실험과 위험 감수를 허용하였는데, 이는 유익한 아이디어를 적절하게 지원할 수 있는 조직 문화를 창출하였다. 어떤 아이디어가 실행되길 원한다면, 그들의 조직은 열정적인 사람들로 구성된 소그룹의 형태를 취한다. Google은 또한 새로운 아이디어가 시장을 이끌 수 있는 방법을 검토할 만한 창의적인 실험적 틀을 만들었다. 팀은 새로운 상품과 서비스를 마케팅할 수 있는 혁신적인 방법을 탐색하기 위해 함께 움직인다.

Google은 비즈니스를 위한 정장보다는 캐주얼한 복장으로 편안하고 즐거운 분위기를 장려한다. "당신은 정장을 입지 않아야 진지해질 수 있다." 그리고 그들을 이끄는 원리는 "일은 도전적이어야 하고, 도전은 재미있어야 한다."다. 따라서 로비와 복도에 설치된 피아노, 용암같이 생긴 램프, 공, 자전거 등의 오락적인 시설과 간식용 공간을 즐길 수 있는 물리적인 환경은 창의성과 재미를 더욱 자극한다.

이렇게 재미를 강조하면서도 회사는 빠르게 변하는 아이디어와 정보를 수집하기 위해 매우 중요한 비즈니스 시스템도 창출한다. 사무실이나 복도에 전시해 놓은 게시판은 아이디어를 수집하고 기록하는 데 사용된다. 더욱 놀라운 점은 Google이 회사의 혁신적인 아이디어 조사를 위해서 어떠한 제한도 두지 않는다는 것이다. "우리는 전 세계 사람들의 상상력을 포착하고 성공을 위한 최상의 아이디어를 이끌 수 있는 방법을 제공하길 원한다." 아이디어를 위한 국제전화는 170개국 이상의 수천 명의 사람으로부터 15만 개 이상의 아이디어를 이끌어 내었다.

분명히, Google은 아이디어 탐색으로 인해 확실하게 성공적인 회사로 거듭날 수 있음을 증명한 회사다.

출처: Chang (2009), Girard (2009), www.google.com

Nelson(2003)은 "단지 조사된 직원들 중 41%만이 그들의 아이디어를 회사가 받아들인다고 믿고 있다."라고 하였다(p. 1).

Google의 사례에서 제시된 것처럼, 리더는 아이디어를 생성하고 관리하는 방법의 가치 및 보상의 중요성을 인식하고 있어야 한다. 다른 사람들의 아이디어가 필요한 리더는 반드시 아이디어를 생성하는 개인들을 더욱 격려하고 지원하는 분위기를 조성해야 한다. 그들의 참신하면서 기발한 아이디어를 포용하면서 다른 구성원들도 격려한다. 하지만 동시에 여기에는 위험적인 요소도 존재한다. 14장에서 우리는 이에 대해 더욱 자세히 다룰 것이며, 창의성을 위한 분위기를 발전시키는 것의 중요성을 살펴볼 것이다.

이상적 사고에 능한 리더는 아이디어와 해결점 사이에서의 차이를 반드시 인식해야 한다. 리더는 새로운 아이디어가 철저한 형식과 사용되기 위한 준비를 갖추고 나오는 것이 아님을 이해할 필요가 있다. 아이디어는 아직 실질적인 모습을 갖추고 있지 않으므로 관리와 지원을 받아야 한다. 실질적으로 발전을 위한 시간적 여유가 주어진다면 '반 정도 완성된' 아이디어가 효력을 발휘할 수도 있다. 반대로 겉으로 보기에 훌륭한 아이디어는 시간이 지날수록 효과가 없어질 수도 있다. 너무 성급히 생각하여 한 가지 아이디어에만 몰입한다거나, 처음의 아이디어가 이상하고 낯설게 보인다 하여 너무 빨리 포기하는 것은 지양해야 한다. 이상적 사고에 능한 리더는 다른 이들이 아이디어를 즐기고, 가능성을 탐색하고, 대안을 고려하고, 그것은 단지 아이디어일 뿐임을 인식할 수 있도록 격려한다.

아이디어 탐색의 CPS 단계는 특별한 아이디어들이 많이 생성되고 분류되도록 도움을 준다. 리더가 아이디어 탐색을 능숙하게 해야 하는 구체적 이유에 대한 설명은 〈표 9-1〉과 같다.

〈표 9-1〉 리더가 아이디어 탐색을 능숙하게 해야 하는 주요한 이유

- 문제해결의 돌파를 위해
- 해결책을 위한 다양하고, 특별한 아이디어를 가지기 위해
- 새로운 관점을 취하기 위해
- 평범하고 피상적인 아이디어를 뛰어넘기 위해
- 근본적인 문제에 대해 몰입하기 위해
- 아이디어가 환영받을 수 있도록 환경을 조성하기 위해
- 예상하지 못했던 곳으로 나아가기 위해
- 생동감 있는 활기로 더욱 역동적인 에너지를 느끼기 위해
- 경쟁적인 도전 의식을 위해

출처: Puccio, Murdock, & Mance (2005).

정의적 기법인 유희가 이상적 사고를 지원하는 방법

이상적 사고를 지원하는 정의적 기법은 유희(playfulness)다. 참신함과 변화를 추구하는 아이들과 같이 재미로 가득 찬 마음은 분석적이고 비판적인 판단을 지연하도록 완충제 역할을 한다. 유희는 이상적인 사고를 위해 매우 중요한 확산적 원리를 제공한다. 참신함을 추구하고 판단을 유보하는 행위는 재미가 있을 때 더욱 쉽게 발생한다. 개인은 기쁜 마음으로 무언가에 몰두할 때 긍정적으로 자아를 의식하여 새로운 태도, 생각, 전략 그리고 통찰을 즉흥적으로 발휘할 수 있다. 유희는 정교한 상상력과 유연한 심리적 상태를 유지시킨다. 창의성에 관심을 두는 조직은 위기 상황에서의 대응, 실수를 통한 배움, 위험 감수, 참신함의 평가를 통한 잠재적 유희를 가치 있게 다루는 것으로 알려져 왔다(Brown, 2009).

리더가 다른 사람들에게 재미있는 행동의 모델이 될 때 긍정적인 결과가 더욱 많이 도출되었다. 재미있는 리더는 편안한 분위기를 연출할 수 있고, 여러 가지 일로 인한 스트레스를 줄일 수 있다. 결국 유희를 추구하는 리더는 다른 사람들이 즐거운 분위기 속에서 새로운 아이디어를 가능한 한 많이 창출하도록 적극 지원하는 사람이다. 리더가 즐거움을 상징하는 모델이 될 때, 다른 사람들은 그의 정신을 몸에 익히게 된다.

아이디어 탐색의 특성과 목적

아이디어 탐색은 전환을 위한 자연스러운 과정의 첫 번째 단계로, 우선 문제해결을 위해 자료를 검색한다. 창의적 문제해결이라는 과정을 통해서 문제의 특성이 분리될 수 있다([그림 9-1] 참고). 아이디어 탐색에 들어갈 때는 우선적으로 문제해결을 위한 방법의 과제를 진술하는 데 중심을 두어 아이디어를 추구해야 한다. Osborn(1957, 1963)은 CPS 과정에서 진행 단계를 설명했을 때 '일시적인 아이디어'라는 용어를 사용하였다. 이 단계의 특성이 탐색적이고 개방적이기 때문이다. 그래서 이 단계에서 나올 때조차 여전히 해결책을 찾지 못할 가능성도 있다. 하지만 더욱 정

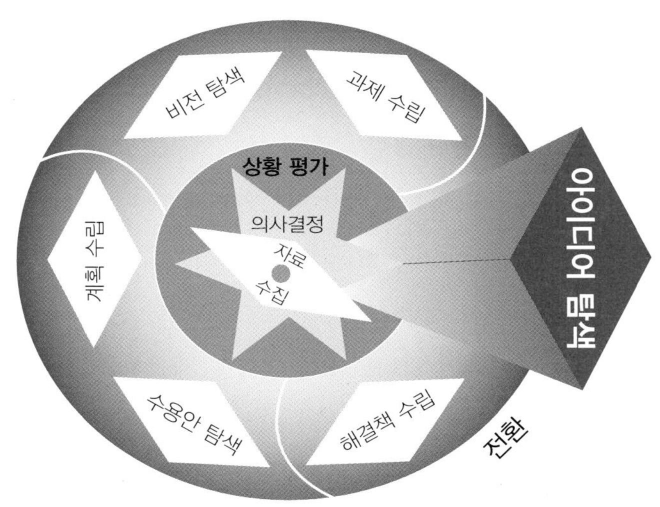

[그림 9-1] 창의적 문제해결 사고 기법 모델에서의 아이디어 탐색

출처: Puccio, Murdock, & Mance (2005).

밀한 조사를 통해 전환될 수 있는 아이디어를 가지게 될 것이다. 해결책은 평가와 발전을 위한 아이디어에서 도출된다.

아이디어 탐색은 또한 과제 수립의 단계에 의해 영향을 받는다. 과제를 정확하게 진술할수록 문제해결을 위한 아이디어를 받아들일 확률은 더욱 높아진다. 이러한 두 가지 진행 단계 사이의 밀접한 관계는 아이디어가 목표에 도달하지 못하면 다시 문제를 신중하게 재검토하도록 유도한다.

아이디어 탐색은 확산적인 사고를 의도적으로 더욱 요구한다. 즉, 확산적이고 수렴적인 CPS 단계를 유지하면서 평가에 치중하지 않고 더욱 많은 양의 아이디어를 생성할 수 있다.

더 확산적인 감정에 더하여, 아이디어 탐색에서는 많은 양의 에너지를 생성한다. 집단으로 작업을 할 때 우리는 재미와 웃음 그리고 기쁨의 감각을 자주 경험한다. 확산적인 사고에 몰두할 때는 참신함이 넘쳐난다. 마치 팝콘이 터지는 것처럼 아이디어는 빠르고 활발히 날아오른다. 아이디어의 생성 회기에서는 생동감 있고, 에너지 넘치며, 엉뚱한 방향으로 조직 전체가 이끌릴 수도 있다. 이때는 웃음이 방 안 가득하며 아이디어가 빠르게 생성되어 모두를 기록하기가 어려울 수 있다. 확산적 개념은 신중한 탐색 과정을 통해 선입견을 버리고, 참신한 해결책이 나타나도록 여유를 제공하는 것이다. 모든 회기에서 토론을 통해 의견 일치가 이루어질 수는 없지만, 재미와 유머가 늘 존재할 수 있다. 판단 유보, 많은 양의 아이디어, 연결 짓기, 참신함의 추구라는 확산적 사고의 지침은 아이디어의 발산을 위한 적절한 환경 조성에 도움이 된다.

아이디어 탐색을 위한 확산적 단계에서 발휘된 에너지는 가장 유력한 아이디어를 수렴하도록 이끌 수 있다. 과정상 수렴적인 단계가 존재하지만, 확산적인 에너지와는 느낌이 다르다. 리더는 처음 아이디어를 선택하고 분류할 때와 같이 신중하고 진지하고 사려 깊어야 한다. 반드시 수렴적 사고를 위한 충분한 시간을 확보해 두어야 함을 잊지 말자. 재미와 게임 부분은 매력적일 수 있다. 너무 오랫동안 확산적 사고로 시간을 낭비하지 않도록 주의하면서 구성원들 스스로 그 자체를 즐기도록 허락한다. 시간은 지났지만 많은 아이디어를 만들었던 모든 모임을 떠올려 보자. 그러한 아이디어로 어떤 일이 벌어졌는가? 리더의 역할은 아이디어 탐색에서 아이디어가 만들어지고 신중하게 고려되도록 확산과 수렴의 균형을 맞추는 것이다.

아이디어 탐색을 위한 확산적 사고 도구

아이디어 탐색에서 확산적 사고의 목적은 가능한 한 많은 아이디어를 생성하는 것이다. 특별히 이상적 사고에 도움이 되는 브레인스토밍과 강제 결합법이라는 두 가지 도구를 소개한다. 〈표 9-2〉에는 이 두 가지 도구들의 개요가 제시되어 있다. 리더는 CPS 과정에서 사용되는 다른 아이디어 생성 도구에 더 익숙할지도 모른다. 이상적 사고를 위한 도구들을 다룬 추가 자료는 Goldenberg와 Mazursky(2002), King과 Schlicksupp(1998), Michalko(1991), VanGundy(1992)의 연구를 참고하면 된다.

아이디어 탐색의 시작으로 가장 보편화된 방법 중 하나가 바로

〈표 9-2〉 아이디어 탐색을 위한 확산적 도구의 개요

도구 이름	도구의 역할	사용자의 역할
브레인스토밍 출처: Osborn (1953, 1957, 1963)	확산적 사고의 원리를 적용해 직원들을 격려한다. 생산적이고 다양한 선택이 생성되도록 그룹 구성원들이 함께 작업을 한다.	한 집단이 5~8명으로 구성되도록 한다. 과제를 확인하고, 그것을 질문 형태로 진술한다. 가능한 한 많은 해결책을 내기 위해 확산적 사고의 지침(판단 유보, 많은 양의 아이디어, 연결 짓기, 참신함의 추구)을 실행해 보자.
강제 결합법 출처: Gordon (1961); Koestler (1964); Isaksen et al. (1994).	의도적으로 해결책과 관계가 없는 것들을 사용함으로써 문제해결책을 생성하도록 한다. 문제를 해결하는 사람이 과제를 유연하게 사고하도록 격려한다.	문제와 관계가 없는 다양한 대상을 찾는다. 방 안에서 발견될 수 있는 평범한 대상을 포함하여 외부에 있는 자연, 장난감 등을 찾아서 작업해 보자. 자신이나 집단에게 "과제를 해결하기 위해 당신은 어떤 대상에서 아이디어를 취하였는가?"라고 질문해 보자. 크기, 모양, 컬러, 촉감, 대상의 사용, 떠오른 기억 등을 고려하여 아이디어를 자극해 보자.

출처: Osborn (1953, 1957, 1963); Gordon (1961); Koestler (1964); Isaksen et al. (1994).

브레인스토밍이다. 집단에서 작업이 이루어질 때, 브레인스토밍은 사람들의 마음에서 아이디어를 포착하는 한 가지 방법이다. 브레인스토밍은 탐색적 사고를 위해 유일하게 필요한 도구로 사용될 때가 많다. 만약 확산적인 사고의 지침을 효과적으로 적용한다면 브레인스토밍만을 통해서 다양하고 독특한 아이디어를 많이 만들어 낼 수 있을 것이다. 하지만 사람들은 브레인스토밍을 대부분 건조하게 운

영하고 아이디어의 흐름을 막기도 한다. 이 경우 추가적인 확산적 도구의 소개로 풍부한 아이디어를 유용하게 사용할 수 있도록 한다.

브레인스토밍

브레인스토밍은 확산적 도구 중에서 가장 널리 알려진 도구다. 늘 정확하게 사용되는 것은 아니더라도 아이디어를 생성하기 위해 가장 대중적으로 사용하는 유일한 도구다. 우리의 훈련 경험에 의하면, 브레인스토밍이라는 단어는 확실히 널리 퍼져 있는 것이 사실이지만 흔히 잘 이해되지 않고 사용되는 경우가 많다. 대부분의 사람은 그 용어를 인식하고, 브레인스토밍 미팅에 참여해 왔다. 하지만 사람들에게 브레인스토밍이 진행되는 동안 그들이 따른 규칙을 물어보면 일반적으로 '평가 금물'이라는 한 가지만 언급하였다. 어떤 사람들은 브레인스토밍이 창의성 자체라고 언급한다. 그 이유는 브레인스토밍이 모든 CPS 과정에서 사용될 수 있기 때문이다. 브레인스토밍에 대한 정의는 이 도구를 발전시킨 Alex Osborn(1963)의 개념 정리로 보다 명확해질 수 있다. 즉, "집단이 자발적인 구성원들의 아이디어를 모아 구체적인 문제해결 방안을 찾기 위한 협상 기술을 훈련하는 것"이다(Osborn, 1963, p. 151). 더욱 명확하게 하기 위해 우리는 이 정의에 '확산적 사고를 위한 네 가지 지침을 적극적으로 활용하는 동안'을 추가하였다. 브레인스토밍이 이루어질 때는 다음 단계를 따르길 추천한다.

1. **한 집단을 5~8명으로 구성한다.** 5~8명의 인원이 브레인스토밍에 참여한다. 더 적은 인원은 많은 아이디어를 생성하는 데 효율적이지 않고, 집단의 역동과 수렴을 관리하기 힘들 수 있다. 아이디어 생성을 위해 누구를 포함시켜야 하는지 신중히 생각한다. 완벽한 문제해결을 위해서 힘이 있는 사람만 포함시키고 싶지는 않은가? 혹은 가장 중요한 결정을 내릴 때는 참여하지 않고 단순히 아이디어만을 제공하는 사람을 원하지는 않는가? 그 상황에 익숙한 사람들만을 참여시키고 싶은가? 유창한 생각을 제공하는 사람들을 원하는가? 그 문제에 관해 다른 관점을 가진 사람을 원하는가? 다양한 참가자가 참여하길 원하는가? 이러한 개인들을 초대하여 브레인스토밍의 목적을 서로 공유한다.

2. **과제를 확인하고 설명한다.** 브레인스토밍 초기에는 언급된 구체적인 과제를 설명해야 한다. 의문문의 형식으로 과제 진술문의 틀을 확실히 한다. 예를 들어, "우리는 어떤 방식들로 …… 하면 좋을까(In what ways might we)?" "우리는 어떻게 ……하면 좋을까(How might we)?" "어떻게(How to)?" "무엇이 좋을까(What might)?" 모두가 볼 수 있도록 플립차트를 이용해 과제 진술문을 적는다. 제시된 환경에서 참석자들이 이해할 수 있도록 주요 배경 정보를 제공한다. 이 정보는 게시판, 육하원칙(누가, 무엇을, 어디서, 언제, 왜 그리고 어떻게), 또는 시각화된 자료를 통해 발표할 수 있다. 아이디어 생성으로 들어가기 전에 상황에 대한 질

문을 할 수 있도록 참가자들에게 시간적 여유를 제공한다.

3. **확산적 사고를 사용하여 아이디어를 생성한다.** 확산적 사고의 지침을 다시 복습하고, 과제를 해결하기 위한 아이디어를 만들기 위해 집단 구성원들을 초대한다. 아이디어를 위해 플립차트를 사용하고, 모든 반응을 기록한다. 필요하다면 녹음기도 준비한다. 과제와 관련해 성공적으로 다루어질 수 있는 아이디어가 충분히 많다고 리더가 느낄 때까지 계속 진행한다. 전통적인 브레인스토밍은 기록자가 각 아이디어를 플립차트에 적는 방식이다. 대안적 방법은 개인에게 접착식 메모지를 제공하고 아이디어를 기록하도록 요청하는 것이다. 이 변형된 브레인스토밍을 사용할 때는 구성원들이 아이디어를 크게 말할 수 있도록 격려한다. 한 장의 포스트잇에 하나의 아이디어를 기록하도록 한 후, 참가자 모두가 볼 수 있도록 모든 내용을 플립차트에 붙여 전시한다.

촉진자를 사용하는 것은 브레인스토밍의 생산성을 매우 강화시킨다. Schwarz(1994)에 의하면, **촉진자**란 집단이 문제를 해결하거나 결정을 내릴 때 현실적으로 중립의 입장을 취하면서 효과적인 도움을 제공하되 결정권은 가지지 않는 사람이다. 촉진자는 회의 과정을 관리하는 책임이 있다. 그러나 회의 내용에는 관여하지 않는다. 대신 그의 목표는 회의를 자연스럽게 진행하는 것이다. 유능한 촉진자는 집단이 과제를 계속적으로 인식하고 적절하게 집단의 규칙을 따르며 확산적 사고의 지침에 따라 역동적으로 움직이도록 만든다. 그리고 획기적인 아이디어의 가능성을 증가시킨다.

브레인스토밍은 과제 탐색에서 과제 진술문을 생성하는 것과 같이 CPS 과정의 언제 어느 단계에서나 사용할 수 있다. 그러므로 브레인스토밍은 CPS의 확산적 개념에서 참신함을 얻을 수 있는 강력한 도구다. 브레인스토밍이 창의성 도구로 많이 사용되고 있지만, 가끔은 잘못 해석되어 좋지 않은 영향을 미칠 수도 있다. 브레인스토밍에 대한 연구는 〈생각 상자 9-3〉을 통해 알 수 있다.

〈생각 상자 9-3〉 문헌 조사

브레인스토밍 문헌 조사에 따른 몇 가지 의견

Osborn(1953, 1957, 1963)의 『적용 가능한 상상력(*Applied Imagination*)』이 세상에 브레인스토밍을 소개한 이후, 이는 그룹에서 자주 사용하는 아이디어 생성 도구로 큰 주목을 받아 왔다. 또한 브레인스토밍에 관한 200개 이상의 연구물이 출판되었다. 이러한 연구들은 면대면 브레인스토밍에 참여하는 방식과 확산적인 원리를 지키되 그룹 내 개인 혼자서 의견을 내는 명목 그룹의 방식이라는 두 가지에 확실한 초점을 맞추고 있다(예: Diehl & Stroebe, 1987, 1991). 명목 그룹은 브레인스토밍의 한계점을 극복하기 위하여 좀 더 신중한 점을 강조한다. 몇몇 연구자는 "장기간에 걸친 브레인스토밍 기법의 대중적 인기는 실질적으로 잘못된 방법으로 흘러가고 있다."라고 언급하였다(Mullen, Johnson, & Salas, 1991, p. 18). 브레인스토밍에서 돋보이는 사람이 단지 한 명이거나 충분한 아이디어를 생성하는 연구의 범위가 제한적이라는 단점이 지적되고 있다.

브레인스토밍 그룹과 명목 그룹을 비교하여 이러한 연구의 단점을 간단하게 살펴보겠다. 이들 연구의 주요 단점은 연구 조사에서 브레인스토밍의 사용은 기존의 그룹이나 다른 적용된 환경에서의 브레인스토밍 사용을 반영하지 못했다는 것이다. Offner, Kramer와 Winter(1996)는 브레인스토밍에 대해 "현실과 분리되고, 연구와 현실의 불일치로 나타난다."라고 말하였다(p. 296). 그들은 이 연구의 구체적 한계점에 대해 훈련이 거의 없고, 촉진자 없이 그룹을 진행시키고, 플립차트나 시각적인 자료가 부족하다는 것을 확인했다.

더욱 직접적으로 브레인스토밍 집단과 명목 그룹을 비교하기 위해 Kramer, Fleming과 Mannis(2001)는 훈련된 촉진자를 명목 그룹에 배치하였다. 그리고 다양한 기록 장치(플립차트, 컴퓨터 장치)를 브레인스토밍 그룹에 두어 진행했다. 이 연구의 결과는 생산된 아이디어의 평균 수를 바탕으로 기록되었다.

- 촉진자와 함께 컴퓨터 장치를 이용한 브레인스토밍 그룹(M = 79.4)
- 명목 그룹(M = 69.8)
- 촉진자와 함께 플립차트를 사용한 브레인스토밍 그룹(M = 69.3)
- 촉진자 없이 플립차트를 사용한 브레인스토밍 그룹(M = 49.5)
- 촉진자 없이 컴퓨터 장치를 이용한 브레인스토밍 그룹(M = 49.1)

유능한 촉진자가 명목 그룹만큼 많은 아이디어가 나올 수 있도록 브레인스토밍 그룹을 이끄는 것이 다른 연구를 통해서도 효과적이라는 결과가 반복적으로 나왔다(Offner et al., 1996; Oxley, Dzindolet, & Paulus, 1996 참고). 그리고 두 가지 기록 방법을 사용한 그룹은 통계적으로 유의미한 차이가 나지 않는 것으로 나타났다.

이 연구는 대학 내에서의 이슈를 다루는 대학원생들을 대상으로 실시되었고,

생산적인 아이디어로 나타낸 산출물을 통해 관찰된 것이다. 연구에서는 유능한 촉진자의 가치를 보여 주고 있지만 조직 내 브레인스토밍의 장점을 무시하지는 않았다. 명목 그룹이 브레인스토밍 집단보다 더욱 효과적이라는 주장에 대한 반응으로 Sutton과 Hargadon(1996)은 다음과 같이 제안하였다. "우리는 학습자들로부터 한 가지의 효과적인 산출물에만 바탕을 둔 이러한 결과를 의심한다. 왜냐하면 어떻게 그리고 왜 조직이 브레인스토밍을 사용하는지에 대한 연구는 이루어지지 않았기 때문이다."(p. 685) 그들은 IDEO 디자인 팀을 대상으로 심층 연구를 진행하였다. 그 결과, 브레인스토밍을 사용하는 집단은 조직원들의 기억을 지원하여 해결책을 디자인하였고, 디자이너들을 위해 다양한 기술을 제공하였다. 그리고 폭넓은 지식을 지원함과 동시에 선의의 경쟁을 창출하여 고객에게 감동을 주었다. 그리하여 팀을 위한 수입이 생겨날 가능성이 매우 높아졌다.

결론적으로, 몇몇 사람은 브레인스토밍을 부분적으로 비판할지라도 최근의 연구에서는 그것의 가치를 증명하고 있는데, 그것은 아이디어의 생산을 뛰어넘어 그 효과가 강조되도록 적절하게 집단에 적용될 때 가능하다.

강제 결합법

5장에서 관련 없는 개념들을 결합하여 새로운 아이디어로 만들 수 있는 강제결합법을 소개하였다. 그것은 문제의 해결책을 위한 어떤 상황에서 다른 상황의 아이디어를 활용할 수 있는 능력에 대한 방법이었다. 우리는 이를 확산적 사고의 연결 짓기 원리로 부른다. Koestler (1964)는 이를 '연상하기(bisociation)'라고 언급하였다. 이것은 2개의 다른 참조 틀을 결합시킨 것이다. Gordon(1961)은 창의적인 통찰력을 '익숙한 것을 낯설게 하고 낯선 것을 익숙하게 만들기'라고 유추하였다. 강제 결합법이라는 도구는 우리의 마음을 연결짓기에 몰입하도록 만든다. 강제 결합법 도구를 사용하면 의도적으로 임의의 대상과 과제를 연결하여 새로운 아이디어가 생성되도록 자극할 수 있다. 강제 결합법을 사용하기 위해서는 다음과 같은 과정을 고려해야 한다.

1. **과제를 인식한다.** 의문문 형식의 명확한 과제 진술문으로 시작한다. "어떻게 하면 좋을까(How might)?" "어떤 방식들로 …… 하면 좋을까(In what ways might)?"와 같은 질문을 사용해 보자. 예를 들어, "내가 어떻게 새로운 직업을 찾으면 좋을까?"

2. **과제와 관계없는 대상을 선택한다.** 주위에 있는 것을 포함하여 어떤 대상이라도 사용할 수 있다. 램프, 의자, 소파 또는 식물은 새로운 아이디어를 자극할 수 있는 좋은 예다.

3. **대상의 특성을 파악한다.** 대상의 크기, 모양, 색깔, 쓰임새, 감촉, 냄새 등을 파악할 수 있는가? 예를 들어, 식물은 초록색이고, 많은 잎과 가지를 가지며, 물과 비료가 필요하고, 다양한 색깔의 잎을 가진다.

4. **대상과 과제를 강제로 결합한다.** 스스로에게 "나는 이 대상으로부터 어떤 아이디어(과제를 삽입)를 취할 수 있는가?" 예를 들어, "나는 이 식물로부터 새로운 직업을 구하는 데 필요한 어떤 아이디어를 취할 수 있는가?" 어떤 아이디어는 다음의 내용을 포함한다. 교배용 꽃으로 보내지고, 새로운 종으로 경작되고, 더욱 다양한 색깔의 이력을 만들고, 다른 직업의 종류로 가지치기를 할 수 있다. 이 도구를 적용할 때는 확산적 사고의 원리를 지켜야 한다는 것을 기억한다.

5. **반복적으로 대상을 추가한다.** 의자로부터 새로운 직업을 얻는 데 필요한 어떤 아이디어를 취할 수 있는가? 램프는? 소파는? 새로운 연결과 아이디어를 생성하기 위해 계속해서 새로운 대상을 선택해 나간다.

6. **다른 감각과 틀을 사용한다.** 보이는 것을 뛰어넘는 연결 짓기를 위해 다른 감각을 사용하여 탐색한다. 예를 들어, 악기를 연주하거나 혹은 무언가 촉각을 통해 느낄 수 있도록 신체적인 연결 짓기의 형태인 무용이나 몸짓을 사용할 수 있다.

아이디어 탐색을 위한 수렴적 사고 도구

일단 수렴을 위한 준비가 되었다면 무수히 많은 아이디어를 가지고 있을 것이다. 아이디어 탐색에서 수렴적 사고란 이러한 아이디어들을 분류하고 가장 유력한 아이디어를 선택하는 것으로 시작할 수 있다. 하지만 참신함을 유지해야 함을 기억해야 한다. 6장에서 아이디어를 분류하고 선택하도록 도와주는 두 가지 도구인 '히트'와 '하이라이트'를 설명하였다. 이러한 도구는 '작물의 가장 좋은 부분'을 선별하듯이 생성된 아이디어를 구별해 줄 것이다. 또한 이 과정에서 수렴적 사고의 지침은 리더를 지원해 줄 것이다.

창의적 문제해결의 다음 단계는 무엇인가

CPS 과정 중 이 단계에서 기억해야 할 점은 가장 유력한 아이디어를 선택할 필요가 없다는 점이다. 만약 리더가 아이디어 탐색을 관계와 언약이라는 견지에서 생각하고 있다면, 그 아이디어에 너무 집착하거나 그것을 유지하려고 노력하지 않아도 된다. 이 시점에서 리더는 많은 아이디어를 접해 왔고 이제 그중 무엇을 선택하길 원하는지 신중하게 생각해야 한다. 다시 말하지만, 리더는 이 시점에서 어떤 것을 확실하게 정해야 한다는 걱정보다는 나중에라도 마음을 바꿀 수도 있다고 심리적 여유를 가지는 것이 중요하다. 아이디어를 취하길 원한다면, 다음 단계인 해결책 수립의 단계에서 아이디어를 더욱 면밀히 검토해 본다. 반면에 아이디어가 첫눈에 매력적인 것처럼 보이고, 그래서 어떤 아이디어가 잘 진전되고 실행 가능성이 높은지를 알 수 있다. CPS 과정은 유연하고 완전하게 다른 단계로도 이동이 가능하다. 리더는 갖고 있는 것을 취하고 다음에 무엇을 할 것인지 결정하기 위해 항상 상황 평가로 돌아갈 수 있다.

학습 내용 적용

이상적 사고를 하는 리더는 다른 사람의 생각을 이끌고, 아이디어와 해결책의 차이점을 인식할 수 있다. 가능한 한 리더 스스로 아이디어를 생성하도록 한다. 아이디어란 창의성의 통로이고, 모든 조직에서 자유롭게 받아들여져야 한다. 이러한 자연스러운 공급원은 모든 구성원의 존재를 의미하고, 활력을 유지시켜 준다. 조직이 변화되는 동안 혁신적인 도약과 진취적인 경쟁이 유지될 수 있다. 아이디어는 어디에나 존재한다. 그들은 마치 다이아몬드의 원석과 같아서 가공과 연마가 필요함을 기억하라.

다음은 시도해 볼 만한 몇몇 활동이다.

1. 개인적 과제에 대한 반응으로 고려해 온 많은 아이디어에 주목한다. 그리고 아이디어를 기록한다. 지금은 선택을 확대해 나가기 위한 확산적 사고의 지침을 사용한다.

2. 혼자 일하거나 아이디어가 생각나지 않을 때 강제 결합법을 시도해 보자. 강제로 연결되어 사용할 수 있는 대상을 주위에서 찾아 새로운 아이디어를 생성해 보자. 확산적 사고의 지침을 사용해야 함을 기억하라.

3. 집단에서 브레인스토밍을 적극 활용한다. 확산적 사고의 지침에 따라 집단 분위기를 조성한다. 반복해서 볼 수 있도록 벽에 붙이고 지침의 내용을 강조한다. 40~50개 정도의 아이디어를 생성한다. 집단이 아이디어를 생성할 때는 신중하게 지침을 사용한다. 생성된 아이디어끼리 연결해 보고, 속도를 다르게 유지하면서 판단과 질문 그리고 토론을 보류한다. 초보자의 아이디어를 격려한다.

4. 새로운 사고가 필요한 과제를 인식해 보자. 가능한 한 많은 아이디어를 만들기 위해 아이디어 생성 도구나 확산적 사고의 지침을 사용한다. 아이디어를 목록으로 정리한 다음에는 수렴적 사고로 전환해 보자. 과제에 가장 적합한 아이디어를 분류하고, 어떤 아이디어가 좋을지 선택해 보자.

• 아이디어가 즉시 한계를 뛰어넘는다.	• 나머지 것보다 탁월하다.
• 활력을 일으킨다.	• 미소 짓게 만든다.
• 웃게 만든다.	• 상상력을 자극한다.
• 독특하다.	• 호기심을 발휘한다.
• 주제에 정확하게 맞는다.	• 목표에 맞는다.
• 확실하게 이길 수 있다.	• 당신만의 아이디어를 추가하라:

과제에 접근하기 위한 참신한 방법을 즐기도록 스스로 몰입한다. 선택되지 않은 아이디어를 다시 살펴보고, 신중하게 검토해 보자.

- 만약 그것들을 다루는 방법을 설명할 수 있다면 아주 멋질 것이다.
- 실행하기 어렵겠지만, 진짜 차이점을 다룰 수 있을 것이다.
- 다른 사람들에게 제안하기 어렵겠지만, 리더가 애착을 가질 수 있다.
- 어리석은 것 같아 보이지만 여전히 매력적이다.

앞서 제시된 두 집단의 아이디어에서 차이점을 인식하였는가? 첫 번째는 매우 실행하기 쉽고, 현재 상황 안에 존재하는 것이다. 첫 번째 집단에 참신함이 있을지 모르지만, 두 번째 집단이 참신함을 더 갖고 있을 수 있다. 우리는 두 번째 집단이 더욱 방어적이라고 제안한다. 왜냐하면 그것이 첫 번째 평가에서 살아남지 못할 수도 있기 때문이다. 두 번째 집단의 아이디어가 실행되려면 무엇을 해야 할지 생각해 보자. 성장이나 새로운 경험을 위한 가장 좋은 기회로는 어떤 아이디어가 좋은가? 가장 흥미롭고 신나는 아이디어는 무엇인가? 더욱 참신한 아이디어를 의도적으로 선택하기 위해 스스로 노력하는 것에는 어떠한 이익이 있다고 믿는가?

제10장

해결책 수립:
평가적 사고를 위한 도구

> 아이디어를 발전시킨다는 것은 아이디어를 객관적으로 평가하고, 효율성이 없어 보이는 아이디어는 보류한다는 의미다. 이는 복잡하고 많은 업무량을 단순화해서 진행의 유무와 지속성을 결정하기 위함이다.
>
> –작자 미상–

미리보기

대단한 아이디어라고 생각했는데 다음날 아침 깨어 보니 그전만큼 대단해 보이지 않았던 경우가 있는가? 처음부터 불완전해 보이던 아이디어가 검증되지도 않은 채 실행되었다면 과연 어떤 일이 일어날까? 불완전한 아이디어가 행동으로 옮겨질 때 생기는 판단 오류는 '수치를 안겨 줄' 뿐만 아니라, 수천에서 수백만 달러의 비용을 낭비하게 만들 수도 있다. 리더로서 당신은 어떤 아이디어가 추구할 만한 가치가 있는지 신속하게 결정해야만 한다. 그러나 동시에 또 다른 결정이 당신을 기다리고 있다. 평가적 사고를 사용하는 것은 당신이 이러한 과정을 진행하는 데 도움을 줄 것이다.

이 장에서는 CPS 단계의 해결책 수립에 관한 정보와 예를 포함하면서, 창의적 문제해결을 위해 반드시 필요한 평가적 사고의 쟁점들을 다룰 것이다. 평가적 사고의 기본 기능을 살펴보고, 특별히 평가가 필요한 경우에 역할을 잘 수행할 수 있는 3가지 도구, 즉 준거(criteria), 평가 매트릭스(evaluation matrix) 그리고 강점, 가능성 그리고 문제점과 문제점 극복(PPC°)을 소개하겠다.

리더십에서의 평가적 사고

리더에게는 높은 기대와 책임이 요구된다. 그중에서도 문제해결에 대한 요구가 가장 중요하다. "무엇을 해야 하는가?" "답은 무엇인가?" "다음에 해야 일은 무엇인가?" "지금은 무엇을 해야 하는가?" 등의 질문은 리더라면 누구나 경험하는 자주 반복되는 것들이다. 개인이나 단체의 의사결정자에게는 해결책을 찾아야 한다는 압력하에 막대한 책임이 부여된다. 평가적 사고를 한다는 것은 과업이라는 상황에서 벗어나 추측을 하도록 요구하기도 한다. 수수께끼와 같은 추측이 반드시 필요한 것은 아니지만, 그 자체로 재미와 도전이 될 수도 있다.

프랑스의 극작가 Molière는 "책임 때문에 해야 하는 것과 하지 않는 것"에 대하여 관찰하였다. 리더는 효과적인 해결책의 발전을 위해 **평가적 사고**(evaluating thinking)로 아이디어의 질과 합리성을 숙고해 보는 시간이 필요함을 알아야 한다. 그런 다음 그 해결책을 현실적으로 작동시키면서 리더의 책임을 고려하여 그것을 계속 진행할지, 나중으로 보류할지 또는 포기할지를 결정해야 한다. 중요한 것은 체제를 잘 갖추지 않은 아이디어가 현실로 실행되지 않도록 주의해야 한다는 점이다.

"사각형 구멍에 둥근 말뚝을 맞추어 끼울 순 없다."라는 말이 있다. 그러나 사실은 말뚝의 밑면에 충전재를 보충하거나 구멍의 구조를 바꾸면 둥근 말뚝을 사각형 구멍에 맞추어 끼울 수도 있다. 처음에는 해결점을 찾지 못한다 해도 변화의 가능성에 비전을 두어야 한다. 그러한 변화가 나중에 긍정적이고 발전적인 방식으로 평가될 수 있기 때문이다. CPS 과정의 어느 지점에서 출발했든 간에 어느 정도 참신함을 유지하는 것이 리더의 역할임을 기억해 두자. 해결책 수립(formulating solutions) 단계에서 리더는 이 점을 계속 인식하고, 완벽하지 않은 선택들을 기꺼이 받아들이는 여유를 가져야 한다. UCLA 농구팀의 전 코치인 John Wooden의 표현에서 그 힌트를 얻길 바란다. "우리가 할 수 있는 것만을 기준으로 무언가를 할 수 없다고 단정 지어 판단하지 말자."

전망이 결여되고 확산과 수렴의 견고한 평가를 제공하는 사고 기법과 도구의 사용이 미흡하다면 지금의 비즈니스 사회에서는 많은 비용이 지불될 가능성이 매우 높다. 닷컴(.com)처럼 잠시 부상했다가 몰락하는 경우를 생각해 보자. 1990년대 후반에서 2000년대 초반까지 닷컴 벤처회사 중 1/5 정도는 사라졌다. 2000년에만 약 210개의 닷컴 회사가 자취를 감추었다(Sullivan, 2001). 이러한 초기 단계의 벤처회사들이 실패한 주요 이유는 기업 성공에 대한 인식과 전망이 부족했기 때문이다. 닷컴 실패의 몇 가지 이유(〈표 10-1〉 참고)는 기능이 정지된 기업을 살리기 위해 만들 수 있는 준거 목록이 될 수 있다. 또한 확산과 수렴을 바탕으로 평가되지 않았던 불확실한 쟁점은 나중에 상황이 더 명확해질 수 있으므로 계속해서 그 사례를 관찰해 볼 필요가 있다.

닷컴의 실패는 미흡한 평가와 불완전한 종결로 인해 큰 비용을 지불하게 만들었다. Walters(2001)는 이것을 다음과 같이 설명했다.

〈표 10-1〉 닷컴의 실패 원인

1. 고객 서비스의 실패
e-메일이나 전화로 제공된 부적절한 고객 서비스

2. 부적절한 고객 주문 처리 업무
부족한 재고, 선적 일자 지연, 선적 비용의 저평가

3. 원시적인 조사와 거래 도구 사용
느리고 번거로운 시스템에 대한 사용자들의 불만

4. 세계화 실패
국내 사용자보다 국제적인 인터넷 사용자의 소비가 더 많아서 국제 시장의 흐름을 잘 파악하지 못한 벤처기업들이 경쟁력을 상실

5. 고객 대상이 아니라 커뮤니티 구축을 선호
사용자의 네트워크를 유료화하는 전환에 실패

출처: Sullivan (2001).

> 닷컴 시대가 떴을 때, 수천 명의 투자자는 너무 흥분하여 전자 상거래와 이름에 닷컴이 붙으면 어떠한 지원도 아끼지 않는 상황이 벌어졌다. '온라인'과 'e'라는 단어는 기업에 마이더스의 손이라는 이미지를 주었고, 산업 전반에 탐욕으로 눈이 먼 집단 히스테리 현상까지 나타나게 되었다. 닷컴은 조직을 위한 비전과 조화를 명확히 하는 대신, 극소수의 성공을 이루기 위해 e-기업을 따라 파도 타기를 원했을 뿐이었다(p. 1).

평가적 사고의 부족으로 인해, 닷컴의 사례에서와 같이 처음에는 새롭게 보였지만 위험하게 빠른 선로에서만 달리다가 그 생명력을 단축시켜 버린 결과가 초래되고 말았다. 거품경제는 닷컴 거품과 같

은 기발한 상상력으로 실행은 했지만 결국 신중하지 못한 사고로 파산에 이를지도 모른다. 인터넷이 안 된다면 많은 시장에서 검증되고 개발된 수많은 아이디어가 무용지물이 될 수도 있다. 최근 모기지 산업의 파산은 닷컴의 경우와 매우 비슷한 아이디어의 또 다른 사례다. 더 많은 사람이 대출로 집을 살 수 있다는 아이디어는 돈을 갚을 능력이 없는 사람들에게는 더 이상 흥미롭게 들리지 않는다. 미흡한 평가적 사고로 인한 통찰력의 부족과 탐욕은 반드시 어떠한 형태로든 이후에 그 모습을 드러내기 마련이다.

해결책 수립의 단계는 성공적인 성과를 내는 데 있어 리더의 가장 좋은 벗이 될 수 있다. 그것은 아이디어에 내재된 강점을 개발하고 약점을 예상하여 이를 극복하기 위해 필요한 시간과 구조를 제공한다. 리더는 해결책을 수행하고 변화에 따른 책임을 져야 하기 때문에 평가적 사고에 능숙해야 한다. 〈표 10-2〉는 해결책 수립의 단계가 왜 리더에게 중요한지를 설명하고 있다.

정의적 기법인 미성숙한 결론 피하기가 평가적 사고를 지원하는 방법

특별히 평가적 사고를 지원하는 정의적 기법은 **미성숙한 결론 피하기**(avoiding premature closure, 결정을 재촉하는 압력에 저항하기)다. 당신은 개방성을 유지하면서, 저절로 반응하기보다는 더욱 신중한 선택을 취해야 한다. 참신한 아이디어는 사람들에게 거절당하기 쉽다. 그래서 성급한 결론을 피하기 위해 찬성

〈표 10-2〉 리더가 해결책 수립을 능숙하게 해야 하는 주요한 이유

- 불완전하면서 특이한 아이디어의 가능성을 강조함으로써 다른 사람들에게 낯설다는 인식을 줄이기 위해
- 아이디어의 가능성에 대한 열린 마음을 유지하기 위해
- 아이디어의 장점과 단점을 신중하게 고려하기 위해
- 미흡한 아이디어를 정교하게 다듬기 위해
- 아이디어를 실용적인 해결책으로 전환하기 위해
- 다음 계획의 발전과 중요성을 결정하기 위해
- 참신함과 유용성 사이의 균형을 제공하기 위해
- 처음 느꼈던 참신한 아이디어에서의 발전 가능성을 다른 사람들이 알도록 기회를 제공하기 위해
- 외부적 판단 없이 아이디어에 대한 신뢰와 직관을 검증하기 위해
- 다른 사람들이 최종 결과를 알기 전에 리더 스스로 판단하기 위해

출처: Puccio, Murdock, & Mance (2005).

과 반대라는 평가가 나오기 전에 기회를 제공해야 한다. 이러한 사례는 우리 중 한 명이 경험하였다. 처음에는 그녀의 아이디어가 현실적으로 가능해 보이지 않아 시간제로 업무를 맡았지만, 나중에 업적이 공식적으로 인정되면서 대학에서 정규직으로 근무할 수 있게 되었고, 상당한 혜택도 누릴 수 있었다. 그녀의 아이디어에 대한 저항은 어떻게 그것이 효과를 발휘하도록 하는가를 고려하고 개방성을 유지함으로써 극복되었다.

해결책 수립의 특성과 목적

CPS 과정에서는 해결책 수립이

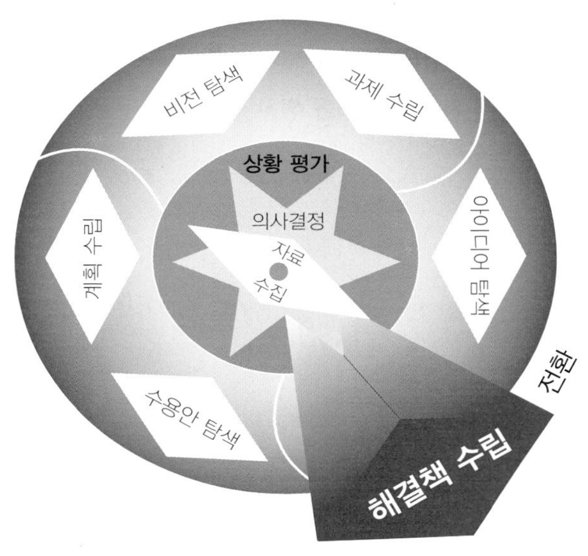

[그림 10-1] 창의적 문제해결 사고 기법 모델에서의 해결책 수립

출처: Puccio, Murdock, & Mance (2005).

전환이라는 요소의 두 번째 단계로 자연스럽게 흘러간다([그림 10-1] 참고). 이 단계는 조직의 연구 개발을 위한 날개에 비유할 수 있다. 즉, 성장을 위해 필요한 시간과 새로운 아이디어를 위한 지원센터인 것이다. 해결책 수립은 아이디어 생성과 자유로운 토론을 이어 주는 유일한 다리 역할을 한다. 그것은 리더가 참신함을 잃지 않고 유용성을 펼치도록 설계되었다. 아이디어 탐색의 단계가 야생 호랑이를 발견하고 밧줄로 잡는 것이라고 상상한다면, 해결책 수립의 단계는 그 야생 호랑이의 독특한 본성을 지키면서 길들이려고 시도하는 것이라고 할 수 있다. 결국 독특하면서도 다른 무엇인가를 획득하는 것이 창의적 문제해결을 사용하는 근본 이유 중 하나다.

〈생각 상자 10-1〉 핵심 어휘

해결책 수립을 위한 주요 어휘

- **미성숙한 결론 피하기(avoiding premature closure)**: 결정을 재촉하는 압력에 저항하기
- **평가적 사고(evaluative thinking)**: 실현 가능한 해결책을 개발하기 위해 아이디어의 합리성과 탁월함을 평가하는 것
- **해결책(solution)**: 가장 가능성이 높고 정교한 아이디어를 검증, 강화, 발전시켜 상황에 맞도록 사용하는 것
- **강화(strengthening)**: 처음에는 긍정적인 아이디어에 초점을 맞추고 나중에는 그 아이디어와 관련된 약점 극복 방법을 추구하되, 참신함이 살아 있도록 유지하는 수렴적 사고 기법
- **전환(transforming)**: 어떤 것을 더 세련되고 분명한 형태로 바꾸는 것으로, 창의적 문제해결의 경우 처음 아이디어를 더욱 정교하게 다듬어서 실현 가능한 해결책으로 바꾸는 것

해결책 수립의 특성에는 기본적으로 2가지의 특별함이 존재한다. 첫째, 아이디어의 단계에서 실행의 단계로 전환된다는 것이다. CPS 과정의 다른 부분보다도 바로 전 단계인 아이디어 탐색과 다음 단계인 수용안 탐색이 더 밀접하게 연결된다. 둘째, 이 단계에서는 확산과 수렴(그리고 이들을 촉진하는 도구)이 더욱 통합되어야 한다.

아이디어와 실행 사이의 연결

더욱 광범위하고 함축적인 전환(transforming) 단계에서의 해결책 수립은 아이디어 탐색과 연결되어 과제에 대한 실질적인 해답을 제공한다. 9장에서 언급한 대로 참신한 아이디어는 불완전하고, 완벽하

지 않은 형태를 지니는 경우가 많다. 목표는 그들을 전환시키는 것이다. 그리스 신화에 나오는 아테네는 제우스의 아름다운 딸로, 정상적인 방법으로 탄생하지 않고 아버지의 이마에서 다 자란 상태로 솟아 나왔다. 아름답고 완벽한 산출물은 추하고 힘든 과정을 거쳐 나온 결과라기보다는 완성된 형태로 나온다는 믿음은 마치 아테네의 비정상적인 탄생과 같은 신화에 비유될 수 있다. 이러한 단계의 과정으로 해결책 수립은 리더가 수정과 강화가 필요한 아이디어를 취하도록 돕는다. 또한 리더가 약점을 알아내고 그것을 극복할 수 있는 방법을 찾도록 도와준다. 다시 말해서, 해결책 수립의 단계는 리더가 공정하고 신중한 평가를 할 수 있게 도움을 주는 단계다.

9장에서 구성원들의 아이디어와 해결책을 이어 주는 방법의 연결선이 CPS에 존재한다고 언급하였다. 하지만 많은 사람이 용어들을 서로 바꾸어 사용하기도 한다. 그것은 오해를 불러일으킬 뿐 아니라, 닷컴 사례에서처럼 생각 없이 더 나은 결과를 바라보고 앞으로만 돌진하는 위험을 초래하기도 한다. CPS를 위한 아이디어는 수정되고 발전되는 과정 속에서 신중한 평가가 이루어질 때까지 완벽한 틀을 갖춘 해결책이 아닌 잠재적인 해결책이라는 것을 기억해 두자. 자연스러운 실행 과정으로의 전환을 위한 역할 때문에 더욱 완성된 선택안과 해결책(solution)의 사용을 신중하게 고려해야만 한다. 일단 리더가 해결책이라고 언급하면 다음에는 그것을 실행하기 위해 필요한 사항을 고려하는 것이 자연스러운 순서다.

해결책 수립의 확산과 수렴:
그것은 새로운 게임의 브랜드다

기차가 한 선로에서 다른 선로로 옮기는 동안 속도를 늦추거나 정지하는 것을 경험해 봤는가? 또는 '주의, 전방에 차선 변경'이라고 적힌 표지판을 보면서 공사 중인 도로를 달려 본 적이 있는가? 해결책 수립의 단계를 시작할 때, 리더는 마치 확산과 수렴의 역동적인 균형 사이의 결정적인 시점에 들어서는 것과 같다. 이 단계에서 리더는 사고 과정, 도구, 활동을 위해 더욱 수렴적이고 집중적인 사고를 해야만 한다. CPS에서 수렴과 선택은 역동적인 균형을 통해 모든 단계에서 이루어져야 한다. 해결책 수립에서 이러한 균형은 향후 복잡해질 수도 있지만, 리더가 진행하길 원하는 새로운 아이디어의 실행 가능성과 품질 향상을 위해 평가적 사고로 점점 무게중심이 기운다. 아이디어가 실행 가능한 해결책으로 전환될 가능성의 여부는 이 단계에서 이루어질 수 있다.

이때 속도를 조금 줄일 필요가 있지만, 그렇다고 확산적 사고를 전부 포기해서는 안 된다. 해결책 수립 단계에서 확산과 수렴 사이에 선로를 변경하는 작업은 이전 단계에서 더욱 통합된 접근을 필요로 한다. 사실 이 진행 단계에서 사용되는 몇 가지 도구는 동일한 일반 구조 속에서의 확산과 수렴을 모두 포함하고 있다. 그러므로 우리는 이들을 통합적 도구라고 한다. PPC°와 평가 매트릭스는 이러한 통합적 도구의 예다.

도구의 개관을 위해 〈표 10-3〉을 참고해 보자. 이러한 확산과 수

〈표 10-3〉 해결 방안 수립: 통합적 도구의 개요

도구의 명칭	도구의 역할	도구의 사용법
준거	평가를 위해 기준이 되는 아이디어를 정한다. 아이디어를 분류하는 데 도움이 된다.	질문에 대한 응답으로 준거의 목록을 작성한다. "……일까?" "……한가?"라는 핵심 준거를 선택하자. 핵심 준거에 적합한 아이디어를 선택한다. 준거에 더욱 근접하는 아이디어일수록 유력한 아이디어가 된다.
평가 매트릭스	준거와 관련된 아이디어의 장점을 설명한다. 추진하고자 하는 가장 유력한 아이디어를 결정하는 데 도움이 된다.	4~10개 정도의 많은 아이디어가 있을 때, 모눈의 오른편에 그것들을 적고 위를 가로질러 핵심 준거들을 나열해 보자. 각 준거에 대해 아이디어를 비교·평가한다. 약점과 장점의 결과를 분석하여 더욱 발전적으로 최종 결정을 예상해 본다.
강점, 가능성 그리고 문제점과 문제점 극복: (PPC°)	1~3개의 아이디어 평가를 위해 항목별로 나누어진 체크리스트(강점, 가능성 그리고 문제점과 문제점 극복)를 사용한다. 핵심적인 약점을 확인하고, 강점을 강조하여 아이디어를 강화한다.	한 번에 하나의 아이디어를 골라서 종이 맨 위에 적는다. 그 페이지에 P, P, C 그리고 O를 나열하자. 첫 번째 P자 아래에 강점을 최대한 많이 적어 본다. 다음으로 두 번째 P자로 이동해서 일어날 수 있는 일들의 가능성을 열거해 보자. 이 두 과정을 거친 후, 문제점을 기록한다. "나는 어떻게 ……하면 좋을까(How might……)?"라는 질문으로 아이디어를 표현한다. O자 아래에는 중요한 문제를 확인하고, 각각의 문제를 극복하기 위해 확산적 사고를 한다. 미래의 실천을 위한 함축된 의미를 생각해 본다.

출처: Noller et al. (1976); Miller et al. (2001).

렴의 기능은 속도를 높일 수 있는 고속도로보다 일반적인 도시의 교통 상황에서 운전하는 경우와 같다. 앞 장에서 논의한 역동적인 균형은 여전히 현재 상황이다. 그것은 실행이라는 요소로 이동함에 따라 속도가 달라질 수도 있다.

준거

어제 저녁 식사로 무엇을 먹었는가? 버섯과 양파와 큰 샐러드를 곁들인 스테이크? 구운 해산물 요리? 채식주의자용 음식? 체중 조절용 냉동 음식? 간단한 샌드위치? 그렇다면 왜 그러한 음식을 선택하였는가? 너무 바빠서? 해산물에 알레르기가 있어서? 다이어트 중이어서? 저녁 메뉴를 선택한 이유의 명확한 표현 여부는 자신의 기대를 얼마나 근접하게 충족했는지를 측정하는 평가 기준 또는 준거에 따라 달라진다. 준거(criteria)란 원하는 것과 그것을 달성하기 위해 해야 할 필요가 있는 행동 사이의 간격을 채워 준다. 준거는 효과적인 의사결정을 위해 사용할 수 있도록 암묵적인 필요와 희망을 향한 빛을 밝혀 주기도 한다.

CPS에서의 준거는 특히 많거나 적은 수의 선택을 하고 분류하는 도구로서 리더의 수렴 과정을 도와준다. 흥미롭게도 준거는 거의 내적인 판단의 목소리를 중시하여 다른 단계에서도 수렴이 필요한 경우 생산적으로 사용될 수 있다. 왜냐하면 준거의 강력한 평가적 사고 기능은 해결책 수립을 위한 수렴적 요구에 적절하기 때문이다. 또한 준거는 평가를 위해 단독으로 사용할 수도 있지만, 의사결정

도구인 평가 매트릭스의 필수 요소가 되기도 한다.

부주의로 인해 숨겨진 측면을 놓치고 나서 무언가를 얻은 후에야 진정으로 자신이 원하는 것이 다른 것이었다는 사실을 깨달은 적이 있는가? 자동차를 구입하려는 문제를 예로 들어 보자. 대부분의 사람들이 생각하듯 이 경우에는 비용이 준거가 되는데, 늘 가격을 기준으로 생각했기 때문이다. 마음속으로 비용을 중요하게 생각하지 말라는 뜻이 아니라 하나의 기준 때문에 다른 중요한 기준을 간과해 버리지 말라는 의미다. 예를 들어, 컨버터블 자동차를 좋아하기 때문에 항상 그 자동차를 가지길 원해 왔지만 가족을 위해 일반 자동차를 사야만 할 때, 우리는 내면의 '멋진'이라는 함축된 용어를 적절하게 포함해 볼 필요가 있다. 자유로운 감각이나 더욱 대담한 이미지를 원하는가? 아마도 느낌이 좋다는 것을 정확하게 표현하지는 못할 것이다.

어떠한 이슈라도 논쟁거리로 삼을 수 있는 다양하고 특별한 준거, 심지어 다듬어지지도 않은 준거를 생성하는 것은 확산적인 작업의 특징이라고 할 수 있다. 리더는 혼자서 준거를 확산적으로 만들 수도 있고, 집단을 소집할 수도 있으며, 브레인스토밍 같은 도구를 사용할 수도 있다. 확산적 과정에서는 준거를 제시해 줄 만한 이유를 질문으로 바꾸어 보자. "……일까?" 또는 "……한가?"라는 질문을 사용하라. 앞서 언급한 자동차 구입 시 고려해야 할 사항이 비용이라면, 위의 질문에 적용하여 "그것은 구입이 가능할까?"라고 질문해 본다.

그 준거에서 어느 정도의 분량과 참신함을 얻을 때까지 질문할 수 있는 접근 방법을 계속 유지해 보자. 가족의 필요성을 충족하는가? 내가 운전하면서 일하러 갈 때 좋은 느낌을 받을 수 있을까? 장모님이 뒷자리에 앉으시는 것이 가능할까? 연비는 좋을까? 확산적인 과정을 만족스럽게 거친 후에는 다목적 도구와 참신함을 고려하여 수렴적인 태도를 가져 보자. 아이디어나 선택들을 선별하기 위해 이러한 준거를 사용해 보자.

준거를 가장 많이 충족하는 아이디어가 아마도 최선의 선택일 가능성이 높다. 준거는 독립된 도구로 사용할 수도 있고, 평가 매트릭스로 더욱 발전시킬 수도 있다. 어느 쪽이든 이유를 확실하게 하는 것과 그다음에 선택이나 결정들을 평가하는 기준으로 준거를 사용하는 것은 외부의 의견이나 요구를 다루기 전에 맥락적인 해결 방안을 조성하는 데 도움이 된다.

평가 매트릭스

평가 매트릭스(evaluation matrix) 안에 숨겨진 개념은 명백한 준거들에 반하는 4~10개 정도의 선택을 상대적 장점으로 평가해 보는 것이다. 그다음으로 어떠한 선택의 약점이라도 보완할 수 있는 단계로 결과를 유도할 수 있다. 앞에서 우리는 처음 떠오른 아이디어를 바로 사용하지 않고 신중한 준거를 활용하여 선택하는 것의 장점을 언급하였다. 어떻게 아이디어를 얻었는지에 상관없이 리더는 평가 과정의 지침을 위한 준거가 필요하다.

평가 매트릭스를 완성하기 위해서는 다음의 과정을 고려해야 한다.

1. **준거를 전개한다.** 선택들을 평가하기 위해 준거를 생성하고 선별한다(앞의 도구 참고).

2. **또 다른 준거와 구별되는 수준인지 확인한다.** 예를 들어, "그것은 구입이 가능한가?"와 "그것은 나의 재정 상태에 적절한가?"라는 질문은 기본적으로 같은 의미다. 우리가 알기 원하는 것을 가장 적절한 단어로 표현해 보자. 재정적인 면을 좀 더 구체적 다룰 수 있다. 일반적으로 느끼는 재정적 여유를 다루는 것이 더 적절할까, 아니면 준비된 예산에 초점을 맞추는 것이 더 합리적일까? 일반적으로 부정적인 단어로 된 준거는 한 가지 기능만을 수행하게 한다. 심지어 평가를 시작하기도 전에 그 문제에 대해서 부정적으로 생각하게 만든다. 이것은 창의적이지 못하므로 에너지를 낭비하지 않는 것이 좋다. "그것이 나의 배우자를 화나게 만들까?"라는 표현 대신에 "그것이 나의 배우자를 행복하게 해 줄까?"에 초점을 맞추어 보자. 준거가 서로 겹치지 않도록 하고, 한 가지 준거가 다른 준거에 포함되지 않도록 주의하라. 그 한 가지 준거가 다른 준거에 과도한 영향을 미칠 수 있기 때문이다.

3. **우리에게 적합한 매트릭스를 만든다.** 준거가 우리를 도울 수 있는 방식으로 만족스럽게 작성되었을 때, 매트릭스의 기울어진 선 위에 하나씩 작성해 보자. 다른 것보다 더 중요하다면 우선순위를 매기거나 가중치를 둘 수도 있다. 매트릭스의 왼쪽 편

에 미리 선택한 아이디어의 목록을 만들어 보자([그림 10-2] 참고).

4. **평가 시스템을 선택한다.** 당신의 선택에 대해 어떻게 평가할지 확인한다. 숫자 1~5/+, - 또는 중립의 0/☺, ☹, 😐 등 상황의 복잡성이나 스타일과 관련된 필요를 충족하는 것이면 무엇이든 좋다. 기호가 더 추상적일수록 선택들 사이의 차이는 더욱 벌어지게 된다. 사고의 함정에 빠지지 않도록 숫자를 신중하게 사용한다. 모든 의견의 수를 합산한 결과를 당신이 가진 것을 분석하기 위한 대체물로 사용한다.

5. **각 선택 사항을 평가한다.** 선택들을 '아래 방향'으로 작업한다. 첫 번째 준거에 대하여 각 선택을 평가하고 평가 결과(숫자, 기호 등)를 박스의 선택 옆에 기록하자. 선택을 아래 방향으로 작업하는 이유는 좋아하는 것에 무심코 더 높은 점수를 줄 수 있는 후광 효과를 피하기 위해서다. 다음 준거로 이동하여 같은 작업을 반복해 보자. 만약 선택한 어떤 준거가 제 역할을 하지 못하는 것을 발견하거나 처음 선택할 때 의도했던 것을 표현하지 못한다 해도 나쁜 일은 일어나지 않는다. 우리는 실행하기 전에 수정 과정을 통하여 올바른 상황을 재발견할 수 있다. 매트릭스에서 그것을 간단히 바꾸고 아이디어를 조절하고 수정해 보자. 모든 선택이 평가될 때까지 준거에 따라 선택들을 계속 평가하자.

6. **매트릭스를 다시 살펴본다.** 모든 선택을 살펴보고, 가장 큰 장점으로 드러나 보이는 것들에 주의를 기울여 보자. (주의: 만약 숫자 체계를 사용했다면, 문항의 점수들을 합산하지 말라. 만약 그렇게 하면 점수로만 선택할 확률이 높아질 경향이 있다. 매트릭스는 절대적인 장점이 아닌 상대적인 장점을 평가한다.) 단순한 선택에 따라 이미 만들어진 좋아하는 항목으로 시작하는 작업임을 기억하자. 각각의 선택에 대해서 임시적으로 결정을 내리자. 선택할 때는 있는 그대로 받아들일지, 더욱 견고하고 정교하게 만들지, 혹은 기각할 것인지 결정하자.

7. **선택된 것들을 발전시키고 최종 결정을 내린다.** 최종 결정을 내리기 전에 어느 정도 발전 가능성이 보이는 선택들(예: 정제된 범주의 것)을 다시 살펴보자. 직관을 버리고 비교적 약해 보이는 영역을 신중하게 고려한 다음, 선택의 범주에 넣어야 할 것인지 생각하자. 매트릭스를 다시 점검하고 자신에게 물어보자. "이러한 선택들을 어떻게 향상할 수 있을까?" 낮게 평가된 준거들은 개선될 여지가 있는 영역으로 이동이 가능할 것이다. 어떻게 이러한 준거를 잘 충족하여 선택들을 향상할 수 있을까? 추가로 강화시킨 다음, 큰 평가의 그림을 그려 보자. 그런 다음 보류할지, 수정할지, 혹은 다른 아이템으로 진행할지를 결정하자.

[그림 10-2]는 한 조직이 관리 소프트웨어 시스템을 어떠한 것으

준 거

	예산의 적합성	사용자 편리성	적합성	주문 제작 가능성	서비스 및 지원	결정: 수용	결정: 수정	결정: 기각
ACME	1	3	2	3	4			✓
ABC	0	1	1	2	3			✓
Alpha	3	3	3	3	4			✓
Beta	4	5	5	3	5		✓	
Omega	5	3	5	5	5	✓		
New Century	1	2	3	3	3			✓
Brand X	0	5	0	1	1			✓

평가 척도: 0=미흡 3=양호 5=탁월

[그림 10-2] 평가 매트릭스 예: 소프트웨어 선택하기

출처: 매트릭스 틀은 Treffinger & Isaksen (1985)에 기초.

로 구입할지를 결정해야 하는 상황에서 완성한 평가 매트릭스의 예다. 적절한 준거를 생성하고 선별한 후에 팀의 구성원들은 선택된 모든 소프트웨어 시스템을 평가하기 위해 각 준거의 아래 방향으로 작업하였다. 시스템을 평가하기 위해 0에서 5까지의 척도를 사용하였다. 평가의 결과로 두 시스템이 강력한 후보로 나타났다. 만약 총점수로 선택했다면 이 팀은 오메가 시스템을 선택했을 것이다. 그러나 그들은 베타 시스템을 더욱 신중하게 생각하여 선택의 범주로 결정했다는 점을 주목해 보자. 오메가 시스템이 많은 준거를 충족하였지만, 그 집단은 베타 시스템의 사용자 편리성을 더 선호하였다. 하지만 이 시스템은 주문 제작 맞춤 서비스 준거에서 낮은 점수를 받았다. 그러므로 그들은 베타 시스템의 개발자와 설치 전 고객 맞춤의 개선이 가능한지에 대하여 제안해 본 후에 결정하였다. 이것이 불가능했다면 그들은 오메가 시스템을 선택하여 진행했을 것이다.

강점, 가능성 그리고 문제점과 문제점 극복(PPC°)

해결책으로 전환하기를 원하는 몇 가지의 아이디어가 있을 때, PPC°라는 도구가 도움이 될 수 있다. 이 도구는 강점(Pluses), 가능성(Potentials), 문제점(Concerns) 그리고 문제점 극복(Overcoming Concerns)이라는 각 단어의 첫 철자의 조합으로 명명되었다. 이 도구의 목적은 요소를 강화시키면서 동시에 평가하는 것이다(〈생각 상자 10-1〉 참고). 이 도구는 실행 가능한 해결책에 대해 실질적인 영향을 미친다. 비록 도구의 주요한 기능이 수렴적인 측면을 강조하지만, 그것은 앞에서 언급한 대로 CPS 과정의 자체적이고 축약적인 확산과 수렴의 요소를 모두 포함한다. 게다가 문제점을 나타낼 때 "어떻게?"라는 질문은 문제점을 극복하기 위한 확산적 사고로 쉽게 유도되고, 참신함을 지킬 수 있는 틀이 된다. 이렇게 두 가지의 긍정적 측면을 평가하면서 PPC°는 문제점에 대하여 살펴보는 단계로 진입할 수 있다.

〈표 10-4〉에서 제시된 사례는 요즘 이슈가 되고 있는 의료기관에서의 모든 기록을 컴퓨터로 저장하여 효율성을 높이자는 내용을 다루었다. 모든 의료진과 병원 업무를 위해서는 그것이 모두 유익한 것으로 결론을 도출하였다. 하지만 이 의견에 대한 반대자들은 정보에 쉽게 접근할 수 있는 이익은 반대로 개인의 사생활 침해와 컴퓨

〈표 10-4〉 강점, 가능성, 문제점, 문제점 극복을 위한 PPC°의 사례

평가를 위한 아이디어: 의사와 병원들이 컴퓨터로 의료 보고서를 기록한다.

• **강점(Pluses)**: 아이디어에 대한 유용하고 긍정적인 사항의 목록
 –의사는 지위에 관계없이 누구와도 연락할 수 있다.
 –문서를 줄여 서류함의 공간을 여유롭게 만들 수 있다.
 –약물치료와 조제 시 실수를 줄일 수 있다.
 –만약 환자가 여행 중에 아프게 될 경우, 그 지역의 의사가 손쉽게 환자의 상태를 알고 진료할 수 있다.
 –의사들이 정보를 쉽게 읽기 위해 모든 기록을 수기로 쓰는 대신 컴퓨터로 기록할 수 있다.

• **가능성(Potentials)**: 아이디어가 추진되면 일어날 수 있는 것, 가능성들의 목록
 –의료사고를 줄일 수 있을 것이다.
 –두 번째 의견을 더욱 쉽게 받아들일 수 있을 것이다.
 –환자가 자신만의 고유 기록을 가질 수 있는 가능성이 높을 것이다.

• **문제점(Concerns)**: 아이디어의 단점, 약점, 한계점이 될 수 있는 것
 –개인의 기록을 보호할 수 있는 방법은?
 –기술력 확보를 위한 재정적 부담을 극복하는 방법은?
 –모든 의료진과 병원에 근무하는 사람들이 이러한 시스템을 사용하도록 교육하는 방법은?
 –문서로 된 양식을 선호하는 의사가 새로운 습관에 익숙해지도록 도울 수 있는 방법은?

• **문제점의 극복(Overcome)**: 가장 중요한 것부터 시작하여 문제점을 극복하기 위한 아이디어의 생성
 –시스템의 접근성 제한
 –특별한 비밀번호를 사용한 안전장치
 –사람들에게 문서로 파일을 관리하는 것과 크게 차이가 없음을 알리기
 –시스템을 만들기 위해 전문가를 고용하기
 –정기적으로 비밀번호 바꾸기
 –정보를 가까이 다루는 관리자를 위해 확인과 조절이 가능한 시스템을 구축하기

출처: Puccio, Murdock, & Mance (2010).

터 해커에 대한 두려움을 낳을 수 있다고 주장하였다.

PPC°의 간단한 사례는 강점의 경우 다섯 가지, 가능성의 경우 세 가지, 문제점의 경우 네 가지를 보여 주었다. 최초의 아이디어는 가장 중요한 문제점을 처리하기 위해 만들어졌다. 실제 상황에서는 문제점이 극복되거나 적어도 완벽하게 탐색될 때까지 확산적인 작업을 계속 진행했다. 가능한 한 많은 수의 장점과 아이디어를 가지고 있는 것이 그만큼의 가능성도 많아질 수 있다는 것에 주목하자. 다시 말하면 확산적 지침을 사용하면 된다. 이러한 지침은 이 도구의 다음 단계에서 문제점을 생성하는 데도 사용될 수 있다. 문제점은 도전적 진술 형태로 표현할 수 있다. 예를 들어, "어떻게?" "어떻게 ……하면 좋을까?" "무엇을 하면 좋을까?" 등의 과제 진술문을 사용하여 질문해 본다. 문제점을 도전적 형식으로 표현하는 것은 평가될 원래의 아이디어를 강화시키는 데 궁극적인 도움을 줄 수 있다. 항상 강점과 가능성부터 시작하고 그다음에 문제점으로 진행하는 것이 좋다.

이 도구의 마지막 과정은 가장 중요한 문제점을 극복하기 위해 아이디어를 생성하는 것이다. 항상 가장 중요한 문제점부터 다루고 그 문제점의 정점에 있을 때 가능한 한 많은 아이디어를 내도록 확산적 사고를 사용하자. 그 특정한 문제를 극복하는 데 도움이 되는 해결책이 이러한 아이디어의 목록 내에 많이 존재할 수 있다. 문제점을 극복하기 위하여 선정된 아이디어는 궁극적으로 해결책을 더욱 강화시켜 준다. 이것이 우리가 이 도구의 머리글자 중 'O'자를 지수처럼 사용한 이유다. 그것은 문제점을 극복하기 위해 생성되고 평가되는 해결책에 새로운 힘을 줄 수 있는 아이디어다. 가끔씩 우리는 문제를 극복하지 못할 때가 있다. 이런 경우 우리는 한계를 인식하면서 아이디어를 가지거나 그것을 버리기로 결정할 수도 있으며, 또는 다른 대안적 해결책을 탐색할 수도 있다.

PPC°는 평가해야 할 선택이 1~3개일 때 더욱 유용하다. 당신은 하나의 선택을 평가할 수 있고, 경쟁적인 몇 개를 선택하여 PPC°에 대입하여 철저하게 비교한 후에 결정할 수 있다.

PPC°는 또한 개인들에게 피드백을 제공하기 위해 사용될 수 있다. 리더는 흔히 그들의 아이디어를 다른 사람들에게 직무 성과에 대한 피드백의 형태로 제공한다. PPC°의 구조는 강점과 제한점의 균형을 제공하고, 제한점을 언급하기 위한 과정을 포함하기 때문에 매우 유용하다. Zhou(2008)는 지식을 공유(informational)하거나 조절해(controlling) 줄 수 있는 형태의 피드백은 창의성에 영향을 미친다고 주장하였다. 그는 지식을 공유하는 것을 개인들이 학습하고 발전시킬 수 있는 방식의 피드백으로 정의하였다. 또한 개인들은 피드백을 사용하는 법을 결정하도록 기회를 가질 수 있다. 피드백을 조절하는 것은 외부에서 요구하는 것과 기준을 맞추려는 것을 의미한다. 즉, 문제점을 극복하기 위해 잠재적인 해결책을 제시할 수 있는 사람을 초청하는 방법으로, PPC°는 지식의 피드백을 제공할 수 있다. 직무 성과를 고려할 때나 토론을 시작할 때 그들이 목표하는 바를 조절하는 관점을 공유할 수 있다. 또한 직무 성과에 대한 문제점을 고려하는 방법을 탐색하는 것은 개인들에게 발전에 필요한 구체적인 아이디어를 제시할 수 있다.

PPC°는 포괄적인 평가를 위해 다양한 상황에서 사용될 수 있는 유용한 도구다. 이 도구는 아이디어나 직무 성과를 평가하기 위해 사용될 뿐만 아니라 미팅, 회의, 발표 등의 행사를 보고하기 위해 사용될 수도 있다. 일의 진행 정도를 잘 주시함으로써 강점과 개선이 필요한 부분 모두를 강조할 수 있다. 제한점을 발견하는 동시에 긍정적인 요인 또한 유지할 수 있다.

창의적 문제해결의 다음 단계는 무엇인가

전환 과정에서의 해결책 수립은 흐름상 아이디어 탐색 다음의 순서로 반드시 진행되어야 하는 것이 아니라 앞서 논의된 것처럼 실행에서도 흥미로운 변형적 기능을 가질 수 있다. Delphi International의 기술자 겸 발명가인 Ed Pettitt는 자신의 제품 개발 경험을 통해 이를 설명하였다. 제품 개발에서 해결책 수립은 맥락에 맞도록 준비된 해결책을 얻는 일이다. 반면 수용안 탐색에서는 해결책을 수용하기 위하여 필요한 환경을 얻으려 노력한다. 어떤 방향으로 결정하든지 우리는 상황을 평가하고 적절한 자료를 수집하며 과정을 결정할 필요가 있을 것이다.

만약 해결책이 신중한 평가의 과정을 거친다면 우리는 수용안 탐색 단계에서 그것이 다른 사람들에게 어떻게 적용되는지 지켜볼 수 있을 것이다. 이것이 명확해지면 곧장 실행되기를 원할 수도 있다. 하지만 처음의 아이디어가 신중한 평가에서의 철저한 검토를 만족시키지 못할 경우 아이디어 탐색으로 돌아가 새로운 아이디어를 다시 추출해 보는 것도 가능하다. 또는 해결책을 주의 깊게 검토한 결과, 모든 방향에서 만족스럽지 못했다면 더 명료하게 결정할 필요가 있다. 이런 경우에는 비전 탐색이나 과제 수립으로 되돌아가는 것도 좋은 방법이다. 다음 단계를 위한 유용한 도구로 6장의 If-Then 과정 분석을 활용해 보자.

학습 내용 적용

Thomas Edison은 "대부분의 사람은 기회를 놓친다. 그것은 작업복 차림의 일하는 사람처럼 보이기 때문이다."라고 말하였다. 해결책 수립에서의 신중한 작업은 그런 기회가 될 수 있다. 리더는 신속하게 산출물을 내고 쉽게 결론을 도출하라는 주위의 압력에도 불구하고 이 단계가 의사결정과 실행을 견고하게 다듬어 준다는 점을 인식하여 가치를 부여할 필요가 있다. 해결책 수립의 단계는 그들의 처음 생각과 아이디어들이 신중하지 않게 실행되는 것을 막고, 명확한 평가를 통해 리더가 검증해 보도록 한다. 변화를 실행하는 데 있어서 성공의 운명은 종종 여기에서 숨을 고른다고 동기부여 연설가인 Anthony Robbins가 말하였다. "운명의 형태는 의사결정의 순간에 달려 있다."

평가적 사고 기법을 개발하는 데 도움이 되는 몇몇 활동이 있다.

1. 실행을 위해 어떤 아이디어를 생각해 보았는가? 매우 호기심을 일으키는 아이디어인데 그것을 어떻게 실행해야 할지 몰라서 끝내 탈락시켜 버린 아이디어가 있었는가? 완전히 포기하기 전에 그 아이디어를 PPC°에 적용하여 신중하게 강화의 절차를 진행해 보자. 다양한 강점과 가능성을 최대한 생산적으로 생각해 보자. 문제점은 반드시 확산적 사고를 일으킬 수 있는 질문 형식으로 진술하게 한다. 중요한 문제점을 극복하도록 많은 아이디어를 생성해 보자. 이러한 아이디어에 대하여 어떠한 의견을 가지고 있는가?

2. 과제가 부여되었을 때 평가를 위한 준거를 만들도록 한다. 가장 뛰어난 산출물로 보이는 것은 무엇인가? "……일 것인가?" "……인가?" 작업의 평가를 위한 기준을 수립하는 방법으로 이러한 과정을 사용해 보자.

3. 다음으로 중요한 구매 행위나 결정할 기회에 평가 매트릭스를 사용해 본다. 선택 중에서 선별하는 데 도움을 줄 수 있는 준거들을 생성해 보자. 가장 중요한 준거를 선택하여 자신만의 매트릭스를 만들어 보자. 각 선택 사항이 그 준거에 반대되는지 평가해 보고, 그것이 올바른 결정을 하는 데 도움이 되는지를 살펴보자.

제11장

수용안 탐색:
맥락적 사고를 위한 도구

"이성적인 사람은 세상을 기준에 두고 스스로 적응한다. 하지만 비이성적인 사람은 세상이 스스로에게 적응하도록 고집을 부리는 사람이다. 그러므로 세상의 모든 진보는 비이성적인 사람이 결정한다.

—George Bernard Shaw—"

미리보기

높은 관심과 열정을 가지고 어떤 아이디어를 소개했지만 타인의 반응이 부족하여 낙심했던 적이 있는가? 이 장에서는 자신이 제안한 아이디어와 창의적 변화가 채택받을 수 있도록 그 가능성을 높이는 방법에 대해 알아볼 것이다. 아이디어와 변화가 성공하려면 리더는 반드시 새롭게 만들고자 하는 것에 대한 전반적인 상황을 파악하고 있어야 한다. 그리고 제안된 변화에 대한 사람들의 반응을 평가할 수도 있어야 한다. 지금까지의 CPS 과정에서는 효과적인 아이디어, 해결책, 제안된 변화의 전개 과정을 강조해 왔다. 이제부터는 이러한 내부적인 초점을 외부적 상황으로 돌려 보겠다. 즉, 수용안 탐색에서 성공에 도움이 될 수도 있고 방해가 될 수도 있는 밀접한 관계의 조건을 갖춘 맥락적 사고에 중심을 두고자 한다.

이 장을 통해 맥락적 사고가 효과적인 리더십을 어떻게 향상시키는지 알게 될 것이다. 특별히 지원자와 저항자, 그리고 이해관계자 분석이라는 2가지 새로운 방법을 제시할 텐데, 창의적인 변화가 제시된 상황에서 이러한 방법을 통해 실행에 도움이 되기도 하고 방해가 되기도 하는 영향력을 살펴보겠다.

리더십에서의 맥락적 사고

이 장의 목적은 리더에게 효과적인 맥락적 사고(contextual thinking)를 위한 마음가짐과 도구를 소개하는 것이다. 창의적 변화를 효과적으로 소개하고 해결책을 실행하기 위해서 리더들은 실행하고자 하는 아이디어에 대한 주변의 찬성과 반대 그리고 반응을 예측할 필요가 있다. 그 이유는 새로운 개념, 서비스, 산출물을 소개할 때 자주 반대 의견이나 의심에 부딪히기 때문이다. 새로운 것을 계속해서 거부하는 상황의 부정적인 영향력을 생각해 보자. 나아가 팀에서 구성원들이 자신의 아이디어만을 고집할 때 리더는 그들을 맥락적 사고로 인도해야만 한다. 수용안 탐색(exploring acceptance)의 단계를 모색하는 동안 리더는 한 가지 상황에 대하여 객관적으로 사고하는 방법을 알려 주어야 한다. 그렇게 하는 것이 잠재적인 변화가 성공적으로 채택될 수 있는 가능성을 높일 수 있기 때문이다.

최근 몇 가지 생산품과 서비스를 성공적으로 도입한 경우를 예로 들어 보자. 음악 감상을 즐기는 사람들은 음악을 CD에 구워서 불법으로 공유할 수 있지만, 이로 인해 음악 관련 산업계에서는 기업의 이윤과 저작권 침해라는 심각한 문제에 직면하게 되었다. 이때 Apple iPod이 소개되었다. 음악을 구매한 후 다운로드 받을 수 있는 기술이 상당히 진보된 형태를 띠는 Apple iPod은 소비자와 공급자의 모든 문제를 해결해 주어 선풍적인 인기를 얻을 수 있었다.

변화하는 상황에 즉각적으로 대처할 수 있는 생산품과 서비스를 도입한 또 다른 예들은 시장을 이해하고 새로운 사업의 기회를 창출하여 성공적인 기업을 만들 수 있도록 하였다. 즉, 바쁜 직장인들을 위한 쇼핑 대행, 드라이클리닝 수거 배달, 식품 테이크아웃, 심지어 애견 돌봄 센터와 같은 서비스가 등장하였다. 반면, 빠르게 변하는 시장의 흐름을 간파하지 못한다면 아무리 대기업이라 할지라도 심각한 문제가 발생할 확률이 높아진다.

미국 자동차 업계에서는 경제 조건과 소비자의 수요 욕구에 관심을 기울여 왔다. Detroit의 역사를 따라가 보면 수요자의 요구, 경제 조건 그리고 경쟁 업체의 강점을 잘못 파악하였다는 것을 알 수 있다. Ford Edsel은 1958년 출시되었지만, 저조한 판매 실적으로 1960년 단종될 수밖에 없었다. Ford Edsel이 성공하지 못한 이유로는 불경기 출시, 마케팅 전략 부족, 혁신적인 디자인에 따른 높은 기대에도 불구하고 품질이 기대 이하이며 경쟁 업체의 가격에 비해 특별한 장점이 없다는 소비자의 인식이 높아져 갔던 것 등이 있다. 하지만 가장 분명한 실패의 요인은 시장과 경제 상황을 정확하게 파악하지 못한 맥락적 사고의 부족이라고 할 수 있다. 맥락적 사고의 부족은 *Consumer Guide*의 자동차 편집장이 기술한 개념으로, 그는 1958년에 다른 자동차가 출시되었더라면 아직까지 Edsel이라는 이름이 우리 곁에 있었을지도 모른다고 하였다. Detroit는 구매자들이 스타일과 실용성의 차이를 모른다고 잘못 판단했기 때문에 시대를 대표하는 대실수의 상품을 출시했다는 혹평을 받은 것이다(Auto Editors of Consumer Guide, 1998).

맥락적 사고의 부족을 다룬 최근의 사례로 자동차 업계의 빅

3 CEO들을 풍자한 이야기가 있다. 그들이 정부에 긴급 금융 지원을 요구하러 워싱턴 DC에 가기 위해 개인 전용 헬기를 사용한 점이 논란거리가 되었다. Ford, Chrysler 그리고 General Motors의 임원들은 250억 달러를 차관해 줄 것을 정부에 요구하였다. 백악관의 재정부 담당 위원인 Gary Ackerman은 "손에는 싸구려 컵을 들고 사업을 축소해야만 한다고 주장하면서, 값비싼 전용 헬기를 타고 워싱턴 DC에 도착한 것은 매우 재미있는 아이러니다. 마치 고급 모자와 턱시도를 갖춰 입은 신사가 무료 급식소에 식사를 하려고 나타난 상황과 같다."라고 분개하며 신랄하게 그들을 비판하였다. 또한 "여기에 오기 위해 반드시 전용 헬기를 이용해야 했을까? 최소한 이러한 메시지가 그들에게 전달되길 바란다."라고 언급하였다(Levs, 2008). 이러한 내용은 대중매체를 통해 신속하게 알려졌다. 자동차 업계의 빅 3 CEO들은 잠재적인 해결책 실행을 위해 주변 상황을 파악하지 못했기 때문에, 결국 긴급 금융 지원을 받기 어려운 상황을 연출하게 된 것이다.

맥락적 사고의 부족이나 아이디어의 성공에 도움 혹은 방해가 될 수 있는 밀접한 환경 및 조건에 대한 이해가 부족하여 업계에서 실패한 경우인 닷컴 회사의 사례를 다시 들어 보겠다. 10장에서 우리는 아이디어에서 실행으로의 단계를 지나치게 빠르게 전개하여 얼마나 많은 닷컴 회사가 실패를 겪었는지 언급하였다. 구체적으로 우리는 많은 닷컴 회사의 아이디어가 CPS 과정의 해결책 수립 단계를 통해 적용 가능한 평가의 과정을 거쳐 완성된 신중한 아이디어가 아니라는 것을 알고 있다. 그러나 모든 닷컴 회사가 실패한 것은 아니다. 몇몇 회사는 정교성이 부족했음에도 아이디어는 훌륭했기 때문에 살아남았다. 반면 처음부터 좋은 사업 아이템이 아니었기 때문에 실패했던 닷컴 회사도 많다. 예를 들어, 한 닷컴 회사는 애완동물을 기르는 사람들이 인터넷을 통해 애완용품을 더욱 편리하게 구매할 수 있을 것이라는 믿음으로 사업을 시작했다(Kaplan, 2002). 하지만 불행하게도 대다수의 애완동물 주인은 자신들이 필요한 시기에만 애완용품을 구매하고자 했으며, 물품이 우편으로 배송되는 시간조차 기다리려고 하지 않았다. 비슷한 예로, 한 화장품 닷컴 회사는 화장품 구매자들이 특히 립스틱 같은 제품은 직접 테스트를 해 보고 사고 싶어 하기 때문에 인터넷으로는 화장품을 잘 구입하려 하지 않는다는 것을 뒤늦게 깨달았다(Kaplan, 2002). 또 다른 닷컴 회사들의 맥락적 사고의 부족으로 인한 실패 사례는 〈표 11-1〉에서 살펴볼 수 있다.

리더는 사회적인 맥락 속에서 생각하고 움직여야만 한다. 리더가 된다는 것은 다른 사람들과 함께 일을 해야 한다는 의미다. 새로운 해결책을 성공적으로 도입하거나 창의적인 변화를 이끌기 위해 리더는 반드시 사회적 맥락 안에서 능숙하게 일하는 방법을 배워야 한다. Mumford 등(2000)은 다음과 같이 관찰하였다.

> 리더의 관점에서 보면 조직의 구성원들과 이해당사자들 사이에는 상당한 잠재적 압력이 존재한다. 그러므로 리더의 해결책은 포괄적인 입장을 조합한 합의를 통해 나와야 한다. 리더는 반드시 사회적 맥락에서 해결책을 발전시키고 실행해 나가야 한다. 다른 사

〈표 11-1〉 효과적인 맥락적 사고가 필요했던 일부 닷컴 회사의 예

닷컴 회사	사업의 특징	실패의 원인
Iam.com	감독이 배우와 모델들을 온라인으로 캐스팅하기 위해 포트폴리오를 구성하였다. 착수 비용은 약 4천 8백만 달러였다.	감독은 배우와 모델들을 캐스팅하기 위해 우수한 회사와 일하는 것을 선호하였다. 우수한 회사가 감독보다 먼저 가능성 있는 배우나 모델들을 선별해 주었으므로 시간을 절약할 수 있게 해 주었다.
Third Voice	Post-it을 웹사이트로 옮겨 놓게 해 주는 무료 브라우저 플러그인으로서, 이러한 알림은 웹사이트를 방문한 다른 사람들에게 소개되었다. 착수 비용은 약 1천 5백만 달러였다.	Third Voice가 시작되고 곧 논란이 재기되었다. Post-it은 가상의 낙서 장이라는 이미지로 그 가치가 떨어졌고, 웹마스터들은 자신의 사이트에 대한 통제를 잃게 될까 봐 걱정하게 되었다.
Mercata.com	구매자들을 묶어서 상품을 도매가로 살 수 있도록 시도했던 '공동구매' 사이트로서, 착수 비용은 약 9천만 달러였다.	Mercata.com의 실패를 설명할 수 있는 한 가지 요인은 제조업자들이 자신들의 소매업자와 관계가 나빠지는 것을 원치 않았다는 것이 있다. 즉, 제조업자들이 소비자에게 직접 물건을 팔려고 하지 않았던 것이다.

출처: Kaplan (2002).

람과 함께하거나 그들을 통해 해결책을 발전시키고 실행하는 것은 사회적 기술을 필요로 한다(p. 15).

2장에서 제시한 Mumford 등(2000)의 모델을 떠올려 보자. 이 모델에서는 효과적인 지도력 수행을 위해 3가지의 기법이 매우 중요한 역할을 한다고 보았다. 첫 번째 기법은 창의적 문제해결과 관련되어 있다. 또 다른 하나를 통해서는 사회적 기술과 지식이 연결된다는 것을 알 수 있다. 수용안 탐색의 단계를 통해 우리는 리더가 효과적인 해결책 및 수용 가능한 변화를 소개할 수 있도록 도와주는 인지적 기능과 정의적 측면을 모두 향상시킬 수 있기를 기대한다. 〈표 11-2〉에서는 효과적인 리더십을 위해 이러한 기법들이 중요한 몇 가지 이유를 제시하였다.

〈표 11-2〉 리더가 수용안 탐색을 능숙하게 해야 하는 주요한 이유

- 새로운 아이디어나 변화가 가능한 한 원활하게 작동될 수 있도록 시도하기 위해
- 지원 부대를 구축하기 위해
- 비판이나 보이지 않는 문제로 인해 피해를 당하지 않기 위해
- 지혜와 사회적 지능으로 행동의 계획을 알려 주기 위해
- 빠르게 변화하는 세계 경제에 효과적으로 반응하기 위해
- 다문화적·다국적 맥락의 변화를 소개하기 위해
- 제안된 해결책이나 창의적 변화를 위한 심리적·정서적·사회적 지지를 보장받기 위해
- 성공을 위한 필수적인 자원들을 확보하기 위해
- 조직의 목표와 임무에 대한 협조를 분명하게 하기 위해
- 다른 사람들의 지지를 받을 수 있도록 아이디어나 변화를 위한 객관적인 방법을 추구하기 위해

출처: Puccio, Murdock, & Mance (2005).

〈생각 상자 11-1〉 핵심 어휘

수용안 탐색을 위한 주요 어휘

- **맥락적 사고(contextual thinking)**: 성공에 도움이 되거나 방해가 되는 조건 및 환경을 이해하는 것
- **수용안 탐색(exploring acceptance)**: 새로운 해결책을 실행하기 전에 성공 가능성을 높여 주는 CPS 과정의 진행 단계
- **환경의 민감성(sensitivity to environment)**: 사람들이 자신의 물리적이고 심리적인 주변 상황을 인식하는 정도
- **이해관계자(stakeholders)**: 제안된 해결책이나 변화와 관련하여 기득권을 소유한 개인, 집단 혹은 조직

정의적 기법인 환경에 대한 민감성이 맥락적 사고를 지원하는 방법

환경에 대한 민감성(sensitivity to environment, 사람들이 자신의 물리적이고 심리적인 주변 상황을 인식하는 정도), 맥락적 사고를 지원하는 정의적인 기법은 당신이 진공상태에 있도록 하는 것이 아니라 주변에서 어떤 일이 발생하는지 인식하도록 돕는다. 당신이 무언가로부터 지원을 받는다면 시간과 자원이 풍부하고 적당한 해결책을 가지고 있다는 것만으로는 충분하지 않다고 할 수도 있다. 특히 이러한 쟁점들이 조화를 이루어야 할 상황이라면 당신의 성공을 지지해 주거나 방해가 될 만한 조건을 확인해 보는 것이 좋다.

유능한 정치가는 상대에게 대항하거나 상대를 조정하기 위한 최선의 방법으로 쟁점을 내세워야 할 시기를 잘 알고 있다. 민감한 분

위기를 파악하기 위해서는 사람을 통해 얻은 자료가 어떠한 현상을 통한 자료보다 더욱 풍부할 수 있다. 상황에 대한 민감성이 부족하여 문제가 된 사례로서, 자동차 업계 CEO들이 정부의 구제 금융을 요청하러 워싱턴 DC에 갈 때 전용 헬기를 이용한 사건을 앞서 소개한 바 있다. 결국 그들의 안건은 의회에서 받아들여지지 않았다.

수용안 탐색의 특성과 목적

수용안 탐색 단계는 해결책이나 창의적 변화를 직접 실행하기에 앞서 심사숙고하는 시기다([그림

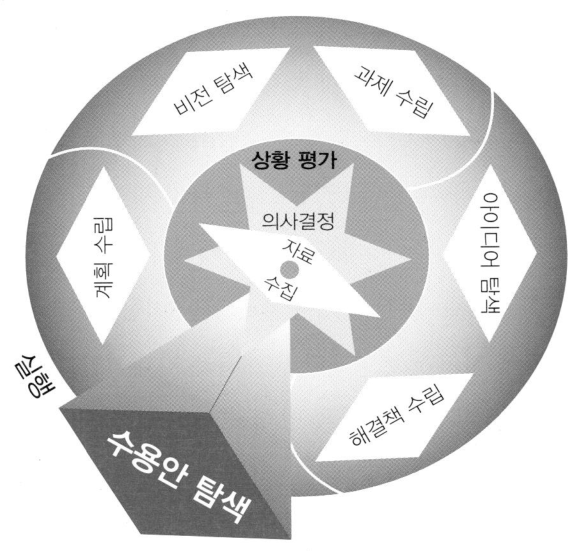

[그림 11-1] 창의적 문제해결 사고 기법 모델에서의 수용안 탐색

출처: Puccio, Murdock, & Mance (2005).

11-1] 참고). 아이디어의 돌파가 일어나서 압축 상태를 풀어 주는 곳으로 돌파와 해결책이 결과의 실행을 통해 나타날 수 있다. 수용안 탐색의 단계는 아이디어 실행에 도움 또는 방해가 되는 환경적 조건을 이해할 수 있도록 한다. 이러한 창의적인 과정 속으로 맥락적 사고가 의도적으로 투입될 수 있다. 맥락적 사고란 어떤 해결책이나 변화를 도입하고자 주변 환경을 살피고 조사하는 내용을 포함한다. 리더는 이렇게 주어진 상황을 살펴봄으로써 새로운 아이디어를 지지해 줄 것 같은 혹은 가로막을 것 같은 사람, 자원, 조건 등의 요인을 파악할 수 있다. 리더는 이러한 요인들을 예측하여 지지해 줄 수 있는 환경으로부터 협력을 얻고, 방해가 될 것 같은 요소들은 극복해 나가도록 행동을 취한다. 그렇다면 맥락적 사고가 과연 아이디어의 실패를 완벽하게 막아 줄 수 있는 것일까? 100% 장담은 못하지만, 맥락적 사고는 아이디어가 성공할 수 있는 가능성을 높일 수 있다.

실행에 포함된 수용안 탐색과 계획 수립의 단계 사이에는 중요한 연결 고리가 존재한다. 수용안 탐색에서 맥락적 사고는 실행 계획에 대한 행동 사항을 알려 준다. 계획 수립 전에 수용안 탐색을 하게 되면, 더욱 정교화된 행동 방식의 가능성과 성공 가능성을 높일 수 있다. 하지만 맥락적 사고가 결여된다면 계획은 기계적인 방식으로 제한받을 수도 있다. 그러한 기계적 방식은 바로 해결책이나 변화를 실시하는 순서로 이어지기 쉬운데, 이러한 경우는 이미 주어진 환경이 지닌 여러 가지 영향력이나 요인의 반응에 대해 충분히 고려하지 않은 상황이라고 할 수 있다.

새로운 아이디어나 변화가 도입될 환경을 철저하게 조사하여 맥락적 사고를 능숙하게 하고 수용안 탐색도 잘 실행하기 위해서는 각 개인이 어떻게 효과적으로 확산적 사고를 하느냐가 중요하다. 핵심적인 지원자나 저항자를 간과해 버린다면 성공하기 어려워질 수 있다. 그러므로 확산적 사고와 수렴적 사고 사이에서 역동적인 균형을 맞추면서 확산적인 측면을 특히 강조해야 한다. 해결책이나 변화가 도입될 환경에 대한 조사가 끝나면, 해결책이나 변화가 실행됨에 따라 추후 중요하게 될 요소들을 파악할 수 있는 수렴적 사고가 필요하다. 그러므로 올바른 맥락적 사고를 향상시키는 데 구체적인 도움이 되는 2가지의 확산적 사고의 기법을 소개한다. 앞서 논의한 도구들은 수용안 탐색을 위한 수렴적 사고 실시 단계에서 적용할 수 있다.

수용안 탐색을 위한 확산적 사고 도구

수용안 탐색에서 확산적 사고는 리더가 시도하고자 하는 아이디어의 성공 여부를 지원하거나 방해하는 요소들에 대한 환경 조사를 충분히 하는 데 효과적이다. 확산적 사고가 없다면 비판적인 요소들을 무시해 버릴 가능성이 높다. 이 진행 방식에서 확산적 사고의 목표는 실행 계획을 세울 때 고려해야 할 요소를 가능한 한 많이 찾아내는 것이다. 특별히 이미 환경을 잘 인식하고 있는 경우에는 이렇게 찾아낸 많은 요소가 크게 놀라운 것이 아닐 수도 있다. 그러나 확산적 사고는 중요한 계획을 수립하면서 혹시라도 그냥 지나쳤을지도 모르는 만일의 사태에 대한

〈표 11-3〉 수용안 탐색: 확산적 사고 도구의 개요

도구의 명칭	도구의 역할	도구의 사용법
지원자와 저항자	만일의 사태를 계획하는 2가지 유형: 성공에 도움이 되는 자원(지원자)과 방해가 되는 자원(저항자)	새로운 해결책이나 변화의 실행에 있어 어떤 요소들이 도움이 되고 방해가 되는지 파악하기 위해 가장 기본적인 '누가, 무엇을, 어디서, 언제, 왜 그리고 어떻게'라는 질문을 사용한다. 확산적 사고는 각각의 유형 내에서 선택 사항들을 생성시키기 위해 적용된다.
이해관계자 분석	도입할 해결책이나 변화에서 기득권을 지니고 있는 주요 핵심 인물을 파악한다. 변화를 지지해 줄 사람들과 반대하는 사람들을 구별한다.	해결책이나 변화에서 기득권을 지닌 개인들의 명단을 작성한다. 강력히 후원하는 범위부터 강하게 반대하는 범위까지의 기준을 정해 개별 입장을 파악해 본다. 해결책이나 변화를 성공적으로 실행하기 위해서 지원자들이 어느 순간에 필요한지 결정한다. 반대쪽에 놓인 사람들이 조금씩 지지하는 쪽으로 움직일 수 있도록 각 개인을 위한 행동 방식을 만들어 낸다(예: 아주 강력하게 반대하는 사람을 중간 정도라도 찬성하는 방향으로 이끌 수 있도록 한다).

출처: Isaksen & Treffinger (1985); Noller et al. (1976); Mason & Mitroff (1981).

경각심을 일으키는 데 도움을 준다. 〈표 11-3〉은 확산적인 맥락적 사고에 몰입하도록 도움을 주는 2가지 방법에 대한 간략한 개요를 설명한 것이다. 아마도 리더는 똑같은 목표를 이루는 데 필요한 다른 도구들을 이미 알고 있을지도 모른다. 우리는 리더가 주어진 환

경에 대한 조사를 실행하는 방법이 무엇이든지 자유롭게 그것을 사용할 것을 장려한다.

지원자와 저항자

지원자와 저항자(assisters and resisters) 도구는 매우 간단하다. 확산적 사고는 2가지 광범위한 범주 내의 선택 사항을 만드는 데 활용할 수 있다. 그것은 제안된 변화의 실행을 도와줄 요소들과 그 변화를 거부할 요소들을 말한다. 이러한 요소들을 완벽하게 탐색하기 위해서 육하원칙(who, what, where, when, why, how) 도구를 사용할 것을 권장한다. 이를 통해 각 항목별로 지원자와 저항자를 구분할 수 있다. 〈표 11-4〉에서는 각 항목별로 지원, 즉 도움이 되는 것과 저항, 즉 방해가 되는 것을 밝히는 데 유용한 몇 가지 질문을 제공한다. 도움과 방해의 근본 원인을 파악할 때 이 표의 항목들을 잘 읽어 보고, 도움의 잠재적 원인과 방해의 잠재적 원인에 대한 표를 만들어 보자.

일부의 상황에서는 같은 요소가 동시에 도움의 요소가 되기도 하고 방해의 요소가 되기도 한다. 예를 들어, 특정한 아이디어에 대한 가장 중요한 의사결정자(예: 사장)의 의견을 모르고 있다면, 그 사람은 지원자 혹은 저항자 모두의 목록에 포함될 수 있다. 가능한 모든 도움 요소와 방해 요소를 생성한 다음에는 제안된 변화나 해결책에 대하여 긍정적으로 또는 부정적으로 가장 큰 영향을 미칠 수 있는 요소를 확인할 필요가 있다. 이를 위해서는 히트와 같은 수렴적 도구가 유용하다. 도움과 방해의 핵심적 원인들은 해결책이나 변화를 실

〈표 11-4〉 지원과 저항의 원인 검색

	지원의 원인	저항의 원인
Who	과정에 도움이 될 수 있는 개인이나 집단	과정에 방해가 될 수 있는 개인이나 집단
What	제안된 변화에 도움이 될 수 있는 것(예: 자원, 태도, 신념, 체계, 정책, 절차)	제안된 변화에 방해가 될 수 있는 것(예: 자원, 태도, 신념, 체계, 정책, 절차)
When	과정을 촉진해 줄 수 있는 시기와 관련된 사안(예: "변화를 위해 특별히 더 좋은 시기는 언제인가?")	과정에 방해가 되는 시기와 관련된 사안(예: "변화를 위해 적절하지 않은 시기는 언제인가?")
Where	성공을 지원해 줄 수 있는 물리적 위치나 장소	성공에 방해가 되는 물리적 위치나 장소
Why	제안된 변화를 지원할 수 있는 이유	처음부터 계획을 반대할 수 있는 이유
How	다른 사람들이 그 아이디어를 지원할 수 있는 행동	다른 사람들이 그 아이디어를 반대할 수 있는 행동

출처: Isaksen et al. (1994).

행하는 데 필수적인 행동 방식을 알도록 도와 줄 수 있다. 도움이 되는 원인의 장점을 활용하고 방해가 되는 원인을 극복하기 위한 행동 과정은 계획 실행 단계의 부분이 되어야 한다(12장 참고).

이해관계자 분석

이해관계자 분석(stakeholder analysis)이라는 개념은 1981년 Mason과 Mitroff가 처음으로 소개하였다. 그 이후로 전략적인 계획을 수립하고자 노력할 때 이 이해관계자 분석이 많이 채택되어 사용되고 있다. [그림 11-2]는 조직 상담가인 Tim Switalski(개인적 담화, 2004. 9. 16.)가 만든 것으로, Mason과 Mitroff(1981)의 작업에 기초를 두고 있다.

지난 몇 년에 걸쳐 미국 뉴욕 주의 버펄로와 캐나다의 포트이리를 연결해 주는 Peace교(橋)가 테마(signature) 다리로 바뀌어야 하는지, 아니면 똑같은 모양의 다리를 하나 더 만들어서 현재의 모습을 유지해야 하는지와 관련한 논란이 버펄로에서 계속 이어져 오고 있다. 상황을 개선해야 한다는 사실에는 다수가 동의하는 입장이었지만, 무엇이 최선책인지에 대한 진행 과정에서 약간의 논쟁이 있었다. [그림 11-2]는 테마 다리가 최선책이라고 결정을 내린 교량 당국(bridge authority)의 추정을 기반으로 해서 만든 것이며, 이제 그들은 이 계획이 사람들에게 받아들여질 수 있도록 일을 진행해 나가고자 한다. 이것은 자료 기반의 예가 아니라 단지 이해관계자 분석이 어떻게 작용하는지를 보여 주기 위한 예다. 이 예는 주요 이해관계자들뿐 아니라 프로젝트를 성공적으로 시작하는 데 필요한 지원 수준의 추정과 함께 현재 예상되는 지원자의 규모도 보여 준다. 관광청(tourism board)의 입장과 같은 이해관계자들의 정확한 입장에만 머무르는 것이 아니라, 어떻게 하면 그들이 우리의 계획에 있어 다른 사

이해관계자	강한 반대	약간 반대	보통	약간 찬성	강한 찬성	요구되는 행동 사항
시 정부 (미국)			× →	→	→ ○	다리 건설이 경기 부양 정책의 출발점으로서 어떻게 시작할 수 있는지에 대한 계획을 세운다.
다리 근교의 거주자들 (미국과 캐나다)	× →	→	→	→ ○		다리가 세워질 지역에 따른 적절한 관리 사항을 파악한다. 재배치 서비스를 제공한다. 재배치와 관련하여 새로운 기회를 강조한다.
일반 시민			× →	→ ○		테마 다리의 여러 가지 이익을 강조하는 캠페인을 시작한다.
국회의원 스미스		× →	→	→	→ ○	테마 다리가 국가적인 문제(예: 국경 안보)에 어떻게 기여할 수 있을지뿐만 아니라 지역의 쟁점이나 도전 과제를 어떻게 해결할 수 있는지도 입증한다.
지방 정부 (캐나다)			× →	→ ○		쌍둥이 경간(twin span) 다리에 비해 테마 다리만이 지니는 장점을 강조한다.
뉴욕 주 정부			× →	→ ○		다리 건설 사안에 관한 지역 토론 모임에 주요 정치가들을 초대한다.
다리를 이용하는 트럭 운전사와 사업체			× →	→	→ ○	테마 다리가 시간과 돈을 어떻게 절약해 줄 수 있는지 입증한다.
관광청 (미국과 캐나다)					×	다른 이해관계자들을 설득하기 위하여 관광청에서 제공하는 경제적 영향력에 관한 조사를 사용한다.
× = 현재의 입장 / ○ = 필요한 입장						

[그림 11-2] 이해관계자 분석의 예: 테마 다리 만들기

람들에게 긍정적 영향을 미치게 할지 고민해 보는 것도 매우 유익하다는 것을 잊지 말아야 한다. 이해관계자 분석을 사용하기 위해서는 다음 과정을 고려해야 한다.

1. **모든 이해관계자의 목록을 작성한다.** 이해관계자는 제안된 해결책이나 변화에 대해서 기득권을 가지고 있는 개인, 집단 또는 조직을 말한다. 그들은 의사결정의 권한을 지니고 있거나 아이디어가 성공하는 데 영향을 미친다. 확산적 사고를 통해 이해관계자들의 목록이 생성되면(20개 이상), 분석에 앞서 가장 중요하고 유용한 것을 선별하는 것이 좋다. 왜냐하면 해결책이나 변화를 실행하기 위한 계획을 세울 때 너무 많은 이해관계자에 대한 평가는 상황을 더욱 난처하게 만들 수도 있기 때문이다.

2. **현재 이해관계자들이 지원할 수 있는 정도를 파악한다.** 일단 모든 이해관계자가 구성되면, 해결책이나 변화를 위해 그들이 지원할 수 있는 정도를 확인해 본다.

3. **어느 정도의 지원이 필요한지 추정해 본다.** 리더가 생각하기에 이해관계자들의 현재 지원 수준이 어느 정도인지 파악되면, 그 다음으로는 해결책이나 변화의 성공적인 채택을 확실히 하기 위해 이해관계자들이 찬성 쪽으로 얼마나 더 움직여야 하는지를 예상해 본다. "이해관계자의 요구 사항은 혜결책이나 변화

를 성공적으로 실행하기 위해서 어디에 위치시켜야 할 것인가?"라고 각각의 이해관계자에게 질문해 보자.

4. **차이를 좁히기 위한 행동 방식을 작성한다.** 마지막으로, 각 이해관계자가 현재 지니고 있는 지원 수준과 필요한 지원 수준 간의 차이를 좁히기 위한 행동 방식을 정하여 파악한다.

수용안 탐색을 위한 수렴적 사고 도구

이 장에서 제시한 창의적 사고를 위한 2가지 도구는 공통적인 핵심 구조를 지닌다. 이들 도구는 모두 마치 자산과 부채를 모두 추적해 볼 수 있는 원장(元帳)과 같은 역할을 한다. 그러므로 제안된 해결책이나 변화를 통해 궁극적인 성공에 영향력을 행사할 가능성이 높다. 이 장에서 주장하는 수용안 탐색의 목적은 해결책이나 변화를 실행으로 옮기기 전에 개인이나 집단이 성찰의 시간을 가질 수 있도록 도와주는 것이라고 설명하였다. 이러한 성찰의 시간은 나중에 일어날 상황에 대하여 당황하지 않도록 해결책이나 변화를 도입하는 데 있어 주변 환경을 잘 살펴볼 수 있게 한다. 수용안 탐색 단계에서 확산적 사고는 해결책이나 변화의 효과를 위한 많은 요인을 찾아낼 수 있게 한다. 수렴적 사고는 앞으로 계획을 진행함에 있어서 가장 결정적인 역할을 하게 될 요인에 초점을 맞출 수 있도록 에너지를 모아 준다. 가령, 대략 40개 정도의 방해물과 53명의 이해관계자 또는 28개의 지지 세력이 존재한다면 어떤 행동 계획을 수립한다는 것 자체가 어려울 수도 있다. 많은 선택 사항을 감당하고 처리할 수 있는 수준으로 선별하기 위해서는 히트와 같은 도구를 사용할 수 있다. 예를 들어, 히트는 지원자, 저항자, 주요 이해관계자를 인식하는 데 도움이 될 것이다.

창의적 문제해결의 다음 단계는 무엇인가

수용안 탐색의 다음 단계는 무엇일까? 이 질문에 답하기 전에 수용안 탐색의 산출물을 강조해 보자. 수용안 탐색을 마치고 난 후 해결책이나 변화를 전개해 나가기 위해서는 무엇을 고려해야 하는지 알 수 있을 것이다. 바로 '도움이 되는 측면은 무엇이며, 잠재적인 장애물은 무엇인가?'를 생각하는 것이다. 만약 직면하고 있는 상황이 상당히 복잡하다면, 리더는 이러한 통찰력으로 더욱 체계적이고 명확한 계획을 세울 필요가 있다. 특히 리더가 조직과 함께 일을 진행해 나가려면 실행에 앞서 더욱 협력을 이루어야 한다.

이러한 경우, 우리는 수용안 탐색을 통해 실행의 행동 방식에 관한 정보를 사용해 볼 것을 추천한다. 맥락적 사고가 계획 실행의 방식을 앞서 갈 때, 궁극적으로 성공의 가능성을 높이는 과정에 지혜와 통찰력을 주입할 수 있다. 앞서 언급했듯이, 수용안 탐색 단계의 산출물은 자연스럽게 계획 수립으로 이어진다. 만약 아직 계획 수립으로 들어갈 준비가 되어 있지 않다면 다음 과정의 의사결정을 위해 6장에서 언급한 If-Then 도구를 사용해 보자.

학습 내용 적용

리더십의 핵심은 변화를 촉진하고 이끌 수 있는 능력이다. 창의적 변화를 성공적으로 도입하기 위해서 리더는 민감하게 환경을 파악할 수 있는 능력을 반드시 갖추어야 한다. 리더는 제안된 변화에 대해 지원하거나 저항할 수 있는 요인들을 빠르게 예측할 수 있어야 한다. 이렇게 예측된 사고는 실패를 사전에 예방해 주고, 경우에 따라서는 재앙도 막아 준다. 공자의 말을 인용하자면, "멀리 보지 못하는 사람은 바로 앞에 닥친 슬픔만 쳐다보며 한탄하게 된다." 시도해 볼 만한 몇 가지 활동은 다음과 같다.

1. 주어진 환경을 통해 세부 사항, 반응, 환경적 단서를 빠르게 인식하는 방법을 연습해 보자. 회의나 사회적 상호작용을 잘 관찰해 보고, 사람들이 주어진 주제나 상황에 대해 어떻게 느끼고 무슨 생각을 하는지 나타낼 수 있는 행동적 지표를 기록한다. 주제나 아이디어에 대해서 찬성 혹은 반대의 입장을 보여 줄 수 있는 목소리 톤, 열정적인 자세나 몸짓, 기권 등의 비언어적 행동에 특히 주목하라. 얼마나 효과적으로 상황을 '파악할' 수 있는가?

2. 다른 사람들이 아직 받아들일 준비가 되어 있지 않은 아이디어나 상황을 소개하고자 할 때 리더가 그것을 성공적으로 잘 이해시켰을 때와 이해시키지 못했을 때를 생각해 보자. 각각의 상황에서 무엇이 효과가 있었고 무엇이 효과가 없었는지를 분석해 보자. 다른 방식으로 행동했더라면 어떤 일이 일어났을지를 상상하여 작성해 보자.

3. 발전시킨 해결책을 확인하고 실행을 위해 준비하라. 이 해결책의 실현을 위해 지원이나 방해가 될 사항을 검토해 보자. 특히 방해가 되는 사항을 극복하기 위한 아이디어를 만들어 내고, 지원자들이 방해 요소를 극복해 나가도록 하기 위해 어떤 영향을 주어야 하는지도 생각해 보자. 이 도구를 사용하면서 얻은 새로운 통찰력이 무엇인지 확인해 보자.

4. 팀의 리더로서 실행하고자 하는 의사결정이나 행동 방식에 팀 내 모든 구성원의 참여가 필요한 경우를 생각해 보자. 이해관계자 분석 기법을 사용하여 현 쟁점에서 생각하기에 각 구성원이 어느 정도의 입장을 취하고 있는지 먼저 알아보자. 그다음 리더가 실행하고자 하는 아이디어가 성공하기 위해서는 앞으로 각 구성원이 어느 정도의 입장 변화를 보여야 하는지 검토해 보자. 각 구성원이 현재와는 다른 입장을 취하도록 하기 위해서는 무엇이 필요하겠는가?

5. 그 아이디어를 제안하고 있는 신문 기사를 찾아보자. 그 기사를 철저하게 읽어 보고, 그 내용에서 다루고 있는 아이디어에 도움을 줄 수 있는 것과 방해가 될 수 있는 것을 확인해 보자. 방해가 될 수 있는 사항을 극복해 나가기 위해서 리더는 무엇을 할 수 있을지 생각해 보자.

제12장

계획 수립:
전술적 사고를 위한 도구

> 당신이 옳은 길에 있다고 할지라도 그 길 위에 계속 앉아만 있다면 사고가 날 수 있다.
>
> —Will Rogers—

미리보기

"Just do it." Nike의 이 슬로건은 분명한 해결책을 실행하도록 이끄는 하나의 접근을 의미한다. 사실 리더는 무언가를 빨리 실천하려는 행동 지향형이 많다. 하지만 실행에 앞서 미리 계획을 세운다면 성공적인 결과가 나올 가능성은 높아질 것이다.

당신은 매우 중요한 사항을 간과해 버렸다가 뒤로 물러서야만 했고, 이로 인해 예상치 못했던 시간과 에너지를 추가로 부담해야 했던 적이 있는가? 아마도 그 당시에는 흥미롭게 보이는 해결책을 급하게 실행하려고 했기 때문에 적절하게 필요한 방식으로 진행시킬 여유가 없었을지도 모른다.

이 장에서 우리는 계획 수립과 CPS 과정의 진행 단계에서 사용되는 전술적 사고에 대해 논의할 것이다. 또한 계획 수립을 위한 창의적인 접근법을 살펴보고 4가지 도구, 즉 행동 단계 도출(generating action steps), How-How 다이어그램, 순서 정하기(sequencing), 성과 계기판(performance dashboard)을 소개할 것이다. 이러한 도구들은 리더의 해결책이나 창의적인 변화를 성공적으로 실행하고 그 결과를 관찰하는 데 유용하게 쓰일 것이다.

리더십에서의 전술적 사고

CPS에서 **전술적 사고**(tactical thinking)란 목표를 성취하기 위해서 구체적이고 측정 가능한 단계로 계획을 세우고 그 효과를 관찰하는 것이다. 비록 많은 일이 언제나 눈으로 확인되고 또 예고되는 것은 아니지만, 리더가 좋은 성과를 내기 위해서는 전술적 사고가 필요하다. 명확한 전술적 사고의 결과로 아이디어가 실행되고 순조롭게 일이 진행되며, 복잡한 프로젝트가 정확한 시간과 예산에 맞추어 효율적으로 완료될 수 있다. 계획을 세우면 리더는 반드시 성취해야 할 과제에 대해 생각해 볼 수 있고, 일정표와 기한을 설정하여 필요한 자원을 조정할 수도 있다. 해결책 혹은 변화를 성공적으로 실행하기 위해서 리더는 필요한 기타 세부사항 전체를 관리할 수 있는 성찰의 시간을 가져야 한다.

리더가 수립하는 계획은 비공개로 이루어지기 때문에 눈으로 확

〈생각 상자 12-1〉 핵심 어휘

계획 수립을 위한 주요 어휘

- **행동 단계(action steps)**: 목표하는 결과물을 위해 개인과 집단이 수행하는 구체적이고 관찰 가능한 활동
- **계획 수립(formulating a plan)**: 실행에 앞서 계획을 정교하게 다듬도록 초점을 맞추는 CPS 과정의 진행 단계
- **전술적 사고(tactical thinking)**: 목표하는 결과물을 위해 구체적이고 측정 가능한 방식으로 계획을 세우고 그 효과성을 검사해 보는 것
- **위험 감수(tolerance for risks)**: 실패나 좌절의 가능성으로 인한 불안감을 최소화하는 것

인할 수 없는 경우가 많다. 최종 결과물만이 평가될 수 있다는 사실로 인해 그것을 가능하게 만들었던 필수 작업량이 충분히 인식되지 못할 수도 있다. 하지만 중요한 사건을 생각하고 반드시 관리해야 할 세부 사항을 모두 상상해 볼 때 계획 수립은 매우 중요한 단계다.

2004년 아테네 하계 올림픽의 예를 통해 계획 수립의 효율성에 대한 논란을 생각해 보자. 2000년부터 중요한 일정이 제대로 지켜지지 않는 상황이었기 때문에 2004년 8월 개막식이 불가능하지 않을까라는 우려의 목소리가 높았다. 사람들은 진행 상황을 눈으로 확인할 수 없었기 때문에 이 행사 조직을 담당하는 그리스 관리팀에 불만을 표출했다. 사실 2000년 4월에 국제올림픽위원회의 Juan Antonio Samaranch 위원장은 "이 행사를 위한 획기적인 개선이 없는 한 2004년 그리스에서 열리는 올림픽은 스포츠의 영적 고향이라는 역사적 지위를 빼앗길 수도 있을 것이다."라고 우려했다(BBC News, 2000, p. 1). 마침내 원활한 올림픽 운영을 위해 아테네 올림픽 유치의 주역이었던 Gianna Angelopoulos-Daskalaki가 영입되었다. 명확하고 노련미를 갖춘 전술적 사고가인 그녀는 과제와 세부 사항을 재정리했으며, 목표를 향한 돌파가 이루어질 때까지 팀 전체의 활동을 감독하여 결국 2004년 하계 올림픽을 예정대로 진행했다. 불완전한 개최지와 수송 인프라에 대해 Angelopoulos-Daskalaki는 다음과 같이 언급하였다. "이러한 일들을 하려면 엄청난 노력이 필요할 것이다. 하지만 도전을 중단했다면 여기까지 오지도 못했을 것이다."(BBC Sports, 2004, p. 1)

지난 2010년 캐나다 밴쿠버 동계 올림픽에서는 눈이 적절하게 내리지 않을 경우를 대비하여 어떤 일들을 준비하고 있었을까? 분명한 사실은 누군가가 만일의 사태를 대비하여 철저한 준비를 계획하고 있었다는 것이다. 바닥에는 건초더미를 깔고, 덤프트럭으로 많은 양의 눈을 실어 날랐다. 그리하여 따뜻한 날씨로 인해 경기가 취소되는 사태는 벌어지지 않았다. 다만 관람객들은 건초더미에 덮인 흔들리는 눈 위의 안전이 보장되지 않아 입장할 수 없었다.

효과적인 전술적 사고가 필요한 또 다른 영역은 바로 군사 작전이다. 아마도 가장 역사적인 사례는 제2차 세계대전 중인 1944년 6월 6일 이뤄진 프랑스 노르망디 상륙 작전일 것이다. 대대적인 군사 작전을 위해 얼마나 치밀한 계획을 세워야 하는지 상상할 수 있겠는가? 공영방송은 당시에 수행한 병참 업무를 부각해 D-Day 60주년 기념 특별방송을 방영했다. 이 프로그램의 대본은 다음과 같다.

> 1688년 이래 침략군은 이렇게 예측 불가능하고 위험한 해협을 건넌 적이 없었다. 대대적인 병력이 일단 출정하면 후퇴가 없었다. 시선이 미칠 수 있는 곳까지 5천 대의 함대가 뻗어 나가 15만 명의 병력과 거의 3만 대의 차량을 싣고 해협을 건너 프랑스 해변으로 진입했다. 800대의 비행기가 6개의 낙하산 연대(1만 3천 명 이상)를 싣고 9개의 영국 비행장에서 날아갔다. 침입 전에는 300대 이상의 비행기가 즉시 1만 3천 발의 폭탄을 노르망디 해안에 떨어뜨렸다. 전쟁 참모들은 공격 개시 후 처음 20일간 매일 5천 톤의 휘발유가 필요할 것으로 예상했다. 가상 시나리오에서는 프랑스에서의 첫 4개월간 3천 489톤의 비누가 필요하다고 밝혔다(PBS, 연도 미상).

이와 같은 구체적인 계획은 군대를 통치하거나 올림픽 같은 국제적 행사를 기획할 때 필요하다. 특히 초기 탐험가들이 위험한 탐험을 시도하고자 할 때는 대원들의 목숨이 달려 있으므로 더욱 철저한 계획이 필요하다. 〈생각 상자 12-2〉에서는 노르웨이 사람인 Roald Amundsen과 영국 사람인 Robert Falcon Scott이라는 두 탐험가의 일화를 다루었다.

〈생각 상자 12-2〉 실화

남극 탐험

20세기 초, 지구에서 인간의 손길이 닿지 않았던 곳 중 하나는 남극이었다. 두 탐험가인 영국의 Robert Falcon Scott과 노르웨이의 Roald Amundsen은 극한의 남극 지점을 누가 먼저 정복하느냐를 두고 경쟁하게 되었다. 화씨 −70°의 혹독한 자연환경에서 그 땅을 정복한 사람이 없었고, 자원의 양 또한 얼마나 많은지 알 수 없었기 때문에 최초 탐험으로 시도할 만한 충분한 가치가 있었다.

두 탐험가는 서로 경쟁하여 같은 탐험을 계획하고 있다는 것을 알게 되었다. 이 시합의 결론은 Roald Amundsen이 1911년 12월 14일 오후 3시 정도에 폴하임에 위치한 폴홈(Pole Home)이라는 곳에 노르웨이 깃발을 먼저 세운 것으로 마무리되었다. Robert Scott 팀은 1912년 1월 17일, 먼저 도착한 노르웨이 깃발을 발견하고 철수하였다.

사학자들은 이렇게 다른 성과를 낸 두 탐험가를 여러 가지 관점으로 연구해 오고 있다. 초기에는 예측하기 힘든 날씨 속에서 Scott의 노력이 매우 영웅적이었다고 보고되었다. 하지만 후에 학자들은 Amundsen의 탁월한 계획 및 전술적 사고와 비교하여 Scott의 오만한 리더십이 잘못된 의사결정을 내리게 하였다고 비판했다.

중요하게 계획된 요소는 팀 구성원과 장비를 위한 운송 수단의 선택이었다. Amundsen은 최대한 많은 수의 썰매 개를 확보하였고, Scott은 그보다는 적은 수의 개, 시베리아 조랑말 그리고 3개의 모터 썰매에 의존하였다. 썰매를 끄는 개뿐만 아니라, Amundsen은 빙하 속에 갈라진 틈이 있는 살얼음으로 가득한 곳을 횡단하기 위해 스키를 사용하였다. 반대로 Scott은 강추위로 인한 장비 고장과 숨을 거둔 조랑말들 때문에 계획에 차질이 생겼다. 공급된 장비와 계획에 따르면 4명의 인원에 맞춘 것이었음에도, 마지막 몇 분을 남기고는 Scott의 팀에 한 사람을 더 합류시킨 일도 있었다. Amundsen은 괴혈병을 방지하기 위한 식단도 미리 치밀하게 계획하였다. 게다가 그는 남극에 60마일 가까운 Whale 만 근처로 탐험의 시작 지점을 선택하였다.

탐험에 있어 날씨가 매우 중요하게 작용하였지만, Amundsen의 철저한 계획은 성공과 실패의 결정적 요인이 될 수 있었다. 불행하게도 Scott의 팀은 이와 같은 엄청난 정복의 실패로 인해 5명의 대원이 목숨을 잃고 말았다.

출처: http://library.thinkquest.org/26442/html/explore/comparison.html
http://en.wikipedia.org/wiki/Controversies_surrounding_Robert_Falcon_Scott

두 사람 사이에는 누가 남극에 먼저 도착하여 승리의 깃발을 세우느냐에 대한 경쟁이 붙었다. 이는 전술적 사고의 가치를 입증하는 계기가 되었고, 맥락적 사고가 전술적 사고로 발전할 수 있는 방법을 설명하였다. 예상하지 못했던 과제들이 남극 지방의 외부 환경 때문에 발생할 수 있다는 사실은 계획을 세우는 데 매우 중요한 증거가 되었다. 또한 성공적인 탐험의 보조 역할 중 하나는 혹독한 조건에서 살아남는 원주민들의 생존법을 아는 것이었다.

올림픽 기획과 대규모 군사 작전, 남극 탐험의 사례를 통해 알 수 있듯이, 이러한 성공 뒤에는 극적이고 복잡함에도 불구하고 계획이라는 공통된 요소가 있음을 발견할 수 있다. 각각의 사례에서 활용한 사고 기법은 바로 전술적 사고다. 일의 실행을 위해서는 비전 탐색이나 아이디어 탐색에서 사용된 '만약에(what if)'라는 접근법이 아닌 '지금 무엇을(what now)'이라는 사고가 필요하다.

계획하는 일이 중요하듯, 리더는 언제 계획을 멈추고 실행해야 할지를 반드시 알고 있어야 한다. 모든 돌발 상황을 고려하여 철저한 계획을 확실하게 수립해야 한다. 하지만 경쟁력에 있어서 실행 속도가 결정적인 역할을 하는 현대 사회에서는 중요한 요소를 인식하면서 부적절한 내용을 정리하는 것도 중요하다. 하나의 아이디어를 평가할 때 '분석 마비(analysis paralysis)'에 걸릴 수 있는 것처럼 '계획을 위한 계획(plan to plan)'만 추구하다가 결코 앞으로 나가지 못할 수 있기 때문이다. 고정관념으로 인해 이러한 상황이 벌어지면 실행에 따른 위험 감수를 회피해 버리거나 변화의 필요성을 무효로 만들어 버릴 수도 있다. 제2차 세계대전에 참전했던 George S. Patton 장관은 다음과 같이 표현했다. "오늘 바로 현실적인 계획을 수립하는 것이 내일의 완벽한 계획보다 훌륭하다." 〈표 12-1〉은 리더가 계획 수립(formulating a plan)을 능숙하게 해야 하는 몇 가지 이유를 설명해 준다.

정의적 기법인 위험 감수가 전술적 사고를 지원하는 방법

전술적 사고를 지원해 주는 정의적 기법은 **위험 감수**(tolerance for risks, 실패나 좌절의 가능성으로 인한 불안감을 최소화하는 것)다. 이것은 당신이 해결책을 실행하는 과정에서 부딪힐 수 있는 어려운 과제를 극복하는 데 도움을 줄 것이다. 우리 모두에게는 위험을 감수할 수 있는 다양한 수준이 있다. 개인은 삶에서 혼자가 된다는 것에 대한 두려움이 불행한 것이라고 판단하여, 새롭거나 잘 알려지지 않은 직업보다는 위험 요소가 적은 안정된 직업을 선호하는 경향이 많다. 당신이 만약 그러한 과정을 취하는 데 두

〈표 12-1〉 리더가 계획 수립을 능숙하게 해야 하는 주요한 이유

- 아이디어를 가지고만 있고 실행하지 않으면 그것은 단지 아이디어일 뿐이다.
- 계획을 다른 사람들과 공유한다는 것은 리더가 실행을 하기 위해 진지한 태도를 취한다는 의미다.
- 의도적인 계획 수립은 결정적인 사항을 잊어버리지 않도록 도와준다.
- 낭비된 자원, 최후의 순간에 필요한 필수품 비용, 시간 외 수당 등 퇴각 및 후퇴에 따른 비용을 최소화할 수 있다.
- 순서대로 과제를 정리하는 것과 과제가 어떻게 마무리되는지와 관련한 진행 단계가 순서에서 벗어나지 않도록 사전에 예방할 수 있다.
- 행동과 사건이 어떻게 상호작용하는지 이해할 수 있다.
- 세부적이고 여러 가지 해결책이 제시된 복잡한 상황을 리더가 관리할 수 있도록 한다.
- '할 수 있다.'와 '이 일은 그렇게 어렵지 않다.'는 자세를 취하게 한다.
- 실행하기 급급한 성향의 리더를 위해서는 '멈춰 서서 상황을 신중하게 생각해 볼 수 있는' 여유를 제공한다.

출처: Puccio, Murdock, & Mance (2005).

려움을 느끼면서도 새로운 직업을 찾아 나선다면 어떠한 가능성이 펼쳐질 수 있을까? 한때 최고의 영광을 누렸던 사람이 직업을 잃게 된 후 자기 사업을 시작했다는 사례를 종종 들을 수 있다. 그러한 경우, 그들에게는 잃어버릴 것이 없기 때문에 위험을 감수해야 할 필요도 없는 상황이다.

그렇다면 위험의 양은 어느 정도가 적절한 것일까? 이것은 매우 훌륭한 질문이다. 남극 탐험가 Robert Scott은 검증되지 않은 경주마와 기계 장비들을 지나치게 믿고 자신의 운명을 걸었다고 할 수 있다. 반면에 실패할 수도 있다는 두려움으로 직업을 찾아보려는 시도조차 하지 않고 집에만 있는 실직자의 경우도 있다. 위험 감수는 되돌아가지 않는다는 것을 의미할 수도 있지만, 과도하게 무모한 행동을 하는 것 또한 경계해야 한다.

계획 수립의 특성과 목적

계획 수립은 CPS의 과정에서 매우 간단한 단계로, '실행하기 위해 실제로 해야 할 일이 무엇인가?'를 구체적으로 표현하는 진행 방식이다. 이미 이 단계로 진입했다면, 리더는 문제를 처리하기 위한 해결책이나 기회를 위해 제안된 변화를 가지고 있을 것이다. 그리고 다른 사람들과 평가하고 수정하면서 검증의 단계를 거쳤을 것이며, 실행을 위해 움직일 준비가 되어 있을 것이다([그림 12-1] 참고). 또한 리더는 이 단계까지 이르기 위해서 CPS 과정의 다른 단계도 이미 사용해 보았을 것이다. 또는 상황 평가에서 어느 정도의 시간을 보낸 다음 계획할 준비가 되어 있다는 것도 느낄 것이다.

이 단계의 목적은 리더가 성공적으로 자신의 해결책 혹은 변화를 실행하도록 가능한 모든 행동 방식을 탐색하고 핵심 요소를 파악하는 것이다. 이러한 요소들은 논리적 혹은 효과적인 순서로 배열·실행됨으로써 사람들에게 영향을 미칠 수 있다. 서둘러 해결책을 실행하거나 변화를 도입했다가 계획의 중요한 측면을 간과해 버렸기 때문에 어려움에 처한 경우도 있었을 것이다. 그러한 경우, 아마도 세부적인 내용을 무시했기 때문에 다시 후퇴해야 하는 상황이었을 수도 있다. 리더의 노력대로 조절이 되지 않아 실행이 지연된 경우도

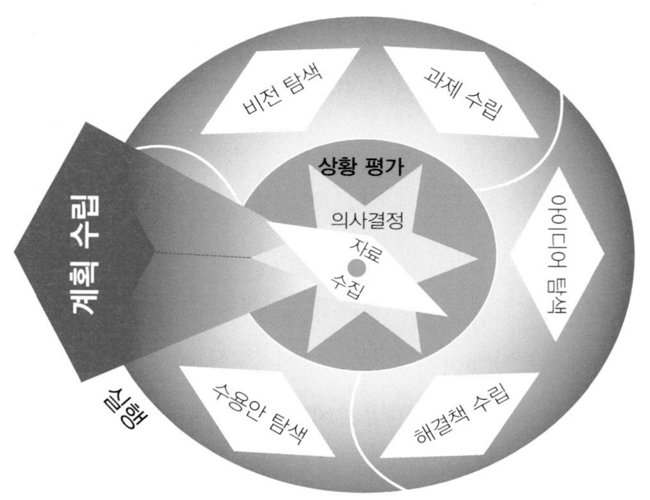

[그림 12-1] 창의적 문제해결 사고 기법 모델에서의 계획 수립

출처: Puccio, Murdock, & Mance (2005).

있었을 것이다. 또는 핵심적인 인물이 동의하지 않아 시작이 지연될 수도 있다. 참신한 해결책이나 변화를 도입하려고 준비할 경우, 특히 큰 이해관계가 달린 상황에서는 확실한 성공을 위해 필요한 요소를 명백하게 해 두는 것이 바람직하다.

계획 수립 단계에서는 매우 세부적이고 구체적인 특성으로 인해 정확성이 필요하다. 이것은 정기적으로 해야 할 일의 목록을 만들거나 대규모 프로젝트 실행에 참여했던 사람에게는 익숙한 업무로 느껴질 것이다. 여기서는 역동적인 균형을 유지하면서 여전히 확산적 사고가 존재해야겠지만 그보다 수렴적인 사고가 더욱 요구된다. 예를 들어, 해야 할 일의 목록을 만든다는 것은 머릿속의 과제들을 꺼내 놓는다는 것을 포함한다. 계획 수립 단계에서 리더는 성취하고자 하는 여러 과제를 탐색할 수 있도록 확산적 지침을 사용한 다음에 수렴적 지침을 활용하여 최종 결정을 내릴 수 있다.

CPS의 이 단계에서는 성취감을 느낄 수 있다. 왜냐하면 '현실에 부딪히는' 지점에 이르게 되었지만 실행을 하겠다는 마음의 준비를 했기 때문이다. 이 단계에서는 "그거 참 좋은 아이디어군."에서 "이 일을 해낼 수 있어."로 이미 이동하였다. 사실 실행을 구체적인 행동 방식으로 분리하는 것이 과정을 처리하기에는 더 쉬워 보일 수 있다. 즉, 어떤 일이 가능하다는 느낌을 통해 명확성, 초점 그리고 에너지를 느낄 수 있기 때문이다. 일단 명확한 계획을 세우고 해결책을 실행하기 위해서 어떤 것들이 필요한지에 대한 현실적인 평가가 이루어져야 한다. 다음으로 그 결과물이 실행할 노력의 가치가 있는지 확인할 수 있는 기회가 한 번 더 필요하다.

여기서 제시한 확산적 및 수렴적 도구는 리더가 실행을 위한 전술적 사고를 필요로 할 때 계획 전반에 걸쳐 안내자 역할을 할 것이다.

계획 수립을 위한 확산적 사고 도구

다음에서 제시하는 확산적 도구들은 해결책이나 변화를 실행하는 데 리더가 필요한 것을 중심으로 생각하도록 설계되었다. 우리는 2가지 도구를 제시하지만, 리더가 잘 알고 있는 여러 가지 다양한 도구도 접목할 수 있다. 프로젝트 관리 책자, 과정, 소프트웨어 등을 통해서 계획 수립 도구를 발견할 수

〈표 12-2〉 계획 수립을 위한 확산적 도구

도구의 명칭	도구의 역할	도구의 사용법
행동 단계 도출	해결책 또는 변화를 실행하기 위한 단계를 광범위하게 탐색한다.	해결책 또는 변화를 실행하는 데 필요한 단계로 확산적 사고를 사용한다. 해결책 또는 변화의 성공적인 도입과 관련된 모든 행동 방식을 모으기 위해 확산적 사고 지침을 따른다.
How-How 다이어그램	개인이나 집단이 해결책이나 변화를 실행하기 위해 구체적인 행동 방식을 인식하도록 도와준다.	실행하고자 하는 해결책 또는 변화를 인식한다. "어떻게 이것을 성취할 수 있는가?"라고 물어보고 그 대답을 적는다. 이것은 행동 방식의 첫 번째 요소가 될 수 있다. 각각의 최초의 행동 방식마다 다시 "어떻게 이것을 성취할 수 있는가?"라는 질문으로 돌아가서 그 대답을 적는다. 논리적인 한계에 도달할 때까지 "어떻게?"라는 질문을 계속 이어 나간다.

출처: Isaksen & Treffinger (1985); Isaksen et al. (1994), Higgins (1994); Majaro (1991).

있다. 〈표 12-2〉에서는 전술적 사고에서 유용하게 사용하는 2가지의 기본적인 확산적 도구를 간략하게 설명하였다.

행동 단계 도출

그날 해야 할 일을 모두 열거하면서 하루를 시작한 적이 얼마나 있는가? **행동 단계 도출**이라는 도구(Isaken et al., 1994; Isaksen & Treffinger, 1985)는 '해야 할 일' 목록을 만드는 것과 유사하다. 여러 가지 활동과 과제를 맡고 있는 사람은 해야 할 일의 목록을 만들고 창의적인 해결책이나 변화를 실행하기 위한 모든 요소를 고려할 시간이 필요하다. **행동 단계**(action steps)**는** 목표하는 결과물을 위해 개인과 집단이 수행해야 하는 구체적이고 관찰 가능한 활동이다.

행동 단계 도출을 사용하기 위해서는 다음과 같은 사항을 고려해야 한다.

1. **해결책이나 변화를 기술한다.** 제안된 해결책 혹은 창의적 변화에 대한 설명을 작성한다. 다른 도구와 마찬가지로 진술문으로 시작하는 것이 생각을 집중하는 데 도움이 된다. "나/우리는 ……을 추구하기로 다짐한다."라는 구조의 문장으로 해결책이나 변화에 대한 설명을 시작해 본다. 이 문장에 있는 동사를 리더의 상황과 연결하여 다른 동작 동사로 자유롭게 바꾸어 본다(예: 만든다, 제안한다, 개발한다, 생산한다, 제공한다).

2. **행동 단계에 대한 확산적 사고를 한다.** "나/우리는 ……을 실행하기 위해서 무엇을 해야 할까?"라고 질문한다. 행동 단계에 대한 포괄적인 목록을 만들기 위해 확산적 지침을 사용한다. 더욱 많은 잠재적인 방식을 탐색하는 데 도움이 되도록 브레인스토밍 같은 도구를 사용한다. 잠재적인 행동을 남김없이 도출했다는 생각이 들면 "나/우리는 ……을 실행하기 위해서 어떤 것을 해야 할까?"라는 질문을 통해 한 걸음 더 나아갈 수 있다. 이 목록에서 성공에 결정적으로 필요한 모든 행동 단계

가 파악될 때까지 계속적으로 확산적인 아이디어를 생성한다.

계획 수립에서 CPS 과정으로 들어가고 있다면 행동 단계를 도출하기 전에 맥락을 충분히 파악했는지 확인하기 위해 수용 탐색의 도구 중 하나를 사용할 것을 추천한다. 예를 들어, 지원자와 저항자, 이해관계자 분석이 성공에 도움이 되거나 방해가 되는 요인들을 인식하는 데 매우 효과적이다. 행동 단계 도출에서 해결책이나 변화의 수용에 각각 도움이 되거나 방해가 될 만한 힘이 작동한다는 것을 기억하자. 예를 들어, 파악된 지원처로부터 지지를 이끌어 내는 데 필요한 행동 단계가 필요하다. 반면 어떤 행동 단계에서는 잠재적인 저항의 원천을 극복하는 데 주력해야 할 수도 있다. 이때는 공식적이고 구체적인 생각을 해야만 한다. 신중하게 이러한 계획 수립 요소를 행동 단계 목록으로 확정하라. 그리고 행동 단계를 도출하는 동안 가시적인 수용 탐색 도구가 무엇이더라도 결과를 취해야 한다.

How-How 다이어그램

행동 단계 도출이라는 도구가 광범위하면서 직관적인 탐색이라고 한다면, **How-How 다이어그램**은 좀 더 구체적이고 구조적이다 (Higgins, 1994; Majaro, 1991). 이 절차는 전반적인 행동 단계를 리더가 먼저 인식하도록 이끈 다음 매우 구체적인 행동과 활동으로 들어가게 한다. How-How 다이어그램을 사용하기 위해서는 다음 사항을 고려해야 한다.

1. **해결책이나 제안된 변화를 인식한다.** 먼저 한 장의 종이 혹은 플립차트의 왼쪽에 해결책이나 변화의 목록을 정리하는 것부터 시작하자. "나/우리는 ……을 추구하기로 다짐한다."라는 진술문을 사용해 본다.

2. **"어떻게?"라는 질문을 하고 대답을 기록한다.** 제안된 해결책이나 변화를 생각하고 "어떻게?" "어떻게 나/우리는 이 일을 성취해 낼 수 있을까?"라고 스스로 질문해 본다. 해결책 혹은 변화의 행동 단계로서 오른쪽에 최초의 대답을 기록한다.

3. **"어떻게?"라는 질문을 다시 하면서 대답을 기록한다.** 최초 행동 단계들을 나열한 다음에 다시 "어떻게?"라는 질문을 하자. 이번에는 각각의 최초 행동 단계에 대해 "어떻게 이것을 성취할 수 있을까?"라는 질문을 던진다. 해당하는 행동 단계의 오른쪽에 다양한 반응을 열거하여 목록을 작성한다.

4. **질문과 기록을 계속한다.** 사고의 실마리에서 논리적인 결론에 도달할 때까지 "어떻게?"라는 질문을 계속한다.

이 도구를 사용할 때는 확산적 사고를 위한 지침을 따른다. 결과적으로 리더는 실제로 사용할 것보다 더 많은 행동 단계를 도출할 수 있지만, 추구하고자 하는 행동 단계를 선택하기 전에 먼저 확산적인 사고를 하는 것이 중요하다. 처음부터 확산적인 자세를 갖는다면 전반적인 성공을 위한 핵심 행동을 발견할 확률이 높아진다.

[그림 12-2]는 How-How 다이어그램의 사례로, 가상의 기업에 대해 설명하였다. 이 상황에서 대규모 조직에 속한 지역 사무소의 종업원들은 엄청난 성장을 경험하였고, 그 결과로 그들은 그동안 물리적 공간을 사용하는 것에 관심을 기울일 수 없었다. 많은 경우 부

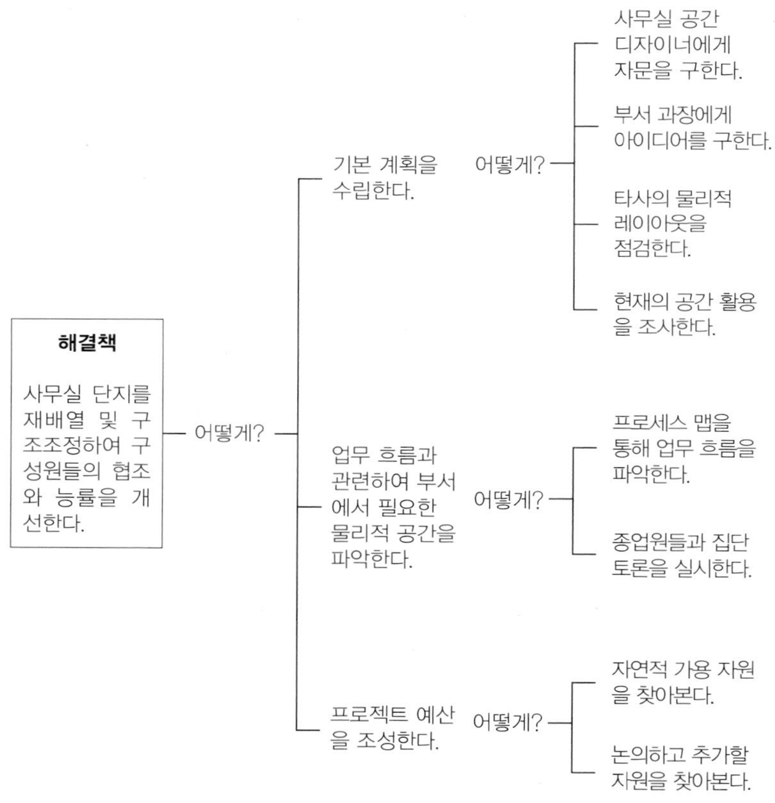

[그림 12-2] How-How 다이어그램의 사례

출처: Puccio, Murdock, & Mance (2005).

서들은 자신들의 물리적 공간을 늘려 왔다. 그리하여 전에는 같은 부서에 있는 부서원들 중 다른 공간에 배치된 사람들이 있었고, 결정적인 관계를 맺는 사무실들이 가까이 위치하지 못해 물리적인 수납 공간의 문제가 발생했다. 이 사례에서 우리는 사무실 단지의 재배열과 구조조정에 대한 해결책, 즉 구체적인 행동 단계를 How-How 다이어그램으로 도출해 볼 수 있다. 이 예에서는 "어떻게?"라는 질문을 두 단계만 진행하였다. 그러나 일반적으로 실제 상황에서는 논리적인 결론에 도달하거나 명백하게 아주 범위가 좁고 구체적인 행동(예: 전화를 걸기 위해 수화기를 드는 것, 이메일을 보내기 위해 컴퓨터를 켜는 것)을 도출할 때까지 "어떻게?"라는 질문을 계속한다.

계획 수립을 위한 수렴적 사고 도구

이 장에서 다룬 확산적 도구는 모두 해결책이나 변화를 성공적으로 실행하기 위해서 취해야 할 행동을 종합적으로 탐색하는 데 도움이 되도록 설계한 것이다. 일단 긴 행동 단계 목록이 만들어지면, 다음 단계로 가장 중요한 행동이 무엇인지 인식하는 것이 필요하다. 히트는 가장 중요한 행동 단계를 파악하는 데 사용할 수 있는 유용한 도구다. 이렇게 간단한 행동 목록을 작성하면 그것을 사용하여 더 깊은 사고를 할 수 있다. 2가지 가능성은 일정을 따라 행동의 순서를 정하는 것과 점검 과정을 위한 방법을 만드는 것이다. 이를 위해서 2가지 수렴적 도구를 제시한다. 첫째, **순서 정하기**(sequencing)는 시간의 연속선을 따라서 행동 단

〈표 12-3〉 **계획 수립: 수렴적 사고 개요**

도구의 명칭	도구의 역할	도구의 사용법
순서 정하기	시간표에 따라 행동 단계를 구성한다.	해결책 혹은 변화를 실행하고자 하는 기한을 정한다. 시간의 범위 안에서 즉각적·단기적·중기적·장기적이라는 4가지 시간대를 정한다. 행동 단계를 이러한 4가지 시간대로 분류한다.
성과 계기판	목표를 향한 진행에 대해 지속적인 피드백을 제공한다.	목표를 향한 진행을 입증할 중요한 결과물을 정한다. 각각의 결과물에 대해 시각적인 피드백이 될 수 있는 그래픽 성과 지표를 정한다. 성과 지표를 확인하여 진행을 점검한다.

출처: Isaksen et al. (1994); Senge et al. (1999).

계를 배열하는 데 도움을 준다. 둘째, **성과 계기판**(performance dashboard)은 해결책이나 변화의 진전을 추적할 수 있도록 제시된 흥미로운 시각적인 방법이다. 〈표 12-3〉은 이러한 2가지 도구를 설명한다. 해결책이나 변화를 실행하기 위해 개인이나 집단은 행동을 조직하는 데 도움이 되는 다양한 도구를 이미 사용하고 있을 것이다. 해결책과 변화를 실행하기 위해서는 익숙한 도구들을 자유롭게 사용해 보는 것도 중요하다.

순서 정하기

앞에서 설명한 '해야 할 일' 목록과 확산적 도구인 행동 단계 도출에는 비슷한 점이 있다. '해야 할 일' 목록이 여러 가지 사항을 포함할 때 사람들은 그것의 우선순위를 정해서 생산적으로 노력을 집중하기 위한 방법을 찾는다. 예를 들어, 어떤 사람들은 중요도에 따라 '해야 할 일들'을 비교할 수 있다. 행동 단계는 시간에 따라 구성될 수도 있다. **순서 정하기**(sequencing)는 언제 어떤 행동 방식을 취해야 하는지와 관련하여 확실한 도움을 주는 도구다(Isaksen et al., 1994). 개인적으로 순서를 정할 경우, 리더는 목표를 추구하며 효율적인 관리와 진행을 점검할 수 있다. 한편 집단에서 순서를 결정할 경우, 구성원들은 서로 협력하고 목표를 향해 나아가는 데 서로가 책임을 지도록 한다. 순서를 정하기 위해서는 다음 사항을 고려해야 한다.

1. **해결책이나 변화를 확인한다.** 실행하고자 하는 해결책이나 변화를 확인하지 못했다면, "나/우리는 ……를 추구하기로 다짐한다."라는 진술문을 완성해 보자. 집단으로 일하는 경우라면, 모든 구성원이 제안된 해결책이나 변화에 동의하는지 확인해 본다.

2. **시간 범위를 결정한다.** 해결책이나 변화의 관점에서 전체 실행을 위한 바람직한 시간 범위를 결정한다. 해결책이나 변화가 완전히 실행되기를 기대하는 최적의 시간을 고려한다. 시간 범위는 과제의 특성과 복잡성에 따라 매우 다양할 것이다. 어떤 상황에서는 한 주 정도로 짧을 수도 있지만, 다른 상황에서는

몇 년이 걸릴 수도 있다.

3. **일정표를 분류한다.** 즉각적·단기적·중기적·장기적인 4가지 시간대를 인식하자. 즉각적 시간대는 하루나 이틀로 정할 것을 제안한다. 이러한 해결책이나 변화가 나타날 수 있는 행동들은 즉각적으로 해야 할 것이다. 여기서의 목표는 최소한 처음 몇 개의 행동 방식을 실행함으로써 해결책이나 변화가 계획 단계에서 사장되지 않게 하는 것이다. 나머지 단기적·중기적·장기적 시간대는 2단계에서의 실행 기한과 관련해서 정한다. 예를 들어, 전체 실행 기한이 1년이라면 단기적 시간대는 이틀에서 한 달이 될 수 있고, 중기적 시간대는 한 달에서 6개월, 장기적 시간대는 6개월에서 12개월이 될 수 있다. 여기서도 시간의 틀은 시간 범위에 따라 달라질 수 있지만, 시간대를 구체적으로 정립하면 진행을 평가할 수 있는 분명한 이정표가 될 수 있다.

4. **행동 단계를 구성한다.** 일단 시간대를 정하고 나면, 행동 단계를 4가지 시간 범위로 구성한다. 그런 다음 차례대로 각 행동 단계를 즉각적·단기적·중기적·장기적 시간대로 위치시킨다.

5. **간과해 버린 행동 단계가 있는지 점검한다.** 일단 4가지 시간대별로 행동 단계의 순서를 정한다. 그리고 각 시간대별로 중요한 행동 단계를 빠뜨리지는 않았는지 다시 한 번 검토한다. 제시된 행동 단계에 논리적인 흐름이 있는지, 혹은 진행 단계 사

이에 공백이 있는지를 확인한다.

일단 행동의 순서가 정해지면, 바람직한 결과를 위해서 리더가 어떻게 나아가야 하는지를 전체적으로 보여 주는 로드맵이 필요하다. 구조와 책임을 강조하기 위해 행동 단계 목록을 광범위한 계획의 틀에서 실행한다. 실행 계획은 언제 실천을 완료해야 하는지, 성공적인 행동 완수는 누구에게 보고하는지, 그리고 집단으로 일할 경우 해당하는 행동 방식의 실행 책임자는 누구인지를 정확하게 확인함으로써 행동 단계를 정교하게 할 수 있다. [그림 12-3]은 실행 계획에 따라 원격 대학원 프로그램을 제공하고자 하는 대학교의 한 부서에서 우리가 경험한 사례다.

성과 계기판

계획 수립에서 사용하는 사고 기법은 전술적 사고다. 앞에서 전술적 사고란 목표하는 결과를 위해 그 효과를 점검할 수 있는 구체적이고 측정 가능한 단계들을 포함한 계획을 세울 수 있는 능력이라고 정의하였다. 따라서 지금까지 제시한 도구들은 이러한 정의의 첫 번째 부분에 초점을 맞추었다. 효과적인 전술적 사고는 행동 단계 목록 이상의 것을 요구한다. 리더는 과정을 점검할 수 있어야 하는데, 지속적인 점검에 따른 피드백은 리더가 과정을 수정해야 할 때나 성공을 위해 필요한 문제해결 노력을 해야 할 때가 언제인지를 알려 준다. **성과 계기판**(performance dashboard) 도구(Senge et al., 1999)의

목표: 원격으로 공부하는 학습자들에게 대학원 과정을 소개한다.

행동	누구에 의해?	언제?	최종 보고는 누구에게?
즉각적(2일): • 학장에게 승인을 받는다.	학과장	2일 내	학과 교직원
단기적(2개월): • 프로그램 형태를 설계한다. • 프로그램 코디네이터를 고용할 수 있도록 재정적 지원을 확보한다. • 프로그램 코디네이터를 고용한다.	교수위원회 학과장 학과장	1개월 내 1개월 내 2개월 내	학과 교직원 학과 교직원 학과 교직원 및 학장
중기적(2~9개월): • 대학 행정부에 프로그램을 등록한다. • 홍보 자료를 만든다. • 모집 활동을 실시한다.	학과장 프로그램 코디네이터 프로그램 코디네이터	3개월 내 3개월 내 4~9개월 내	학과 교직원 및 학장 학과장 학과장
장기적(9개월~1년) • 세부적인 업무 준비를 완료한다.	프로그램 코디네이터	9~10 개월 내	학과 교직원 및 학장

[그림 12-3] 실행 계획의 예

출처: Puccio, Murdock, & Mance (2005).

목적은 바람직한 결과를 향한 진행을 추적할 수 있도록 시각적인 자극물을 제공하는 것이다. 다양한 기관의 잔디밭에 있는 기금 모금 게시판을 본 적이 있을 것이다. 대표적으로 이런 것들은 온도계 모양을 하고 있다. 붉은 선의 높이는 그날까지 모금된 총 기금액을 표시한다. 이러한 시각적 단서는 그것을 보는 사람에게 기금 모금 노력이 어느 정도 이루어졌는지에 대한 즉각적인 피드백을 제공한다. 붉은 선이 꼭대기에 도달하면 드디어 목표를 이룬 것이다.

성과 계기판은 이러한 기금 모금 온도계와 같은 방식으로 진행된다. 차량 계기판에는 차량의 성능과 관련된 다양한 측면을 점검하는 여러 가지 도구가 있다. 그리고 경고 신호를 통해 피드백을 제공한다. 리더는 성과 계기판으로서 자신의 피드백 도구로 차량 계기판처럼 목표와 관련된 중요한 결과물을 점검하는 시각적 도구를 만들 수 있다. 예를 들어, [그림 12-3]에 제시된 실행 계획과 관련하여 집단은 성공의 핵심 지표를 대학원 프로그램에 대해 받은 문의와 접수된 신청으로 결정할 수 있다. 문의를 추적하는 데 사용할 수 있는 그래픽 도구는 속도계처럼 보이게 만들 수 있는데, 이는 '문의 측정기(inquiry-o-meter)'라고 한다. 우리는 주당 문의가 0~5건은 느린 진행, 6~10건은 중간 진행, 11건 이상은 정상 진행이라고 정할 수 있다. 이제 해당 주에 몇 건의 문의를 받았는지를 보여 주는 바늘이 있는 그래픽 도구를 만들 수 있다. 접수한 신청서 건수와 관련해서 집단은 목표치를 결정하고, 그런 다음에 차 안에 달린 온도계와 비슷한 모양의 그림을 만들 수 있다. 예를 들어, 이 그래픽 계기판에서의 바늘은 신청 건수가 증가하여 목표치에 도달할 때까지 저온에서 고온으로 이동할 것이며, 이것을 '신청계(application gauge)'라고 한다.

요약하자면, 목표를 향한 진행 과정은 중요한 결과들을 규정하여 성과 계기판을 만드는 것부터 시작한다. 성과 지표와 관련해서 시각적 피드백을 제공하는 그래픽 도구를 선택하고 정의하자. 리더는 도구의 이름을 독창적으로 지을 수도 있다. 또한 리더는 정기적으로 성과 지표를 점검한다. 성과 지표에서 보여 주는 정보를 이용하여 진행이 예정대로 되고 있는지, 아니면 문제를 극복하기 위해서 시정 조치가 필요한지를 파악한다.

창의적 문제해결의 다음 단계는 무엇인가

CPS 원리와 절차의 직접적인 적용은 실행 계획에서 정리한 행동 사항을 추구해 봄으로써 마무리될 수 있다. 하지만 일이 계획대로 되지 않을 때가 자주 발생한다. 아마도 성과 계기판을 통해서나 혹은 단순하게 행동 단계의 완수를 추적함으로써 행동 방식을 점검할 때 예기치 못했던 문제가 부각될 수도 있다. 이런 경우, 잠시 CPS 과정으로 되돌아가는 것이 문제해결에 도움이 된다. 일을 정상 궤도로 돌려놓는 데 필요한 문제해결 노력이 무엇인지 판단하기 위해 상황 평가의 단계부터 다시 시작해 보자(즉, 예기치 못한 과제를 위해 아이디어가 필요한가? 참여시켜야 할 결정적인 이해관계자가 있는가? 결정적인 행동 방식을 간과하였는가?). 일단 적절한 문제해결의 대답이 파악되면 필요한 일들을 처리할 수 있는 과정을 진행하고, 완수되면 이러한 사고의 산출물을 계획하여 자신의 행동을 계속해서 진행해 나간다.

학습 내용 적용

해결책을 실행하기 위한 최종 준비 단계에서 전술적 사고 기법은 리더에게 도움이 된다. 세부적인 준비를 명확하게 할 수 있는 능력이 있으면 실제적인 실행이 순조롭게 진행될 수 있다. 실행 요소 전반에 걸친 창의적인 과정을 활용할 수 있으면 의도하지 않은 결과가 나타날 가능성을 실행하기 전에 발견할 수 있다. 이 또한 예상하지 못한 것을 발견하게 될 창의적인 과정의 일부라고 생각해 보자.

리더 자신은 이러한 창의적인 과정의 한 부분을 위해 다른 사람들을 존중하고 이해할 수 있는 분위기를 조성해 나가야 한다. 서둘러 행동을 취하고자 하는 것은 리더가 불에 기름을 끼얹는 격이 된다. 따라서 급하게 가고 싶을수록 신속하게 행동하기보다는 과정에 제동을 걸어야 한다. 이러한 방식을 철저하게 활용할 수 있도록 시간을 가져 보자. 왜냐하면 계획에 대해서는 '지금 아니면 후에 언제든 대가를 치러야 하기' 때문이다. 다음과 같은 몇 가지 활동을 시도해 보자.

1. 실행할 준비가 된 복잡한 다중 과제 프로젝트를 파악한다. 확산적 지침을 이용하여 여러 가지 가능한 행동 방식을 확장하고 도출한다. 히트 도구를 이용하여 가장 중요한 요소들을 선정한다. 순서 정하기 도구를 이용하여 행동을 위한 시간표를 만들어 보자. 이러한 실행 계획을 위해 창의적인 접근법을 사용하여 얻을 수 있는 통찰력이 무엇인지에 주목한다.

2. 다음 집단의 과제에서는 성과 계기판 도구를 사용한다. 이 과제의 진행 상황에 대한 시각적 지표를 제시할 도표를 개발하자. 과제를 위한 결과물을 파악하기 위한 방법으로 성과 계기판 도구를 사용한다. 일단 과제가 실행되면 진행 과정을 점검할 수 있는 방법으로 나중에 이 도표를 활용할 수 있다.

3. 집단을 소집하여 머릿속에서 떠나지 않는 일, 관심은 갖게 되었으나 시작할 수 없는 일들을 위한 실행 계획을 수립할 수 있도록 상호 의견을 교환한다. How-How 다이어그램을 이용하여 구체적인 행동 단계를 도출한다. 순서 정하기를 사용하여 실행을 위한 시간표를 만들어 보자.

4. 현재의 '해야 할 일' 목록을 분석한다. 이 목록은 얼마나 신중하고 포괄적인가? 행동을 강화시키기 위해서 어떤 일을 할 수 있겠는가? 이 목록에 있는 항목들의 순서를 결정할 수 있겠는가?

제3부

리더에게 영향을 미치는 추가 요소

제13장

심리적 다양성:
다양한 창의성 유형을 가진 사람들 선도하기

> 우리의 가장 큰 기쁨과 슬픔은 다른 사람들과의 관계 속에서 생성된다.
>
> – Stephen R. Covey –

미리보기

이 장은 사람들이 창의성의 변화에 접근하는 심리적 다양성의 방법을 살펴보는 것을 목적으로 한다. 모든 사람은 창의적이며 변화를 받아들이는 능력이 각각 다르다. 하지만 어떻게 다양성을 받아들일 수 있을까? Norman Rockwell과 Pablo Picasso의 작품들은 서로 다른 스타일을 추구하고 있지만 두 사람은 모두 매우 창의적인 예술가다. Rockwell은 아름다움과 일상의 유머를 추구하였고, Picasso는 삶의 새로운 방식을 발전시킬 수 있는 발상에 도전하였다. 이 장에서 우리는 사람들이 어떻게 창의적 다양성을 추구하는지를 살펴볼 것이다. 또한 창의성과 직접 관련된 심리적인 다양성을 이해하기 위한 2가지 접근법을 살펴보고, 효과적인 리더십과 연결해 볼 것이다.

심리적 다양성과 리더십의 효과성

지난 몇 십 년간 조직 내의 사람들은 다양성이 중요하다는 사실에 대해 논의해 왔다. 오늘날과 같은 복잡한 경제 환경 속에서 성공적인 조직들은 다양한 노동력을 활용할 수 있다(Loden & Rosener, 1991). 애스턴 비즈니스 스쿨의 교수인 Michael West는 다양한 노동력과 혁신 사이의 밀접한 관련성을 연구하였다. West(1997)는 "노동력이 다양해질수록 대안책 역시 더욱 다양하게 제시될 수 있으므로 조직은 보다 혁신적으로 바뀔 가능성이 높아진다."(p. 95)라고 주장하였다. 많은 연구 결과를 통해 알 수 있듯이, West(2002), West와 Wallace(1991), De Dreu와 West(2001)는 조직 혁신에 대한 다양성의 영향력을 평가하였다. West와 동료들은 문화적으로 비슷한 조직이 단기적으로는 성공할 수 있지만, 장기적인 관점에서 보면 다양성을 지닌 조직이 더욱 혁신적으로 발전할 수 있을 것이라고 보았다. 그들은 또한 높은 수준의 기술과 전문적 다양성을 가진 조직이 제한된 기술과 협소한 범위의 배경을 가진 조직보다 더욱 혁신적이라는 사실도 밝혔다. 그들은 다양성이 혁신과 상관관계가 높으며, 다양한 노동력이 조직의 이익에 도움이 된다고 하였다. West(1997)는 "다양하면서 이질적인 관점으로 인한 갈등은 혁신의 요소가 된다. 창의성과 혁신이 만들어 내는 이질성과 연결함으로써 갈등과 다양성을 관리할 수 있다."(p. 95)라고 결론을 내렸다.

Loden과 Rosener(1991)는 조직 내의 다양성을 논의할 때 주로 강조하는 점을 다양성의 주요 영역(primary dimension of diversity)이라고 보았는데, 이는 사람이 선천적으로 타고난 차이로서 전 생애에 걸쳐 사회화에 영향을 주는 것이다. 그들이 정의한 6가지 다양성의 주요 영역에는 연령, 민족, 성, 신체적 능력이나 특징, 인종 그리고 감정적 상태가 있다. 그들은 주요한 다양성을 "선천적으로 타고난 인간의 특성으로 초기 사회화와 그 이후의 삶에 영향을 미치는 요인"이라고 정의하였다(p. 18).

Loden과 Rosener에 따르면, 이러한 6가지 주요한 다양성의 영역은 사람들의 자기인식과 세계관에 지속적이고 상당한 영향력을 미칠 것이다. 그들은 또한 변경되거나 제거될 수 있는 다양성의 이차적 영역으로 결혼 상태, 업무 경험, 종교적 믿음, 교육적 배경 등과 같은 것을 발견하였다. 그들은 다양성의 주요 형태들 중 일터에서의 경험이 가장 큰 영향력을 가지고 있다고 주장하였다. 창의성에 대한 연구 문헌들(Basadur, Graen, & Wakayabashi, 1990; Kirton, 1994; Puccio, 1999; West, 1997)에 기초하여, 우리는 그들이 제시한 주요 영역에 일곱 번째 주요 영역인 심리적 다양성을 추가할 것을 제안한다.

심리적 다양성이란 사람들의 인지 양식과 성격적 특징에 따라 정보가 조직되고 다루어지는 방식에서 나타나는 차이를 표현한 것이다. 6가지 다양성의 주요 영역과 같은 심리적 다양성은 인생의 초기에 확립되며, 자아상과 같이 다른 사람들의 관점에 영향을 미칠 수 있다(Kirton, 1994). 또한 개인의 성격적 특징과 인지 양식은 주요한 다양성의 형태처럼 쉽게 변하지 않는다. 그러나 다른 주요한 영역과는 달리 연령, 민족, 성, 심리적 다양성은 처음부터 쉽게 구별될 수 있는 것은 아니다. 예를 들어, 한 조직 내 구성원이 6가지 주요 영역에서의 다양성은 일치하지만 성격적으로나 인지적으로는 완전히 다른 양식을 가지고 있을 수도 있다.

이러한 특징을 즉시 발견할 수는 없다고 하더라도 심리적 다양성은 일터에 상당한 영향을 미친다. 이는 조직이나 업무 단계에서 개인들이 서로 밀접한 상호 관련성을 가질 때 가장 명확하게 드러난다. 심리적 다양성은 문제 접근법, 아이디어 생성의 종류, 과업을 다루는 방식, 타인과의 상호작용 등의 시간에서 일어나는 사건을 통해 나타난다. 당신 자신의 경험을 떠올려 보자. 팀 프로젝트를 진행할 때 자신의 역량과 관심에서 벗어난 부분에 누군가가 일방적인 방식으로 접근해서 혼란스러웠던 적이 있었는가? 혹은 다른 사람의 생각으로 일이 다르게 진행되었던 적은 없는가? 우리 중 한 명은 글의 윤곽이나 집필 과정을 체계적으로 정하지 않은 채 다음 순서의 내용으로 앞서 나가 집필 작업을 하였다. 해당 장의 중간 부분을 작업할 때조차 글을 쓰기 위한 과정에 대해 생각하는 것은 그냥 넘어가는 것이 편하다고 느꼈다. 만약 이때 당신이 함께 작업하였다면 심리적 다양성의 장단점을 이해할 수 있었을 것이다. 우리는 이 책을 출판할 때 심리적 다양성이라는 문제의 단점을 알았고, 그것을 이해한다는 것이 매우 가치 있다고 확인하였다.

왜 리더가 심리적 다양성, 특히 창의성과 관련된 심리적 다양성을 이해하는 것이 중요한가? 첫째, 리더는 자신의 단점을 보강하고 장점을 부각함으로써 구성원들을 잘 이해할 수 있는 매우 좋은 위치에 있기 때문이다. 둘째, 리더는 타인에게 영향력을 행사하기 때문이다. 리더가 그들을 이해하지 못하면 영향력을 행사하기 매우 힘들어질 수 있다. 심리적 다양성을 이해하는 것은 리더가 더욱 효과적으로 소통하고 변화를 위한 노력을 성공적으로 관리하며, 다른 사람들의 창의적 재능을 끌어내는 데 효과적이다. 리더는 모든 사람이 똑같이 행동하거나 생각하지 않는다는 것을 인식해야만 한다. 셋째, 리더는 효과적으로 과정을 관리해야 하기 때문이다. 한 조직이 문제를 해결하기 위해서는 팀 구성원들이 상호작용하여 과정에 몰입해야 한다. 이것이 바로 창의적 과정이다. 리더가 이러한 과정을 관리하는 능력을 발전시키기 위해서는 서로 다른 구성원들이 창의적 과정에 참여하는 다양한 방법을 알고 이해해야 한다. 오케스트라의 지휘자처럼 리더는 팀의 심리적 다양성에 민감해야 하고, 그 차이점들을 잘 조절하여 업무 성과를 높여야 할 것이다.

사람들의 성격 특징과 인지 양식에는 다양한 차이가 있긴 하지만, 우리는 사람들이 창의성을 표현하는 방법과 관련된 2가지 접근법에 초점을 맞춰 볼 수 있다. Kirton의 적응-혁신(adaptor-innovator) 이론(1976, 1994)은 다양한 창의성 스타일에 대한 초기 개념을 설명하였다. Kirton은 사람들의 창의성 스타일이 창의성의 수준과는 관련이 없다고 주장하였다. 또한 그는 사람들이 기존의 아이디어를 개선하기 위한 **적응적 스타일**이나 현재의 패러다임에 도전하기 위한 **혁신적 스타일**을 통해 그들 자신의 창의성을 표현한다고 하였다. Kirton은 창의성 스타일을 광범위하게 연구하여 이론화하였다. 반면 두 번째 심리적 다양성 접근법은 사람들이 창의적인 과정에 몰입하는 방법에 초점을 맞추었다. 이 접근법은 포사이트(FourSight)라는 도구(Puccio, 2002)를 통해 창의적 과정의 여러 단계에서 사람들이 가진 에

〈생각 상자 13-1〉 핵심 어휘

심리적 다양성과 관련된 몇 가지 주요 어휘

- **적응적인 창의성 스타일(adaptive creativity style)**: 기존의 아이디어를 개선하고 지속적인 발전을 통해 창의성을 발휘하는 것에 중심을 두어 표현하는 방식
- **혁신적인 창의성 스타일(innovative creativity style)**: 급진적인 방법으로, 현재의 패러다임에 대한 도전을 강조하는 창의성 표현 방식
- **심리적 다양성(psychological diversity)**: 사람들의 인지 양식과 성격 특징에 따라 정보가 조직되고 다루어지는 방식의 차이를 표현한 것
- **대처 행동(coping behavior)**: 짧은 기간에 필요한 누군가의 창의성 선호 스타일에 반응하는 태도에서 비롯된 것(Kirton, 1994, p. 6)

너지의 다양성을 측정할 수 있다. 예를 들어, 조직 구성원 중 한 사람이 아이디어를 생산하는 동안 또 다른 사람은 문제를 명확하게 하기 위한 정보 수집 분야를 선호하여 담당할 수 있다.

Kirton의 적응-혁신 이론: 창의성과 변화를 위한 2가지 접근법

창의성에 대한 이론을 이해하도록 관점을 넓혀 준 학자는 영국의 Michael Kirton(1976, 1994)이다. 그는 개인의 창의성에 대한 2가지 기본적인 관점을 제시하였다. 역사적으로 창의성 연구자들은 매우 창의적인 사람들의 성격과 특징을 구별할 수 있는 방법에 초점을 맞추었다. 이러한 전통적인 접근법을 수준별 접근법(level approach)이라고 한다. 대부분의 사람이 창의성을 얼마나 소유하고 있는지에 관심을 두고 있다면, Kirton은 스타일 접

근법(style approach)으로 창의성을 생각하는 새로운 방법을 제시하였다. 창의성 스타일은 사람들이 소유하고 있는 창의성의 정도 또는 양이 아니라 창의성을 표현하는 방식과 연결된다. 그는 개인의 창의성 스타일이 기존의 아이디어와 조직을 유지하면서 지속적인 발전을 이루는 적응 지향, 그리고 기존 방식에 새로운 아이디어를 소개하는 혁신 지향으로 구별할 수 있다고 하였다. 창의성을 표현하는 방식에서 차이가 있긴 하지만, 적응자와 혁신가들은 높은 수준의 창의적 생산성에 도달할 수 있는 동일한 잠재력을 소유하고 있다는 것이다.

수준과 스타일의 구별은 매우 중요하다. 왜냐하면 창의적인 방법이 오직 한 가지일 것이라는 잘못된 개념을 희석시켜 주기 때문이다. 서로 다른 방식으로 높은 수준의 창의적 생산성을 발휘한 Norman Rockwell과 Pablo Picasso라는 두 예술가를 비교해 보자. Rockwell은 창의성에서 적응적 스타일의 전형이었고, Picasso는 혁신적 스타일의 대표적인 예를 보여 주었다고 할 수 있다. Rockwell은 세부적인 부분에 상당한 관심을 가지고 미국인의 전통적인 삶을 그렸다. 작가이자 큐레이터인 Christopher Finch(Vaux, 2002에서 재인용)는 다음과 같이 언급하였다.

> Norman Rockwell은 전통적인 소재를 통해 우리에게 친밀한 세계를 보여 주는 듯하지만, 그것은 분명하게 자신의 세계를 표현한 것이었다. 그는 급격한 변화가 아닌 자신만의 오래된 주제를 선보인 전통성이 강한 미국인이다. 그의 경력은 일상적인 일을 아름

답게 표현한 시와 같고, 상식적인 일과 절제된 표현의 승리라고 할 수 있다(p. 1).

반면에 Picasso의 입체파 작품들은 논쟁을 불러일으켰다. 그는 현실을 왜곡하여 스타일을 수정해 나갔으며 이미지를 파괴해 버렸다. 그는 전통적인 미술 기법을 터득했지만 그것에서 벗어나 현대미술이라고 불리는 새로운 패러다임을 대표할 만한 작품들을 선보였다. 이와 같이 Kirton의 이론에 비추어 본다면, Picasso는 전통적인 스타일을 탈피한 혁신적인 창의성 스타일처럼 보일 수 있다. 반면, Rockwell은 현실에 따른 적응력을 높여 창의성 스타일을 추구한 예술가처럼 보인다. 하지만 그들은 모두 스타일이 다를 뿐이지 높은 창의성을 보여 주는 예술가다.

이 두 예술가처럼 대부분의 사람은 자기 고유의 창의적 결과물에 대한 수준을 보유하고 있다. 창의성 스타일과 그에 따른 성공은 독립적이기 때문에 창의성을 가진 적응적 선호자와 혁신적 선호자를 발견하는 것은 그리 어려운 일이 아니다. Kirton의 이론은 1960년대 기업 변화의 시작을 다룬 연구에서 출발하였다(Kirton, 1961). 이 연구의 목적은 조직 내의 중요한 변화가 받아들여지고 실행되는 방법을 이해하는 것이었다. 몇몇 관리자는 변화의 시작이 기존 시스템의 제한 범위 내에서 실행되길 원한다는 것을 알아냈다. 결과적으로 보면 이러한 아이디어는 잘 받아들여졌다. 반대로 다른 관리자들은 새로운 사고와 실행이 급격히 확산되는 접근법을 취하였다. 하지만 이러한 변화들은 자주 거부되었다. 또한 주변 사람들은 초기의 혁신가들에게 의구심을 보냈다. 앞서 언급한 것과 같이 Kirton은 전자를 적응적 접근법으로, 후자를 혁신적 접근법으로 구분하였다.

Kirton은 Rockwell이나 Picasso와 같이 모든 사람이 적응을 위한 선호도에서 혁신을 위한 선호도로 범위를 한정 짓는 스타일 추구 경향을 보인다고 언급하였다. Kirton(1976)은 자기보고식 지필 검사를 통해서 응답자들의 적응-혁신(adaptor-innovator) 스타일 경향을 측정하였다. 이 측정법은 Kirton의 적응-혁신 검사(Kirton Adaptor-Innovator Inventory: KAI)라고 하며, 전 세계의 연구와 실무에서 활용하고 있다(예: Foxwell & Bhate, 1993; Goldsmith, 1986, 1994; Isaksen & Puccio, 1988; Kubes & Spillerová, 1992; Prato Previde & Carli, 1987). 〈표 13-1〉은 창의성의 적응-혁신 스타일과 관련된 특징을 보여 준다(Goldsmith, 1994; Kirton, 1976, 1994, 1999). 개인의 선호도에 따라 창의성 스타일을 알 수 있는 것이다. 2개의 목록을 읽어 나가다 보면 선호도를 측정할 수 있을 것이다. 창의성의 적응과 혁신 중 더욱 강한 성향을 보이는 곳은 어디인가?

조직 내의 적응자와 혁신가: 편견과 대처

적응자와 혁신가 사이에 성격적인 차이가 있음에도 Kirton은 각각의 창의적 잠재력에는 아무런 차이가 없다고 주장하였다. 하지만 사람들의 창의성 관점에 대한 조사뿐만 아니라 창의성 워크숍 및 강의 등을 통해 살펴보면 미국 문화에 혁신적 스타일에 대한 편향이 있음을 알 수 있다. 대부분의 사람은 창의성이나 창의적인 사람

〈표 13-1〉 적응자와 혁신가의 특징

적응자의 특징	혁신가의 특징
• 정확한 • 신뢰할 수 있는 • 절대적인 • 방법론적인 • 신중한 • 순응하는 • 의지할 수 있는 • 기존의 규칙에 충실 • 안정성과 지속성 제공 • 실행과 관련된 세부 사항을 고려하여 단기적 효율성을 추구 • 우수한 구성원으로 조직된 좋은 팀 • 한 번에 소수의 아이디어를 개발하는 것을 선호하며, 아이디어의 잠재적 효과성을 평가함 • 기존의 아이디어와 시스템을 개선하는 방법을 창출함	• 미숙한 • 비현실적인 • 다른 관점으로 생각하는 • 위험 감수의 • 안정된 그룹을 자극하는 • 불안정한 • 기존의 실행과 규칙에 도전 • 과거의 지속성 중단 • 단기적 효율성보다는 장기적 효과성 추구 • 집단의 결합을 위협하는 독립된 정신 • 처음에는 아이디어 확산을 선호하지만, 그러한 아이디어의 실질성에는 주의력이 부족함 • 기존의 아이디어와 시스템에 도전하여 더욱 극적인 변화를 창출함

출처: Goldsmith (1994); Kirton (1976, 1994).

에 대해 생각할 때는 혁신가라고 믿는 경향이 있다.

미국인을 표본으로 한 Puccio와 Chimento(2001)의 연구는 창의성에 대한 내재적 관점에서 혁신가를 더 선호하는 경향이 있다고 보고했다. 이러한 성향은 아르헨티나(González, 2003)와 싱가포르(Ramos, 2005)에서도 발견되었다. 혁신가에 대한 선입견이 존재할 때, 전 인류의 절반 정도는 그 창의적인 능력이 평가절하될 수 있다. 그렇다면 이것은 무엇을 의미하는가? 환경에 적응적인 경향이 있는 사람들은 창의성이 부족하다는 잘못된 평가가 나타날 수도 있다는 것이다. 따라서 창의성에 대한 자존감이 서서히 파괴될 수도 있다. Puccio와 Chimento의 두 번째 연구에서는 Kirton의 도구를 통해 확인된 적응자 성향을 가진 대학생들이 더욱 창의적이라고 보고했다. 이러한 결과는 적응적 선호도를 보이는 사람들이 더욱 혁신가로 보일 수 있다는 것을 증명한 것이다. 혁신가가 더욱 창의적이라고 생각해 볼 때, 혁신적 학생들의 창의성에 대한 높고 낮음의 차이를 상상해 보는 것은 난해한 일이다. 이러한 편견은 대중문화를 통해 찾아볼 수 있다. 예를 들어, 1997년에 Walt Disney 영화사에서 개봉한 영화 〈플러버(Flubber)〉에서는 필립이라는 혁신적 과학자가 스스로 자신과 대비되는 과학자를 표현하는 장면이 나온다. 그는 자신이 적응자이기 때문에 창의적이지 못하다는 자기비난에 빠져 있다. 그러나 현실에서는 Thomas Edison, Henry Ford라는 적응적 성향을 가진 매우 창의적인 과학자가 존재했다. Edison은 몇 개의 요인을 수정하고 매우 세부적인 사항까지 기록하여 결과를 얻는 방식의 실험에 끊임없이 몰두하였다. Henry의 경우는 차를 발명한 것이 아니라 자동차의 대량 생산이 가능하도록 매우 구조적이고 효율적인 체계의 조립 라인을 발전시켰다.

창의성의 혁신적 스타일을 지향해야 한다는 편견은 적응자들이 창의성에 기여한 가치를 평가절하할 수 있다. 하지만 현실에서의 사회와 조직은 적응력이 높은 창의성과 혁신적인 창의성을 모두 필요로 한다. Kirton은 다음과 같이 제안하였다.

혁신적 접근법은 조직의 생존을 위해서라도 필요하다. 하지만 어떠한 조직이라도 장기적인 성공과 생존을 위해서라면 적응적 접근법을 통해 위기에 맞서야 할 것이다. 이는 짧은 시간 안에 광범위하면서도 극적인 변화를 만들어 주는 접근법이라고 할 수 있다(p. 9).

혁신적 스타일을 지향해야 한다는 편견은 조직에서 사람들을 다루는 방식에 문제를 일으킬 수 있다. 조직은 현재의 상태보다 더 좋은 방법을 위한 계속적인 변화와 일시적인 혁신적 사고 사이에서 균형을 유지해야 한다. 일터에서의 혁신에 대한 강조는 혁신가 중심의 조직 문화를 이끌면서 적응자들을 불편하게 유도할 수 있다. 이러한 현상은 적응자를 혁신가처럼 행동하게 하여 균형을 깨뜨리게 만든다. 따라서 의사결정과 변화가 효과적으로 일어나기 위해서 리더는 반드시 2가지 스타일 모두를 지원하고 존중할 필요가 있다.

혁신 자체가 적응적 창의성을 지원하지 않는 업무 환경일지라도, 창의성에 관심을 갖는다면 실제 조직의 분위기는 적응적 창의성에 더욱 현실적 비중을 둘 것이다. 많은 조직이 격려 차원의 모임에서 형식적으로만 혁신을 외치며, 일상 업무에서는 적응적 창의성을 기대한다. 그러한 조직에서 직원들은 효율성, 일관성, 순응 그리고 현재 상태를 유지하는 아이디어에 초점을 맞추도록 요구받는다. 또한 매일 반복되는 업무는 수준이 낮은 적응력을 중시하여 창의적인 생각이 더 이상 불필요하다고 생각하게 한다. 그들은 단순하게 이미 정해진 과제를 수행하기만 하면 되는 것이다. 많은 기관에서는 근본적인 결함을 발견하면서 창의성과 혁신이라는 기술을 발전시켜 나가고 싶어 하지만 사실은 말뿐인 경우가 흔하다. Rosenberg(2007)는 '경영자 교육 임원(Chief Learning Officer)'이라 불리는 웹사이트에 게시된 88%의 창의성과 혁신을 포함하는 기업 업무 보고서 중 단지 5%만이 창의적인 기술 프로그램을 실질적으로 활용한다고 밝혔다. 한 행정직 리더는 "나는 우리의 업무 보고서가 혁신과 창의성에 대해 말하고 있다는 것을 안다. 그러나 우리는 사람들이 진짜 상자 밖의 생각을 하는 것을 원하지 않는다. 우리는 단지 상자를 저렴하게 만들고 싶을 뿐이다."라고 언급하였다.

Puccio와 동료들(Puccio, Joniak, & Talbot, 1995; Puccio, Talbot, & Joniak, 2000; Puccio, Treffinger, & Talbot, 1995)이 작업한 변형된 KAI 모델이 이를 뒷받침해 준다. 평균적으로 3개의 서로 다른 조직 직원들은 그들의 업무 환경이 그들이 일에서 이상적으로 되기를 원하는 것보다 더 적응적이기를 요구한다고 밝혔다. 이어지는 인터뷰에서 Puccio의 한 연구 동료는 다음과 같이 언급하였다.

> 내가 이 조사를 했을 당시는 근무한 지 6개월 정도 되었을 때였다. 그전에 나는 엔지니어링, 영업 사원, 그리고 그 밖의 많은 프로젝트를 수행해야 했던 작은 기업체에서 근무했다. 시스템이라고는 내가 만든 것이 유일했다. 하지만 나는 지금 잘 확립된 시스템을 갖춘 큰 회사에 다닌다. 아마도 이러한 상황이 나와는 잘 맞지 않는 것 같다. 솔직히 말해 내키지 않는다. 지금은 이 사업에 대한 많은 부분을 배우고 있고 돈도 많이 벌고 있다. 하지만 나의 성향과 경험에 비추어 보면 광범위한 시스템에 순응해야 하는 것이 불합

리하게만 느껴진다.

Kirton(1994)은 자연스럽지 않은 업무 환경이 사람들에게 창의적 스타일에 적응하도록 강요할 경우, 그들은 **대처 행동**(coping behavior)을 보이게 된다고 하였다. Kirton(1994)은 대처 행동이란 "정해진 시간 내에 기존 스타일에서 탈피하는 것"이라고 정의하였다. 전문적이고 개인적인 상황과 과업의 다양성을 고려하되, 단기간에 대처 행동을 하는 것은 지극히 자연스러운 일이다. 하지만 자신에게 맞지 않는 스타일로 장시간 업무를 진행해야 하는 환경이 강요된다면 문제가 생길 수 있다. Kirton은 대처 행동이 에너지를 소비하게 하고, 스트레스로도 이어진다고 주장하였다. 대처 행동의 결과로 어떠한 일들이 생길 수 있을까? Puccio(1990b)는 자신의 직업으로 인해 높은 창의력을 소유한다고 믿는 직원과 낮은 수준의 업무 만족 및 높은 수준의 스트레스를 받는 직원 사이에는 큰 차이가 존재한다고 밝혔다. 또한 Puccio 등(2000)은 개인과 환경의 조합이 잘못되면 직원들의 창의적 업무 생산 능력도 떨어진다는 것을 발견했는데, 특히 혁신적인 사람들의 경우 더욱 그렇다고 보았다. 그들은 창의적 노력을 하면서 혁신을 지향하는 사람들의 경우 혁신이 요구된다고 믿는 적응자들보다 더 힘든 시간을 보낸다고 밝혔다.

대학생을 대상으로 한 교육 프로그램의 이해와 관련해서도 비슷한 결과가 나왔다. Puccio, Talbot과 Joniak(1993)은 대학생의 교육 경험은 생각했던 것보다 더욱 적응적이라고 주장하였다. 결과적으로 학생들은 스트레스가 높아질수록 더욱 적응적인 교육을 원한다는 것이다. 그 이유는 순응을 강요하고 독특한 생각을 평가절하해 온 교육 환경으로 형성된 스트레스 때문이다. 이러한 결과를 토대로 사람들은 혁신적인 사고를 위해 더욱 개방적인 분위기를 선호한다는 것을 알 수 있다. 리더는 일터의 심리적 분위기 조성을 위해 많은 일을 해야 한다. 따라서 적응자와 혁신가의 2가지 스타일 모두를 장려할 수 있도록 업무 분위기를 조성해야 한다. 14장에서는 창의적 사고를 촉진하는 업무 환경의 종류에 대해 탐색해 볼 것이다.

팀 내의 적응-혁신 스타일

적응-혁신 스타일 선호도는 팀과 집단 내에서 분명하게 드러난다. Kirton(1999)은 몇몇 특정 집단이 조직 내에서의 직무나 기능의 책임을 반영하는 평균적 적응-혁신 선호도를 지니고 있다고 주장하였다. 예를 들어, 엔지니어, 은행 관리자, 공무원 그리고 회계사에 대한 자료에 따르면 그들 모두가 적응적인 집단 선호도를 가지고 있다. 그러나 연구 개발 관리자, 마케팅 팀, 계획 팀들은 혁신적인 선호도의 평균이 높은 것으로 나타났다. Kirton(1994)은 "과업을 성공적으로 수행하기 위해 팀들은 왜곡된 적응-혁신 평균치를 소유할 필요가 있으며, 이는 대체로 영구적인 편향을 지니게 될 수 있다."라고 하였다(p. 69).

Hammerschmidt(1996)는 적응-혁신 평균치를 소유한 팀이 그렇지 않은 팀보다 업무를 더 우수하게 처리한다는 Kirton의 주장을 뒷받침할 만한 실증적 증거를 제공했다. 그는 팀 문제해결 활동(예:

Hollow Square, 의사소통 실험)에 참여한 관리자들의 성공률을 연구했는데, 4년 이상 119명의 서로 다른 8팀에 대한 연구를 진행했다. 이 팀들은 각각 문제해결 활동에서 '계획자'와 '실행자'로 하위 집단을 동일하게 나누어 특정한 역할을 진행했다. 그들은 문제를 성공적으로 해결하기 위해 서로 협력할 수 있는 방법을 찾아야만 했다. Hammerschmidt는 관리자들의 KAI 점수를 통해 하위 집단을 설정했다. 관리자들에게 어떤 경우에는 역할 일치 하위 집단을 배정했고, 다른 경우에는 역할 불일치 하위 집단을 배정했다. 즉, 그는 계획된 하위 집단과 관련된 책임은 적응 지향의 관리자들에게 더 잘 맞으며, 실행 하위 집단은 혁신 지향의 관리자들에게 더 잘 맞을 것이라고 믿었다. 그는 또한 두 하위 집단 간의 평균값의 차이점을 조정했다. 어떤 경우에는 적응자–혁신가라는 2가지 하위 집단의 차이점이 작아지기도 하고 커지기도 했다. 왜 이러한 일들이 발생하는 것일까? Kirton(1994)은 그 이유로 선호도의 차이가 벌어짐에 따라 개인과 조직 사이의 소통이 더욱 제한받게 되기 때문이라고 언급했다.

Hammerschmidt가 만든 4개의 팀과 각각의 성공률은 2×2 매트릭스로 표현된 [그림 13-1]과 같다. 그는 무작위로 배정된 팀의 성공비율을 조사했다. 그 결과, 적응–혁신표에서 동떨어진 하위 집단과 역할 불일치 하위 집단(즉, 적응자를 실행자로, 혁신가를 계획자로)이 문제해결에 더욱 성공적이었다. 성공률이 가장 높은 수준은 역할 일치 하위 집단으로 82.35%와 87.50%를 기록했다. Hammerschmidt(1996)는 "하위 집단의 협력은 실질적으로 사라지기 힘들었다. 그리고 이것은 같은 등급의 하위 집단 사이에서 관찰되어 왔다."(p. 66)라고 하

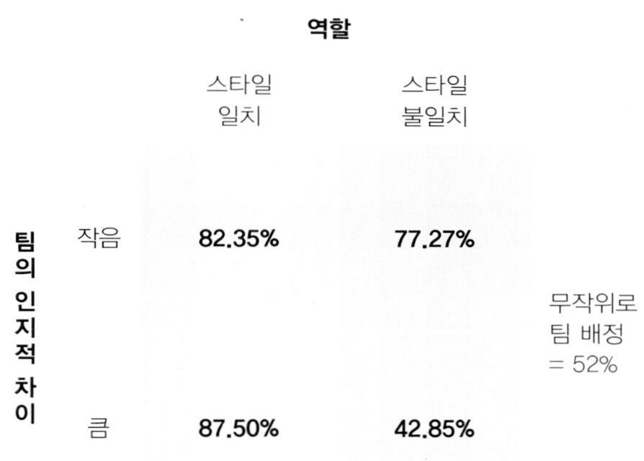

[그림 13-1] 적응자와 혁신가: 팀 내 문제해결

출처: Hammerschmidt (1996).

였다. 같은 지향을 가진 팀들이라고 할지라도 스타일 불일치 역할을 부여받은 팀이라면 성공적인 업무를 수행한다는 흥미로운 결과가 나타났다. Hammerschmidt는 하위 집단 사이의 작은 인지적 차이로 그러한 결과가 도출되었다고 주장했다. 그는 "팀 구성원들이 서로 닮아 갈수록 그들은 문제를 비슷한 방식으로 인지하고 해결하여 소통하므로 더 나은 팀 내 상호작용과 성공률을 보여 주는 경향이 있다."라고 말했다(p. 66).

Hammerschmidt의 연구와 관련된 적응-혁신 선호도 점수에 대한 지식의 결과가 리더에게 의미하는 것은 무엇일까? 팀의 성공과 실패가 부분적으로 팀 내 구성원들의 적응-혁신 비율에 따른 것일 수도 있다는 이해가 필요하다. 팀의 인지 양식을 이해한다는 것은 리더가 그 팀 내 구성원들의 경향에 맞도록 미리 준비함으로써 과업을 더 잘 수행한다는 것을 의미한다. 그렇다고 리더가 팀과 개인의 인지 양식 선호도를 의도적으로 벗어나게 해야 한다는 것은 아니다. 오히려 어떤 과업의 경우 리더는 팀 구성원들의 적응과 혁신 선호도 성향에 잘 맞추어 그것을 주저함 없이 잘 운영하도록 이끌 수 있다. 이러한 경우에 리더의 간섭은 불필요할 정도로 일의 과정에 개입되는 것처럼 보일 수 있다. 하지만 업무의 책임을 놓고 볼 때 과제가 팀의 자연스러운 과정으로 연결되지 않을 수도 있고, 팀과 과제 사이에 정신적인 붕괴 상태가 일어날 수도 있다. 이럴 때 리더는 팀을 자극하거나 팀을 지원할 만한 자원과는 다른 전략을 세워야 한다.

마지막으로, 리더는 인지 양식의 차이가 팀 내의 효과적인 소통에 영향을 줄 수 있음을 알아야 한다. 광범위한 창의성 스타일 선호도를 가진 팀은 인지 양식의 차이로 인해 소통에 도전을 받을 수도 있다. 즉, 리더는 동기를 잘못 유도한 결과로 인지 양식의 차이가 의사소통에 문제를 일으킬 수 있다는 것을 알아야 한다. 더불어 리더는 고유의 적응-혁신 선호도를 잘 이해하여 창의와 변화 그리고 팀 구성원의 상호작용이 서로 어떻게 영향을 미치는지 인식해야 한다. 적응을 선호하는 구성원을 가진 혁신적 리더는 상대적으로 혁신을 선호하는 구성원들을 가진 혁신 선호 리더와는 다른 팀 역동성을 갖게 될 것이다. 다른 사람들의 인지 양식을 안다는 것은 그들이 인식하는 방법과 행동을 이해한다는 것을 의미하므로 서로에게 매우 큰 영향력을 행사할 수 있다.

포사이트:
사람들이 창의적 과정에 참여하는 방법을 이해하기

누군가가 특별한 부분에서만 더욱 큰 에너지를 발휘하면서 문제해결 과정에 참여하는 것을 본 적이 있는가? 잠시 활발한 아이디어를 생성하다가 막상 그 아이디어를 실행하기 직전에 흥미와 열정을 잃어버린 경우도 있을 것이다. 창의적 문제해결은 적극적이거나 소극적인 창의적 과정의 흐름에 대한 명백한 과정을 설명한다. 어떤 사람들은 실행하기 쉬운 부분과 어려운 부분을 찾아내는 과정이 다른 부분에 비해 비교적 쉽다고 말한다.

창의적 과정과 상호작용하는 사람들의 선호도에 대한 이론을 개발하는 것은 중요하다. 여기에서 우리는 이러한 선호도 평가를 위해 활용할 수 있는 도구를 알아볼 것이다. 이러한 창의적 과정 선호도에 대한 이론은 다음의 기본적인 요점을 바탕으로 한다. 첫째, 창의적 과정은 모든 사람이 참여하는 자연스러운 과정이며, 창의적 문제해결은 이러한 창의적 과정을 설명하는 한 가지 방법이다. 둘째, 창의적 과정의 단계는 정신적 활동을 요구하며, 이러한 활동의 특성은 단계별로 달라진다. 셋째, 사람들은 사고와 정보 처리를 위한 다양한 선호도를 지닌다. 그래서 창의적 과정은 다양한 정신적 활동을 포함하기 때문에 사람마다 정신적 활동에 대한 선호도가 다를 수 있고, 그들이 표현하는 창의적 과정에 참여하는 방법의 차이를 예상할 수 있다. 이 접근법은 포사이트(FourSight)라는 자기보고 도구를 사용하여 진행할 수 있는데, 이는 사람들의 선호도를 창의적 과정의 4가지 기본적인 정신 활동을 통해 인식한다. 즉, 문제를 인식하고, 아이디어를 생성하며, 해결책을 개발하고, 해결책을 실행하는 것이다.

리더가 창의적인 과정을 관리할 수 있다면 이 과정에 참여하는 방법을 이해하는 것이 중요하다. 일단 리더는 자신과 사람들에게서 이러한 경향을 발견할 때 다음 단계의 효과성을 이끄는 유리한 위치에 있다. 이러한 과정의 경향이 명확해지는 곳이 바로 회의 장소다. 첫 번째 사람은 정보를 분석하는 데 집중할 것이고, 두 번째 사람은 아이디어를 활발하게 생성할 것이며, 세 번째 사람은 해결책을 개발하는 데 중심을 둘 것이다. 또 다른 사람은 그것을 행동으로 옮기려고 노력한다. 포사이트는 이러한 선호도에 따른 상호작용을 미리 볼 수 있는 거울을 리더에게 제공하여 다양성의 이익을 최대화할 수 있다.

4가지 기호:
개인적 성과를 높이기 위해 포사이트 사용하기

'버펄로 창의적 과정 조사(Buffalo Creative Process Inventory)'라고 알려진 초기의 연구 형태인 포사이트는 개인이 가진 4개의 서로 다른 과정 선호도의 에너지 정도를 인식할 수 있게 한다. 그들을 명시자(clarifier), 아이디어 생성자(ideator), 개발자(developer) 그리고 실행자(implementer)라고 부른다. 포사이트를 이용한 연구와 경험을 통해 많은 집단이 4가지의 선호도와 관련된 특

징 및 특성에 관한 통찰력을 얻었다. 〈표 13-2〉는 그 핵심 특성을

〈표 13-2〉 포사이트 선호도의 프로파일

명시자	아이디어 생성자	개발자	실행자
명시자들은 집중적이고, 질서 정연하며, 진지하고, 체계적·의도적·조직적이다.	**아이디어 생성자들은** 재미있고, 사회적이며, 유연하고, 독립적이고, 상상력이 풍부하며, 모험적이다.	**개발자들은** 계획적·실제적·구체적이고, 신중하며, 구조적이고, 규범적이다.	**실행자들은** 지속적·결정적·행동 지향적이고, 결단력이 있으며, 적극적이고, 위험을 감수한다.
명시자들은 질서, 사실과 역사, 정보와 질문에 대한 접근이 필요하다.	**아이디어 생성자들은** 재미를 위한 여유, 지속적인 자극, 다양성과 변화, 큰 그림을 그려 보는 것이 필요하다.	**개발자들은** 선택 사항을 고려할 시간 및 아이디어를 평가하고 개발할 시간이 필요하다.	**실행자들은** 다른 사람들이 빠르게 움직이는 감각이 필요하고, 아이디어에 대한 시기적절한 응답이 필요하다.
명시자들은 많은 질문을 하고 장애 요소를 강조하며, 관리가 힘들다고 생각하는 분야를 인식한다. 또한 그들은 사람들에게 많은 정보를 제공하여 현실적인 면을 강조하는 점이 다른 사람들을 힘들게 한다.	**아이디어 생성자들은** 스스로에게 주의를 기울이고, 다른 사람들이 자신을 이해하지 못할 때 참지 못하며, 비현실적인 아이디어를 제시하고, 너무 추상적이어서 한 가지 아이디어만 고수하는 점이 다른 사람들을 힘들게 한다.	**개발자들은** 너무 까다롭고, 다른 사람의 아이디어에서 결점을 찾으려 하며, 한 가지 접근법에 과도하게 집착하고, 너무 비판적이어서 다른 사람들을 힘들게 한다.	**실행자들은** 너무 조급하고, 다른 사람들이 행동하지 않을 때 실망감을 표시하며, 아이디어를 과도하게 제시하고, 집단의 과정에 대한 조급함을 표현함으로써 다른 사람들을 힘들게 한다.

출처: Puccio (2002).

포사이트로 측정한 각 선호도와 연결하여 설명해 준다. 이 표를 보면서 리더는 자신에게 해당하는 항목을 찾아볼 수 있다. 생각하고 행동하는 방법이 완전히 반대인 항목은 무엇인가? 어떤 사람들은 포사이트 중에서 한 가지의 강력한 경향만을 보이는 반면, 다른 사람들은 몇 가지 선호도를 함께 가지고 있기도 하다. 예를 들어, 한 사람이 명시자와 실행자 선호도 모두를 위한 에너지를 가지고 즐길 수 있다. 이 부분을 읽으면서 자신을 설명해 주는 항목에 표시해 보자. 스스로 정직하게 표현해 보자. 이렇게 간단한 자기평가는 리더가 창의적 과정의 접근법에 대한 통찰력을 가질 수 있게 돕는다.

포사이트는 창의적 과정의 선호도를 가치 중립적으로 평가하도록 도움을 준다. 한 영역에 대한 강력한 선호를 보이는 것이 좋거나 나쁘다고 말할 수는 없다. 각각의 선호도는 서로 다른 특징적 측면과 잠재적 편향을 지닌다. 그 가치는 리더의 선호도를 이해하는 것에 있다. 이러한 정보는 리더의 강한 영역부터 사람과 과정에 대한 상호작용까지 이전에는 알지 못했던 세밀한 부분을 모두 보여 줄 수 있다. 그것은 왜 특정한 상황에서는 성공적이었지만 다른 상황에서는 그렇지 못했는지를 이해하도록 돕는다. 목표는 창의적 과정에 대한 개인적 접근법을 깊이 이해하고, 효과성을 개선하기 위해 이러한 정보를 사용하는 것이다.

강한 명시자 선호도를 지닌 개인은 과제나 문제를 정의하는 가장 생산적인 방법을 결정하는 사실을 아는 데 상당한 에너지를 쏟는다. 그들은 세부 사항을 평가하고 상황을 분석하는 데 뛰어나며 결론이나 해결책을 너무 성급하게 진행하는 것을 조심한다. 극단적 선호도는 편향성을 지니며, '분석 마비'라는 단점을 지닌다. 즉, 상황을 과도하게 분석하여 과제를 해결하거나 기회를 포착하는 데 필요한 속도를 너무 느리게 만들 수 있다는 의미다. 교실이나 일터에서 지속적으로 많은 질문을 하는 사람은 명시자일 가능성이 높다.

유능한 아이디어 생성자들은 활발하게 아이디어를 만들어 내는 것을 선호한다. 그들은 형식을 쉽게 벗어날 수 있는 유창성과 유연성을 지닌다. 아이디어가 필요하다면 아이디어 생성자들을 만나 보라. 그들의 사고 과정은 직관적이며 개념적이다. 그들은 더욱 추상적인 용어로 생각하는 경향 때문에 가끔씩 세부 사항을 잘 다루지 못할 수 있다. 혹은 세부 사항을 다루는 것이 에너지를 소모하는 것이라 여기기 때문에 그것을 간과해 버리거나 다른 사람에게 맡겨 버릴 수도 있다. 매달 새롭고 큰 꿈을 꾸거나 상상력이 풍부한 아이디어로 사람들을 놀라게 하는 친구가 있다면, 아마도 아이디어 생성자일 확률이 높다.

개발자들은 아이디어를 세련되게 다듬는 것을 즐기는 사람들이다. 그들은 아이디어 분석과 비판을 요구하는 사고에 에너지를 쏟는다. 개발자들은 많은 아이디어를 생성해 내지는 못할지라도 매우 실용적인 아이디어를 선택하는 작업에 능숙하다. 그들은 아이디어를 다듬고 그것을 공들여 연마하길 좋아한다. 이러한 선호도의 잠재적 약점은 개발자들이 때때로 더욱 개선해야 한다는 완벽주의에 사로잡혀 업무를 신속하게 진행하지 못할 수 있다는 것이다. 완벽한 아이디어를 추구하기 위해 지속적으로 수정하고 발전시키는 사람은 개발자가 되기를 선호한다.

실행자들은 창의적 문제해결과 같은 의도적인 창의적 과정 체계를 진행할 인내가 부족하다. 그들은 사건이 일어나길 바라며 행동지향적이다. 따라서 그들은 의도적인 과정을 견디지 못할 수도 있다. 실행자들은 이론에서 현실로 빠르게 움직인다. 그들은 아이디어가 결실을 맺는 것 자체에 큰 자부심을 지닌다. 그들에게는 너무 빠르게 행동을 취하여 완전히 개발되지 않은 상태의 아이디어를 실행에 옮길 수도 있는 위험이 따른다. 일을 마무리할 때마다 즉시 다음 과제를 실시하는 사람을 알고 있는가? 만약 그렇다면 그 사람은 일터에서의 실행력이 높은 사람이다.

4가지 영역 어디에서도 선호도를 표현하지 않는 사람도 있다. 즉, 4가지 영역 모두에 비슷한 선호도를 지닌 사람들이다. 그들은 적응력을 지니기 때문에 통합자(integrators)라고 불린다. 통합자들은 과정의 흐름과 함께 움직이며, 각 단계에서 다음 단계로 자연스럽게 옮겨 갈 수 있다. 또한 그들은 다양한 관점에서 상황을 바라본다. 통합자는 팀의 조화를 유지하기 위해 노력하고, 다른 과정의 선호도를 가진 사람들과 상호작용하여 팀을 관리하는 데 능숙하다. 통합자가 가진 잠재적 위험은 그들이 상황을 자신에 맞추어 진단하고, 강한 의견을 내는 사람들을 따르지 않을 수도 있다는 것이다.

자신이 어떠한 성향을 가지고 있는지, 그리고 그 성향이 성공을 방해하지는 않았는지 생각해 보자. 한 학생은 자신의 4가지 성향에 대해 다음과 같이 기술하였다. "내가 즐기지 못하고 단지 인식한다는 것을 부끄러워하지 말아야겠다." 이것이 포사이트를 사용하는 방법이다.

포사이트는 CPS와 관련된 과정 선호도를 확인하기 위한 접근법 중 하나다. Basadur 등(1990)은 창의적 문제해결 프로파일(Creative Problem Solving Profile)이라고 불리는 과정 선호도에 대한 또 다른 측정 도구를 개발하였다. 그들의 접근법에 대한 〈생각 상자 13-2〉의 정보를 읽어 보자.

〈생각 상자 13-2〉 연구 노트

Basadur의 창의적 문제해결 프로파일

1990년 Basadur, Graen과 Wakayabashi는 Basadur의 Simplex라 불리는 창의적 문제해결 버전 안에서 사람들이 자신의 선호도를 확인할 수 있게 하기 위한 지필 검사를 설계하였다. 그들은 이 도구를 창의적 문제해결 프로파일(Creative Problem Solving Profile: CPSP)이라고 하였다. Basadur 등(1990)에 따르면, 대부분의 사람은 2개의 수직 정보 처리 차원에 위치할 수 있는데, 그것은 사람들이 지식을 얻는 방법과 사용하는 방법이다. 지식은 직접적이거나 추상적인 방법으로 얻을 수 있다. 그런 다음 사람들은 아이디어를 생산하고(확산적 사고) 평가하는 데(수렴적 사고) 이러한 지식을 사용한다. Basadur와 동료들은 다음과 같이 언급했다. "각 개인은 2개의 수직 정보 처리 차원이라는 상대적 선호도의 독특한 묶음을 통해 분류된다. 이러한 2가지 차원은 지식의 습득과 사용이라는 다른 조합의 사분면을 만들어 준다."(p. 113)

이러한 사분면은 4개의 서로 다른 과정 선호도를 확인하기 위해 사용된다. 직접적 경험을 통한 지식 습득을 선호하는 것과 아이디어 생성을 위해 지식을 사용하는 것을 생성자(generator) 스타일이라고 하고, 추상적 사고를 통한 지식 습득을 선호하는 것과 아이디어 생성을 위해 정보를 사용하는 것의 선호 조합은 개념화(conceptualizer) 스타일이라고 한다. 세 번째로, 추상적 사고를 통한 지식과 수렴하기 위한 지식을 조합한 과정을 선호하는 활용자(optimizer) 스타일이 있다. 마지막으로, 실행자(implementor) 스타일은 구체적 경험을 통한 지식 습득과 수렴적 사고를 위한 지식 사용의 선호도를 조합한 것이다.

CPSP는 4단어의 12개 묶음을 사용하여 개개인의 선호도를 파악한 것이다. 이 묶음의 각 단어는 2개 차원의 4개 축 중의 하나와 관련된다. 응답자는 단어의 묶음을 확인하고, 문제의 유형을 정의하여 용어를 사용한다. 이 측정법은 다양한 연구 조사에 사용되었다(Basadur & Head, 2001; Basadur, Wakabayashi, & Graen, 1990; Houtz et al., 2003). Basadur와 Head(2001)는 특별히 팀의 심리적 다양성 관점에 주목하여 문제해결의 성과를 검증하였다. 이러한 팀들은 동종의 CPS 스타일로 구성원들을 이끌거나(한 가지 CPSP 스타일을 모두에게), 동종성을 완화하거나(4가지 CPSP 스타일을 2가지로 나누어 구성원들에게), 혹은 여러 종류를 혼합하였다(4가지 모든 CPSP 스타일을 구성원들에게). 연구 결과, CPS 과정 스타일을 가장 많이 혼합한 MBA 학생 팀은 경영 문제를 해결하는 데 있어 5가지를 측정한 혁신 도구 중 3가지에서 동종의 팀보다 더 우수한 실력을 보여 주었다. CPSP에 관련된 정보를 알고 싶다면 Basadur 등(1990)의 연구를 참고할 수 있으며, Basadur의 창의적 문제해결 모델인 Simplex에 대해 알고 싶다면 Basadur(1994)의 연구를 참고할 수 있다.

창의적 과정을 보충한 CPS 원리와 절차의 사용

창의적 과정에 참여하는 방법을 잘 이해하였다면 자신이 어떤 영역을 강화할 수 있는지 또한 잘 알 수 있을 것이다. 만약 어떤 일이 순서대로 자연스럽게 일어나지 않는다면 무엇을 해야 할까? 이전 장에서는 CPS 과정에서의 창의적 기술을 개선하도록 이끄는 계획적인 원리와 도구를 설명하였다. 리더가 포사이트 선호도에 많은 관심을 지니지 않는다면 그에 따른 에너지의 방식을 도울 수 있는 다양한 CPS 원리와 도구를 배워야 한다. 예를 들어, 리더가 아이디어 생성자로서의 자질이 낮다면 확산적 사고를 위한 지침을 이용하고 강제 결합법이나 브레인스토밍과 같은 도구를 활용할 수 있다. 〈표 13-3〉은 개인적으로 창의적 문제해결의 원리를 배우고 적용하여 부족한 부분을 지원해 주는 도구를 소개한다. 개인의 선호도를 알면 CPS를 사용하여 리더의 자연스러운 경향을 보충할 수 있도록 이끌

〈표 13-3〉 부족한 부분의 포사이트를 지원하는 CPS 사용

문제 확인이 부족한 사람을 위해	아이디어 생성이 부족한 사람을 위해	개발이 부족한 사람을 위해	실행이 부족한 사람을 위해
원리: • 집중 유지 • 목표 확인 도구: • 성공 지대 • 육하원칙 • 생각 그물	원리: • 판단 유보 • 많은 양의 아이디어 • 참신함의 추구 도구: • 브레인스토밍 • 강제 결합법	원리: • 긍정적인 판단의 적용 • 숙고하기 위한 시간적 여유 도구: • 평가 매트릭스 • PPC° • 준거	원리: • 집중 유지 • 참신함의 유지 도구: • 행동 단계 도출 • 순서 정하기

출처: Puccio, Murdock, & Mance (2005).

수 있다.

창의적 문제해결과 관련된 창의적 과정의 진행 단계 이해, 그리고 창의적 과정에 참여할 수 있는 개인적인 방법의 이해는 자기관리 능력을 보강해 줄 것이다. 예를 들어, 행동으로 빠르게 실행하는 리더는 높은 실행력을 선호한다고 볼 수 있다. 잘못된 문제를 해결하기 위해 심사숙고하는 것은 문제의 명시화 요소를 잘 이해하여 더욱 효과적으로 CPS 단계를 분석하고자 하는 것으로 볼 수 있다. 다시 말해, 자신만의 안전지대에만 머물러서 과제를 처리하려고 하는 정해진 방식을 탈피해야 한다(예: 명시자는 과제를 진단할 때 더욱 명시화하려는 경향이 있고, 아이디어 생성자는 아이디어 생성에만 필요성을 느끼는 경향이 있다).

상황 진단을 더욱 기술적으로 하려면 상황 평가에서 배운 개념을

사용할 수 있어야 한다. 각각 다른 포사이트의 선호도를 가진 사람들은 CPS 훈련에 대한 반응도 다르게 나타난다는 연구가 있다(Puccio, Wheeler, & Cassandro, 2004). 예를 들어, 특정한 선호도를 가진 사람들이 특정한 도구에서 큰 가치를 발견하는 반면, 다른 사람들은 다른 도구와 과정에서 유용한 가치를 발견한다. CPS 과정의 장점은 사람들에게 자연적으로 창의적 성향을 보충할 수 있는 광범위한 원리와 절차를 제공한다는 것이다. 이를 통해 창의적 과정을 관리할 수 있는 전체적인 능력이 강화될 수 있다.

팀 성과를 위한 포사이트의 사용

적응-혁신 이론처럼 포사이트 역시 팀워크를 위한 함축적 의미를 지닌다. 즉, 의식적이든 무의식적이든 모든 팀을 창의적 과정에 참여시킬 수 있다. 정도의 차이는 있지만, 모든 팀은 상황을 분석하고, 기회를 확인하며, 위험 요소를 언급하고, 아이디어를 생산하며, 해결책을 다듬고, 최선의 생각을 실행할 수 있다. 이제 모든 팀이 창의적 과정에 참여한다는 사실과 팀의 각 구성원이 자신만의 선입견을 가지고 있다는 사실을 교차시켜 보자. 차이점의 동반 상승 효과는 창의적인 잠재성 혹은 갈등을 불러일으킬 수 있다. 구체적인 예를 들자면, 아이디어 생성자인 자신이 실행자의 지배를 받는 팀의 구성원이라고 가정해 보자. 또는 자신이 실행을 선호하는 사람인데 팀 구성원들이 명시나 개발 영역을 중시한다고 가정해 보자. 이러한 상황의 잠재적 갈등을 이해할 수 있겠는가? 전자의 예에서 외로운 아이디어 생성자는 아이디어를 성급히 산출물로 만들려는 분위기에 매우 당황스러울 것이다. 후자의 예에서 강력한 실행을 선호하는 리더는 명시와 개발 영역에서 구성원들과 끊임없이 줄다리기를 해야 하는 상황에 몰릴 수 있다. 리더가 행동으로 몰아가는 동안 팀 구성원들은 여전히 상황을 평가하고 최선의 해결책을 찾기 위해 노력할 수 있다.

이 장을 시작하면서 우리는 심리적 다양성에 대해 언급하였다. 때때로 심리적 다양성은 다른 사람에 대해 부정적인 평가를 하도록 이끌기도 한다. 즉, 사람들은 자신과 같이 행동하지 않는 사람들에게 부정적인 평가를 내리기도 한다. 비판적으로 말하자면, 명시자들은 과도하게 주의력이 깊으며 독단적이라고 평가받는다. 한편, 아이디어 생성자들은 정신이 없으며, 몽상가나 거만한 사람이라고 평가받을 수 있다. 또한 개발자들은 심하게 비판적이며 까다롭고 매사에 부정적이라고 평가받을지 모른다. 마지막으로, 실행자들은 미숙하면서 성급하게 행동한다고 인식될 수 있다. 따라서 그들은 문제해결을 위한 준비가 미흡하고, 저돌적이며 거칠다고 평가받을 수 있다.

이러한 부정적 인식은 팀 내의 저항을 불러일으킬 수 있다. 이러한 저항은 최소한 2가지 형태로 나타난다. 첫 번째 저항의 형태는 개인 간의 충돌이다. 앞서 설명한 대로 사람들은 타인에 대해서 자신과 다르다는 이유로 쉽게 판단하고 섣부른 결론을 내릴 수 있다. 그러한 부정적 관점의 결과로 팀 구성원들은 다른 사람들을 조정하려 할 수도 있고, 그리하여 상황이 악화될 수도 있다. 이러한 팀에서는 비슷한 생각을 가진 사람들이 하위 집단으로 분리될 수도 있고,

단순히 서로를 피하게 될 수도 있다.

특히 리더는 다른 과정을 선호하는 사람들을 평가하려는 경향에 주의해야 한다. 사실 리더에게는 서로 다른 의견을 가진 사람들을 폭넓게 이해하는 것이 매우 중요하다. 게다가 리더는 각 구성원에게서 최선을 이끌어 내기 위해 또 다른 창의적 선호도를 지원하는 분위기를 조성해야만 한다.

저항의 두 번째 형태는 과제를 해결할 때 다양한 과정 선호도를 지닌 사람들이 서로 다른 방향을 취하면서 발생하는 과정의 충돌이다. 예를 들어, 실행자들이 "논의는 충분하니까 이제 결정을 내리자!"라고 할 때, 개발자는 마음속으로 여전히 최종 결정의 예상만을 하고 있을 수도 있다. 같은 회의에서 아이디어 생성자가 더 많은 아이디어를 제시하고 있는 상황에서 명시자는 여전히 문제의 정의를 고심하고 있는 경우도 흔히 있을 수 있다. 이러한 상황은 팀이 CPS와 같은 명백한 과정을 사용하지 않는 경우에 발생한다. 이러한 절차적 충돌은 소규모 훈련과 조직 개발과의 팀 형성 워크숍에서 자주 볼 수 있다. 팀은 워크숍을 통해 그들의 포사이트 선호도에 대한 피드백을 받는다. 팀 프로파일을 모두가 볼 수 있도록 공개했을 때 해당 단위의 관리자는 즉각적으로 깨닫는다. 그는 자신의 동료를 돌아보며 말한다. "이제는 당신이 나에게 왜 그렇게 화가 났는지 알 것 같아요. 새롭게 제안된 서비스에 대해 내가 여전히 분석만 하고 있는 동안 당신은 벌써 시장 조사를 끝냈다는 것을 알았어요." 그 관리자가 팀에서 명시자였던 반면, 그의 동료는 강력한 실행자였던 것이다.

목표를 향한 경로에서는 과정의 이탈이 자주 일어날 수 있다. 그 이유는 서로 다른 포사이트 선호도를 가진 구성원들 사이에 성격이나 과정의 충돌이 생기기 때문이다. CPS에 능숙한 리더는 성격과 과정의 충돌을 피하기 위한 과정을 도입할 수 있다. 이때 CPS는 매우 뛰어난 지렛대 역할을 할 수 있다. CPS의 가장 큰 장점 중 하나는 그것이 운영 가능한 외부의 틀을 만들어 준다는 것이다. CPS로 구성된 팀원은 문제해결 에너지를 한 가지 방향으로 집중해서 과정을 진행해 나갈 수 있다. 동일한 과정의 틀을 공유하면 팀은 혼란스러운 상황을 피하고 더욱 훌륭한 해결책을 얻게 될 것이다.

심리적 범주에 대한 언급

이 장에서 우리는 창의성을 반영한 심리적 다양성을 측정하고 이해하기 위한 2가지 이론적 접근법에 초점을 맞추었다. 그것은 Kirton의 적응-혁신 이론과 사람들의 선호도를 확인하는 포사이트다. 이 2가지 접근법은 잡지에서 흔히 찾아볼 수 있는 종류의 간단한 성격 테스트와는 차별화되는 연구를 바탕으로 구성된 심리적 측정 도구다. 이러한 심리적 도구들의 신뢰성을 판단하는 도구도 존재한다. 〈생각 상자 13-3〉은 KAI와 포사이트에 대한 몇 가지 정보를 설명한다.

〈생각 상자 13-3〉 연구 노트

Kirton의 적응-혁신 검사(KAI)와 포사이트의 기법적 측면

1976년에 소개된 이후 KAI는 수백 개의 연구에 활용되었다. 수많은 연구가 KAI의 신뢰성에 초점을 맞추었다. 예를 들어, KAI 매뉴얼에서 Kirton(1999)은 KAI의 전체 척도와 3가지의 하위 척도에 대한 신뢰도 계수가 .70을 넘는다고 보고하였다. KAI는 또한 5~43개월에 걸친 조사 기간 동안 상관계수가 .82에서 .86 사이의 안정성을 보여 주었다. 이는 창의성 훈련이 사람들의 KAI 점수에 영향을 미치지 않는다는 것을 의미한다(Murdock, Isaksen, & Lauer, 1993).

또 많은 연구는 KAI의 타당성을 조사하였다. 대다수의 연구는 창의성 스타일이 능력과 무관하다는 Kirton의 논지에 초점을 맞추었다. 예를 들어, KAI는 다양한 지능 측정과 관련이 있고, 모든 경우의 상관계수가 0에 가까운 것으로 나타났다(Kirton, 1999). 또한 적응–혁신 선호도는 리더십 효과성 및 관리 역량의 측정치와 비교되었는데, 리더십의 효과성과는 관련이 없는 것으로 밝혀졌다(Kirton, 1999). 11점의 역량 점수에서는 단 1점의 역량 점수가 KAI와 중요한 관계가 있는 것으로 보였다(Schroder, 1994). 이러한 결과는 적응 선호자와 혁신 선호자는 리더십의 효과성과 관련하여 유리한 점이 없다는 것을 의미한다.

수많은 조사를 통해 Kirton의 창의성 스타일 연속체가 창의 측정치와 얼마나 관련되는지 연구되었다(Kirton, 1999). Kirton이 창의성 스타일은 창의성 능력 수준과 독립적이라고 주장했던 점을 기억하라. 이 연구들은 복합적인 결과를 가져왔다. 예를 들어, 다른 요소들과는 중요하지 않게 측정되어도 창의성의 측정과는 중요한 관련이 있었다. Kirton의 분석과 해석에 따르면 다른 요소는 수준과 스타일이 혼합된 반면, 어떤 창의성 범주들은 순수하게 스타일만을 측정하였으며, 다른 항목들은 능력을 중심으로 측정되었다. 그러므로 이 측정치와 KAI의 관계는 비교되는 창의성 측정치의 성격에 따라 변화할 수 있다. 적응–혁신 이론과 측정치에 대한 추가적인 정보를 얻고자 한다면 Kirton(1994, 1999)의 연구를 참고하라.

포사이트는 좀 더 최근의 창의성 스타일 도구다. 이것은 1990년대 초에 개발되었으며, 이 기간 동안 8개 이상의 지필 자기보고 측정이 평가되었다(Puccio, 2002). 포사이트에서 발견된 항목은 CPS 과정의 다양한 단계에 따른 심리적 측면을 명백히 표현하기 위해 설계되었다. 질문과 응답 척도는 응답자의 강한 선호도를 다양한 창의적 과정 운영에 맞추도록 하였다. 요인 분석과 항목에 대한 내부 신뢰성을 높이기 위해 통계 검사를 거쳐 포사이트에서 진술을 변경 및 향상하거나 문항을 삭제하기도 하였다. 포사이트의 기술적 매뉴얼은 Cronbach α 계수와 내부 신뢰성의 지지를 다음과 같이 보여 주었다. 즉, 명시자 = .78, 아이디어 생성자 = .81, 개발자 = .79 그리고 실행자 = .81이었다(Puccio, 2002). 포사이트 선호도와 지식 유형 사이의 관계를 조사한 최근 연구에서 Chan(2004)은 다음의 α 계수를 보고하였다. 명시자 = .79, 아이디어 생성자 = .75, 개발자 = .83, 그리고 실행자 = . 86이었다.

최근의 연구는 포사이트의 타당성을 평가하는 데 초점을 맞추기 시작하였다(Puccio, 2002). 타당성을 확립하기 위한 한 가지 도구는 새로 개발된 측정법과 잘 확립된 측정법의 비교다. 포사이트를 Kirton의 측정치와 비교한 소수의 연구에서 하나의 명확하고 일관된 결과가 나왔다(상관계수는 .43에서 .76). 즉, 아이디어 생성자 척도는 Kirton의 하위 척도인 '독창성의 충분함'과 상당한 관계를 가진다는 것이다. 이는 아이디어 생성자 척도가 올라갈 때 많은 수의 독창적 아이디어 생성 또한 증가한다는 것을 의미한다. 많은 연구에서는 명시자와 개발자 선호도가 Kirton의 효율성 하위 척도와 상당한 관련을 가지고 있다고 보았다. 이는 명시자와 개발자가 특별히 과정 선호도를 조합했을 때 세부 사항 및 정확성에 더욱 신경을 쓴다는 것을 보여 준다.

Puccio와 Grivas(2009)는 포사이트와 주도형(dominance), 사교형(influence), 안정형(steadiness), 신중형(conscientiousness)으로 성격을 측정하는 DISC의 상관관계를 밝혔다. 이 연구는 명시자는 신중형과 정적 상관관계를 나타내지만 안정형과는 부적 상관관계를 가진다고 보고하였다. 아이디어 생성자는 변화와 다양성을 추구하면서 도전적인 사고를 선호한다. Puccio와 Grivas는 포사이트를 통한 과정 선호도라는 다른 성격 유형의 조합을 주장하였다. 이러한 결과는 창의적 과정이 인지적이고 정의적인 요소를 포함한다는 우리의 초기 연구를 뒷받침한다(2장과 3장 참고). 예를 들어, 효과적인 아이디어 개발을 위해 사고와 감정의 역량을 함께 발휘하는 것이다. 개발자는 전략적인 사고의 인지적 요소와 위험을 감수할 수 있는 정의적 요소를 함께 개발한다. 창의성에 도달하는 것이 어려운 이유는 인지적 · 정의적 역량의 영역, 심지어 갈등까지 포함하는 다양성의 융합이 필요하기 때문이다.

학습 내용 적용

심리적 다양성은 가족, 직장, 친구들 사이 어디에나 존재한다. 가시적 결과가 즉시 보이지 않더라도 심리적 다양성은 리더와 그 팀 구성원들 간의 상호작용에 영향을 미친다. 다음의 활동들은 창의적 과정에 대한 접근법을 더욱 잘 알고 타인의 선호도를 잘 알아서 심리적 다양성에 대한 깊은 이해를 할 수 있도록 도움을 줄 것이다.

1. 중요한 업무 관계에서 만나는 사람을 확인해 보자. 이 장에서 배운 정보를 사용해 자신의 창의적 접근법을 다른 이의 접근법과 비교해 보자. 그리고 그 관계 사이의 유사성과 차이점을 설명해 보자. 이러한 관계에서 어떤 선호도를 유익하게 할 것인가? 동료들 사이의 상호작용에서 어떤 방법이 업무 성과를 높이는 데 방해가 되었는가? 이러한 창의적 선호도의 차이점을 인식하여 관계를 개선하기 위한 방법은 무엇인가?

2. 자신이 참여한 최근의 팀 프로젝트를 생각해 보자. 팀 구성원들의 행동을 고려하고, 그들의 다양한 적응-혁신 선호도나 포사이트 선호도의 차이점이 무엇인지 살펴보자. 어떠한 구체적 행동이 사람들에게 특별한 창의적 선호도를 갖게 하였는가? 만약 서로 다른 선호도가 팀 내에 존재한다면 그러한 차이점이 의미하는 바는 무엇인가?

3. 이 장에서 나온 표를 활용하여 자신의 창의성 선호도를 살펴보자. 당신은 자신을 적응자와 혁신가 중 어느 쪽이라고 생각하는가? 아마도 2가지가 조화를 이룬 사람이라고 생각할 수도 있다. 창의적인 과정을 두고 본다면 어느 쪽을 더 선호하는 것이 좋을까? 당신은 자신이 명시자, 아이디어 생성자, 개발자, 실행자 중 어느 하나에 해당한다고 생각하는가? 아니면 이 4가지의 선호도를 모두 조화시켜 생각하고 행동하는 사람이라고 생각하는가?

스스로를 이해하는 것이 편하다고 생각한다면, 당신에게 필요한 환경에 대해 생각해 보자. 직업이 있다면 일터의 환경을 고려해야 한다. 당신이 학생이라면 교육 프로그램에 관해 생각해 보자. 당신의 창의성 스타일과 창의적 과정의 선호도를 이러한 환경과 조화시킬 수 있는 방법을 고려해 보자. 스스로에게 다음과 같이 질문해 보자. 일터에서는 나에게 어떤 종류의 요구를 하는가? 이러한 환경적 요구에 대응하여 나의 창의성 스타일과 과정 선호도를 어떻게 잘 조화시킬 수 있을까? 나의 창의성 스타일과 과정 선호도의 인식이 스스로 환경에서 기쁨과 좌절을 느끼는 것을 이해하는 데 도움을 줄 수 있는가? 나의 타고난 선호도에 어울리는 이러한 환경과 관련하여 특별한 책임감이 있는가? 혹은 반대로 잘 맞지 않을 경우 어떤 요인이 존재하는가? 조화와 부조화의 이익 또는 결과는 무엇인가?

제14장

창의성을 위한 분위기 조성하기:
리더십이 분위기를 조성하는 방법

> 리더로서 당신은 모든 팀을 조화롭게 만들 수 있는 분위기를 조성해 나가야 한다.
>
> -Colin Powell-

미리보기

근무 시간이 빠르게 지나간다고 생각되는 직업을 가져 본 적이 있는가? 시간이 빠르게 지나간다고 느꼈던 이유는 일에 몰입하였고, 생산적이었으며, 일을 하는 동안 행복하였고, 창의적이었기 때문이다. 반대로 근무 시간이 힘들고 지루하다고 느낀 적은 없는가? 이러한 경우는 아마도 비생산적이며, 불만스럽고, 창의적인 분위기를 느끼지 못했기 때문일 것이다. 업무에 대한 이와 같은 감정은 일터 환경에 대한 반응을 통해 나타나는 경우가 많다.

일터 환경의 분위기와 리더십의 결합된 영향은 상호작용하여 개인의 창의성에 도움을 주기도 하고 방해가 되기도 한다. 이 장에서는 심리적인 분위기의 기본 정보를 살펴보고, 창의적 분위기를 지지하는 몇 가지 연구와 그것에 대한 리더십의 영향력을 확인해 보겠다.

서론:
분위기와 관련된 기본 사항

매우 창의적인 사람이 변화나 새로운 발상을 엄격하게 제한받는 일터 환경 혹은 강의실에 있다면 그 사람의 창의성은 과연 어떻게 될까? 마무리 잠재력을 소유한 능력자라 할지라도, 불행하게도 현실은 그의 노력을 약화시켜 버릴 것이다. 결과적으로 그 사람의 창의성은 발휘되지 못할 가능성이 높다. 초기의 창의성에 대한 연구는 높은 수준의 창의성에 도달할 수 있는 소질과 관련한 사람들의 개인적 특성에 중심을 두었다. 하지만 최근 연구에서는 창의적인 능력에 대한 사람들의 환경적 영향력을 고려하고 있다(Amabile & Gryskiewicz, 1989; Anderson & West, 1998; Ekvall, 1991; Isaksen & Lauer, 2002; Lapierre & Giroux, 2003; Richards & Bessant, 1980; Siegel & Kaemmerer, 1978; Turnipseed, 1994).

1장에서 다룬 창의적 변화를 위한 시스템 모델을 기억할 것이다([그림 1-3] 참고). 이 시스템은 사람, 과정, 환경 그리고 리더십이라는 요인들이 창의적 변화를 거쳐 창의적인 결과물을 만들어 낸다고 설명하였다. 이 장에서는 환경과 리더십이 개인의 능력을 향상시켜서 창의적인 결과물을 생산해 내는 방법에 중점을 두어 설명하고자 한다. 비유해서 말하자면, 일터 환경은 땅과 같다. 개인의 잠재력이라는 씨앗은 스스로를 발견할 수 있는 분위기인 땅이 어떠한지에 따라 창의성의 발현 유무가 결정된다. 아무리 훌륭한 잠재력을 가진 씨앗이라 할지라도 척박한 땅에서는 성장하기 힘들다. Neumann(2007)은 다음과 같이 말했다. "비록 창의적인 개인이 중요하다 할지라도 …… 창의성은 창의적인 과정을 지원해 주는 문화에 의해 강화될 수 있다."(p. 204) 다행히도 창의적인 인간은 씨앗과 같지 않아서 그들 스스로 창의적인 능력을 발휘할 수 있는 곳으로 이동하는 능력을 지닌다. 그리고 리더십은 창의적인 사고를 육성할 수 있는 환경을 조성해 나가는 데 지대한 영향을 미친다.

조직 분위기는 조직 문화라는 광범위한 범위 내에서 구체적으로 관찰될 수 있는 연구를 통해 직장 내 창의적인 사고 및 혁신과 관련한 명확한 의미를 보여 준다(Lauer, 1994). 스웨덴의 연구원이자 조직 심리학자 Göran Ekvall은 분위기의 역동성을 인식하고 이해하기 위해 30년간 연구에 몰두해 왔다(Ekvall, 1983, 1991, 1996, 1999; Ekvall & Arvonen, 1984; Ekvall, Arvonen, & Waldenstrom-Lindblad, 1983). Ekvall(1991)에 따르면, **조직 분위기**(organizational climate)는 "조직 생활을 특정 짓는 행동, 태도 및 감정의 반복 패턴"이다(p. 403).

'분위기'라는 용어가 이런 방식으로 사용될 때, 그것은 구성원의 경험에 조직 내의 심리적 상황이 어떻게 영향을 미치는지 설명할 수 있는 비유가 된다(Ekvall, 1987). 지방의 날씨 같은 다양한 물리적 분위기는 사람의 태도에 영향을 미친다. 심리적 분위기도 마찬가지다. **심리적 분위기**(psychological climate)란 특정한 배경 안에서 일상생활을 하는 사람의 행동, 태도 그리고 감정에 대한 인식을 의미한다. 따뜻하고, 밝고, 화창한 날 아침에 일어났을 때와 흐리고, 춥고, 습기가 많은 날 아침에 일어났을 때의 기분은 어떻게 다를까? 조직의 분위기에 대한 지각은 대체로 다음의 비유 중 한 가지에 해당한다.

즉, 어떤 직장은 심리적으로 밝고 화창하다고 인식될 수 있고, 반대로 다른 곳은 차갑고 매력적이지 않다고 인식될 수 있다.

조직 분위기가 주는 효과는 무엇일까? 연구에서는 조직 분위기의 영향을 받는 중요한 영역의 하나가 바로 창의성인 것으로 밝혀졌다(Amabile & Gryskiewicz, 1989; Ekvall, 1991; Richards & Bessant, 1980; Siegel & Kaemmerer, 1978). Ekvall(1991)은 조직 내의 역동적 역할의 분위기를 다음과 같이 제안하였다.

> 나는 조직 분위기가 조직 운영의 결과에 영향을 미치는 매개변수라고 생각한다. 분위기는 의사소통, 문제해결, 결단, 심리적 배움의 과정 및 동기부여와 같은 조직의 과정에 영향을 미치기 때문에 상당한 힘을 지닌다(p. 74).

조직 분위기는 기업 문화라고 자주 언급되는 또 다른 환경적 변화와 구별될 수 있다. **문화**는 기본적인 가정, 가치, 신념, 상징의 패턴과 기준, 규범을 정의하는 의미 그리고 사람들의 사고, 느낌, 행동 방법의 기대로 구성된다(Ekvall, 1991). 문화는 뿌리 깊은 가정을 기반으로 당연하다고 여기는 삶의 비지각적 수준에서 작동한다. 그리고 시간이 지남에 따라 더욱 안정적인 모습을 취한다. 반면에 분위기는 매일 일어나는 사건들이라고 할 수 있다(Schneider, 1990). 분위기는 문화보다 변하기 쉽고 문화의 증거물로 간주된다. Ekvall(1999)은 또한 "분위기는 문화에서 비롯된 파생물이다. 분위기는 문화보다 더욱 가까이에서 관찰되는 현실이다."라고 언급하였다(p. 404). 분위기는 문

〈생각 상자 14-1〉 핵심 어휘

분위기와 리더십의 주요 어휘

- **문화(culture)**: 기본적인 가정, 가치, 신념, 상징의 패턴이면서 기준, 규범을 정의하는 의미이자, 사람들의 사고, 느낌, 행동 방법에 대한 기대
- **환경(environment)**: 유기적 조직체의 주위를 설명하기 위해 사용되는 일반적이고 생물학적인 용어
- **리더십 스타일(leadership style)**: 리더가 공식적 또는 비공식적인 상호작용을 통해서 함께 일하는 사람들에게 영향을 미치는 방법
- **조직 분위기(organizational climate)**: 조직 생활을 특정 짓는 행동, 태도 및 감정의 반복 패턴으로, 직원들이 느끼는 심리적 분위기에 대한 결합된 인식
- **심리적 분위기(psychological climate)**: 특정한 배경 안에서 일상생활을 하는 사람의 행동, 태도 그리고 감정에 대한 인식

화보다 쉽게 영향을 받기 때문에 같은 조직 안의 한 사람에서 다른 사람으로, 한 집단에서 다른 집단으로 퍼져서 나타나는 다양한 지역적 현상이다. 〈생각 상자 14-1〉에서는 앞서 설명한 일터 환경과 관련된 기본적 용어를 요약하였다.

리더십-분위기 연결

부서, 개인 혹은 팀 내에서 조직의 분위기를 결정짓는 중요한 요소 중 하나는 바로 리더십이다. 리더십과 창의적 분위기가 직접적인 연관성을 지닌다는 연구 결과의 예로, Ekvall(1999)은 리더십 태도가 30%에서 60%까지 창의적 분위기의 변화에 영향을 미친다고 발표했다. 그는 다음과 같이 언급했다.

일하는 순서, 형식적 규칙, 기법, 전제, 직원들의 역량, 일반적인 업무의 목표가 비슷한 면이 있음에도, 조직에서 근본적으로 발생하는 다양한 분위기의 변화는 그 원인을 관리자에 따른 형식적·비형식적 리더십의 역량에서 찾아볼 수 있다(p. 404).

Ekvall은 리더십이 직접적으로 창의성을 위한 분위기에 영향력을 행사한다고 주장하였다. 이 장에서 언급한 **리더십 유형**이란 공식적 또는 비공식적 상호작용을 통해서 함께 일하는 사람들에게 리더가 영향을 미치는 방법을 의미한다. Goleman 등(2002)은 McBer의 자료를 바탕으로 리더십과 분위기의 관련성을 보고하였다(Kelner, Rivers, & O'Connell, 1996). 그들은 분위기에 대한 53%에서 72%의 직원들의 인식이 리더에게서 시작된다고 하였다. 그는 리더십 유형의 차이가 어떻게 분위기에 영향을 주는지 연구하였고, 조직의 분위기, 성과에 영향을 주는 6가지 리더십 유형을 구체적으로 설명하였다. 그의 자료는 McBer 컨설팅 회사의 도움을 받아 3천여 명이 넘는 실무자를 대상으로 이루어졌다. 리더십 유형과 조직의 분위기 그리고 채무 실적의 관련성에 대해 연구했는데, 융통성, 책임감, 기준, 보상, 명확성 그리고 헌신이라는 6가지 분위기 요소를 사용하였다. 그가 정의한 리더십 유형은 다음과 같다(pp. 82-83).

1. **강압적인**(coercive): 리더는 순종을 요구한다("내가 시키는 대로 해.").
2. **권위적인**(authoritative): 리더는 비전을 향하여 사람들을 동원한다("나와 함께 갑시다.").

3. **친화적인**(affiliative): 리더는 조화를 이루며 감정적인 유대 관계를 세운다("사람이 우선이다.").
4. **민주적인**(democratic): 리더는 참여를 통해 의견을 모은다("당신은 어떻게 생각하십니까?").
5. **선도적인**(pacesetting): 리더는 수행력을 위한 높은 기준을 정한다("지금부터 내가 하는 대로 하세요.").
6. **코칭의**(coaching): 리더는 미래를 위해 사람들을 성장시킨다("이것을 시도해 보세요.").

이러한 각각의 유형은 분위기에 영향을 주고받는 태도 및 전략과 연결된다. 흥미롭게도 6가지 리더십 유형 중 2가지는 수행력과 분위기에 부정적인 영향력을 행사할 수 있다. 여기 선택 가능한 힌트가 있다. 하나는 반감과 적의를 일으키고, 다른 하나는 사람들을 압도해서 체력을 고갈시킨다. 이러한 리더십 유형을 경험해 본 적이 있는가? 각각의 유형은 어떠한 환경 속에서 지속될 수 있는가? 다른 환경의 필요성을 충족하기 위해 어떠한 유형을 결합시키겠는가?

Ekvall(1999)에 따르면, 창의적인 분위기에 도움을 주는 리더십 스타일은 변혁적 리더십이라고 할 수 있다(1장 참고). 변혁적 리더가 창의적인 사고를 자극하면서 조직 분위기를 이끄는 행동으로는 다음과 같은 것이 있다.

- 변화를 받아들이기
- 문제를 해결하려는 노력을 구성원들과 함께 하기

- 새로운 아이디어를 긍정적으로 인식하기
- 새로운 아이디어를 지원하기
- 토론을 장려하고 다른 관점을 수용하기
- 자유와 자율성을 허락하고 제한을 두지 않기
- 위험을 감수하며 실패를 인정하기

〈생각 상자 14-2〉에 제시된 조사는 리더십과 창의성을 향상하는 일터 환경과의 연결을 지원하기 위한 3가지 연구를 포함한다. 연구자들은 일반적으로 리더십과 분위기의 관계가 리더십과 창의적 결과물의 직접적인 관계보다 더욱 강력한 힘을 지닌다고 보았다. 이것은 과연 무슨 의미일까? 바로 리더가 창의성을 위해 분위기를 조성해야 한다는 것을 의미한다. 결과적으로 이러한 분위기는 조직 구성원들이 창의적인 업무를 펼칠 수 있는 수준을 결정하는 데 중요한 역할을 한다. 분위기를 땅에 비유한 것과 같이, 리더는 농부에 비유할 수 있다. 농부는 땅에 물을 주어 씨앗을 키우기 위해 다른 영양분을 제공할 수 있다. Goleman 등(2002)은 "사람들은 기분이 좋을 때 최선을 다해 일한다."(p. 14)라고 하였다. 다양한 연구 조사가 유사한 분위기의 연결을 지지하였다(예: Barsade & Gibson, 1998; Bartel & Saavedra, 2000; Isen, 1999; Totterdell, 2000; Totterdell, Kellett, Teuchmann, & Briner, 1998). 반대로 리더는 환경의 중요성을 무시해 버릴 수도 있는데, 그렇게 될 경우 창의적 업무는 개인의 능력에 따라 결정된다. 리더를 위한 현실적인 메시지는 창의적 일터 환경을 발전시켜 창의적 업무에 효과를 줄 수 있다. 이와 같이 환경을 고려한 주의 깊은 관찰을 통해서

〈생각 상자 14-2〉 연구 노트

리더십 스타일과 교육, 생산 그리고 의료 서비스와 관련된 조직 분위기의 영향력

조직에 대한 많은 연구는 리더십이 창의성을 위한 조직 분위기에 깊은 영향을 미친다는 것과 관련하여 실증적인 증거를 제공해 왔다. Ekvall과 Ryhammar(1998)는 창의적 태도와 분위기의 명확한 관계를 조사하였을 뿐만 아니라, 일터의 분위기가 창의적 산출물을 만드는 데 결정적인 역할을 한다고 밝혔다. 그들은 스웨덴 대학교에서 교사들이 창의성을 포함한 조직의 산출물에 따른 부서장의 리더십 태도와 분위기를 평가하도록 연구를 진행했다. 리더십 평가 설문지는 변화 지향, 고용인 지향, 생산 지향이라는 3가지 다른 리더십 태도에 중심을 두어 구성되었다. 이러한 리더십 태도와 조직 분위기의 인식 사이에는 긍정적인 상관관계가 있음이 나타났다. 즉, 이러한 리더십 태도에 몰입하는 교사일수록 긍정적인 일터 분위기를 연출할 가능성이 높았다. 또한 일터 분위기와 창의적 산출물의 수준은 강한 상관관계를 보여 주었다. 리더십, 분위기, 창의성의 관계를 검증한 결과, 연구자들은 다음과 같은 결론을 내렸다. 리더십은 창의성에 직접적으로 영향력을 행사하는 것이 아니라 창의성이 발휘될 수 있는 분위기를 조성한다는 것이다. "연구 조직에서의 리더십 스타일은 창의적인 산출물에 직접적으로 영향을 미치는 것은 아니지만 그렇다고 따로 분리되는 것도 아니다."(p. 129)

리더십은 교육 환경에서의 창의적 분위기에 직접적인 영향을 미친다. 그렇다면 조직의 다른 형태에서도 비슷한 효과가 있는 것일까? Dackert, Loov와 Martensson(2004)은 제조 공장에서 조직 분위기에 미치는 리더십의 영향을 연구하였는데, 이는 Anderson과 West(1998)가 개발한 팀 분위기 목록(Team Climate Inventory: TIC)을 통해 평가되었다. TIC는 팀을 위한 참여, 혁신을 위한 지원, 팀의 목표를 위한 헌신, 그리고 팀 업무의 질적 우수함이라는 분위기의 4가지 요인을 측정하였다. 이 연구팀의 분석은 Ekvall과 Ryhammar의 리더십 측정 도구를 사용하여 진행되었다. 따라서 Dackert 등의 연구는 다양한 리더십 태도가 TIC에 의해 평가된 분위기의 요인과 관계하는 법을 검증한 것이다. 이러한 분석은 리더십 태도와 일터 분위기 요인 간의 매우 중요한 관계를 보여 주었다. 이 장을 통해서 우리는 혁신을 지원하는 데 필요한 요인을 탐색해 볼 수 있다. 제조 공장 팀의 직원들은 행정이나 관리 팀에 비해 혁신 지원을 위한 수준이 대체로 낮다고 보고되었다. 즉, 매우 단순한 업무를 하는 직업은 창의적인 사고가 개발되기 힘든 것으로 밝혀졌다. 이러한 조사를 통해 알 수 있는 사실은 일의 특성에도 불구하고 혁신을 위한 지원 수준은 리더십 태도에 대한 인식에 달려 있다는 것이다. 특히 Dackert

등은 혁신을 위한 팀 분위기의 중요성을 인식하여 직원들과 변화 지향 리더십이 조화를 이룰 수 있다는 것을 발견하였다.

다음으로 의료 서비스와 관련된 조직 분위기를 간단히 살펴보았다. Sellgren, Ekvall과 Tomson(2008)은 리더십과 조직의 분위기 사이에는 높은 상관관계가 있음을 보고했다. 이 연구를 통해 간호사들이 이직을 하는 원인이 밝혀졌다. 미국과 유럽 모두 의료 서비스 기관에서는 자격을 갖춘 간호사가 부족한 문제를 안고 있었다. 미국에서는 2020년까지 간호사들의 거의 30%가 이직을 할 것이라고 예상하고 있다. 이러한 경우에는 조직의 변인으로서 직무 만족에 대한 연구를 통해 창의적인 결과물을 검증해야 할 것이다. 효과적인 리더십은 일터에 창의적 분위기를 조성하여 직무 만족을 높일 수 있다. 이 연구의 결론은 다음과 같다.

> 이 연구는 리더십 태도와 일터 분위기가 간호사의 직무 만족과 높은 상관관계를 지님을 밝혀냈다. 창의적 조직 분위기는 직무 만족과 높은 상관관계를 나타내며, 관리자는 그러한 분위기를 창출하는 데 중요한 역할을 한다. 직무 만족을 높이기 위해 관리자는 '슈퍼(super)' 리더를 향한 리더십 태도를 발전시켜야 한다. 이러한 리더는 조직에서 사람들을 보살피고, 생산성을 고려하며, 변화를 다루는 법을 알고 있다(p. 585).

리더는 창의성을 향상시키는 초석이 될 수 있을 것이다.

조직 내의 창의적 분위기: 찾아야 할 것

무엇이 분위기를 창의적으로 만들 수 있는가? 어떠한 조건이 필요하거나 충족되어야 하는가? 스웨덴의 조직심리학자인 Göran Ekvall과 하버드 비즈니스 교수인 Teresa Amabile의 연구는 일터의 실용적 관계가 분위기의 주요 요소를 파악하는 데 도움이 된다는 것을 보고하였다.

〈표 14-1〉 창의성의 자극제와 장애물

자극제	자유, 효과적인 프로젝트 관리, 적당한 자원, 협력적인 분위기, 인식, 충분한 시간과 과제
장애물	과도한 압박, 부당한 보상, 협력 부족, 조직의 무관심, 불충분한 자원, 시간의 압박, 현상 유지를 위한 필요성

출처: Burnside, Amabile, & Gryskiewicz (1988).

Amabile의 자극제와 장애물

일터에서의 창의성과 혁신을 무려 20년 동안 연구한 Teresa Amabile은 일하는 환경에서 창의성을 자극하거나 방해하는 조건들에 대해 특별한 관심을 가져 왔다(〈표 14-1〉 참고). 노스캐롤라이나 주 그린즈버러에 있는 창의적 리더십 센터(Center For Creative Leadership)의 동료들과 함께 한 그녀의 초기 연구는 창의성의 기본적인 장애물(방해가 되는 것)과 자극제(도움이 되는 것)를 파악하였다(Burnside, Amabile, & Gryskiewicz, 1988).

현장에서의 창의성

광범위한 연구를 위해 Amabile과 동료들은 소비자 생산품, 고부가 가치 산업 그리고 화학 공업의 7개 회사에서 창의 프로젝트를 담당한 238명으로부터 거의 1만 2천 개에 달하는 일지를 수집했다(Amabile, Constance, & Steven, 2002; Amabile, Schatzel, Moneta, & Kramer, 2004).

그녀에 따르면, "연구 일지는 현장에서의 창의성을 파악하기 위해 설계되었다. 우리는 사람들의 머릿속에 들어가 그들이 일하는 환경과 창의적인 돌파구를 찾는 그들만의 경험 그리고 추진 방법의 특징을 이해하고 싶었다."(Breen, 2004, p. 75에서 재인용)

연구 결과, 그녀는 일터에서의 창의적 환경에 대한 6가지 잘못된 인식을 보고하였다(Breen, 2004, pp. 76-78에서 재인용).

1. **창의성은 창의적인 스타일에서 나온다.** Amabile의 연구 결과, 꼭 그렇다고는 말할 수 없다. 최소한 평균 지능을 소유한 평범한 사람이라면 창의적인 일을 할 수 있다. 경험, 지식, 기술, 재능, 새로운 단계의 사고 그리고 변화가 없는 시기를 이겨 내려는 능력은 사람들이 일에 만족하고 있을 때 발휘된다. 돈과 같은 외적인 보상이 아니라 순수하게 그 일을 좋아하는 마음과 같은 내재적 동기가 창의성을 위한 중요한 핵심 요소가 된다.

2. **돈은 창의성을 위한 자극제다.** 기본적인 보상에 대한 질문이 나왔을 때, 연구 참가자들은 질문이 '부적절하다'고 반응했다. 그들에게 돈에 대한 생각은 하루하루의 쟁점거리로밖에 다루어지지 않았다. 이것은 Torrance(1987)의 발명가들에 관한 초기의 연구 자료로도 지지되고 있다. 그가 연구한 발명가들은 발명하는 것 자체가 최고의 내재적 동기라고 하였다. 외적인 요소인 돈은 이와는 거리가 있는 네 번째 조건이었다. Amabile은 사람들이 일할 수 있는 기회와 진정한 일의 진보를 위한 여

유를 원한다고 주장하였다.

3. **시간적 압박은 창의성에 도움이 된다.** 참가자들은 창의성에 대한 시간 설정이 긍정적인 영향을 준다고 표현했지만, 실질적인 자료를 통해서 알 수 있었던 사실은 창의성이 시간적 압박의 영향으로 인해 오히려 가장 낮아졌다는 것이었다. 시간적 압박은 창의성을 낮아지게 할 뿐 아니라 마감일과 그다음 이틀 동안 '시간적 압박의 후유증'이라는 역효과를 나타내게 하기 쉬웠다.

4. **두려움은 돌파를 일으킨다.** 연구 일지의 자료는 주어진 하루 동안 사람들이 경험하는 두려움, 근심, 슬픔, 분노, 기쁨 및 사랑의 정도에 따라 코딩 되었다. 그들은 창의성이 기쁨 및 사랑과 긍정적으로 연결되어 있고, 분노, 두려움 및 근심과는 부정적으로 연결되어 있다고 하였다. 연구 일지는 사람들이 창의적인 아이디어를 생각해 냈을 때 가장 행복감을 느꼈고, 그 전날 행복감을 느꼈다면 돌파가 일어났을 것이라고 기록하였다. 따라서 Amabile은 이러한 경우를 "그날의 행복감은 그다음 날의 창의성을 기대하게 만들어 준다."라고 하였다(Breen, 2004, p. 78에서 재인용).

5. **경쟁심이 협동심보다 중요하다.** Amabile의 연구는 이와 반대되는 결과를 보였다. 인정받기 위해 일단 경쟁이 시작되면 누

구라도 정보와 자료의 공유를 차단해 버린다. 6장에서 언급한 것과 같이, 정보와 자료의 부족은 창의적인 성공에 해를 끼친다. 한 사람만이 복잡한 업무를 성공시키기 위해 모든 정보를 소유하고 있어서는 안 된다.

6. **조직이 간소화되면 창의성에 도움을 줄 것이다.** Amabile은 "창의성은 인력이 축소될 때 매우 위축될 수 있다."라고 하였다(Breen, 2004, p. 78에서 재인용). 그녀와 동료들은 세계적인 규모의 전자 회사가 무려 18개월에 걸쳐 25%의 인력을 감축하던 시기에 그 회사의 직원 6천여 명을 조사하였다(Amabile & Conti, 1999). 이때 일터의 모든 창의적인 자극제가 심각하게 위축되었다. 인력 감축의 예측과 그 후의 시간은 결국 창의성에 심각할 정도로 부정적인 영향을 미쳤다.

Amabile이 연구한 창의성 개념의 오해, 초기의 자극제와 방해물은 창의적 분위기를 이해하는 데 도움이 된다. 리더는 구성원들의 창의성을 자극하기 위해 체크리스트를 제공할 수 있다. 예를 들어, 새롭거나 다른 아이디어 또는 산출물을 만드는 능력에 대한 시간적 압박의 영향과 관련해 시간표를 만드는 방법으로 변화를 일으킬 수 있다. 이것은 프로젝트 계획을 위한 숙고의 시간을 허용하는 것처럼 보일 수 있다. 또는 침묵과 오랜 시간의 고뇌를 통한 가치와 더불어, 동업자들이 그 아이디어를 개선한 W. L. Gore 협력 디자인 회사와 같이 그것을 더욱 공식적인 기준으로 발전시킬 수도 있다. Amabile

의 발견은 변혁적 리더에게도 매우 유용하다. 예를 들면, 일터에서 즐거움과 의미를 격려하는 것은 사람들의 일하는 방식을 바꿀 뿐 아니라 직원들을 인간적으로 성장시키는 방법에도 영향을 준다. 어느 각도에서 바라보든지 명확한 창의적 분위기의 자료는 리더의 사고를 통해 그동안 보지 못했거나 무시됐던 중요한 요소들을 볼 수 있도록 도와준다.

Ekvall의 분위기 요인

1970년대 초의 혁신적이거나 침체되어 보이는 스웨덴 회사들을 대상으로 연구한 Göran Ekvall은 참신한 아이디어의 진화와 개발 과정을 거슬러 올라가 조사하였고, 그곳에서 창의적 분위기의 구성 요인을 연구하였다. 그 결과, 조직의 창의성에 영향을 미치는 기본적인 10가지 분위기 요인을 발견했다. 이러한 10가지 분위기 요인 중 9가지는 긍정적인 것이고 나머지 하나는 부정적인 것이다. 〈표 14-2〉는 각 요인의 개념과 조직의 창의적 분위기를 확인할 수 있는 긍정적이고 부정적인 사례를 보여 준다(Ekvall, 1996). Ekvall은 더욱 명확한 창의적 분위기를 위한 몇 가지 조건을 만들어서 리더들에게 그들이 회사의 환경적 분위기 상태를 분별하고 설명할 수 있도록 언어 도구를 제공하였다. 한 회사 내의 창의적 분위기에 대한 현재 사례와 Ekvall의 창의적 분위기 요인을 설명한 내용의 비교 방법을 살펴보자.

〈표 14-2〉 Ekvall의 분위기 요인

요인	정의	높음	낮음
도전 (challenge) (긍정적)	조직의 운영과 목표를 향한 구성원들의 정서적인 참여	사람들은 기쁨과 일의 의미를 느끼고, 기꺼이 작업을 위해 에너지를 투자해야겠다고 생각한다.	사람들은 일터에서 소외감과 무관심을 느낀다. 그들은 조직과 일에 무감각하고 흥미를 느끼지 못한다.
자유 (freedom) (긍정적)	조직 내의 사람들이 표현하는 행동 방식의 독립	사람들은 다른 사람들과 교류한다. 그들은 정보를 주고받으며 문제와 대안에 대해 자유롭게 토론한다. 그들은 계획하고 주도하며, 선택권과 결정권을 지닌다.	사람들은 수동적이며 규칙에 매여 있고, 이미 만들어진 틀 안에서 불안해한다.
아이디어 지원 (idea support) (긍정적)	새로운 아이디어를 다루는 방법	상사와 동료들이 아이디어와 제안에 주목한다. 사람들은 서로의 의견을 듣고 새로운 계획을 격려한다. 분위기는 구조적이며 긍정적이다.	아이디어를 지지할 확률이 적다면 기계적으로 부정적인 태도가 따른다. 제안이 반박되거나 거절당하게 된다. 사람들은 잘못된 점을 찾아야 한다는 인식으로 아이디어에 반응한다.
신뢰와 개방 (trust and openness) (긍정적)	관계의 정서적인 안정	조직의 모든 사람은 아이디어와 자기 의견을 제시하고 조소와 보복을 두려워하지 않으면서 일을 추진한다. 실패도 포용한다. 의사소통은 개방되어 있고 직접적이다.	사람들은 서로를 의심하고 실수에 대한 대가를 크게 생각한다. 그들은 자신이 이용되는 것과 아이디어를 빼앗기는 것에 대한 두려움을 갖는다.

활력과 원기 (dynamism and liveliness) (긍정적)	조직 생활의 중요한 사건	새로운 일은 꾸준하게 일어난다. 사람들이 생각하는 방법과 일을 처리하는 단계에서 자주 충돌이 일어난다. 심리적인 난기류가 빠른 속도로 일어난다.	새로운 프로젝트나 다른 계획이 없다. 모든 일이 똑같이 진행되고 속도가 느리다.
유희와 유머 (playfulness and humor) (긍정적)	쉽고 편안하게 표출되는 자발적 행동	농담과 웃음으로 편안한 분위기가 조성된다. 예상치 못한 여유가 존재하고, 사람들은 상황에 유연하게 대응한다.	유희가 없거나 제한될 때 사람들은 심각하고 진지한 몸가짐을 갖는다. 분위기는 딱딱하고 우울하며 무겁다. 유머와 웃음은 적절하지 않다고 생각된다.
토론 (debate) (긍정적)	관점과 아이디어 그리고 경험과 지식의 다름으로 인한 반응과 충돌	많은 견해가 나오고, 사람들은 아이디어를 표현하는 데 관심을 갖는다.	사람들은 권위주의자의 패턴을 따르고, 현재의 상황에 문제를 제기하지 않는다.
위험 감수 (risk taking) (긍정적)	조직의 불확실성에 대한 포용	결정과 행동이 빠르게 일어난다. 사람들은 망설임 없이 참여한다. 자세한 연구와 분석보다 행동과 노력을 더 중요하게 생각할 새로운 기회다.	신중함과 정신적 망설임이 존재한다. 사람들은 안전한 일을 하려고 한다. 그들은 문제를 언급하지 않으려 한다. 결정을 내리기 전에 그들은 위원회를 만들어 스스로를 감추려 한다.

아이디어를 위한 시간 (idea time) (긍정적)	새롭고 정교한 아이디어를 만들기 위해 사람들에게 주어진 시간	계획되지 않았거나 업무에 포함되지 않는 제안들이 나온다. 즉흥적 토론이나 테스트, 새로운 아이디어가 가능하다. 사람들은 주위의 모든 가능성을 사용하려고 한다.	매 순간이 적혀 있거나 설명되어 있다. 시간적인 압박은 계획된 범위를 벗어나지 못하게 한다.
갈등 (conflict) (부정적)	토론할 때 느끼는 긴장감 또는 대조되는 조직 내에서의 개인적인 정서적 이질감	사람들이 서로 싫어하거나 심지어 증오하기까지 한다. 노골적인 적대감을 보일 수 있다. 다른 사람을 힘들게 하려는 음모와 함정을 만든다. 험담과 비방을 한다.	사람들이 더욱 성숙한 태도로 행동한다. 심리적으로 서로 다르다는 것을 인정하는 통찰력을 통해 충동적인 감정을 다스린다.

출처: Ekvall (1996).

W. L. Gore에서 일하기: 오래된 규칙을 깨뜨리고 창의적인 분위기 요인을 고수할 것인가

"사람들이 독립적으로 있는 곳, 일하는 것의 기준을 허용하지 않는 곳, 그러나 아이디어의 발전과 그들이 발전할 수 있는 시간을 허용하는 곳, 옛 것을 인정하되 새로운 아이디어를 찾는 돌파구와 궁극적인 성장을 갈망하는 곳"의 일터를 상상해 보라(Deutschman, 2004, p. 56). 잘 알려진 디자인 회사인 W. L. Gore에서는 그러한 기회를 얻을 수 있다. Deutschman은 Gore의 분위기를 '충격적인 모순'이라고 표현하였다. 그는 "Gore의 독특성은 다양한 생산 라인의 작동

원리를 혁신하는 것에서부터 흘러나온다. 이 회사는 거의 모든 조직들이 따르는 규칙을 전부 버렸다."(p. 56)라고 언급하였다. 그리고 확실한 것은 Gore의 새로운 경영 방식은 "오래된 규칙을 깨뜨리기 시작하라."는 사훈에서 시작한다. 그렇지만 그 규칙은 창의적 분위기를 따르는 사람들에게는 새롭지 않다. 사실 그들은 굉장히 비슷해 보인다. Ekvall의 분위기 요인들이 Gore의 규칙에서 어떻게 확인될 수 있는지 살펴보자.

Gore의 규칙 1: 작은 팀 안에서 힘이 존재한다.

Gore는 작은 팀을 유지하려 노력한다. 따라서 모두가 최소한의 규칙들 속에서 서로를 알아가며 함께 일한다. 그들은 심지어 자신들의 제조 공장의 근무자 수를 200명으로 제한하는 정책을 실현한다.

- **분위기 요인의 사례:** 일터 환경에서의 신뢰와 개방 그리고 자유는 적은 인원과 최소한의 규칙을 가지고 지혜로운 분위기를 창출한다.

Gore의 규칙 2: 지위, 직함 및 고용주라는 용어는 Gore의 시스템과는 무관하다.

Gore에는 직업에 대한 정해진 설명이나 범주가 없다. 대신 스스로 할 일을 정하는 '협력자'나 '지원자'가 있다. 위원회가 이러한 공헌도를 평가하고 보상을 결정한다.

- **분위기 요인의 사례:** 창의성을 위해 상하관계가 아닌 위계질서 없이 조직 내에서 움직이게 만드는 자유와 감정적인 안전을 조건으로 한다. 이것은 신뢰로 쌓인 분위기를 쉽게 인식하도록 도와준다.

Gore의 규칙 3: 장기적인 안목을 가진다.

Gore에서는 혁신적인 산출물을 개발하여 시장에 판매하기까지 몇 년 혹은 몇 십 년이 걸리더라도 그것을 인내한다.

- **분위기 요인의 사례:** 판매 가능한 제품으로 완성될 때까지 발전 가능성이 있는 소중한 보석과도 같은 아이디어의 시간, 아이디어의 지원은 독특하거나 다른 아이디어를 보유하도록 유지시킨다. 이것은 창의적 분위기에 확실하게 도움을 준다.

Gore의 규칙 4: 면대면 의사소통은 필수다.

Gore에는 의사소통의 상하관계가 없다. 모든 사람이 누구에게나 말할 수 있다. 사적인 의사소통은 이메일이나 메모를 더 선호한다.

- **분위기 요인의 사례:** 쉽고 빠르게 정보를 공유하고 초기 과정의 토론에 참가할 수 있는 자유는 창의적 분위기를 연출한다. 그러나 의사소통이 개방될 때는 부정적인 갈등에 빠지게 되어 더욱 힘든 상황이 생길 가능성도 있다.

Gore의 규칙 5: 권유를 통해 이끈다.

Gore에서는 협력자들이 새로운 아이디어를 추구하기 위해 약 10%의 시간을 사용할 수 있다. 누구라도 열정을 가지고 직원들을 이끌 수 있다면 프로젝트를 시작할 수 있고 리더가 될 수도 있다.

- **분위기 요인의 사례:** 아이디어의 시간이 핵심 요소다. 하지만 Gore에서는 경쟁할 필요가 없다. 단지 그 아이디어로 무언가를 하면 된다. 도전 또한 Gore의 중요한 원칙 중 하나다. 감정적인 개입과 열정은 변화를 이끌고 사람들에게 직접적인 영향력을 행사한다.

Gore의 규칙 6: 실패를 기념하라

Gore에서는 프로젝트를 해결하지 못했을 때 팀원들이 마치 성공한 것처럼 맥주나 샴페인으로 축배를 든다. 그들은 위험 감수로 인한 실패를 서로 협력한 것의 증거라고 표현한다.

- **분위기 요인의 사례:** 유희의 중요성과 같이 위험 부담을 감수하는 것과 아이디어를 지지하는 것이 이 규칙에 포함된다. 아이디어를 보여 주거나 들려주기도 전에 부정적이거나 조급한 판단을 내리는 것을 자제한다.

Gore에 대하여 좀 더 알아보기:
이러한 분위기는 산출물에 어떤 영향을 미치는가

Gore의 특징인 긍정적인 분위기를 이해할 수 있을 것이다. 하지만 어떻게 그것이 조직 구성원들과 산출물에 영향력을 행사할까? Gore에서는 리더를 독립적으로 아이디어를 추구하고 다른 사람들과 의사소통하며 자발적으로 희망하여 협력하는 사람을 끄는 능력자로 정의한다. Gore는 '자연스러운 리더십' 이론을 따른다. 사람들을 적극적으로 인도하는 사람이 리더가 될 수 있고, 그런 다음 직원들을 확신시키는 것이 리더의 몫이다.

다음은 새로운 인공 심장 이식법을 만들어 낸 Gore의 기술자 Dave Meyers의 사례다. Meyers는 자신이 가진 10% '여가' 시간에 산악자전거의 기어가 더욱 부드럽게 바뀔 수 있는 방법을 찾고 있었다. 그는 기어 케이블의 겉을 Gore Tex와 비슷한 얇은 플라스틱 층으로 코팅하였다. 이러한 성공에 영감을 받아 Meyers는 Walt Disney World 같은 곳에 있는 대형 애니메이션 인형들의 케이블도 개선하려고 시도하였다. 줄이 너무 얇았기 때문에 그는 기타 줄을 이와 비슷한 플라스틱으로 코팅해 보았다. 1993년 드디어 그는 기타 줄을 개선하기 위한 연결고리를 만들었다. Meyers는 기타리스트가 아니었기에 동료인 Chuck Hebestreit에게 도움을 청했다. Chuck은 음악가들이 기타 줄에 불만이 많다는 것을 알고 있었다. 손가락의 먼지와 피부의 자연적인 유분 탓에 기타 줄이 쉽게 오염되었기 때문이다. 같은 공장의 동료인 John Spencer는 그 실험에 대해 듣기 전까지 2년 동안은 아무런 진전도 없이 연구만 하고 있었다. 가공된 치실 프로젝트를 막 끝낸 Spencer는 새로운 프로젝트의 가능성을 보았고, 여가 시간에 실험을 해 보았다. 이러한 '자연스러운' 팀의 협력과 일의 진행은 어떠한 허가나 평가도 받지 않았고, 결국 온전히 그들만의 노력을 통해 대기업의 상품으로 판매되었다. Gore의 마케팅 부서에서는 첫해 생산된 2천 개의 샘플을 버리고, 더욱 비싼 기타 줄을 얻기 위해 이러한 독특한 아이디어에 반응하였다. 혁신의 결과, Elixir 기타 줄은 현재 35%의 점유율로 시장을 주도하고 있다(Deutschman, 2004).

Gore에서의 창의적 분위기 요인은 특히 기저점에 이득이 있는 것으로 보고되었다. Amabile은 자신의 연구에서 언급한 현장에서의 창의성 연구 결과와 Ekvall의 창의적 분위기를 위한 시간적 여유가 유익한 결과를 가져올 것이라고 보았다. 그리고 2010년 CNBC는 Gore가 미국에서 가장 훌륭한 조직 분위기를 보유한 6개의 회사 중 하나라고 밝혔다.

리더를 위한 마지막 생각: 어떻게 하느냐가 무엇을 하느냐보다 더 중요할 수 있다

분위기의 비유와 그것을 지지하는 이론은 대부분의 사람이 경험한 리더십과 일치한다. 『행복으로 가는 길(*The Way to Happiness*)』(1997)의 저자 Felton J. Sheen은 "우리 각자는 고유의 날씨를 만들고, 각자 살고 있는 감정적인 우주에서 하늘의 색을 결정한다."라고 분위기를 비유하였다. 조직의 분위기도 이와 같다. 즉, 당신은 영향을 미칠 수 있고, 만들 수도 있다. 다시 말해, 당신은 주변에서 했던 일에 대한 영향력을 가질 수 있다.

그러나 조직에서 일반적으로 분위기를 이해하는 것과 분위기의 개념을 적용하기 위한 언어를 개발하는 것은 리더의 레퍼토리에서 충분히 활용되지 못하는 상황이다. Kotter(1996)는 다음과 같이 언급하였다.

> 우리는 깨어 있는 대부분의 시간을 일터에서 쓰기 때문에, 발생하는(혹은 발생하지 않는) 대부분의 성장은 일하는 과정에서 일어난다. 이러한 간단한 사실은 함축적인 의미를 지닌다. 만약 근무 시간에 리더십 기술을 성장시킨다면, 우리가 가진 잠재력이 무엇이든 결국 그것을 파악하게 될 것이다. 반대로 근무 시간에 조금도 리더십을 성장시킬 기회가 없다면 불행하게도 우리의 잠재력은 사장되어 버릴 것이다(pp. 165-166).

의미 있고 생산적인 일터에서의 분위기와 창의적 분위기의 연결은 리더의 성공 여부를 결정짓는 요소가 된다. 조직의 창의적 분위기는 품질, 생산력, 혁신, 일의 만족도, 복지, 이윤 같은 조직의 기저점에 영향을 준다(Ekvall, 1996).

창의적 분위기를 동반한 실질적 업무는 그 개념을 인식하는 것부터 시작한다. 그다음, 감각을 동반한 기본적 언어로 이러한 개념을 사용하는 것은 분위기를 인식하는 데 도움이 될 것이다. 일터에서 우리는 사람들에게 그들이 경험한 최고와 최악의 분위기에 대해서 자주 질문하였다. 그들은 아무 망설임 없이 일정하게 이야기했다. 비슷하게, 교육적인 설정을 위한 조직적 '언어'의 이해와 전달을 살펴본 일곱 학급 대상의 종합 연구(Peebles-Fish, 2003)에서 Ekvall의 분위기 요인은 교사와 학생들이 반응하는 태도에 따라 다양한 내용과 수준으로 나타났다.

우리는 창의성을 지원하는 분위기를 조성하기 위해 구체적인 리더십 태도를 공유하고자 한다. 그 목록은 이미 앞서 조직의 창의성과 관련된 Zhou와 Shalley(2008)의 책을 소개하면서 언급하였다(Amabile, 2004). 그 목록에 문제해결 태도와 관련하여 우리의 경험을 추가하였다. 창의성을 위한 긍정적 혹은 부정적 환경에 대한 리더십의 태도는 〈표 14-3〉과 같다. 중요한 것은 리더가 무엇을 하느냐가 아니라 어떻게 하느냐다. 예를 들어, 리더는 자신의 구성원들을 위해 피드백을 제공할 책임이 있다. 그러나 9장에서 언급한 것과 같이 최근 연구에서는 다른 사람들의 창의성을 이끌어 줄 수 있는 리더의 태도에 관심을 두고 있다(Zhou, 2008). 정보를 긍정적으로 받아들이는 개인은 부정적으로 받아들이는 개인보다 창의성이 더욱 우수한 것으로 드러났다. 〈표 14-3〉의 왼쪽 열에 나열된 긍정적 태도와 관련된 리더는 창의적 사고를 자극하여 일터 환경을 더욱 성공적으로 이끌 것이다.

〈표 14-3〉 일터 환경을 조성하는 리더의 태도

긍정적인 리더의 태도	부정적인 리더의 태도
문제해결: • 창의적 문제해결을 위한 노력에 몰입하기 • 문제해결을 위해 다른 사람들에게 권한을 부여하기	**문제해결:** • 문제해결을 피하기 • 문제를 만들어 내기
모니터링: • 시기에 적절하게 과정을 점검하기 • 서로를 이해하고 도우면서 문제에 반응하기 • 긍정적이고 유익한 피드백 제공하기 • 팀 구성원들이 부정적으로 대응할 때 긍정적인 반응 제공하기	**모니터링:** • 업무 성과를 자주 확인하기 • 부하 직원의 능력이나 업무를 부적절하게 이해하기 • 업무와 관련하여 비구조적, 부정적인 피드백 제공하기 • 부하 직원의 업무나 아이디에 대한 관심 부족을 표현하기
역할과 목적의 명료화: • 목표를 세우고, 팀 구성원들의 창의성이 직업을 통해 발현되도록 요구하기 • 팀 구성원들이 목적을 이해할 수 있는 모델을 통해 창의적인 태도 나타내기 • 창의적인 역할과 기대를 조화롭게 유지하여 일터 환경 구성하기	**역할과 목적의 명료화:** • 업무에 대한 시간적 압박 가하기 • 팀 구성원들을 위해 적절하지 못한 업무 부여하기 • 업무와 목적을 자주 바꾸기 • 다른 관리 지시 및 갈등을 유발하는 과업 주기

지원: • 팀 구성원들의 활동 혹은 결정에 가능성이 부족하더라도 지원하기 위해 노력하기 • 팀 구성원들의 스트레스가 심한 상황을 경감해 주기 • 팀 구성원들 간의 건전한 관계를 발전시켜 주기 • 스트레스를 받는 상황에 대해 팀 구성원들에게 알리기 • 팀 구성원들의 부정적인 감정을 언급하기 • 개인의 정보나 감정을 발표하기	–
인정: • 사적으로 우수한 성과를 인정해 주기 • 공적으로 우수한 성과를 인정해 주기	–
조언: • 팀 구성원들의 아이디어나 희망 사항을 실현하기 • 팀 구성원들의 아이디어나 의견을 요구하기	–

학습 내용 적용

우리는 분위기와 관련된 과제에 반응하고 진단하는 데 사용할 수 있는 연구 기반의 언어를 제공하였다. 모든 조직 분위기가 Gore의 경우와 같이 많은 면에서 창의적일 수는 없지만, 리더는 조직 분위기를 잘 인식하여 일하는 구성원의 하루하루를 바꾸게 해 주는 아이디어와 전략을 더욱 잘 실행할 수 있어야 한다.

자신의 리더십 레퍼토리에서 분위기의 개념을 통합하는 데 도움이 될 수 있는 연습을 몇 가지 제안한다.

1. 우호적이지 않았거나 생산적이지 않았던 최악의 일터 분위기를 생각해 보자. 그 일터의 이름을 종이 상단에 적고 그런 방식으로 만든 특징과 요인을 적어 보자. 이번에는 지금까지 일해 봤던 곳 중 최적의 분위기를 대표하는 일터를 같은 방식으로 적어 보자. 그것들 모두의 특징을 어떻게 파악하였는가? 가장 최악의 기술어 중에서 최고로 분리될 수 있는 태도는 무엇인가? 구체적인 예를 들 수 있는가? 이러한 상황에서 리더의 영향은 무엇이었는가?

2. Ekvall의 분위기 요인을 사용하여 당신의 현재 팀, 부서 혹은 조직의 분위기를 1~5점 척도의 체크리스트로 확인해 보자(1 = 낮음, 5 = 높음, 갈등은 부정적인 영향이라는 것을 기억하라).

______ **도전**: 구성원들의 정서적인 참여와 조직 내 운영 및 목표
______ **자유**: 조직 내의 사람들이 표현하는 행동 방식의 독립
______ **아이디어 지원**: 새로운 아이디어를 다루는 방법
______ **신뢰/개방**: 관계의 정서적인 안정
______ **활력/원기**: 조직 생활에서 중요
______ **유희/유머**: 여유와 자발성의 표현

______ **토론**: 관점, 아이디어, 다른 경험과 지식의 만남 및 충돌의 발생

______ **위험 감수**: 조직에서 표현되는 불확실성의 포용

______ **아이디어를 위한 시간**: 사람들이 새로운 아이디어를 정교하게 만들어 사용할 수 있는 시간

______ **갈등**: 토론 과정에서의 반대되는 아이디어에 대한 개인적이고 감정적인 긴장감

결과는 어떻게 나왔는가? 일터에서의 '날씨'에 영향을 주면서 분위기에 도움이 되는 것과 방해가 되는 것은 무엇이었는가? 생산성과 효율성을 높이기 위해 리더로서 이러한 결과들을 팀이나 부서의 행동 혹은 태도에 대하여 어떻게 사용할 것인가? 만약 필요하다면 이와 같은 개념들을 활용하고 진단하면서 아이디어를 개발하고 설계할 수도 있을 것이다.

나가며

"거슬러 올라갈 수 있는 강은 없지만, 모든 강에는 시작점이 존재한다."

-미국 원주민의 속담

리더십을 위한 창의성 개발

그동안 많은 생각과 질문을 하면서 변화, 리더십, 창의성이라는 3가지 단어와 함께 책을 읽었다. 이제는 이 3가지 개념 사이의 관계와 이 책의 기본이 되는 5가지 내용을 정리해 보고자 한다.

1. 창의성이란 변화를 이끄는 과정이다. 창의성이 없는 변화란 의도적으로 고려하지 않은 과정을 의미한다.
2. 리더는 생산적인 변화를 의도적으로 조절하여 개인과 조직이 성장하도록 돕는다.
3. 리더는 변화를 주도하기 때문에 창의성은 리더의 핵심적인 역량이 된다.
4. 창의적으로 생각할 수 있고 다른 사람들을 창의적으로 이끌 수 있는 개인의 능력은 강화될 수 있다.
5. 개인이 각자의 창의적인 사고를 발전시키고 창의성을 높이기

위한 요소들을 습득할 때, 리더십은 긍정적인 영향을 미칠 수 있다.

변화, 리더십 그리고 창의성을 강화하기 위해 이러한 신조들은 매우 중요한 쟁점으로 떠오르고 있다. 현재 우리가 살고 있는 세상은 기하급수적인 속도로 변화하고 있다. 10년 후 우리를 둘러싼 세상과 생활을 상상해 보자. 분명한 것은 그것이 현재의 상황과는 같지 않을 것이라는 점이다. 창의성의 필요성에 관한 *Business Week*의 특별 기사 내용은 다음과 같다.

> 새로운 핵심적 역량으로 창의성이 더욱 중요해지고 있다. 창의성 지능 부분을 담당하는 우뇌에 관심이 몰리고 있으며, 관심 분야 또한 변하고 있다. 그것은 더 이상 수학과 과학에만 해당하는 것이 아니다. 그것은 창의성, 상상력 그리고 무엇보다도 혁신과 관련되어 있다(Nussbaum et al., 2005, p. 1).

Thomas L. Friedman(2004)은 자신의 베스트셀러 저서 『세상은 평평하다(*The World Is Flat*)』에서 오늘날 세계화의 물결 속에서 성공할 수 있는 방법에 대해 언급하였다. "우리는 포로가 되어서는 안 되고, 우리의 상상력을 정복해야만 한다."(p. 448) 삶에서 창의성의 핵심 역량을 만들고 이끌기 위한 선택은 오래된 관습에서 탈피해 보는 것이다. 그렇게 하였다면 그 선택이 삶의 변화를 이끌 수 있다. Kouzes와 Posner(2002)는 다음과 같이 말하였다.

> 리더십은 소수의 카리스마를 지닌 남성 혹은 여성의 개인적 소유물이 아니다. 그들이 스스로 타인들의 최선을 끌어낼 때 리더십은 평범한 사람들이라면 누구나 사용하는 과정이 될 수 있다. 우리가 발견한 것은 모든 사람이 해방적 리더가 되었을 때 특별한 것을 발휘한다는 점이다(p. xxii).

우리는 이 책을 통해 스스로에게서 변화를 만드는 리더의 모습을 찾아 직면하는 과정 속에서 창의성의 핵심 역량이 개발되기를 희망한다. 최근 IBM(2010)의 경영진들을 대상으로 한 글로벌 조사에 따른 내용은 다음과 같다.

> CEO들은 창의성으로 이끈다는 것이 오래된 신념을 벗어 버리는 것이라고 인식하고 있다. 그들은 전통적인 것보다 독창적인 접근법을 필요로 한다. 그들은 확신을 가지고 구상과 실행을 할 때 과감성을 발휘한다. 인도의 한 전기통신 회사 CEO는 "모든 것 안에는 창의성이 존재한다."라는 믿음을 가지고 있다.

변화, 리더십, 창의성이 여기에 존재한다. 어떻게 하면 이 3가지 요소를 더욱 발전시킬 수 있을까? 변화, 리더십, 창의성이 융합된 상황을 어떻게 적용해 나갈 수 있을까? 다음은 삶의 기법과 리더십에서의 창의성을 발전시킬 수 있는 모델을 소개한 것으로, 창의성을 현장과 연결하는 데 도움이 되는 의견이다.

시작은 어디로?

"적용이 없는 배움은 무지의 결과다." 교실과 조직에서는 창의성의 원리를 훈련하여 경험할 수 있다. 실행은 사람들의 리더십 기법을 강화시킨다. 여기서 원리와 실행은 리더가 생각하고 행동하는 방법을 바꾸는 것이라고 설명하였다. 하지만 이것이 어떻게 일어날까? 한 과학자가 거대한 칠판에 방정식, 계산법 그리고 도형을 가득 채우고 있는 유명한 만화를 생각해 보자. 그는 분명한 답과 다음 과정을 알지 못한 채 열정적으로 계산법에 몰입하는 도중 갑자기 멈추고 "그런 다음 기적이 일어났다."라고 쓴다. 그는 방정식과 공식을 다시 쓰기 시작한다. 그러는 동안 한 동료가 기적이 일어난 부분을 지적하면서 "그 부분에 대해서 더욱 구체적으로 설명해 주시겠습니까?"라고 질문한다.

암묵적인 가정하에서 창의적 사고는 '기적이 일어난 것'에서 '무언가를 만들어 낸 방법'으로 적용될 수 있다. 이 책에서 원리와 절차를 소개하는 것으로 인해 우리는 당신의 리더십 기술 레퍼토리에 있는 의도적인 창의성을 당신이 더욱 쉽게 융합하도록 할 수 있기를 희망한다. 이를 위해서는 시간과 연습이 필요하다. Mumford 등(2000)은 창의적 문제해결 기법에 대해 "특별한 능력과 경험의 기능으로 나타나는 기간은 좀 더 느리게 진전될 수 있다."(p. 24)라고 관찰하였다.

유능한 리더가 되는 것은 최종 목적지가 아니다. 그것은 지속적인 발전을 포함한 여정이고, 그 여정의 처음 부분은 사람마다 다를 것이다. 어디에서 창의적 기법의 발전이 이루어졌다고 생각하는가? 당신은 얼마나 효과적으로 창의적 사고와 창의적 문제해결을 사용하고 있는가? 창의성이 심리적 확산에 얼마나 영향을 준다고 인식하는가? 당신은 어떻게 창의성을 자극하거나 그것에 저항하는 환경적 요소와 적절하게 조화를 이룰 수 있는가? 주어진 상황을 발전시키기 위해 필요한 것은 무엇인가?

창의적 리더십 기법의 내면화:
창의적 변화의 리더가 되기

변화가 가능한 여정으로 리더를 지원하기 위해서 우리는 기술을 발전시키는 조직화된 학습 과정에 참여할 것을 제안한다. [그림 1]

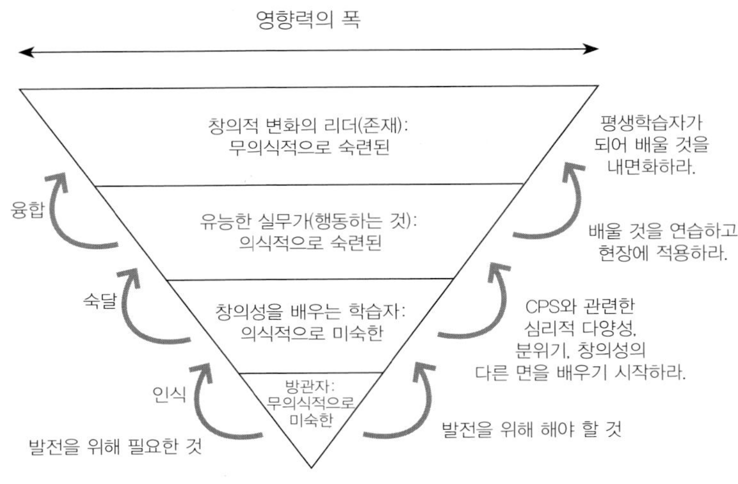

[그림 1] 창의적 변화 리더의 발전 모델

은 일반적인 창의적 원리와 절차뿐만 아니라 창의적 문제해결, 인지 양식과 분위기에 대한 학습이 리더십 기법을 강화시킨다고 설명하고 있다. 이 모델에서의 발전을 새로운 언어 학습 과정과 비교해 보자. 처음에는 어휘와 언어의 구조를 잘 인식하지 못한다. 그다음은 물론 개인마다 차이가 있겠지만 무언가가 일어난다. 언어의 흥미로운 면과 새로운 어휘력이 폭발적으로 증가할 때 더 배울 수 있다는 가능성에 흥분하게 된다. 초기의 발전 단계에서 그 언어를 배우는 학생이 되어 감에 따라 흥미와 인식이 높아지는 것이다. 그리고 학생으로서 배워야 할 양이 어느 정도인지 이해하기 시작한다. 처음에는 그 언어로 인해 어려움을 겪지만, 인내와 연습을 거쳐 역량을 발전시키기 시작한다. 의도적으로 그 언어를 사용할 수 있게 되어도 아직까지는 완벽하고 유창한 단계라고 말하기 힘든 시기다. 발전의 마지막 단계인 유창한 단계는 그 언어가 완전하게 내면화되었을 때 이루어진다. 무슨 말을 해야 하고 무엇을 써야 할지 더 이상 생각할 필요가 없을 때 그 언어는 마침내 자연스러운 상태에 도달한다.

새로운 언어를 배우듯이, 우리의 목적은 삶에서 창의적인 원리가 확실하게 융합되도록 돕는 것이다. 어떤 사람들에게 이 책은 방관자에서 창의적인 변화의 리더로 가는 첫 단계가 되어 줄 것이다. 다른 사람들에게는 리더로서의 계속되는 진화에서 중요한 단계가 될 수도 있다.

잘 알려진 성인 학습 역량 모델에서 인용한(Gordon, 1976) [그림 1] 모델은 발전의 4단계를 갖는다. 방관자에서 창의적 변화의 리더에 이르기까지 단계가 있다. 이 모델은 수행을 통해서 구체화된 창의적 사고를 배워 경험하는 성장에 대해 설명하고 있다. 모델의 왼쪽 부분은 인식, 숙달, 융합이라는 단계의 발전을 위해 필요한 것을 기술하였으며, 오른쪽 부분은 각 단계별로 해야 할 것을 설명하였다. 즉, CPS, 인지 양식, 분위기 그리고 창의성의 다른 면을 배우기 시작하고, 배운 것을 연습하고 상황에 적용해 보며, 평생학습자가 되어 배운 것을 내면화하는 것이다. 다음의 내용은 이 모델의 각 단계를 설명하고 있다.

방관자: 무의식적으로 미숙한

발전 단계의 처음 부분에 해당하는 사람을 '방관자(spectator)'라고 한다. 창의성과 리더십을 연결하는 사고가 아직 부족하고, 리더십의 효과적 역할을 위한 창의적 사고를 아직 깨닫지 못했기 때문이다. 방관자는 팀에서 조직으로 움직이기 위해 다른 사람들의 창의성을 촉진하는 법과 관련된 인지력을 거의 가지고 있지 않다. 스포츠 경기에서처럼, 방관자는 창의적 사고를 통해 다른 사람들에게 영향을 주는 경기 과정에 참여하지 못하고, 오히려 전개되는 과정을 지켜보면서 경기 바깥쪽에 서 있게 되는 경우가 많다. 그들은 어려운 상황을 결단하고 새로운 기회를 인식하는 창의적 사고를 직접적으로 시도하기 어렵다. 이러한 발전 단계에 있는 사람들을 '무의식적으로 미숙한'이라고 표현한다. 그들은 자신이 무엇을 모르는지 알지 못하므로 그들에게 능숙한 일을 기대할 수는 없다. 리더십의 효과성을 위한 창의성의 적절한 인식이 발전함에 따라 그들은 그것을 더욱 배워야겠다고 동기화될 수도 있다. CPS, 인지 양식, 분위기, 그리고 창의성의 다른 면을 배우기 시작하는 것은 무의식적으로 미숙한 단계(방관자)에서 의식적으로 미숙한(창의성을 배우는 학습자) 단계로 가는 첫걸음이 된다.

창의성을 배우는 학습자: 의식적으로 미숙한

발전의 두 번째 수준은 창의성을 배우는 학습자(student of creativity)다. 또 다른 창의적 원리를 채택할 수 있을 뿐만 아니라 창의적 사고와 CPS를 배우는 방법의 중요성을 인식하기 시작한 사람은 리더십 기법을 향상할 수 있다. 창의성을 배우는 학습자는 창의적 문제해결과 창의적 사고 과정에 대한 자료를 수집하고, 그것을 통해 리더십의 연결을 이해하기 시작한다. 모든 초보자가 그렇듯이 이 단계에 있는 사람들은 중요한 사항을 인식할 수 있는 반면, 발전할 수 있는 기법은 부족하다. 새로운 취미나 스포츠, 활동을 처음 접했던 때를 기억하는가? 이때는 매우 열정적이긴 하지만 능숙하지 못할 수 있다. 이러한 발전 단계에 있는 개인을 '의식적으로 미숙한'이라고 표현한다. 그들은 자신이 주제에 대해 많이 알지 못한다는 것을 인식한다. 창의성을 배우는 학습자가 인지 양식이나 분위기의 개념을 의도적으로 적용하면서 창의적 사고 전략을 개인이나 집단을 통해 전개해 나갈 때는 다음 단계로 진입할 수 있는 전문 지식을 발전시키기 시작해야 한다.

유능한 실무가: 의식적으로 숙련된

이 단계에 있는 사람은 유능한 실무가(effective practitioner)가 될 때까지 활동적이고 의도적으로 창의적 원리와 절차를 이용하여 자신의 기술을 정교하게 다듬는다. 이때 다른 사람들과 함께 창의적 원리와 절차를 사용하면서 내부적인 예비 단계에서 탈피하여 보다 외부적인 단계로 전환하는 것이 필요하다. 개인은 연습을 거쳐 역량을 발전시키고, '의식적으로 숙련되어' 간다. 그들은 개인과 집단이 함께 CPS 과정을 촉진하면서 광범위한 형식적 훈련에 참여한다. 그들은 의도적으로 창의성을 지원하는 분위기를 만든다. 또한 그들 고유의 창의적 스타일을 관리하고 다른 사람들의 스타일도 능숙하게 처리한다.

이 단계에서 유능한 실무가는 환경과 구체적인 상황에 맞는 도구 및 창의성을 사용한다. 만약 어떤 창의성이 필요하다면, 도구함을 찾아서 무슨 도구를 꺼내야 할지 알아야 한다. 팀을 만들 필요가 있다면 어떤 스타일의 요인이 필요한지 생각해 본다. 문제의 상황을 진단하고자 한다면 상황 평가 단계에서 CPS 도구를 사용하면 된다. 몇 가지 아이디어가 필요할 때는 집단 브레인스토밍을 한다. 아직 이 단계에서는 창의적 원리가 내면화되어 개인적 변화로 나타나지 않는다. 리더십 상황을 도와주는 도구로 창의적 전략을 사용할 수 있다. 하지만 리더로서 아직 스스로를 변형시키지는 못한다. 모든 창의적인 특성을 포함하는 내면의 전환은 리더를 네 번째 발전 단계로 이동하게 만든다. 따라서 유능한 실무가에서 창의성이 내면에 구체화된 사고와 행동을 갖춘 리더로 발전할 수 있게 된다.

창의적 변화의 리더: 무의식적으로 숙련된

이 단계까지 도달한 사람을 '창의적 변화의 리더(creative change leader)'라고 부른다. 1장에서 모든 변화가 창의적이라고 할 수는 없다고 언급한 것을 떠올려 보자. 몇 가지 간단한 변화는 한 가지 생각을 바꾸거나 대체해 버린다든지, 이미 존재하는 것을 바탕으로 단지 실행하는 행위를 의미할 수 있다. 하지만 우리가 간주하는 이 단계에서의 창의적 변화의 리더란 창의적 원리와 절차를 내면화한 사람을 의미한다. 그들은 상황에 영향을 미치고, 긍정적이면서도 참신한 아이디어를 받아들이며, 자극하고 실행하는 것을 목적으로 한 태도와 행동을 지닌 리더십의 핵심을 소유하고 있다. 이러한 리더들은 적극적으로 창의적 변화를 소개하고 지원하기도 한다.

실무가와 창의적 변화의 리더 사이에 존재하는 중요한 차이점은 행동하는 것과 존재하는 것의 차이다. 예를 들어, 유능한 실무가는 문제해결을 하는 동안 판단의 유보를 강조할 수 있다. 하지만 곧 그는 처음의 참신한 아이디어를 미리 비판적인 시각으로 바라보기 쉽다. 만약 이 원리가 내면화되었다면 판단의 유보는 선택이나 상황에 대한 중요한 방법이 될 수 있다. 네 번째 단계에서는 CPS와 다른 창의적 원리를 특별한 문제해결을 위한 도구로 사용하는 것이 아니라 모든 삶 속에서 행동과 태도로 내면화된 적극적 원리로 활용한다.

우리는 이 단계에서 대단한 믿음의 영향력을 가질 수 있다. 창의성의 내면화가 이루어질 때 리더의 행동은 자연적으로 창의적 변화에 생동감을 주기 시작한다. 각각의 모든 상호작용은 다른 사람의 창의적 사고를 자극하고, 창의적 분위기를 향한 발전은 자연적으로 일어난다. 리더십이 창의적 과정 자체가 되는 것이다.

〈생각 상자 1〉에서 변화 과정 관리 부서의 기술 전달 팀 매니저인 Peter Pellegrino는 전기 자료 시스템(Electronic Data System)을 지원하는 Xerox에서 CPS와 창의성의 융합을 설명하였다.

〈생각 상자 1〉 실화

EDS(Electronic Data System)의 변화를 추구하는 리더는 직원들과 함께 배움, 실습 그리고 CPS의 내면화를 설명할 수 있다

– Peter Pellegrino

내가 처음으로 브레인스토밍에 참가했을 때를 분명하게 기억하고 있다. 모든 CPS 과정은 재검토되었고, 문제를 해결할 수 있다는 감각적인 느낌을 받았다. 그리고 신중하고 조직화된 태도로 아이디어를 생성해 나갈 수 있었다. 나를 진실로 고무하는 과정은 브레인스토밍이라는 도구를 사용하는 기간이었다. 특정 주제에 제한되지 않고 가능한 한 많은 아이디어를 생성하는 것은 나에게 새로운 발상으로 다가왔다. 특히 판단을 유보하는 것은 아이디어를 생성할 수 있는 매우 중요한 요인이 된다는 것도 알았다. 그것은 내 마음속에 있는 모든 것을 표현할 수 있게 허용하는 편안함을 주는 것 같았다.

그 후 나는 지난 18년 동안 Xerox와 EDS에서 IT와 관련된 다양한 리더십을 실천하였다. IT 환경을 융합시키면서 변화를 위한 활동과 실적을 관리하고 실행하며 과정을 소개하는 데 12년을 보냈다. 이 과정은 CPS 원리의 사용을 발전시켰다. 각각의 과정을 향상시키면서 CPS가 사용되고 있다는 것에 확신을 가졌다. CPS의 사용은 창의성, 무비판적 사고, 조직화된 사고가 조직 문화의 부분이 되는 분위기를 창출한다고 믿는다.

성공적인 관리자가 되기 위한 요인은 사람들 각자에게 잠재된 창의성을 살짝 자극해 주는 것이다. 각각의 개인은 새로운 사고, 아이디어, 과정 개발 그리고 고객의 가치를 제공하는 더 나은 사업의 방법에 기여할 잠재력을 가지고 있다고 확신한다.

우리는 자주 팀을 만들어 작업을 하고, 브레인스토밍을 생활화한다. 많은 아이디어를 내고자 노력하고, 판단을 자제하는 것을 일상화한다. 우리는 고객을 위한 새로운 서비스를 향상시키기 위해 CPS를 효과적으로 사용해 왔다. 즉, 한 달에 천 가지가 넘는 변화를 보고하여 그 과정을 확장하였다. 하지만 사업장 내의 갈등을 고려한 정보의 검토에 책임을 져야 하는 무거운 부담도 있었다. 우리는 과정의 발전을 위해서 새로운 동력을 장착하였고, 사업장에 직접적으로 영향을 줌으로써 변화를 일으킬 수 있는 고객의 의견을 모아 발전시켜 나갔다. 많은 사례가 이렇게 이루어졌다.

경력 개발, 과정의 성공 그리고 팀의 성취는 나의 전문적인 삶의 모든 면에 걸쳐 영향을 준 CPS로 융합되어 나갔다.

리더십은 복잡한 문제(즉, 결론이 없고, 정의되어 있지 않으며, 모호한 상황)를 다루는 과정이다. Pellegrino가 언급하였듯이 리더가 성공하기 위해서는 효과적인 창의적 사고자가 되어야 한다. 판단 유보와 같은 CPS의 기본적 원리는 우리 태도의 자연스러운 부분으로 모든 생활을 융합한다. 리더는 더 이상 개인적이고 전문적인 문제를 판단하기 위해 관리를 목적으로 하지 않는다. 그것은 두 번째 사안으로 거의 자연스럽게 일어나는 것이 좋다. 판단 유보라는 개념이 내면화된 사람은 문제가 발생했을 때 확산적 사고 양식으로 전환한다. 참신함을 유지하면서 가장 유익한 대안책을 고르기 위해 수렴적 사고를 사용한다. 이는 창의적 스타일과 조직 분위기의 진정한 면모를 보여 준다.

네 번째 단계에서 개인들은 살아남기 위해 판단 유보와 같은 원리를 융합한다. 이러한 융합은 CPS 절차를 기본으로 한 원리에 제한을 두지 않는다. 예를 들어, 진행에 방해가 되는 문제를 생각할 때 사람들이 자주 사용하는 "우리가 어떻게 하면 ……할까?"라는 문구를 편안하게 사용한다.

〈생각 상자 2〉에서 DARWIN의 협력 자문가인 Tim Switalski의 사례를 확인해 보자. 여기서는 핵폐기물 시설을 해결해야 하는 팀을 기술적 융합의 변화로 이끈 그의 역할을 설명하고 있다.

〈생각 상자 2〉 실화

조직 내의 변혁적 사고를 위한 CPS 사용

—Tim Switalski,

철저한 보안과 안전 의식을 강조하는 정부 산하 방사능 폐기물 관리 시설의 핵 관련 기술자들의 조직 분위기를 상상해 보자. 창의적인 요소를 기대하기에는 힘든 곳이라고 생각하지 않는가? 하지만 다시 한 번 신중하게 생각해 보자. 창의성의 기회는 전혀 기대하지 않았던 곳에서 나타날 수도 있다.

지금으로부터 20년 전에는 조직이 비공개적인 과정으로 특별한 문제를 해결해야 하는 상황이었다. 이 조직의 평가를 위해 매년 열리는 수석 회의와 거리를 두기 위한 목적으로 조직의 현 상황을 진단해 달라는 요청을 받았다. 그들의 요구는 다가올 변화를 위해 확실한 준비를 해 달라는 것이다. 직원들의 동향을 살피고 파악하여 얻은 목적은 새로운 협약 계획을 위해 수석 임원들의 지원을 얻는 것, 그리고 복잡한 변화를 관리할 개인과 집단의 능력을 향상시키는 것이다. 그 기간 동안 우리는 수석 임원들의 지원을 얻기 위해 PPC°도구를 사용하였다. 그 결과, 직원들 또한 문제를 풀기 위한 방식에 변화가 나타나기 시작하였다.

그들은 더욱 긍정적인 판단을 하고, 단점을 지적하기보다는 새로운 계획의 긍정적인 면을 검토하여 실행하는 것을 연습하였다. 그들은 집단적 과정을 통해 모두가 지원하는 분위기를 만들었고, 직원들에게 공개적으로 개방하여 의사를 결정하였다. 과거에는 의사결정을 위한 지원이 언제나 공식화되어 있지 않았고, 소집단에서만 그 쟁점을 다루었으며, 그들 스스로 결정을 내릴 뿐이었다.

첫 번째 회의가 성공적으로 이루어지면서 이제는 개방된 정규 회의로 자리 잡았다. 그들이 창의적 문제해결을 더 배워서 직면한 어려운 문제를 해결하기 위해 적용하는 동안 직원 관리자들은 팀 활동을 더욱 발전시켜 나갔다. 일터에서 힘든 일, 정서적 문제 그리고 과정에서의 상호 관계로 인한 어려움은 줄어들었다. 이러한 경우, CPS의 사용은 매우 유익할 수 있다. 그들은 준거의 목록 범위를 만들었고, 기존 정책에서 요구되는 부서에 필요한 중요한 요소들을 수렴해 나갔다. 직원들의 의견은 대회의실 벽면에 부서별로 게시되었고, 수석 임원이 그들의 의사결정을 확인하기 위해 참석하였다. 직원 관리자들은 다른 부서의 관심을 받았거나 그들이 선택한 사항들에 주목하였다. 각 부서에서는 새로운 인원으로 구성될 직원을 선별해야만 했다. 그들 부서의 이익만이 아닌 회사의 이익을 위해 꼭 해야 하는 어려운 선택이었다. 이러한 회의는 모든 사람에게 놀라운 일이 일어나도록 이끌었다. 감정 소모로 인해 회의가 늦은 시간까지 이어질 것이라고 예상했지만, 계획된 시간 안에 모든 사람이 지원하여 의사결정을 내리고 마무리할 수 있었다.

팀 만들기와 학습의 진행은 몇 년 동안 지속되었다. 많은 업무가 건전하고 협력적인 팀의 발전으로 이어졌다. 우리는 조직적으로 신뢰를 쌓고, 갈등을 관리하며, 참여도를 높여 서로의 중요함을 알게 됨으로써 협력적인 결과를 이루었다. 수석 임원은 이러한 개념이 모든 사람에게 알맞은 일상적 행동으로 자리 잡힐 수 있도록 적극적인 지원을 해 주었다.

이러한 변혁적 과정의 마지막 영향은 조직을 통한 관리자와 감독관들의 발전된 모습으로 나타났다. 수석 임원은 CPS를 사용하여 회사 전체에 걸친 변화를 관리하고 이끌 수 있는 리더십을 갖춘 50명을 선발하기 위한 기준을 만들었다. '변화를 이끌고 지원하기'라고 명명한 훈련 프로그램이 협력적인 구성원들에게 제공되었다. 이것은 사람들에게 현실적 조건에서 획기적인 사건을 다루고, 회사의 문화를 바꾸도록 이끄는 기술과 정보를 제공하였다. 창의적 문제해결을 통한 리더십 협력의 발전은 여러 가지 긍정적 결과물을 가져왔다.

- 좀 더 많은 사람이 변화를 관리하는 과정에 적극적으로 참여하길 원한다.
- 수석 임원과 중간 관리자들은 의사소통을 광범위하고 깊은 수준으로 발전시킬 수 있고 일치된 언어와 과정에 의지할 수 있다.
- 프로젝트 팀은 혁신적이고 창의적인 태도로 기능적인 문제를 언급하기 시작한다.
- 관리자들과 수석 임원들은 하루하루의 전략적인 일과 전략적 우선권 모두를 중심으로 '근시안적·원시안적 비전'의 예리한 감각을 발전시켰다.

"우리가 어떻게 하면 ……할까?"라는 질문을 꾸준히 사용함으로써 창의적 문제해결은 이 조직에 내면화될 수 있는 중요한 도구로 자리 잡았다.

Switalski의 경험은 CPS 초기 훈련에 사용된 언어, 도구 그리고 일반적인 창의적 사고 과정의 방법을 통해 증명되었고, 이는 다른 상황에서 리더의 생각과 행동으로 통합되었다. 이러한 사고의 변화는 하루아침에 일어날 수 없는 일이다. Maslow(1954)의 자아실현의 최종 목적지까지는 도달하지 못하더라도 꾸준한 학습과 연습을 통해 창의적 변화의 리더로 발전할 수 있다. 그리고 언제나 자신의 모습을 향상시킬 수 있다.

이 책은 리더가 위기에 처했을 때 의도적으로 적절하게 대처하거나 기회를 받아들이는 과정을 배우는 것([그림 1]의 세 번째 단계), 그리고 융합하고 변화를 이끄는 방법의 원리와 과정을 제공하는 것([그림 1]의 네 번째 단계)에 대한 모든 것과 연결된다.

여기서부터 어디로 가야 하는가

CPS, 창의성 그리고 리더십의 일반적 발전을 확장시키기 위한 몇 가지 제안을 〈생각 상자 3〉에서 설명하고자 한다.

〈생각 상자 3〉 기본 자료

시작할 수 있는 몇 가지 기본 자료

- **회의**: '창의성교육재단(Creative Education Foundation, www.creativeeducationfoundation.org)에서는 1954년 이래로 매년 6월에 CPS 기관이라고 불리는 창의성 회의를 개최한다(www.cpsconference.com). 전미창의협회(American Creativity Association, www.amcreativityassoc.org)에서는 대표적으로 매해 늦은 겨울이나 초봄에 학회를 개최한다. 노스우드 대학교에서는 10년이 넘도록 Dow Creativity Center가 대학과 단과대학 시설 인원을 대상으로 창의성 회의를 주관해 오고 있다(www.northwood.edu/creativitycenter/). 유럽의 창의협회(Creativity Association)는 이탈리아에서 국제회의를 개최한다(www.creaconference.com).

- **저널**: 최근의 창의성에 관한 3가지 영어 저널로는 「창의적 태도 저널(*The Journal of Creative Behavior*)」(www.creativeeducationfoundation.org), 「창의 연구 저널(*Creativity Research Journal*)」(http://www.journals@erlbaum.com), 「창의성과 혁신 경영(*Creativity and Innovation Management*)」(www.blackwellpublishing.com), 「미학과 창의성, 예술의 심리학(*Psychology of Aesthetics, Creativity and the Arts*)」(www.apa.org/pubs/journals/aca/index.aspx), 「창의성과 문제해결 국제 저널(*International Journal of Creativity and Problem Solving*)」(www.creativity.or.kr/)이 있다. 다른 저널의 창의 관련 편집은 전통적 검색 엔진을 통해 찾을 수 있다.
- **일반적인 자료**: 창의성 연구를 위한 국제센터(www.Buffalostate.edu/centers/creativity), 버펄로 주에 위치한 E. H. Butler 도서관의 창의 연구 집단(www.Buffalostate.edu/library), 창의적 연구를 위한 센터(www.ccl.org), 프로젝트 제로(www.pzweb.harvard.edu), 창의적 교육 재단(www.creativeeducationfoundation.org/)

- 창의성의 원리, 절차, 모델 그리고 워크숍, 세미나, 강의에 참석하여 발전된 이론에 대한 지식을 더욱 추구하자.
- 강의를 수강하고, 회의에 참석하면서 저널을 읽고, 좋은 서적을 찾아보자. 꾸준하게 배움을 유지해 보자.
- 창의성과 리더십 회의에 참석하자.
- 스스로 경험하고 이해하는 창의성과 리더십 간의 연결에 대해 조사 및 기록해 보자.
- 창의성과 리더십의 현장에 있는 사람들과 연락하고, 의견과 정보를 교환하자.

마무리하는 생각

심리학자이며 초기의 창의성 연구자인 J. P. Guilford(1968)는 "산다는 것은 문제를 지닌다는 것이고, 문제를 해결하기 위해서는 창의성을 키워야만 한다."(p. 12)라고 언급하였다. 잠재적인 창의적 리더로서 공동체, 팀, 조직, 가족의 창의성에만 의존하는 것은 충분하지 않을 것이다. 사회는 창의성을 위해 각 구성원의 능력에 의존하고 있다. 인류학자 Mary Catherine Bateson(2004)은 "인류가 가진 최고의 희망은 호기심을 풀 수 있게 허용된 분위기와 생물권 각자에게 영향을 미치는 새로운 패턴을 배우는 것이다."(p. 5)라고 언급하였다. 잠재적인 리더로서 당신은 개인과 집단의 창의적인 역량을 키울 수 있는 중요한 위치에 있다. 복잡한 문제를 풀기 위해 창의적 생각의 적용을 자극하는 모델이 될 수도 있다. 반대로 창의적 발전을 외면하고 그것의 잠재성을 제한할 수도 있다.

개인적이고 전문적인 삶에서 사람들이 직면하는 복잡한 쟁점은 조직에서의 혁신을 위한 필요성을 증가시킨다. 그리고 주변 세상과 공동체가 직면한 새로운 문제들 속에서 모든 사람의 재능을 끌어내야 한다. 리더십에서 창의성이 반드시 필요하게 된 것이다. 특히 모든 단계에서 창의성이 발현될 때 리더십은 사람들의 삶에서 차이점을 만들어 준다. 만약 리더로서 이러한 창의적 요소를 중요시한다면 새롭게 직면하여 나아갈 수 있는 활기차고 독특한 행동을 찾고, 사회의 어려운 문제들을 감당할 수 있는 더 좋은 위치로 나아갈 것이다.

교육자이자 작가인 Charles Handy는 "우리는 위대한 사람들에게서 위대한 비전을 기다리고만 있을 수는 없다. 왜냐하면 그들은 간단히 말해 제공자이기 때문이다. 어둠 속에서 작은 불씨를 피우는 것은 우리에게 달려 있다."라고 말했다. 당신이 세상에서 다른 것을 만들어 내기 위해 직접 불씨를 피우는 리더로서 창의성을 사용할 수 있기를 지속적으로 응원할 것이다.

사례 연구

창의적 변화의 리더가 되기

비전의 증거:
조직에서 창의적 변화의 리더가 되는 법

도전

인지도가 높은 외국 회사의 혁신을 요구하는 자리에서 일하게 된다면 당신은 어떻게 창의성을 펼쳐 보겠는가? 어려운 도전을 받아들이기 위해서라도 과거의 방식에만 의존하는 관리는 피해야 할지 모른다. 직원 수는 그대로 하되 조직 내에서 리더의 존재를 사람들에게 알리지 않고 일할 수 있겠는가?

CPS의 도움으로 조직에서 잘 알려지지 않은 구성원부터 유능한 직원에 이르기까지 꾸준한 혁신을 위해 토론에 참여하는 방법을 알려 준 사람이 있다. Shari Rife는 새로운 자리를 위한 준비 작업을 하고 회사에 긍정적인 영향력을 행사하면서 자신의 역할을 입증한 사례들을 순서대로 기록하였다.

처음부터 창의성을 알림: 새로운 경력 개발을 위해

Shari Rife는 경영학 석사 학위를 지녔으며, 15년간 정보 기술부 행정 담당자로 근무하였고, Customer Service & Logistics에서 3년 동안 일한 화려한 경력을 지니고 있다. 하지만 그녀는 꾸준히 매진하는 성격으로 열심히 일하고 기회를 추구했음에도 언제나 경력의 부족함을 느끼고 있었다.

Shari는 뉴욕 주 버펄로에 본사를 둔 Rich Products Corporation에서 근무하고 있다. Rich사는 1945년 설립되었고, 유제품을 함유하지 않은 냉동식품 산업으로 잘 알려져 있다. 공급 회사, 급식, 매장 그리고 도매업을 선도하고 있었던 Rich사는 콩으로 만든 토핑과 미국의 주요한 냉동 후식, 냉동식품 제조라는 틈새시장에서 성장하였다. 1960년대 이후로 회사는 Coffee Rich(유제품이 함유되어 있지 않은 커피 크리머)와 같은 생산품을 개발해 왔고, 냉동 빵과 피자 반죽, 급식 재료, 매장 판매용 빵, RICH-SEAPAK(해산물) 그리고 Byron's(바베큐) 등을 포함하여 사업을 확장해 나갔다. Rich사의 생산품은 대략 75개 국가에서 2천 가지 이상이 판매되고 있었다.

약 18년 동안 Rich사에서의 2가지 지위로 경력을 쌓아 온 Shari는 강화된 회사 지원 훈련 프로그램에 참여하기 위한 인터뷰에 초대받았다. 그 훈련은 CPS 과정을 강조한 프로그램이었다. Rife는 CPS에 대해 전혀 몰랐지만 기꺼이 배우겠다는 자세로 인터뷰에 응했다. 인터뷰에 초대된 50명의 사람 중 15명이 뽑혔고, 그중 한 명이 바로 Rife였다.

실행과 혁신을 끌어올리기 위해 회사 외부에서 창의성 컨설턴트를 고용한 지 15년이 지난 후, Rich사는 CPS의 가치와 원리를 생산하게 되었다. CPS 훈련 프로그램은 내부에서 연마된 컨설턴트와 함께 외부 컨설턴트를 영입하여 보충하도록 설계되었다. 이에 따라 창의성의 전문적인 내부 기초가 만들어진 것이다. 목표 달성을 위해 훈련에 참가하는 모든 직원은 CPS 기법을 배우면서 회사 전체에 그것을 적용하는 2년 과정을 거쳐야만 했다. 구체적으로 표현하자면, 이러한 다국적 기업이 실제적인 비즈니스 교육의 25%를 차지하는 CPS 훈련에 직접 직원들을 참여시킨 것은 드문 경우였다.

훈련 프로그램은 일주일 동안 CPS의 구조에 관한 집중적인 교육으로 시작하였고, 두 번째 주는 CPS 촉진 기법 훈련을 시행하도록 하였다. 일단 강의실에서의 교육이 끝나면 각각의 참여자는 지원자들과 함께 문제해결을 위한 내용을 제공받는다. 첫해 동안 매달 참가자들의 기법을 훈련시킨다는 목적으로 '점심식사를 하면서 배우는' 시간을 가졌다. 새로운 프로그램으로 훈련된 CPS 촉진자들의 편의를 위해 현장에 콜센터가 설치되었다.

Rife는 훈련 프로그램에 매우 몰입하여 CPS 과정의 유용성에 맞춰 회사 내의 원리와 기법을 적용하는 방법을 찾을 수 있었다. Rife는 "나의 경력 개발을 위해 내가 원하는 것이 무엇인지를 아는 것은 매우 중요하지요."라고 말했다. 그녀는 스스로의 비전을 찾았고, 지금은 그것을 현실로 옮기기 위해 노력하고 있다.

모든 근무 시간을 CPS 확립을 위한 기초 작업으로

Rich사에서 CPS를 적용하기 시작한 2년 동안 Rife는 매우 도전적으로 일을 시도했다. 필요할 때마다 가능한 한 많은 시간을 투자하였으며, 여러 가지 업무의 책임 또한 소홀하게 여기지 않으면서 새로운 CPS 기법의 적용을 위한 모든 기회를 받아들였다. Rife는 "나는 공식적으로 말할 수 없는 내용부터 다양한 문제해결을 위해 팀을 이끄는 내용까지 다루었습니다."라고 말했다. 이러한 CPS의 경험은 비즈니스상의 문제들을 해결하기 위한 원리와 도구로 적용되었고, 그녀는 그 과정을 내면화하였다. 그녀의 역할은 회사 내에서 점점 더 확대되었다.

CPS 훈련 프로그램이 진행되고 약 1년 후, Rife는 창의성과 CPS 과정을 전문화하기 위해 대학원 과정을 시작하였다. 이를 통해 그녀의 의견은 논리성을 갖추게 되었고, 그녀는 새로운 경력을 위한 변화의 기회를 찾을 수 있게 되었다. 수업 연구 과제로 그녀는 수렴적 도구인 PPC°(10장 참고)를 사용하여 목표를 세우고 발전시켰다. 그녀는 비전을 명확히 하면서 회사의 CPS 촉진자가 되길 원했지만 아직 현실에 맞는 실행 방법은 확신할 수 없었다.

그녀는 수업 연구 과제를 진행하면서 경력에 대한 비전을 더욱 강화해 나갔다. 보다 구체적으로 그녀는 Rich사에서 CPS/혁신 전문가가 되기 위한 강점, 잠재성 그리고 문제점을 작성해 보았다. 그런 다음 '관리자의 수를 늘리지 않는 방법'과 같은 인식된 문제를 극복하기 위한 아이디어를 제시하였다. Rife가 수행한 연구 과제의 결과는 CPS와 혁신을 이끌기 위한 추천서였다. 그것은 CPS를 위한 전임 직원을 고용해야 하는 이유를 설명하면서 관리의 틀을 제공하였다. 회사에서는 Rife의 추천서를 검토하였고, 그녀의 비전과 행동에 영

<table>
<tr><th colspan="2">PPC° 추천서의 선택</th></tr>
<tr><td rowspan="2">강점(pluses, likes)
• 집중력 강조
• CPS 사용의 확대
• 과정에서의 일관성
• 다른 제조 회사가 제공하지 않는 서비스를 고객에게 제시하기
• 돈을 절약하고 벌 수 있는 방법을 찾아내는 프로젝트
• 실행력을 통해 과정을 이해하는 능력
• 더욱 강력한 실행력과 성공 이야기
• 외부 컨설턴트 비용 절약
• 회사를 위한 시각적인 탁월성 증대
• 중요한 기업 마인드 지원
• 학습 조직이라는 산업계에서의 신뢰성과 회사 이미지 향상
• 회사를 위해 더욱 많은 고객 유치
• 고객 공동체에서 더욱 유능한 회사로 소개(물건을 파는 것이 목적이 아닌 그들과 함께한다는 생각)
• CPS에 전념하고 강화된 기법 습득
• 가치를 추구하고 경쟁력 있는 장점을 추구
• 고객과의 좋은 관계 유지
• 적극적으로 문제를 해결하고 고객의 반응에 대처하여 회사의 비전과 연결</td>
<td>잠재성(potentials, opportunities)
• 혁신적인 아이디어, 예금 그리고 수입의 결과를 관리할 수 있는 CPS의 도입
• 실행력
• 2005년 기업 마인드를 이끄는 힘
• 다른 회사에 서비스와 전문성을 판매
• 판매 목적이 아닌 비즈니스의 성장을 돕기 위한 고객과의 파트너십 장려</td></tr>
<tr><td>문제점(concerns)
• 만약 예산이 축소된다면 일 년 후 그 자리가 사라질 수도 있다는 불안감
• 가치 있는 비즈니스 도구로 순이익에 영향을 주는 방법
• 관리자의 수를 늘리지 않는 방법
• 전임 직원에게 요구되는 관리에 확신을 주는 방법
• 필요할 때 그 과정의 사용법과 연결하여 교육하는 방법</td></tr>
</table>

중요한 문제점 극복(overcoming key concerns)

- 관리자의 수를 늘리지 않는 방법
  - 기존의 위치에 있는 사람들과 협력하여 그 자리를 채운다. 그렇다고 누군가 그들의 자리를 대신하는 것은 아니다.
  - 이러한 직무와 함께 대신할 수 있는 한 사람의 자리를 개방하라.
  - 조직 전체와 관련된 소주제부터 협력하여 전환해 나가라.
  - 협력자에게 무료로 일하는 것에 대한 동의를 구하고, 모든 업무에 영향을 미칠 수 있는 가능성을 설명하라.
- 근본적인 영향력을 증명하는 방법
- 자리가 사라지지 않도록 확신하는 방법
- 전임 직원에게 요구되는 관리에 확신을 주는 방법
  - 돈과 시간이 절약되었다고 인식한 성공을 문서에 기록하라.
  - 내부의 전임 직원과 외부 컨설턴트의 비용을 비교하라.
  - 과정의 힘과 영향력에 대해 관리자가 아닌 사람들을 대상으로 교육을 시작하라.
  - 모두에게 적절한 상향식(bottom-up) 접근법으로 CPS를 소개하라.
  - 무역 전시회에서 고객들에게 가치 있는 서비스를 제공하면서 CPS를 소개하라.
  - 우리가 참여했던 무역 전시회에 방문한 고객들을 대상으로 먼저 부서 밖의 서비스를 제공하라.
  - 비즈니스에 영향을 주는 문제와 방법에 대한 피드백을 고객과 교환하라.

감을 얻어 CPS에 가치를 둔 새로운 자리를 마련하게 되었다.

개인적 성장과 조직 내의 영향

자신이 만든 자리와 함께 창의적 과정 및 촉진을 위한 매니저가 된 Rife는 스스로 의무와 책임을 규정하면서 자유로운 업무를 수행하였다. 그녀는 창의성과 개방적인 생각으로 매일의 회의와 과정을 계획하여 내부 컨설턴트이자 촉진자로서의 역할을 설명하였다. 그리고 여러 가지 방법으로 CPS의 원리를 제시함으로써 모든 직원이 협력하도록 격려하는 데 중점을 두었다. 이제 그녀는 스스로를 혁신의 시대적 증거로서 선보이려 한다.

새로운 역할을 맡은 초창기에는 CPS를 촉진하기 위해 많은 시간을 보냈으며, 집단은 더욱 생산적으로 문제를 해결하고 회의하도록 도왔다. 조직 내에서 그녀의 경험과 명성이 높아지면서 그녀의 촉진 기법을 적용할 수 있는 새로운 영역이 발견되었다. 또한 고위 관리 부서는 CPS와 같은 새로운 과정으로 내부적 상호 과정을 높여 효과성을 높일 수 있는 전략적인 과정을 소개받았다. 고위관리 부서에서는 CPS를 배우기 위해 외부 컨설턴트와 함께 하였다.

Rife는 CPS의 원리와 절차가 성공을 위한 과정과 신뢰의 본질을 제공한다고 믿었다. "CPS의 소개로 인해 나의 경력은 꽃을 피웠어요. 세계를 여행하면서 다양한 조직이 참여하도록 자극하였고, 다른 사람들을 교육하였으며, 집단을 이끄는 등의 경력을 쌓았습니다. 나는 나의 일이 정말 자랑스럽습니다!" 그녀는 많은 혁신적인 방법을 사용하여 조직을 성공적으로 이끌기 위해 꾸준히 노력하고 있는데, 그것은 다음을 포함한다.

- 내부의 관념적인 부분을 자극하기: 새로운 생산품 아이디어, 생산품 이름 고안, 마케팅 기획 등
- 사안을 발견하여 이끌기: 고객이 원하는 것을 발견하여 필요한 부분을 해결하기 위한 방법을 알기
- 분기별로 리더십 회의 열기: 목표와 의견을 정하여 준비하고,

회사의 해외 부서를 위한 효율적인 회의를 이끌어 내기

- 고객을 위한 혁신적인 이벤트 계획하기: 창의적이고 협력적인 방법으로 전략이나 테마 상품을 발전시키기 위해 고객 중심의 회의하기
- 전략적 계획을 장려하기: 브라질, 멕시코, 영국, 인도 등의 해외 시장을 겨냥한 장기 프로그램 계획 세우기
- 과정을 재설계하기: 현재의 디자인에 도전함으로써 과정 속에서 효율성을 이끌어 내기
- 회의에서 효율성을 이끌어 내기: 분명한 목표, 안건, 팁과 모델의 태도를 인식하기
- 공식적이고 비공식적인 지도: 다른 사람의 혁신을 이끌어 내고 CPS 과정을 내면화하도록 돕기
- 혁신적인 사안 정리하기: 조직의 벽을 넘어 아이디어를 수행하고 정보를 나누고 기념하기
- 통제 절차를 돕기: 기업이 핵심적으로 주도권을 갖기 위해 과정을 수행하고 촉진하기
- 훈련: 근본적인 CPS와 조직 관리 기술을 향상시키는 창의적 리더십에 관한 워크숍 진행하기

마무리 생각

5년 후, Rife는 자신의 경력을 개발하였고, 지금은 회사의 성공에 중요한 기여를 하고 있다. 또한 Rich사 전체에 걸쳐서 CPS의 가치

를 분명하게 알리고 있다. 회사의 모든 단계는 그녀의 서비스를 필요로 하고 있다. Rife는 수많은 신상품, 재설계의 과정 그리고 고객 서비스 혁신의 창의성 부분에서 자신의 역할을 담당하고 있다.

세계적인 변화와 경쟁이라는 현실 속에서 Rich사는 꾸준하게 그 분야의 산업체를 대표하고 있으며, 혁신 기업으로도 알려져 있다. CPS 촉진의 수요가 왜 증가하는지 질문했을 때, Rife는 간단하게 "효과가 있으니까 증가하고 있는 거죠."라고 대답하였다.

강도 높은 CPS 훈련에 참가한 다른 사람들은 대부분 그들 자신의 경력을 개발할 수 있었다. "CPS 기법은 사람들의 경력을 강화시키는 중요한 관리 및 리더십 기법이다."라고 Rife가 말했는데, 그녀가 추구하는 가장 중요한 목적은 모두가 이 기술을 '모든 방법으로 매일' 적용하게 하는 것이다. Shari Rife의 이야기는 CPS를 통해 인식할 수 있는 개인의 변화뿐 아니라 집단에 적용할 수 있는 긍정적인 조직 분위기까지도 강조한다. Shari Rife는 창의적 변화의 리더를 보여 주는 전형이라고 할 수 있다.

조직 안의 창의성을 내면화하기

반전 스토리:
CPS와 창의적 리더십이 극단을 되살린 사례

도전

1972년 뉴욕 주 버펄로에서 2명의 동료가 어린이를 향한 열정으로 TOY(Theatre of Youth)를 설립하였다. 그들의 사명은 어린이가 순수하게 스스로의 영감을 고취할 수 있는 극장 경험을 하도록 헌신하는 것이었다. 버펄로 지역사회에서 TOY의 수요는 높아져 갔다. 4년만에 세계적인 초대 감독, 다양한 경로를 통한 자금 조달, 품격 높은 극단이라는 평가를 받으면서 예술 단체 TOY는 성장해 나갔다. 1976년, TOY는 미국의 Zeta Phi Eta(아이들을 위한 위너프리드) 상을 받았다.

그러나 1992년 극단은 여러 가지 이유로 위기를 맞았다. 이에 따라 TOY는 극단의 자원이자 창의적인 에너지원인 아이들을 위한 연극은 거의 만들지 않게 되었고, 성인을 위한 연극을 만들기 시작하면서 예산도 삭감되었다. 극단의 예술 감독도 돌연 사직서를 제출하였고, 남아 있는 직원들이 재정적 압박을 감당해야만 했다. TOY는 그들만이 가진 예술적인 정체성을 잃었고, 대중적 이미지로 청중을 실망시켰기 때문에 빠른 속도로 추락하게 되었다. 다음 시즌을 시작하기 몇 주 전에는 급기야 예술 감독 자리까지 비어 버리는 사태에 이르고 말았다. 이 조직은 위기에 처했다. TOY는 문을 닫아야 할까, 아니면 새로운 방법을 모색해야 할까?

TOY의 회복을 위한 CPS 사용

Meg Quinn은 TOY의 창립 멤버였고, 홍보 감독으로 몇 년간 조직에 돌아와 일하였다. 그러나 1992년에 창의성 관련 박사 과정을 마치기 위해 극단을 다시 떠나야만 했다. 위기에 처한 극단을 위해 Meg Quinn은 CPS 촉진자로서 회사를 돕기로 결정하였다.

상황은 복잡했다. 재정 문제로 인해 극단을 줄이거나 인수할 사람을 찾는 것이 급선무였다. Quinn은 상황을 이해하고 탐색하는 생산적인 방법을 위해 CPS를 제안했다. 이사회 감독, 관리 감독 그리고 직원 모두가 극단의 도전, 기회, 강점과 약점을 분석하기 위해 CPS를 적극 지원했다.

Quinn은 함께 공부하는 2명의 촉진자를 포함해서 CPS를 3단계로 나누어 계획했다. 집단은 TOY의 직원, 공동체 구성원, 이사회 임원 그리고 TOY와 관련된 사람들로 구성되었다(매체를 포함하여).

첫째, CPS의 명시 단계부터 들어가는 것이었다. 여기서는 조직의 강점, 약점 그리고 주요한 과제를 분석하였다. 공동체 구성원들에게 TOY의 과거와 현재의 인식에 대한 설명이 요청되었고, 극단 설립의 사명과 역사가 재검토되었으며, 기회와 자원들이 나열되었다. 첫 단계를 마친 후 긍정적인 에너지와 낙관론이 높아졌다. Quinn이

"CPS 과정의 사용은 사람들에게 폭풍에 휩쓸리지 않도록 감각을 세워 주기 때문에 상황 조절이 가능해집니다."라고 말하였다.

CPS의 3단계를 마친 후 처음 목적에서는 이탈했지만, 직원들과 지역사회는 어린이를 위한 극단에 가치를 두어야 한다는 믿음을 가졌다. 결국 극단을 재조직하고 미래를 위한 계획을 만들어 나가기로 강력한 합의가 도출되었다. 이사회 임원들은 더욱 힘 있는 의사결정의 중심 역할을 맡았다.

그러므로 CPS의 마지막 공식 임무는 아이디어를 생성하고 계획을 실행으로 옮기는 것이었다. 다양한 과제의 해결을 탐색하기 위해 브레인스토밍과 그 밖의 아이디어 생성 기법들이 사용되었다.

Quinn은 다음과 같이 말했다. "CPS는 복잡한 과제를 다룰 때 유용한 방법을 제공하였습니다. 우리는 문제를 인식하고 분류하여 건설적인 방법으로 다루는 CPS를 사용할 수 있었습니다." CPS는 적극적인 상호작용과 모든 사람의 아이디어를 필요로 하기 때문에, 주인의식과 계산 능력의 감각이 요구된다. 참가자들은 변화를 향해 확실히 나아갔고, 그들 자신의 사명을 다시 정립해 나가는 데 힘을 모았다. CPS 회기에서는 자금 지원자들과 대중에게 TOY가 예전의 모습을 되찾아야 한다고 강조하였다. CPS는 행동의 진행 단계를 위한 지도를 제시해 주었다.

창의적 리더십은 지속적인 성공으로 이끌 수 있는
창의적인 문화로 발전할 수 있다

Quinn이 수행한 CPS 회기의 초기에는 자신감과 지원이 중요하게 형성되었다. 이러한 회기들을 간단하게 마무리한 후, Quinn은 예술 감독으로서의 역할을 권유받았다. 비즈니스는 제자리를 찾았지만 예술 감독의 자리는 여전히 비어 있었기 때문이다.

CPS 회기는 TOY를 정상화하는 데 도움이 되었다. 하지만 이것은 Quinn이 TOY의 문화를 바꾼 예술 감독으로서 리더십이라는 창의성 원리를 실천할 능력을 지녔기에 가능한 일이었다. 결과적으로 14년이 넘는 시간 동안 TOY는 예술적으로, 문화적으로 그리고 재정적으로 새로운 목표를 달성하고 있다.

TOY가 성공할 수 있었던 이유에 대한 질문을 받자, Quinn은 즉시 "거기서 일하는 사람들 덕분이지요."라고 대답했다. 협력과 팀워크는 TOY에서 가장 가치 있는 것이다. 사람들은 서로서로 도와주고 지원해 준다. "그건 내 일이 아니에요."라는 소리는 듣기 힘들다. 사람들은 편안하게 의견을 내고 위험을 감수한다. 그들은 서로 신뢰하는 법을 배우고, 많은 아이디어를 시도하며, 지속적인 성공을 위해 중요한 아이디어를 실행해 본다. 이 조직의 구성원들은 꾸준하게 도전을 받아들이고, 비즈니스에서 생산과 기능의 역할을 하는 혁신적인 방법을 찾는다. 생산 관리자 Chester Popiolkowski는 "다른 극단에서 온 사람들은 우리가 가진 재정적 자원에 비해 이룩한 성과를 보고 매우 감탄해요."라고 말했다. 몇 년 동안 TOY의 문화는 창의성과 CPS의 원리로 형태를 갖추어 나갔다. 창의성의 원리는 "이것은 방금 내 머릿속에서 나온 아이디어니까 판단을 미루어 주세요."라는 의사소통의 표현으로 확립되었다. 문제해결은 TOY에서 활발한 활동으로 간주되었고, 비언어적 신호들은 모두가 적극적인 대화를 유지해 나가는 데 도움이 되었다.

창의적 문화의 발전은 단지 우연의 일치가 아니다. 창의적인 원리와 절차를 기본으로 하여 확립한 Quinn의 능력이 확인된 것이다. Quinn은 다른 사람의 아이디어와 공급 에너지가 가장 의미 있는 것이라고 믿었다. 그녀는 리더십을 자극하였고, 개인적인 스타일을 포용하였으며, 창의적인 태도의 모델이 되었다. 이렇게 서로 연결된 긍정적 리더십의 특징들은 조직에 예술적 및 행정적인 영향력을 주었다. TOY의 수석 디자이너인 Ken Shaw는 "Meg은 그들이 탐색할 기회를 가질 때까지 아이디어를 생성해 쏟아 내도록 이끄는 강력한 촉진자예요. 이것이 바로 그녀가 창의적 리더인 이유예요."라고 말하였다. 그녀는 예술 감독이라는 자리를 받아들이기 전에, 함께 일할 수 있는 사람들의 마음에 가치를 두었다. 그녀는 사람들의 상상력을 자극하고, 의사결정 과정에 그들을 포함하는 절차를 사용하였다. 이러한 초기의 행동들은 창의성을 꽃피울 수 있는 문화적 토대가 되었다.

Quinn은 TOY의 연출 작업 대부분을 관리하였다. 그녀만의 창의적인 지식은 그녀의 관리 스타일에 영향을 미쳤다. "나는 한 사람 한 사람의 창의적 스타일을 알고 있기 때문에 배우들에게 더욱 강한 연기력을 뽑아낼 수 있다고 생각해요. 리허설 과정을 거치면서 각각의 배우가 연기하는 방법을 더 잘 이해할 수 있어요." 감독은 명확한 판단과 비전을 향해 연극을 연출한다. 하지만 TOY에서는 아이디어와 위험 감수를 즐길 수 있는 시간이 허락된다. 예를 들어, 〈알렉산더 앤 더 테러블, 호러블, 노 굿, 베리 베드 데이(Alexander and the Terrible, Horrible, No Good, Very Bad Day)〉에서는 아주 큰 사진 복사기가 고장이 나서 많은 종이가 빠르게 출력되는 장면이 있었다. Quinn은 배우가 기계의 모든 움직이는 부분을 신체적으로 표현하게 하기로 결심했다. Chester Popiolkowski는 잘 작동하다가 결국엔 과열되어 종이와 함께 폭발하는 기계음의 전자음악 사운드트랙을 작곡했으며, Quinn과 연기자들은 사진 복사기의 움직이는 부분에 대해 토론했다. 그런 다음 연기자들은 녹음된 사운드트랙에 따라 즉흥적으로 사진 복사기의 움직임을 표현하기 시작했다. 리허설은 육체적으로 표현된 브레인스토밍의 방법으로 진행되었다. 기계의 표현이 혁신적인 대본을 통해 해석될 때까지 한 가지 아이디어가 또 다른 아이디어를 만들어 냈다. 복사기 연기는 예상했던 것보다 더욱 에너지가 넘치고 흥미로운 결과물로 표현되었다.

Quinn은 연극을 연출하거나 매일 마주치는 과제들을 처리할 때 언제나 조직과 직원들의 창의적 필요성에 조화를 맞추었다. 그녀는 배우들이 새로운 방식으로 대본을 탐색할 기회를 가지며, TOY의 창의적 분위기에 의해 영감을 받는다고 하였다.

창의적으로 인도하는 Quinn의 능력은 직원들 사이의 원활한 업무 관계를 통해 더 잘 확인되었다. TOY에서는 개인적인 스타일을 포용한다. 사람들은 행동의 원인과 다른 사람들의 능력 혹은 습관을 활용하는 최선의 방법을 이해할 수 있었다. 심지어 다른 스타일을 더욱 강화하기 위해 전 팀에 포사이트를 적용하였다. 포사이트는 개개인을 인식하여 집단이 창의적 과정 내에서 선호도를 알아보게 하는 평가 도구다(13장 참고).

포사이트는 팀 구성원들의 기술과 역량이 매우 다르다는 것을 보여 주었다. TOY 팀은 개인의 선호도와 강점의 범위가 모든 집단을 지원하였으므로 일을 원활하게 진행할 수 있었다. 이 도구로 수집한 정보는 활발한 의사소통으로 개인이 문제해결 능력을 강화할 수 있게 하는 데 도움을 준다. Quinn은 "다양한 창의적 스타일의 이론적이고 실질적인 지식은 일을 완수하는 데 도움이 됩니다."라고 말하였다.

극단의 이윤을 추구하지 않는 행동들은 많은 단계에서 문제해결을 위한 접근법으로서의 창의성을 필요로 한다. 의도적인 창의성은 TOY의 사명을 재발견하고 재평가하여 그것이 다시 살아날 수 있게 도와주는 근본이 되었다. Quinn의 리더십 스타일은 재능을 갖춘 직원들의 창의적 상상력에 따라 TOY의 새로운 성공이라는 결과물로 나타났다. 바로 어린이를 위한 안전한 극단의 설립이 이루어진 것이다.

결과: 그것은 모두 무엇을 의미하는가

버펄로의 역사이자 350만 달러로 활기를 되찾은 Allendale Theatre와 TOY는 경제적으로 성장한 극단으로서 경영되고 있다.

1990년 12월 이후 TOY는 34개의 연극을 선보였고, 300명의 배우를 고용하여 30만 명이 넘는 아이와 어른을 초대하였다. 또한 TOY는 버펄로 공립학교 학생들의 성공에 대한 인식을 돕는 연극을 만들기 위해 제약회사와 함께 획기적인 일을 진행했다. 이를 통해 TOY는 학생들에게서 많은 편지를 받았다. 설립과 적절한 지원이 체계를 잡아 갔고, 직원들은 자신이 조직의 일부라는 자부심을 가졌다.

재정 전환도 매우 인상적이다. 15년 전에는 TOY의 예산 중 60%가 벌어들인 수입이었는데 반해, 현재는 75%가 수입으로 인해 발생한 것이다. Rite Aid, Wendy's, BlueCross BlueShield of WNY, Fisher-Price와 같은 기업 후원은 운영을 위한 수입에 도움이 되었다.

과연 무엇이 이렇게 위대한 반전 스토리를 만들어 냈을까? 일하는 사람 각자의 잠재적인 창의성을 존중해 주고, 모두가 행복하게 최선을 다할 수 있게 하는 분위기를 만들어 주어야 한다는 Quinn의 확실한 믿음 덕분일 것이다.

창의적 분위기

IDEO를 혁신으로 이끄는 일터 분위기

도전

Pepsi, Nike, Prada 그리고 다른 세계적인 기업들이 혁신적인 상품의 필요성을 향해 문을 두드리고 있다. Apple사에 문제가 생겼거나 돌파가 필요하여 당신의 도움이 요구되는 상황이라고 가정해 보자. 돌파를 위한 해결책을 창출하고, 수요를 위한 혁신을 가져다줄 역량이 당신에게 달려 있는 상황이다. 그렇다면 도전을 받아들여서 성공적으로 이끌어 보겠는가?

회사

누가 도전을 받아들이고, 어떻게 그것을 처리할 것인가? 캘리포니아 주 팰러앨토에 본사를 둔 유명한 디자인 회사 IDEO는 지난 20년간 혁신적인 생산물과 해결책을 만들어 왔다. David Kelly는 정해진 규칙을 거부하고 즐겁게 일하는 회사를 만들기 위해 1978년 David Kelley Design이라는 이름으로 지금의 IDEO를 시작하였다. 1991년 Kelley의 회사는 산업 디자인에 중심을 두고 IDEO라고 다시 이름을 지었으며, 오늘날 IDEO는 약 350명의 직원을 세계 각지에서 고용하여 혁신적인 과정, 생산품, 서비스에 도움을 주고 있다.

ABC 방송의 〈나이트라인(Nightline)〉 뉴스에서 IDEO의 체험적인 혁신적 과정을 소개한 후, 그들의 획기적인 성공이 세상에 알려졌다. *Fortune*에서는 그들의 IDEO 방문에 대해 "혁신 U에서의 하루"라고 묘사하였으며, *Wall Street Journal*에서는 IDEO를 "상상의 놀이터"라고 불렀다. 세계 각국의 비즈니스 조직들 안에서 IDEO는 혁신을 위한 리더의 자리로 올라서게 되었다. 무엇이 그들로 하여금 꾸준한 혁신적 해결책을 만들 수 있도록 이끄는 것일까? 그들에게는 더욱 창의적인 재능이 있는 것일까? 카리스마가 강한 리더가 있는 것일까? 그들만의 특별한 공식이 있는 것일까?

창의적인 일관성 기르기

당신이 IDEO의 결과물에 관심을 갖는다면, Crest사가 개발한 치약 튜브를 깨끗하게 사용할 수 있는 혁신 상품이 어떻게 만들어졌는지 확인할 수 있을 것이다. 더불어 효과적인 리더십 태도, 창의적인 일터 분위기 그리고 창의적 문화를 통합할 수 있는 다양한 과정의 조합을 찾아낼 수 있다.

리더십

Kelley의 초창기 고객 중 한 명은 바로 Apple사의 Steve Jobs였다. 이러한 경험으로 얻은 교훈은 Apple로부터 받은 수당보다 더욱 갖진 것이었다. 그는 Apple사의 역동적인 문화, 그리고 생산적인 일터 환경에서의 재미를 강조한 분위기에 큰 영감을 받았다.

설립자 David Kelley는 이제 더 이상 IDEO에서 매일 근무하고 있지 않지만, 그의 초창기 행동들은 창의성이 넘쳐 났다. 그는 일터에서 유쾌함이 넘치도록 장난스럽고 색다른 재미에 몰입하였다. Kelley의 행동은 IDEO의 리더들에게 새롭고 유익한 방법으로 나아가야 할 방향을 제시하였다.

IDEO의 리더들은 '우리와 그들'이라는 인식을 지워 버리기 위해 열심히 일했으며, 위계질서나 정해진 양식의 사무실 분위기를 바꿨다. 직원들의 역량을 정해진 서열보다 중요하게 보았으며, IDEO의 리더십은 융통성을 받아들이고 딱딱한 규칙은 과감히 버리는 행동들을 보여 주었다.

리더들은 위험 감수를 기본으로 받아들이고 실수가 발생하는 것을 포용하여, 위험 감수를 통해 배운 방법을 도전으로 간주할 수 있었다. 그리고 그에 따른 비용을 고객에게 부담시키지 않고 시간과 기준을 거의 제한하지 않았다. 예를 들어, 사무실의 천장에 낸 채광창으로 들어오는 햇빛을 막기 위해 최고의 아이디어를 내는 사람을 찾는 것이 도전 과제였다. 이때 우산을 거꾸로 매달아 사용하자는 간단하고도 예술적인 아이디어가 사람들의 선택 상을 받았다.

IDEO 리더들은 직원들의 상상력과 혁신에 영감을 받아 새로운 방법으로 공간 디자인을 돕거나 창의성을 지원하고 있다.

일터 분위기

직원들의 가치를 이해하기 때문에 IDEO는 정신적·육체적 사항을 고려한 일터 분위기를 매우 중요하게 생각한다. 유익한 조직 운영을 위해서라면 어떠한 범위도 제한하지 않는다. 한 직원이 공중에 자신의 자전거를 매달아 길 밖으로 내놓기 위해 도르래 구조를 만들었다. 그 결과, 다른 사람들도 그의 아이디어를 따르게 되었다.

IDEO 사무실의 전체적인 느낌은 탁아소의 아이 놀이방, 예술가의 스튜디오, 대학의 복도를 연상하게 만든다. 일하는 범위는 각각 다른 위치에서 함께하도록 분류되어 있다. 새로운 혁신의 연료를 제공하듯, 오래되고 새로운 원형들이 주변에 있거나 천장에 매달려 있다. 아이디어를 위한 자료를 제공하기 위해 잡지, 새로운 도구, 즉시 아이디어로 사용할 수 있는 내용의 플립 차트가 벽과 주변에 많이 설치되어 있다.

IDEO는 공간을 적절하게 조절하는 것이 차이를 만들어 낸다는 것을 알았다. 너무 넓은 공간은 에너지를 감소시킬 수 있으므로, 오히려 약간 좁은 공간을 통해 에너지를 상승시켰다. 사람들 사이에 자발적인 상호 교류가 일어나는 기회들이 많아졌다. 스튜디오 구조와 소집단 방식의 업무 활동은 회사가 성장하도록 유연성을 제공한다. 작은 이웃들처럼 설계된 이러한 스튜디오 구조는 혼자만의 시간과 협력할 수 있는 시간 모두를 제공하는 공간이다. 그들은 심지어 그들 각자의 독특한 특성을 유지할 수 있게 도와준다. 일터 공간은 모듈식으로 선택이 가능하게 하고, 프로젝트, 새로운 팀, 엉뚱한 요구를 위해 바꿀 수 있는 편안한 움직임을 제공한다. 가장 중요한 것은 직원들이 개인적으로 간단한 가족사진 같은 것을 제작할 수 있는 자유를 갖는다는 것이다.

인간의 정신적인 부분을 IDEO가 그냥 놓칠 리 없다. 그들의 리더십은 직원들의 에너지, 아이디어 몰입, 자신감을 높여 줄 수 있는 분위기를 조성하였고, 상상력이 풍부하게 발휘되도록 이끌었다. 이러한 관행으로 직원들의 관심에 따라 프로젝트를 선택해서 참여하게 하였고, 정규적으로 외부 강사를 초대하는 행사를 가졌다. 일하는 동안 식음료를 충분하게 제공한다든지, 연말에는 파티 분위기를 연출하였다. 재미있게 프로젝트 여행을 하거나 자발적으로 영화를 보기도 했다. IDEO의 Scott Underwood에 따르면 이러한 관행들은 직원들의 감각을 예민하게 만들어 일터 분위기를 에너지가 충만하도록 만들었다.

IDEO의 창의적 일터 분위기가 지닌 또 다른 중요한 측면은 팀의 존재다. 수석 관리자 Tom Kelley는 "팀별 활동은 IDEO의 핵심적 방법입니다."라고 밝혔다. '혼자만의' 발명과는 상반되도록 IDEO는 모든 과업과 프로젝트를 팀으로 진행한다. 다양한 지식을 바탕으로 특성과 경험을 강화하기 위해 IDEO 디자인 팀은 셀 수 없이 많은 돌파구를 만들어 낸다. 팀은 지속적이고 개방적으로 정보를 교환하고 아이디어를 제공한다. 아이디어의 강제 결합을 위해 직원들이 동시에 여러 개의 프로젝트를 수행하게 한다. 브레인스토밍 회기에는 자발적으로 아이디어를 제공할 수 있는 외부 프로젝트 인원을 포함하기도 하였다.

IDEO의 경우

• **도전과 몰입**
–모두가 참여할 수 있도록 브레인스토밍이나 다른 도구를 활용한다.
–큰 목표를 정하여 IDEO 직원들에게 도전의식을 불러일으킨다.
–리더십을 통해 주어진 과제를 재미있게 디자인한다.

• **자유**
–형식적이기보다는 일터 분위기의 상황에 따른 자유로운 분위기가 존재한다.
–가장 흥미로운 프로젝트를 선택할 수 있다.
–필요하다면 작업을 잠시 중단하고 여유 시간을 가질 수 있다.

• **아이디어를 위한 시간**
–브레인스토밍을 위한 시간은 필수적이다.
–영화를 본다든지 다른 종류의 이벤트를 개최한다.
–일터 공간에서 자발적인 의사소통을 지원한다.

• **아이디어 지원**
–끊임없이 리더십을 발휘하면서 격려한다.
–아이디어나 개념 발상을 위해 유연하게 지원한다.
–업무 혁신을 위한 아이디어를 제공한다.

• **신뢰와 개방**
–규칙과 절차의 틀에서 탈피한다.
–직원들 간의 평가를 생활화한다.
–팀 구성원들을 인터뷰하고, 의사결정을 위해 서로 협조한다.

• **유희와 유머**
–IDEO에서는 실용적인 유머를 흔히 들을 수 있다.
–프로젝트 팀에서는 재미있는 상을 시상한다.
–IDEO에서는 놀 수 있는 분위기가 허용된다.

• **토론회(관점과 아이디어가 적절하게 도전받는다)**
–IDEO에서는 혁신적인 과정 평가와 수정을 위해 다른 의견을 공유한다.

- **최소한의 갈등(상호적인 관계 속에서는 긴장이 존재하지 않는다)**
  – 관리자와 직원들의 경계를 좁히기 위해 다양한 노력을 시도한다.
  – 직원들이 IDEO의 문화에 잘 적응할 수 있도록 심층 인터뷰를 실시한다.

- **위험 감수**
  – '빠른 성공을 위해서는 자주 실패하라.'를 사훈으로 리더십을 실천한다.
  – 몇 가지의 실수가 있다 해도 지속적으로 새로운 것에 도전한다.

- **활력**
  – 지난 프로젝트의 견본을 조직 전체에 알린다.
  – 꾸준하게 프로젝트를 변화해 가면서 유연한 일터 분위기를 조성한다.
  – 정기적으로 외부 강사를 초대하여 행사를 진행한다.

출처: Ekvall (1996)을 기반으로 한 창의적 분위기.

과정

20년 남짓의 시간 동안 IDEO는 프로젝트 팀의 상상력을 모을 수 있는 생산적인 도구로서 새로운 5가지 진행 방식을 발전시켰다. 반복적인 과정이 이루어졌을 뿐만 아니라 그것은 그들의 문화가 지닌 강점으로 정착하게 되었다. 5가지 진행 단계는 가장 새로운 상품의 프로젝트를 진행할 때 사용되었다. 그 단계는 이해, 관찰, 시각화, 평가와 수정 그리고 실행이다.

- **이해:** 프로젝트가 주어졌을 때, IDEO 직원들은 시장 조사, 고객 그리고 제한적인 요소의 모든 면을 이해하려고 노력한다.
- **관찰:** IDEO는 고객의 필요와 요구를 이해하기 위해 많은 시간

과 에너지를 투자한다. 실제 상황을 관찰하도록 안내하는 것은 단순한 인터뷰를 뛰어넘어 통찰의 범위를 확대해 준다. 예를 들어, 자전거를 타는 사람의 입으로 흙이 들어가지 않도록 고안된 물병은 실제 산악자전거를 타면서 떠오른 아이디어의 결과다.

- **시각화:** 이 진행 단계는 브레인스토밍이 가장 집약적으로 필요한 시기다. 많은 아이디어와 개념을 생성하기 위해 스토리보드로 표현된 시나리오를 사용할 수 있다.
- **평가와 수정:** 회사의 사훈 중 하나는 '빠른 성공을 위해서는 자주 실패하라.'다. 이 단계는 신중한 혁신을 위해 반드시 필요하다. 고객과 타 부서의 IDEO 직원들은 중요한 모범이 되는 몇 가지의 발상을 평가하고 수정한다.
- **실행:** 아이디어의 발상이 상업화로 이어지기까지는 시간이 오래 걸릴 수 있다. 실행은 IDEO 직원들을 위한 가장 보람된 단계다. 아이디어로 진행된 모든 과정이 현실과 혁신을 위한 발전에 가치를 부여하기 때문이다.

브레인스토밍은 IDEO의 문화에 중요한 영향을 주는 축소된 과정이다. 수석 관리자 Tom Kelley는 브레인스토밍이 IDEO에서 결정적인 활동이라고 말하였다. 비록 브레인스토밍 회기가 겉으로는 느슨하게 보일지 몰라도, 그들은 IDEO에서 자유롭게 생각할 수 있는 회기 동안 진지함을 유지한다. 규칙을 출력하여 벽에 붙이지 않고, 페인트를 이용해 대문자 배열로 벽에 쓴다. 리더들은 가끔씩만 참여하고 브레인스토밍 회기 동안 대부분은 아낌없는 지원을 한다. 브레인스토밍을 하나의 기법으로 보기 때문에 모든 사람은 꾸준한 향상을 위해 최선의 방법을 강구한다.

브레인스토밍은 IDEO의 혁신 과정을 위한 시각적인 방식임이 확실하지만 회사 전반에 걸쳐 영향을 미친다. 사람들은 서로 협력하고 심지어 외부와도 아이디어를 나눌 수 있도록 격려받는다. 생산적인 브레인스토밍 회기는 IDEO의 문화 뒤편에서 에너지원의 하나로서 팀에 자신감, 긍정적인 생각, 에너지를 불어넣어 점화 작용을 한다.

결과는 무엇인가

마음을 자유롭게 하는 일터 분위기와 고정관념을 탈피한 유연성 있는 과정으로 예외적인 결과를 만들어 낸 IDEO는 자신들만의 독특한 문화를 형성해 나갔다. 그럴 수 있었던 이유는 리더십을 갖춘 진정한 리더가 있었기 때문이다. 지난 20년 동안 만들어 낸 수천 개의 성공적인 결과물만 보더라도 혁신의 예는 쉽게 찾아볼 수 있다. 이러한 혁신을 일으키는 데는 한 가지 요인만 존재하는 것이 아니다. 창의적인 생각을 적극적으로 자극하는 리더십, 과정을 중시하는 결과물과 직원들의 상상력을 지원하는 일터 분위기의 결합은 혁신을 계속적으로 진행하게 만드는 요소들이다.

어떻게 IDEO가 성공할 수 있었을까? 처음에는 분기별 실적이 그리 좋지는 않았다. 잠재적인 고객들이 계속해서 IDEO의 문을 두드렸지만 많은 경우 시간 부족으로 거절당했다. 그러나 직원들의 이직

률은 5%보다도 낮았다. 최초의 컴퓨터 마우스, Aerobe 축구공, Palm V를 포함한 혁신적인 결과물로 IDEO는 창의성이라는 영역에서 중요한 역할을 담당하게 되었다. 특히 ForeRunner 휴대용 심장세동 제거기(defibrillator)와 같은 상품은 많은 사람의 생명을 지켜왔다.

성과물, 수상 실적, 대중적인 잡지의 표지 장식, 황금시간대의 TV 광고로 꾸준하게 잘 알려진 IDEO는 그 명성과 창의적인 유산이 계속해서 발전해 나가고 있다. 창의적인 분위기와 조화로운 문화는 창의성과 리더십이 함께 작용하여 근본적이면서도 강력한 효과를 선보일 수 있게 한다.

참고문헌

Antarctica: Comparison of the two expeditions. (n.d.). Oracle ThinkQuest. Retrieved April 1, 2010, from http://library.thinkquest.org/26442/html/explore/comparison.html

Ackoff, R. L., & Vergara, E. (1988). Creativity in problem solving and planning. In R. L. Kuhn (Ed.), *Handbook for creative and innovative managers* (pp. 77-89). New York: McGraw-Hill Book Company.

Amabile, T. M. (1987). The Motivation to be creative. In S. G. Isaksen (Ed.), *Frontiers of creativity research: Beyond the basics* (pp. 223-254). Buffalo, NY: Bearly Limited.

Amabile, T. M. (1998). How to kill creativity. *Harvard Business Review, 76*, 77-87.

Amabile, T. M., & Conti, R. (1999). Changes in the work environment for creativity during downsizing. *Academy of management Journal, 42*, 630-640.

Amabile, T. M., & Gryskiewicz, N. D. (1989). The creative environment scales: Work environment inventory. *Creativity Research Journal, 2*, 231-253.

Amabile, T. M., Burnside, R. M., & Gryskiewicz, S. S. (1995). *User's guide for KEYS: Assessing the climate for creativity*. Greensboro, NC: Center for Creative Leadership.

Amabile, T. M., Constance, N. H., & Steven, J. K. (2002). *Creativity under the gun*. Boulder, CO: Westview Press.

Amabile, T. M., Hadley, C. N., & Kramer, S. J. (2002). Creativity under the gun. *Harvard Business Review, 80*, 52-61.

Amabile, T. M., Schatzel, E. A., Moneta, G. B., & Kramer, S. J. (2004). Leader behaviors and the work environment for creativity: Perceived leader support. *Leadership Quarterly, 15*, 5-32.

Anderson, L. W., & Krathwohl, D. R. (Eds.). (2001). *A taxonomy for learning, teaching and assessing: A revision of Bloom's taxonomy of educational objectives: Complete edition*. New York: Longman.

Anderson, N., & West, M. (1998). Measuring climate for work goup innovation: Development and validation of the Team Climate Inventory. *Journal of Organizational Behaviour, 19*, 235-258.

Andrews, F. M., & Gordon, G. (1970). Social and organizational factors affecting innovation research. *Proceedings of the American Psychological Association, 78, 570-589.*

Auto Editors of Consumer Guide. (1998). *How Edsel cars work*. Retrieved May 5, 2010, from http://auto.howstuffworks.com/edsel-cars.htm/printable

Avolio, B. J. (1999). *Full leadership development: Building the vital forces in organizations*. Thousand Oaks, CA: Sage.

Avolio, B., Bass, B., & Jung, D. (1999). Reexamining the components of transformational and transactional leadership using the multifactor leadership questionnaire. *Journal of Occupational and Organizational Psychology, 7*, 441-462.

Barbero-Switalski, L. (2003). Evaluating and organizing thinking tools in relationship to the CPS framework. Unpublished master's project, Buffalo State College_New York.

Barnowe, J. T. (1975). Leadership and performance outcomes in a research organization: The supervisor of scientists as a source of assistance. *Organizational Behavior and Human Performance, 14*, 264-280.

Barsade, S., & Gibson, D. E. (1998). Group emotion: A view from the top and bottom. In M. A. Neale, E. A. Mannix, & D. H. Gruenfeld (Eds.), *Research in managing groups and teams*. Greenwich, CT: JAI Press.

Bartel, C., & Saavedra, R. (2000). The collective construction of workgroup moods. *Administrative Science Quarterly, 45*, 187-231.

Basadur, M. (1994). *Simplex: A flight to creativity*. Buffalo, NY: Creative Education Foundation.

Basadur, M. (1995). *The power of innovation: How to make innovation a way of life and put creative solutions to work*. London: Pitman Publishing.

Basadur, M., & Head, M. (2001). Team performance and satisfaction: A link to cognitive style within a process framework. *The Journal of Creative Behavior, 35*, 227-248.

Basadur, M., Graen, G. B., & Green, S. G. (1982). Training in creative problem solving: Effects on ideation and problem finding and solving in an industrial research organization. *Organizational Behavior and Human Performance, 30*, 41-70.

Basadur, M., Graen, G. B., & Scandura, T. A. (1986). Training effects on attitudes toward divergent thinking among manufacturing engineers. *Journal of Applied Psychology, 71*, 612-617.

Basadur, M., Graen, G. B., & Wakayabashi, M. (1990). Identifying individual differences in creative problem solving style. *The Journal of Creative Behavior, 24*, 111-131.

Basadur, M., Pringle, P., & Kirkland, D. (2002). Crossing cultures: Training effects on the divergent thinking attitudes of Spanish-speaking South American managers. *Creativity Research Journal, 14*, 395-408.

Basadur, M., Wakayabashi, M., & Graen, G. B. (1990). Individual problem-solving styles and attitudes toward divergent thinking before and after training. *Creativity Research Journal, 3*, 22-32.

Basadur, M., Wakayabashi, M., & Takai, J. (1992). Training effects on the divergent thinking attitudes of Japanese managers. *International Journal of Intercultural Relations, 16*, 329-345.

Basadur, M., Pringle, P., Speranzini, G., & Bacot, M. (2000). Collaborative problem solving through creativity in problem definition: Expanding the pie. *Creativity and Innovation Management, 9*, 54-76.

Bass, B. M. (1985). *Leadership and performance beyond expectations*. New York: Free Press.

Bass, B. M. (1990). *Bass & Stogdill's handbook of leadership: Theory, research, and managerial application* (3rd ed.). New York: Free Press.

Bass, B. M. (1998). *Transformational leadership: Industrial, military, and educational impact*. Mahwah, NJ: Lawrence Erlbaum Associates.

Bass, B., & Avolio, B. (1990). The implications of transactional and transformational leadership for individual, team, and organizational development. *Research in Organizational Change and Development, 4*, 231-272.

Bateson, M. C. (2004). *Willing to learn*. Hanover, NH: Steerforth.

Battelle, J. (2005). The 70 percent sollution: Google CEO Eric Schmidt gives us his golden rules for managing innovation. *Business 2.0 Magazine*. Retrieved February 1, 2010, from http://money.cnn.com/magazines business2/business2_archive/2005/12/01/8364616/

BBC News. (2000, April 20). *Athens Olympics in jeopardy*. Retrieved October 31, 2004, from http://news.bbc.co.uk/1/hi/sport/720631.stm

BBC Sport. (2004, February 28). *Athens told to hurry up*. Retrieved October 31, 2004, from http://news.bbc.co.uk/sport1/low/olympics_2004/3495284.stm

Bennis, W., & Nanus, B. (1985). *Leaders: Strategies for taking charge*. New York: Harper and Row.

Bennis, W., Spreitzer, G. M., & Cummings, T. G. (2001). *The future of leadership: Today's top leadership thinkers speak to tomorrow's leaders*. San Francisco, CA: Jossey-Bass.

Bishop, S. R., Lau, M., Shapiro, S., Carlson, L., Anderson, N. D., Carmody, J., et al. (2004). Mindfulness: A proposed operational definition. *Clinical Psychology: Science and Practice, 11*, 230-241.

Block, P. (1987). *The empowered manager: Positive political skills at work*. San Francisco, CA: Jossey-Bass.

Bloom, B. S., Englehart, M. D., Furst, E. J., Hill, W. H., & Krathwohl, D. R. (Eds.). (1956). *Taxonomy of educational objectives: The classification of educational goals. Handbook I: Cognitive domain*. New York: David McKay.

Bradley, J. (2003). *Flyboys: A true story of courage*. Boston, MA: Little, Brown and Company.

Breen, B. (2004, December). The 6 myths of creativity. In *Fast Company: The Creativity Issue*, pp. 75-78.

Brown, S. (2009). *Play: How it shapes the brain, opens the imagination, and invigorates the soul*, New York: Avery.

Burnett, C. (2010). Holistic approaches to creative problem solving. Unpublished doctoral dissertation, Ontario Institute for Studies in Education at the University of Toronto, Ontario, Canada.

Burnside, R. M., Amabile, T. M., & Gryskiewicz, S. S. (1988). Assessing organizational climates for creativity and innovation: Methodological review of large company audits. In Y. Ijiri & R. L. Kuhn (Eds.), *New directions in creative and innovative management* (pp. 169-185). Cambridge, MA: Ballinger.

Butler, B. H. (2002). *Learning domains of Blooms's taxonomy adapted for public garden educational programs. Starting right: project planning and team building in informal learning*. Presented at the AABGA professional development workshop.

Byrne, C. L., Mumford, M. D., Barrett, J. D., & Vessey, W. B. (2009). Examining the leaders of creative efforts: What do they do, and what do they think about? *Creativity and Innovation Management, 18*, 256-268.

Camillus, J. C. (2008). Strategy as a wicked problem. *Harvard Business Review, 86*, 98-101.

Camper, E. (1993, April 2). *The honey pot: A lesson in creativity and diversity*. Retrieved August 12, 2005, from http://www.insulators.info/articles/ppl.htm

Carnegie, A. (1905). *James Watt*. New York: Doubleday, Page & Company.

Casner-Lotto, J., Rosenblum, E., & Wright, M. (2009). *The ill-prepared U.S. workforce: Exploring the challenges of employer-provided workforce readiness training*. New York: The Conference Board.

Chan, N. M. (2004). *An examination of the interplay of knowledge types, knowledge workers and knowledge creation in knowledge management*. Unpublished doctoral thesis, University of Hong Kong, Hong Kong.

Chang, D. (2009). *How creativity drives Google success*. Unpublished case study, International Center for Studies in Creativity, Buffalo State College-New York.

Coget, J. F., & Keller, E. (2010). The critical decision vortex: Lessons from the emergency room. *Journal of Management Inquiry, 19*, 56-67.

Cohen, J. (1971). *Thinking*. Chicago, IL: Rand McNally.

Collins, J. (2001). *Good to great: Why some companies make the leap... and others don't*. New York: HarperBusiness.

Collins, J. C., & Porras, J. I. (1994). *Built to last: Successful habits of visionary companies*. New York: HarperBusiness.

Conner, D. R. (1992). *Managing at the speed of change: How resilient managers succeed and prosper where others fail*. New York: Villard Books.

Controversies surrounding Robert Falcon Scott. (n.d.). Retrieved April 1, 2010, from http://en.wikipedia.org/wiki/Controversies_surrounding_Robert_Falcon_Scott

Costa, A. L. (Ed.). (2001). *Developing minds: A resource book for teaching thinking*. Alexandria, VA: Association for Supervision and Curriculum Development.

Csikszentmihalyi, M. (2001). The context for creativity. In W. Bennis, G. M. Spreitzer, & T. G. Cummings (Eds.), *The future of leadership: Today's top leadership thinkers speak to tomorrow's leaders* (pp. 116-124). San Francisco, CA: Jossey-Bass.

Csikszentmihalyi, M., & Getzels, J. W. (1971). Discovery-oriented behavior and the originality of creative production. *Journal of Personality and Social Psychology, 19*, 47-52.

Dackert, I., Loov, L. A., & Martensson, M. (2004). Leadership and climate for innovation in teams. *Economic and Industrial Democracy, 25*, 301-318.

Davis, G. A. (1986). *Creativity is forever* (2nd ed.). Dubuque, IA: Kendall-Hunt.

De Dreu, C. K. W., & West, M. A. (2001). Minority dissent and team innovation: The importance of participation in decision making. *Journal of Applied Psychology, 86*, 1191-1201.

Deutschman, A. (2004, December). The fabric of creativity. In *Fast company: The Creativity Issue*, pp. 55-62.

Dewey, J. (1910). *How we think*. Boston, MA: D. C. Heath.

Diehl, M., & Stroebe, W. (1987). Productivity loss in brainstorming groups: Toward the solution of a riddle. *Journal of Personality and Social Psychology, 53*, 497-509.

Diehl, M., & Stroebe, W. (1991). Productivity loss in idea-generating groups: Tracking down the blocking effect. *Journal of Personality and Social Psychology, 61*, 392-403.

Dillon, J. T. (1982). Problem finding and solving. *The Journal of Creative Behavior, 16*, 97-111.

Downton, J. V. (1973). *Rebel leadership: Commitment and charisma in a revolutionary process*. New York: Free Press.

Dyer, J. H., Gregersen, H. B., & Christensen, C. M. (2009, December). The innovator's DNA. *Harvard Business Review*, 61-67.

Ekvall, G. (1983). *Climate, structure and innovativeness in organizations: A theoretical framework and an experiment*. (Report 1). Stockholm: Faradet.

Ekvall, G. (1987). The climate metaphor in organizational theory. In B. M. Bass & P. J. Drenth (Eds.), *Advances in organizational psychology* (pp. 177-190). Thousand Oaks, CA: Sage.

Ekvall, G. (1991). The organizational culture of idea management: A creative climate for the management of ideas. In J. Henry & D. Walker (Eds.), *Managing innovation* (pp, 73-79). Thousand Oaks, CA: Sage.

Ekvall, G. (1996). Organizational climate for creativity and innovation. *European Journal of Work and Organizational Psychology, 5*, 105-123.

Ekvall, G. (1999). Creative climate. In M. A. Runco & S. R. Pritzker (Eds.), *Encyclopedia of Creativity: Vol. I, A-H*. (pp. 403-412). San Diego, CA: Academic Press.

Ekvall, G., & Arvonen, J. (1984). *Leadership styles and organizational climate for creativity: Some Findings in one company*. Stockholm: Faradet.

Ekvall, G., & Ryhammar, L. (1998). Leadership style, social climate and organizational outcomes: A study of a Swedish university college. *Creativity and Innovation Management, 7*, 126-130.

Ekvall, G., Arvonen, J., & Waldenstrom-Lindblad, I. (1983). *Creative organizational climate: Construction and validation of a measuring instrument*. (Report 2).

Stockholm: Faradet.
Elenkov, D. S., & Manew, I. M. (2009). Senior expatriate leadership's effects on innovation and the role of cultural intelligence. *Journal of World Business, 44*, 357-369.
Ellwood, S., Pallier, G., Snyder, A., & Gallate, J. (2009). The incubation effect: Hatching a solution? *Creativity Research Journal, 21*, 6-14.
Fagerhaug, T., & Anderson, B. (Ed.). (1999). *Root cause analysis: Simplified tools and techniques*. Milwaukee, WI: American Society for Quality Press.
Firestien, R. L. (1996). *Leading on the creative edge: Gaining competitive advantage through the power of creative problem solving*. Colorado Springs, CO: Pinon Press.
Firestien, R. L., & McCowan, R. J. (1988). Creative problem solving and communication behaviors in small groups. *Creativity Research Journal, 1*, 106-114.
Flavell, J. H. (1976). Metacognitive aspects of problem solving. In L. B. Resnick (Ed.), *The nature of intelligence* (pp. 231-296). Hillsdale, NJ: Erlbaum.
Flavell, J. H. (1987). Speculations about the nature and development of metacognition. In F. E. Weinert & R. H. Kluwe (Eds.), *Metacognition, motivation, and understanding* (pp. 21-29). Hillside, NJ: Lawrence Erlbaum Associates.
Florida, R. (2002). *The rise of the creative class... and how it's transforming work, leisure, community, 7 everyday life*. New York: Basic Books.
Flynn, J., Zellner, W., Light, L., & Weber, J. (1998, October 26). Then came Branson. *BusinessWeek Archives*. Retrieved October 14, 2005, from http://www.businessweek.com/1998/43/b3601013.htm
Fontenot, N. A. (1993). Effects of training in creativity and creative problem finding upon business people. *Journal of Social Psychology, 133*, 11-22.
Forsha, H. I. (1995). *Show me: The complete guide to storyboarding and problem solving*. Milwaukee, WI: ASQC Quality Press.
Foxall, G. R., & Bhate, S. (1993). Cognitive styles and personal involvement of market initiators. *Journal of Economic Psychology, 14*, 33-56.
Friedman, T. L. (2004). *The world is flat: A brief history of the twenty-first century*. New York: Farrar, Stratus and Giroux.
Fritz, R. (1991). *Creating: a guide to the creative process*. New York: Fawcett Columbine.
Fullan, M. (2001). *Leading in a culture of change*. San Francisco, CA: Jossey-Bass.
Gallucci, N. T., Middleton, G., & Kline, A. (2000). Perfectionism and creative strivings. *The Journal of Creative Behavior, 34*, 135-141.
Garber, A. (2005, January). Fast feeders scramble to serve breakfast and flip sales upward. *Nation's Restaurant News, 39*(8), 4.
Gardner, H. (1993). *Creating minds: An anatomy of creativity seen through the lives of Freud, Picasso, Stravinsky, Eliot, Graham, and Gandhi*. New York: Basic Books.
Gardner, J. W. (1990). *On leadership*. New York: The Free Press.

Getzels, J. W. (1975). Problem finding and the inventiveness of solutions. *The Journal of creative Behavior, 9*, 12-18.

Getzels, J. W., & Csikszentmihalyi, M. (1976). *The creative vision: A longitudinal study of problem finding in art*. New York: Wiley.

Girard, B. (2009). *The Google way: How one company is revolutionizing management as we know it*. San Francisco, CA: No Starch Press.

Goertz, J. (2000). Creativity: An essential component for effective leadership in today's schools. *Roeper Review, 22*, 158-162.

Goldenberg, J., & Mazursky, D. (2002). *Creativity in product innovation*. Cambridge, UK: Cambridge University Press.

Goldsmith, R. E. (1986). Personality and adaptive-innovative problem solving. *Journal of Personality and Social Behaviour, 1*, 95-106.

Goldsmith, R. E. (1994). Creative style and personality theory. In M. J. Kirton (Ed.), *Adaptors and innovators: Styles of creativity and problem solving* (Rev. ed., pp. 34-50). London: Routledge.

Goleman, D. (1995). *Emotional intelligence: Why it can matter more than IQ*. New York: Bantam.

Goleman, D. (2000, March-April). Leadership that gets results. *Harvard Business Review*, 78-90.

Goleman, D., Boyatzis, R., & McKee, A. (2002). *Primal leadership*. Boston, MA: Harvard Business School Press.

González, D. W. (2002). *When we peek behind the curtain: Highlighting the essence of creativity methodologies*. Eveanston, IL: Thinc Communications.

González, M. (2003). *Implicit theories of creativity across cultures*. Unpublished master's thesis, Buffalo State College_New York.

Gordon, T. (1976). *Teacher effectiveness training instructor guide*. Solana Beach, CA: Gordon Training International.

Gordon, W. J. J. (1961). *Synectics*. New York: Harper & Row.

Gordon, W. J. J. (1980). *The new art of the possible: The basic course in synectics*. Cambridge, MA: Porpoise Books.

Greenberg-Walt, C. L., & Roberston, A. (2001). The evolving role of exxecutive leadership. In W. Bennis, G. M. Spreitzer, & T. G. Cummings (Eds.), *The future of leadership: Today's top leadership thinkers speak to tomorrow's leaders* (pp. 139-157). San Francisco, CA: Jossey-Bass.

Guilford, J. P. (1968). Creativity, yesterday, today, and tomorrow. *The Journal of Creative Behavior, 1*, 3-14.

Guilford, J. P. (1977). *Way beyond the IQ: Guide to improving intelligence and creativity*. Buffalo, NY: Creative Education Foundation.

Gumusluoglu, L., & Ilsev, A. (2009). Transformational leadership, creativity, and organizational innovation. *Journal of Business Research, 62*, 461-473.

Guzzo, R., & Palmer, S. (1998, April). Group decision process and effectiveness in executive selection. Paper presented by J. J. Deal & V. I. Sessa, *Choices at the Top: Learnings and Teachings on Selecting Executives*. Symposium conducted at the thirteenth annual meeting of the Society of Industrial and Organizational Psychologists, Dallas, Texas.

Hammerschmidt, P. K. (1996). The Kirton Adaption-Innovation Inventory and group problem solving success rates. *The Journal of Creative Behavior, 30*, 61-74.

Handy, C. (1993). *Understanding organizations: How the way organizations actually work can be used to manage them better*. New York: Oxford University Press.

Hayakawa, S. I. (1979). *Language in thought and action* (4th ed.). New York: Harcourt Brace Jovanovich.

Heifetz, R., Grashow, A., & Linsky, M. (2009, July-August). Leadership in a (permanent) crisis. *Harvard Business Review*, 62-69.

Henry, J. (2001). *Creativity and perception in management*. Thousand Oaks, CA: Sage.

Hesselbein, F., Goldsmith, M., & Beckhard, R. (Eds.). (1996). *The leader of the future: New visions, strategies, and practices for the next era*. San Francisco, CA: Jossey-Bass.

Higgins, J. (1994). *101 creative problem solving techniques*. Winter Park, FL: New Management Publishing Company.

Houndshell, E. A. (1992). Invention in the industrial research laboratory: Individual of collective process? In R. J. Weber & D. N. Perkins (Eds.), *Inventive minds: Creativity in technology* (pp. 273-291). New York: Oxford University Press.

Houtz, J. C., Selby, E., Esquivel, G. B., Okoye, R. A., Peters, K. M., & Treffinger, D. J. (2003). Comparison of two creativity style measures. *Perceptual & Motor Skills, 96*, 288-296.

IBM. (2010). *Capitalising on complexity: Insights from the global chief executive officer (CEO) study*. Portsmouth: UK: IBM United Kingdom Limited.

International Learning Works. (1996). *High impact facilitation: Modeling videotape*. Durango, CO: International Learning Works.

Isaksen, S. G., & Lauer, K. J. (2002). The climate for creativity and change in teams. *Creativity and Innovation Management, 11*, 74-86.

Isaksin, S. G., & Puccio, G. J. (1988). Adaption-innovation and the Torrance Tests of Creative Thinking: The level-style issue revisited. *Psychological Reports, 63*, 659-670.

Isaksen, S. G., & Treffinger, D. J. (1985). *Creative problem solving: The Basic course*. Buffalo, NY: Bearly Limited.

Isaksen, S. G., & Treffinger, D. J. (2004). Celebrating 50 years of reflective practice: Versions of creative problem solving. *The Journal of Creative Behavior, 38*, 75-101.

Isaksen, S. G., Dorval, K. B., & Treffinger, D. J. (1994). *Creative approaches to problem solving*. Dubuque, IA: Kendall/Hunt.

Isaksen, S. G., Dorval, K. B., & Treffinger, D. J. (2000). *Creative problem solving: A framework for change* (2nd ed.). Dubuque, IA: Kendall-Hunt.

Isen, A. M. (1999). Positive affect. In T. Dalgleish & M. J. Power (Eds.), *Handbook of cognition and emotion* (pp. 521-539). Chickester, UK: Wiley.

Ishikawa, K. (1985). *What is total quality control? The Japanese way*. (D. Lu, Trans.). Englewood Cliffs, NJ: Prentice-Hall.

iSixSigma. (n.d.). Retrieved January 17, 2006, from http://www.iSixSigma.com

Janszen, F. (2000). *The age of innovation: Making Business creativity a competence, not a coincidence*. London: Prentice Hall.

Jardine, L. (1999). *Ingenious Pursuits*. New York: Doubleday.

Jay, E., & Perkins, D. (1997). Problem finding: The search for mechanisms. In M. A. Runco (Ed.), *Creativity research handbook: Vol. 1* (pp. 257-293). Creskill, NJ: Hampton.

Jeffrey, L. R. (1989). Writing and rewriting poetry: William Wordsworth. In D. B. Wallace & H. E. Gruber (Eds.), *Creative people at work* (pp. 69-89). New York: Oxford University Press.

Johansson, F. (2004). *The Medici effect: Breakthrough insights at the intersection of ideas, concepts and cultures*. Boston, MA: Harvard Business Press.

Johnson, D. M., & Jennings, J. W. (1963). Serial analysis of three problem solving processes. *Journal of Psychology, 56*, 43-52.

Jung, D. I., Chow, C., & Wu, A. (2003). The role of transformational leadership in enhancing organizational innovation: Hypotheses and some preliminary findings. *The Leadership Quarterly, 14*, 524-525.

Kabanoff, B., & Bottger, P. (1991). Effectiveness of creativity training and its relation to selected personality factors. *Journal of Organizational Behavior, 12*, 235-248.

Kabat-Zinn, J. (1994). *Wherever you go, there you are: Mindfulness, meditation in everyday life*. New York: Hyperion.

Kahai, S. S., Sosik, J. J., & Avolio, B. J. (2003). Effects of leadership style, anonymity, and rewards on creativity-relevant processes and outcomes in an electronic meeting system context. *Leadership Quarterly, 14*, 499-524.

Kahan, S. (2002, April). Visionary leadership. *Executive Update, 42*, 45-47.

Kaplan, P. J. (2002). *F'd companies: Spectacular dot-com flameouts*. New York: Simon & Schuster.

Karp, H. B. (1996). *The change leader: Using a gestalt approach with work groups*. San Diego, CA: Pfeiffer.

Kaufmann, G. (1988). Problem solving and creativity. In K. Grönhaug & G. Kaufmann (Eds.), *Innovation: A cross-disciplinary perspective* (pp. 87-137). Oslo: Norwegian University Press.

Kelley, T., & Littman, J. (2001). *The art of innovation: Lessons in creativity from IDEO, America's leading design firm*. New York: Currency.

Kelner, S. P., Rivers, C. A., & O'Connell, K. H. (1996). *Managerial style as a predictor of organizational climate*. Boston, MA: McBer & Company.

King, B., & Schlicksupp, H. (1998). *The idea edge: Transforming creative thought into organizational excellence*. Methuen, MA: GOAL/QPC.

Kirton, M. J. (1976). Adaptors and innovators: A description and measure. *Journal of Applied Psychology, 61*, 622-629.

Kirton, M. J. (1994). *Adaptors and innovators: Styles of creativity and problem solving* (Rev. ed.). London: Routledge.

Kirton, M. J. (1999). *Kirton Adaption-Innovation Inventory Manual* (3rd ed.). Berkhamsted, UK: Occupational Research Centre.

Koestler, A. (1964). *The act of creation*. New York: Macmillan Publishing Co.

Korzybsky, A. (1933). *Science of sanity: An introduction to non-Artistotelian systems and general semantics*. Lakeville, CT: International Non-Aristotelian Library.

Kotter, J. P. (1990). *A Force for change: How leadership differs from management*. Boston, MA: Harvard Business School Press.

Kotter, J. (1996). *Leading change*. Boston, MA: Harvard Business School Press.

Kouzes, J. M., & Posner, B. Z. (1995). *The leadership challenge: How to keep getting extraordinary things done in organizations*. San Francisco, CA: Jossey-Bass.

Kouzes, J. M., & Posner, B. Z. (2002). *The leadership challenge* (3rd ed.). San Francisco, CA: Jossey-Bass.

Kramer, T. J., Fleming, G. P., & Mannis, S. M. (2001). Improving face-to-face brainstorming through modeling and faciltation. *Small Group Research, 32*, 533-557.

Krathwohl, D. R., Bloom, B. S., & Masia, B. B. (1964). *Taxonomy of educational objectives: The classification of educational goals. Handbook II: Affective domain*. New York: David McKay Co., Inc.

Kroc, R. (1987). *Grinding it out: The making of McDonald's*. Chicago, IL: St. Martin's.

Kubes, M., & Spillerová, D. (1992). The effects of personality characteristics on communication patterns in R&D teams. *Creativity and Innovation Management, 1*, 33-44.

Kuhn, R. L. (Ed.). (1988). *Handbook for creative and innovative managers*. New York: McGraw-Hill.

Lapierre, J., & Giroux, V. P. (2003). Creativity and work environment in a high-tech context. *Creativity and Innovation Management, 12*, 11-23.

Larkin, D. I. (1998). *John D. Larkin: A business pioneer*. Chelsea, MI: BookCrafters.

Lauer, K. J. (1994). *The assessment of creative climate: An investigation of the Ekvall Creative Climate Questionnaire.* Unpublished master's thesis, Buffalo State College_ New York.

Levs, J. (2008). *Big three auto CEOs flew private jets to ask for taxpayer money*. Retrieved March 24, 2010, from http://articles.cnn.com/2008-11-19/us/autos.ceo.jets_1_private-jets-auto-industry-test-vote?_s=PM:US

Loden, M., & Rosener, J. B. (1991). *Workforce America! Managing employee diversity as a vital resource*. New York: McGraw Hill.

Lonergan, D. C., Scott, G. M., & Mumford, M. D. (2004). Evaluative aspects of creative thought: Effects of appraisal and revision standards. *Creativity Research Journal, 16*, 231-246.

Lowe, K. B., & Gardner, W. L. (2000). Ten years of The Leadership Quarterly: Contributions and challenges for the future. *Leadership Quarterly, 11*, 459-514.

MacKinnon, D. W. (1978). *In search of human effectiveness*. Buffalo, NY: Creative Education Foundation.

Majaro, S. (1991). *The creative marketer*. Oxford: Butterworth-Heinemann.

Marzano, R. J., Brandt, R. S., Hughes, C. S., Jones, B. F., Presseisen, B. Z., Rankin, S. C., et al. (1988). *Dimensions of thinking: A framework for curriculum*. Alexandria, VA: Association for Supervision and Curriculum Development.

Maslow, A. H. (1954). *Motivation and personality*. New York: Harper & Row.

Mason, R. O., & Mitroff, I. L. (1981). *Challenging strategic planning assumptions: Theory, cases and techniques*. New York: Wiley.

Maxwell, J. C. (2007). *The 21 irrefutable laws of leadership* (10th anniversary ed.). Nashville, TN: Thomas Nelson.

Mayer, J. D., Salovey, P., & Caruso, D. R. (2008). Emotional intelligence: New ability or eclectic traits? *American Psychologist, 63*, 503-517.

Meadow, A., & Parnes, S. J. (1959). Evaluation of training in creative problem solving. *Journal of Applied Psychology, 43*, 189-194.

Meadow, A., Parnes, S. J., & Reese, H. W. (1959). Influence of brainstorming instructions and problem sequence on a creative problem solving test. *Journal of Applied Psychology, 43*, 413-416.

Michalko, M. (1991). *Thinker toys: A handbook of business creativity for the '90s*. Berkeley, CA: Ten Speed Press.

Miller, B., Vehar, J. R., & Firestien, R. L. (1996). *Creativity unbound*. Williamsville, New York: Innovation System Group.

Miller, B., Vehar, J. R., & Firestien, R. L. (2001). *Creativity unbound* (3rd ed.). Evanston, IL: Thinc Communications.

Mintzberg, H., Duru, R., & Theoret, A. (1976). The structure of unstructured decision processes. *Administrative Science Quarterly, 21*, 246-247.

Morrisey, G. L. (1996). *Morrisey on planning: A guide to strategic thinking*. San Francisco, CA: Jossey-Bass.

Mullen, B., Johnson, C., & Salas, E. (1991). Productivity loss in brainstorming groups: A meta-analytic integration. *Basic and Applied Social Psychology, 12*, 3-23.

Mumford, M. D. (2000-2001). Something old, something new: Revisiting Guilford's conception of creative problem solving. Creativity *Research Journal, 13*, 267-276.

Mumford, M. D., Connelly, S., & Gaddis, B. (2003). How creative leaders think:

Experimental findings and cases. *The Leadership Quarterly, 14*, 411-432.

Mumford, M. D., Lonergan, D. C., & Scott, G. M. (2002). Evaluating creative ideas: Processes, standards, and context. *Inquiry, 22*, 21-30.

Mumford, M. D., Whetzel, D. L., & Reiter-Palmon, R. (1997). Thinking creatively at work: Organizational influences on creative problem-solving. *The Journal of Creative Behavior, 31*, 7-17.

Mumford, M. D., Zaccaro, S. J., Harding, F. D., Jacobs, T. O., & Fleishman, E. A. (2000). Leadership skills for a changing world: Solving complex problems. *Leadership Quarterly, 11*, 11-35.

Munitz, B. (1988). Creative management demands creative leadership. In R. L. Kuhn (Ed.), *Handbook for creative and innovative managers* (pp. 487-493). New York: McGraw-Hill.

Murdock, M. C., Isaksen, S. G., & Lauer, K. J. (1993). Creativity training and the stability and internal consistency of the Kirton Adaption-Innovation Inventory. *Psychological Reports, 72*, 1123-1130.

National Center on Education and the Economy. (2008). *Tough choices or tough times: The report on the new commission on the skills of the American Workforce*. San Francisco, CA: Wiley.

Nelson, B. (2003, April 4). Tap into employees to get good ideas. *Managernewz*. Retrieved February 11, 2006, from http://www.managernewz.com/managernewz-21-20030404Tap-into-Employees-to-Get-Good-Ideas.html

Neumann, C. J. (2007). Fostering creativity: A model for developing a culture of collective creativity in science. *European Molecular Biology Association Reports, 8*, 202-206.

Noller, R. B., & Parnes, S. J. (1972). Applied creativity: The creative studies project: Part III_The curriculum. *The Journal of Creative Behavior, 6*, 275-294.

Noller, R. B., Parnes, S. J., & Biondi, A. M. (1976). *Creative actionbook*. New York: Scribner's Sons.

Northouse, P. G. (2004). *Leadership: Theory and practice* (3rd ed.). Thousand Oaks, CA: Sage.

Northouse, P. G. (2010). *Leadership: Theory and practice* (5th ed.). Thousand Oaks, CA: Sage.

Nussbaum, B., Berner, B., & Brady, D. (2005, August 1). Get creative. *BusinessWeek*. Retrieved February 7, 2006, from http://web29.epnet.com/citation/asp/

Offner, A. K., Kramer, T. J., & Winter, J. P. (1996). The effects of facilitation, recording and pauses upon group brainstorming. *Small Group Research, 27*, 283-298.

Oldach, M. (1995). *Creativity for graphic designers*. Cincinnati, OH: North Light Books.

Osborn, A. F. (1953). *Applied imagination: Principles and procedures of creative problem-solving*. New York: Scribner.

Osborn, A. F. (1957). *Applied imagination: Principles and procedures of creative problem-solving* (2nd ed.). New York: Scribner.

Osborn, A. F. (1963). *Applied imagination: Principles and procedures of creative problem-solving* (3rd ed.). New York: Scribner.

Oxley, N. L., Dzindolet, M. T., & Paulus, P. B. (1996). The effects of facilitators on the performance of brainstorming groups. *Journal of Social Behavior and Personality, 11*, 663-646.

Palus, C. J., & Horth, D. M. (2002). *The leader's edge: Six creative competencies for navigating complex challenges*. San Francisco, CA: Jossey-Bass & Center for Creative Leadership.

Parnes, S. J. (1961). Effects of extended effort in creative problem solving. *Journal of Educational Psychology, 52*, 117-122.

Parnes, S. J. (1967). *Guidebook to creative behavior*. New York: Charles Scribner.

Parnes, S. J. (1981). *The magic of your mind*. Buffalo, NY: The Creative Education Foundation.

Parnes, S. J. (1987). The creative studies project. In S. G. Isaksen (Ed.), *Frontiers of creativity: Beyond the basics* (pp. 156-188). Buffalo, NY: Bearly Limited.

Parnes, S. J. (2004). *Visionizing: Innovating your opportunities* (2nd ed.). Amherst, MA: Creative Education Foundation.

Parnes, S. J., & Meadow, A. (1959). Effects of brainstorming instruction on creative problem solving by trained and untrained subjects. *Journal of Educational Psychology, 50*, 171-176.

Parnes, S. J., & Meadow, A. (1960). Evaluation of persistence of effects produced by a creative problem solving course. *Psychological Reports, 7*, 357-361.

Parnes, S. J., & Noller, R. B. (1972a). Applied creativity: The creative studies project: Part I_The Development. *The Journal of Creative Behavior, 6*, 11-22.

Parnes, S. J., & Noller, R. B. (1972b). Applied creativity: The creative studies project: Part II_Results of the two-year program. *The Journal of Creative Behavior, 6*, 164-186.

Parnes, S. J., & Noller, R. B. (1973). Applied creativity: The creative studies project: Part IV_Personality findings and conclusions. *The Journal of Creative Behavior, 7*, 15-36.

Partnership for 21st Century Skills. (2008). *Moving education forward*. Tucson, AZ: Retrieved March 15, 2010, from www.21centuryskills.org/documents/P21_pollreport_singlepg.pdf

PBS. (n.d.). *American experience: D-day*. Retrieved November 5, 2004, from http://www.pbs.org/wghb/amex/dday/sfeature/sf_info.html

Peebles-Fish, L. (2003). *Creating an educational vocabulary to observe creative classroom climates*. Unpublished master's project, Buffalo State College_New York.

Perman, C. (2010, October). Six cool companies to work for. Retrieved from http://

www.cnbc.com/id/39573304?=slide=1

Pinker, K. D. (2002). *The effects of a master of science in creative studies on graduates*. Unpublished master's thesis, Buffalo State College_New York.

Powell, A., & Koon, J. (n.d.). *United States laws*. Retrieved January 24, 2002, from http://www.dumblaws.com

Prato Previde, G., & Carli, M. (1987). Adaption-innovation typology and right-left hemispheric preferences. *Journal of Personality and Individual Differences, 8*, 681-686.

Presseisen, B. Z. (2001). Thinking skills: Meanings and models revisited. In A. L. Costa (Ed.), *Developing minds: A resource book for teaching thinking* (pp. 47-57). Alexandria, VA: Association for Supervision and Curriculum Development.

Puccio, G. J. (1990a). [Person-environment fit interview data]. Unpublished raw data.

Puccio, G. J. (1990b). *Person-environment fit and its effect on creative performance, job satisfaction, and stress*. Unpublished doctoral thesis, University of Manchester, Manchester, UK.

Puccio, G. J. (1999). Creative problem solving preferences: Their identification and implications. *Creativity and Innovation Management, 8*, 171-178.

Puccio, G. J. (2002). *FourSight: The breakthrough thinking profile_Presenter's guide and technical manual*. Evanston, IL: Thinc Communications.

Puccio, G. J., & Chimento, M. (2001). Implicit theories of creativity: Laypersons' perceptions of the creativity of adaptors and innovators. *Perceptual and Motor Skills, 92*, 675-681.

Puccio, G. J., & Grivas, C. (2009). Examining the relationship between personality traits and creativity styles. *Creativity and Innovation Management, 18*, 247-255.

Puccio, G. J., & Murdock, M. C. (2001). Creative thinking: An essential life skill. In A. Costa (Ed.), *Developing minds: A source book for teaching thinking* (pp. 67-71). Alexandria, VA: ASCD.

Puccio, G. J., Joniak, A. J., & Talbot, R. (1995). Person-environment fit: Examining the use of commensurate scales. *Psychological Reports, 76*, 457-468.

Puccio, G. J., Murdock, M. C., & Mance, M. (2005). Current developments in creative problem solving for organizations: A focus on thinking skills and styles. *The Korean Journal of Thinking & Problem Solving, 15*, 43-76.

Puccio, G. J., Talbot, R., & Joniak, A. J. (1993). Person-environment fit: Using commensurate scales to predict student stress. *British Journal of Educational Psychology, 63*, 457-468.

Puccio, G. J., Talbot, R., & Joniak, A. J. (2000). Examining creative performance in the workplace through a person-environment fit model. *The Journal of Creative Behavior, 34*, 227-247.

Puccio, G. J., Treffinger, D. J., & Talbot, R. J. (1995). Exploratory examination of relationships between creativity styles and creative products. *Creativity Research*

Journal, 8, 25-40.

Puccio, G. J., Wheeler, R. A., & Cassandro, V. J. (2004). Reactions to creative problem solving training: Does cognitive style make a difference. *The Journal of Creative Behavior, 38*, 192-216.

Puccio, G. J., Firestien, R. L., Coyle, C., & Masucci, C. (2006). A review of the effectiveness of creative problem solving training: A focus on workplace issues. *Creativity and Innovation Management, 15*, 19-33.

Ramos, S. (2005). *Cross-cultural studies of implicit theories of creativity: A comparative analysis between the United states and the main ethnic groups in Singapore*. Unpublished master's thesis, Buffalo State College_New York.

Reese, H. W., Parnes, S. J., Treffinger, D. J., & Kaltsounis, G. (1976). Effects of a creative studies program on structure-of-the-intellect factors. *Journal of Educational Psychology, 68*, 401-410.

Reuves, M., van Engen, M. L., Vinkenburg, C. J., & Wilson-Evered, E. (2008). Transformational leadership and innovative work behaviour: Exploring the relevance of gender differences. *Creativity and Innovation Management, 17*, 227-244.

Rhodes, M. (1961). An analysis of creativity. *Phi Delta Kappan, 42*, 305-310.

Richardson, L. (2009, December). Vancouver Olympics, Won't be thwarted by fickle snow gods. Retrieved on November 5, 2010, from http://www.cccski.com/main.asp?cmd=doc&ID=6038&lan=0

Rickards, T., & Bessant, J. (1980). The creativity audit: Introduction of a new research measure during programmes for facilitating organizational change. *R&D Management, 10*, 67-75.

Rickards, T., Runco, M., & Moger, S. (Eds.). (2009). *The Routledge companion to creativity*. London, UK: Routledge.

Rife, S. L. (2001). *Exploring the personality composition of the four preferences measured by the Buffalo Creative Process Inventory*. Unpublished master's thesis, Buffalo State College_New York.

Rittel, H., & Webber, M. (1973). Dilemmas in a general theory of planning. *Policy Sciences, 4*, 155-169.

Rose, L. H., & Lin, H. T. (1984). A meta-analysis of long-term creativity training programs. *The Journal of Creative Behavior, 18*, 11-22.

Rosenberg, M. (2007). Measuring creativity. Retrieved on November 5, 2010 from http://www.ostd.ca/LinkClick.aspx?fileticket=aZypNfsx4II%3D&tabid=297&mid=732

Ruggiero, V. R. (1998). *The art of thinking: A guide to critical and creative thought* (5th ed.). New York: Longman.

Runco, M. A. (Ed.). (1994a). *Problem finding, problem solving, and creativity*. Norwood, NJ: Ablex.

Runco, M. A. (1994b). Conclusions concerning problem finding, problem solving, and creativity. In M. A. Runco (Ed.), *Problem finding, problem solving, and creativity* (pp. 271-290). Norwood, NJ: Ablex.

Runco, M. A. (2007). *Creativity: Theories and themes: Research, development, and practice*. New York: Academic Press.

Runco, M. A., & Dow, G. (1999). Problem finding. In M. A. Runco & S. R. Pritzker (Eds.), *The encyclopedia of creativity: Vol. 2, I-Z* (pp. 433-435). New York: Academic Press.

Salovey, P., & Mayer, J. D. (1990). Emotional intelligence. *Imagination, Cognition, and Personality, 9*, 185-211.

Schneider, B. (1990). *Organizational climate and culture*. San Francisco, CA: Jossey-Bass.

Schroder, H. M. (1994). Managerial competence and style. In M. J. Kirton (Ed.), *Adaptors and innovators: Styles of creativity and problem solving* (Rev. ed.). London: Routledge.

Schwarz, R. M. (1994). *The skilled facilitator: Practical wisdom for developing effective groups*. San Francisco, CA: Jossey-Bass.

Scott, G. M., Leritz, L. E., & Mumford, M. D. (2004a). The effectiveness of creativity training: A meta-analysis. *Creativity Research Journal, 16*, 361-388.

Scott, G. M., Leritz, L. E., & Mumford, M. D. (2004b). Types of creativity training: Approaches and their effectiveness. *The Journal of Creative Behavior, 38*, 149-179.

Sellgren, S. F., Ekvall, G., & Tomson, G. (2008). Leadership behaviour of nurse managers in relation to job satisfaction and work climate. *Journal of Nursing Management, 16*, 578-587.

Senge, P. M., Kleiner, A., Roberts, C., Ross, R., Roth, G., & Smith, B. (1999). *The dance of change: The challenge of sustaining momentum in learning organizations*. New York: Doubleday.

Sheen, F. J. (1997). *The way to happiness*. Edinburgh, Scotland: Alba House.

Siegel, S. M., & Kaemmerer, W. F. (1978). Measuring the perceived support for innovation in organizations. *Journal of Applied Psychology, 63*, 553-562.

Simon, H. A. (1965). *The shape of automation*. New York: Harper & Row.

Simon, H. A. (1977). *The new science of management decisions*. Englewood Cliffs, NJ: Prentice-Hall.

Simonton, D. K. (1977). Creative productivity, age, and stress: A biographical time-series analysis of 10 classical composers. *Journal of Personality and Social Psychology, 35*, 791-804.

Simonton, D. K. (1984). *Genius, creativity and leadership*. Cambridge, MA: Harvard University Press.

Simonton, D. K. (1985). Quality, quantity, and age: The careers of 10 dis tinguished psychologists. *International Journal of Aging and Human Development, 21*, 241-254.

Simonton, D. K. (1987). Genius: The lessons from historiometry. In S. G. Isaksen (Ed.), *Frontiers of creativity research: Beyond the basics* (pp. 66-87). Buffalo, NY: Bearly Limited.

Simonton, D. K. (1997). Creative productivity: A predictive and explanatory model of career trajectories and landmarks. *Psychological Review, 104*, 66-89.

Simonton, D. K. (1998). Donald Campbell's model of the creative process: Creativity as bland bariations and selective retention. *The Journal of Creative Behavior, 32*, 153-158.

Simonton, D. K. (1999). William Shakespeare: 1564-1616 English dramatist, poet, and actor. In M. A. Runco & S. R. Pritzker (Eds.), *Encyclopedia of creativity: Vol. 2, I-Z* (pp. 559-563).

Smith, S. M., & Dodds, R. A. (1999). Incubation. In M. A. Runco & S. R. Pritzker (Eds.), *Encyclopedia of crativity: Vol. 1, A-H* (pp. 39-43). San Diego, CA: Academic Press.

Soo, C., Devinney, T., Midgley, D., & Deering, A. (2002). Knowledge management: Philosophy, processes, and pitfalls. California Management Review, 44, 129-150.

Sorenson, D. P. (1997). *Innovations: Key to business success*. Menlo Park, CA: Crisp Publications.

Spreitzer, G. M., & Cummings, T. G. (2001). The leadership challenges for he next generation. In W. Bennis, G. M. Spreitzer, & T. G. Cummings (Eds.), *The future of leadership: Today's top leadership thinkers speak to tomorrow's leaders* (p. 241-253). San Francisco, CA: Jossey-Bass.

Stein, M. I. (1968). Creativity. In E. F. Boragatta & W. W. Lambert (Eds.), *Handbook of personality theory and research* (pp. 900-942). Chicago, IL: Rand McNally.

Stein, M. I. (1974). *Stimulating creativity: Vol. 1_Individual procedures*. New York: Academic Press.

Stein, M. I. (1975). *Stimulating creativity: Vol. 2_Group procedures*. New York: Academic Press.

Sternberg, R. J. (1985). *Beyond IQ: A triarchic theory of human intelligence*. New York: Cambridge University Press.

Sternberg, R. J. (1988). A three-facet model of creativity. In R. J. Sternberg (Ed.), *The nature of creativity: Contemporary psychological perspectives* (pp. 125-147). New York: Cambridge University Press.

Sternberg, R. J. (Ed.). (1999). *Handbook of creativity*. Cambridge, UK: Cambridge University Press.

Sternberg, R. J. (2002). Successful intelligence: A new approach to leadership. In R. E. Riggio, S. E. Murphy, & F. J. Pirozzolo (Eds.), *Multiple intelligences and leadership* (pp. 9-28). Mahwah, NJ: Lawrence Erlbaum Associates.

Sternberg, R. J., & Lubart, T. I. (1992). Buy low and sell high: An investment approach to creativity. *Current Directions in Psychological Science, 1*, 1-5.

Sternberg, R. J., & Lubart, T. I. (1999). The concept of creativity: Prospects and paradigms. In R. J. Sternberg (Ed.), *Handbook of creativity* (pp. 3-15). Cambridge, UK: Cambridge University Press.

Sternberg, R. J., Kaufman, J. C., & Pretz, J. E. (2004). A propulsion model of creative leadership. *Creativity and Innovation Management, 13*, 145-153.

Stevens, G. A., & Burley, J. (1997, May-June). 3,000 raw ideas = 1 commercial success! *Research & Technology Management*, 16-27.

Sullivan, A. (2001, February). E-com's biggest mistakes. *Network World*. Retrieved July 29, 2004, from http://www.nwfusion.com/ecomm2001/mistakes/mistakes.html

Sutton, R. I. (2002). *Weird ideas that work: 11½ practices for promoting, managing, and sustaining innovation*. New York: The Free Press.

Sutton, R. I., & Hargadon, A. (1996). Brainstorming groups in context: Effectiveness in a product design firm. *Administrative Science Quarterly, 41*, 685-718.

Swartz, R. J. (1987). Teaching for thinking: A developmental model for the infusion of thinking skills into mainstream instruction. In J. B. Baron & R. J. Sternberg (Eds.), *Teaching thinking skills: Theory and practice* (pp. 107-126). New York: Freeman and Company.

Swartz, R. J. (2001). Thinking about decisions. In A. L. Costa (Ed.), *Developing minds: A resource book for teaching thinking* (3rd ed., pp. 58-66). Alexandria, VA: Association for Supervision and Curriculum Development.

Talbot, R. J. (1997). Taking style on board. *Creativity and Innovation Management, 6*, 177-184.

The great idea finder. (n.d.). *Fascinating facts about the invention of the microwave oven by Percy Spencer in 1945*. Retrieved July 13, 2004, from http://www.ideafinder.com/history/inventions/story068.htm

Tichy, N. M., & DeVanna, M. A. (1990). *The transformational leader* (2nd ed.). New York: Wiley.

Tierney, P. (2008). Leadership and employee creativity. In J. Zhou & C. E. Shalley (Eds.), *Handbook of organizational creativity* (pp. 95-124). New York: Erlbaum.

Tierney, P., Farmer, S. M., & Graen, G. B. (1999). An examination of leadership and employee creativity: The relevance of traits and relationships. *Personnel Psychology, 52*, 591-620.

Torrance, E. P. (1971). The courage to be creative. *Retail Credit Company Inspection News, 564*, 8-11.

Torrance, E. P. (1972). Can we teach children to think creatively? *The Journal of Creative Behavior, 6*, 114-143.

Torrance, E. P. (1979). *The search for satori and creativity*. Buffalo, NY: Creative Education Foundation.

Torrance, E. P. (1983). The importance of falling in love with something. *Creative Child and Adult Quarterly, 8*, 72-78.

Torrance, E. P. (1987). A climate for inventing. *Creative Child and Adult Quarterly, 12*, 230-236.

Torrance, E. P. (2004). Predicting the creativity of elementary school children (1958-1980)_and the teacher who "made a difference." In D. J. Treffinger (Ed.), *Creativity and giftedness* (pp. 35-49). Thousand Oaks, CA: Corwin Press.

Torrance, E. P., & Presbury, J. (1984). The criteria of success used in 242 recent experimental studies of creativity. *The Creative Child and Adult Quarterly, 9*, 238-243.

Totterdell, P. (2000). Catching moods and hitting runs: Moods linkage and subjective performance in professional sports teams. *Journal of Applied Psychology, 85*, 848-859.

Totterdell, P., Kellett, S., Teuchmann, K., & Briner, R. B. (1998). Nurses and accountants tracking moods. *Journal of Personality and Social Psychology, 74*, 1504-1515.

Treffinger, D. J. (1992). Searching for success zones. *International Creativity Network, 2*, p. 1, 2, 7.

Treffinger, D. J., Isaksen, S. G., & Firestien, R. L. (1982). *Handbook of creative learning: Vol. 1*. Williamsville, New York: Center for Creative Learning.

Trilling, B., & Fadel, C. (2009). *21st Century skills: Learning for life in our times*. San Francisco, CA: Jossey-Bass.

Turnipseed, D. (1994). The relationship between the social environment of organizations and the climate for innovation and creativity. *Creativity and Innovation Management, 3*, 184-195.

VanGundy, A. (1987). Organizational creativity and innovation. In S. G. Isaksen (Ed.), *Frontiers of creativity research: Beyond the basics* (pp. 358-379). Buffalo, NY: Bearly Limited.

VanGundy, A. (1992). *Idea power: Techniques & resources to unleash the creativity in your organization*. New York: AMACOM.

Vaux, N. (2002, August). *Norman Rockwell: American illustrator and painter*. Retrieved February 21, 2003, from http://www.lucidcafe.com/library/96feb/rockwell.html

Wagner, T. (2008). *The global achievement gap: Why even our best schools don't teach the new survival skills our children need_and what we can do about it*. New York: Basic Books.

Wallas, G. (1926). *The art of thought*. New York: Franklin Watts.

Walters, J. S. (2001). Why dotcoms failed (and what you can learn from them). *The CEO Refresher*... Brain Food for Businesses! Retrieved November 5, 2010, from http://www.inc.com/articles/2001/09/23447.html

Wang, C. W., & Horng, R. Y. (2002). The effects of creative problem solving on creativity, cognitive type and R&D performance. *R&D Management, 32*, 35-45.

Wang, C. W., & Horng, R. Y., Hung, S. C., & Huang, Y. C. (2004). The effects of creative problem solving on cognitive processes in managerial problem solving.

Problems and Perspectives in management, 1, 101-114.

Wang, C. W., Wu, J. J., & Horng, R. Y. (1999). Creative thinking ability, cognitive type and R&D performance. *R&D Management, 29*, 247-254.

Weber, G. B. (1996). Growing tomorrow's leaders. In F. Hesselbein, M. Goldsmith, & R. Beckhard (Eds.), *The leader of the future* (pp. 303-309). San Francisco, CA: Jossey-Bass.

Weisberg, R. W. (1999). Creativity and knowledge: A challenge to theories. In R. J. Sternberg (Ed.), *Handbook of creativity* (pp. 226-250). Cambridge, UK: Cambridge University Press.

Wertheimer, M. (1945). *Productive thinking*. New York: Harper & Brothers.

West, M. A. (1997). *Developing creativity in organizations*. Leicester, UK: British Psychological Society.

West, M. A. (2002). Ideas are ten a penny: It's team implementation not idea generation that counts. *Applied Psychology: An International Review, 51*(3), 411-424.

West, M. A., & Anderson, N. R. (1996). Innovation in top management teams. *Journal of Applied Psychology, 81*, 680-693.

West, M. A., & Wallace, M. (1991). Innovation in health care teams. *European Journal of Social Psychology, 21*, 303-315.

West, M. A., & Borrill, C. S., Dawson, J. F., Brodbeck, F., Shapiro, D. A., & Haward, B. (2003). Leadership clarity and team innovation in health care. *Leadership Quarterly, 14*, 393-410.

Yammarino, F. J. (1993). Transforming leadership studies: Bernard Bass' leadership and perfomance beyond expectations. *Leadership Quarterly, 4*, 379-382.

Zaccaro, S. J., Mumford, M. D., Connelly, M. S., Marks, M. A., & Gilbert, J. A. (2000). Assessment of leader problem-solving capabilities. *Leadership Quarterly, 11*, 37-64.

Zaleznik, A. (1977). Managers and leaders: Are they different? *Harvard Business Review, 55*, 67-78.

Zaleznik, A. (1998). Managers and leaders: Are they different? In *Harvard Business Review on Leadership* (pp. 61-88). Boston, MA: Harvard Business Review Press.

Zhou, J. (2008). Promoting creativity through feedback. In J. Zhou & E. Shalley (Eds.), *Handbook of organizational creativity* (pp. 125-146). New York: Lawrence Erlbaum.

Zhou, J., & Shalley, C. E. (2008). *Handbook of organizational creativity*. New York: Lawrence Erlbaum Associates.

찾아보기

인 명

Amabile, T. M. 433

Bennis, W. 39

Chimento, M. 396

Cummings, T. G. 43

Downton, J. V. 47

Ekvall, G. 429

Friedman, T. L. 454

Goleman, D. 428

Gore, W. L. 440

Guilford, J. P. 121

Guzzo, R. 191

Hammerschmidt, P. K. 401

Kirton, M. J. 391, 400, 401

Kouzes, J. M. 44, 242

Maxwell, J. C. 39

Mumford, M. D. 55, 341

Murdock, M. C. 139

Nanus, B. 39

Neumann, C. J. 424

Osborn, A. F. 94

Palmer, S. 191

Posner, B. Z. 44, 242

Puccio, G. J. 139, 396

Runco, M. 112

Schwarz, R. M. 297

Spreitzer, G. M. 43

Sternberg, R. J. 53

Talbot, R. 35

Torrance, E. P. 122

Wallace, M. 388

Wallas, G. 192

West, M. A. 388

내 용

CPS 94, 208

CPS 단계 215

CPS 원리 412

Ekvall의 분위기 요인 437

How - How 다이어그램 372

If-Then 과정 분석 232

Kirton의 적응-혁신 이론 392

Why-Why 다이어그램 220

강제 결합법 300

개발자 409

개별화된 의견 49

검증 192

계획 수립 156, 367

과제 수립 150, 261, 266
과제 진술문 271
관리 89
긍정적인 판단 179
꿈꾸기 243

대처 행동 400

리더십 12, 39
리더십 실천 사항 45
리더십 역량 모델 55
리더십의 효과성 41
리더십 태도 448

맥락적 사고 338
모델의 구조 101
목표 인식의 사고 248
문제의 형태 82
문제해결 115
미성숙한 결론 피하기 314

변혁적 리더십 47
변혁적 리더십 49
변화 12, 35, 43
변화의 리더 20
변화의 리더십 12
부화 192
브레인스토밍 295
비전적 사고 241
비전 탐색 148, 237
비판적 사고 115

사고 기법 모델 99
상상력 78
상황 평가 141, 203, 212
생각 그물 273
성공적 리더십 037
성공 지대 253
성과 계기판 376, 379
수렴적 사고 기법 124
수렴적 사고 도구 225

수용안 탐색 154, 337, 345
스토리보드 250
시스템 모델 65
실행자 410
심리적 다양성 387, 389

아이디어 탐색 152, 283, 291
아이디어 탐색의 CPS 단계 289
역동적인 균형 117
역동적인 조화 116
연결 짓기 170
영감을 주는 동기 49
위험 감수 366
유능한 아이디어 409
유용한 리더십 80
육하원칙 217
의도적 창의성 17
의사결정 115
이상적 사고 284
이상적인 영향력 48
이해관계자 분석 351, 352
인지적 자극 50
일터 환경 448

적응자와 혁신가의 특징 395
적응적 스타일 391
적응-혁신 이론 391
적응-혁신 검사 418
전략적 사고 262
전술적 사고 359, 360
전환 316
정의적 기법 243
조직 분위기 425
조직 안의 창의성 480
준비 192
지원자와 저항자 도구 349
진단적 사고 205
집중 유지 188

차이점 지각 265

참신함의 유지 183

창의성 57, 62, 125

창의성 개발 453

창의성 기법 16

창의성을 배우는 학습자 460

창의성을 위한 분위기 423

창의적 경영 91

창의적 리더 21

창의적 리더십 21, 49, 70, 71, 88, 111

창의적 리더십 기법의 내면화 457

창의적 문제해결 77, 95, 141

창의적 문제해결 사고 기법 모델 116

창의적 문제해결자 93

창의적 변화 34

창의적 변화 리더의 발전 모델 458

창의적 변화 모델 66

창의적 변화의 리더 462

창의적 분위기 488

창의적 사고 13, 82, 115

창의적 사고 기법 138

창의적 산출물 36

창의적인 사람 41

초인지적 도구 227

팀 내의 적응 -혁신 스타일 401

팀 성과를 위한 포사이트 414

판단 유보 164

평가 매트릭스 322

포사이트 405, 418

하이라이트 224

해결책 수립 153, 309

핵심 역량 37

행동 단계 도출 370

혁신적 스타일 391

확산적 사고 기법 121

확산적 사고 도구 216

확산적이고 수렴적인 163

히트 222

저자 소개

Gerard J. Puccio는 영국 맨체스터 대학교에서 조직심리학 박사학위를 수여하였다. 그는 국제적으로 인정을 받는 창의성 연구자로서 영국, 이탈리아, 네덜란드, 캐나다, 프랑스, 싱가포르, 인도 그리고 홍콩 등에서 개최한 여러 콘퍼런스와 연구회의에서 40편 이상의 연구 논문을 발표하였다. 최근에는 프랑스 연방 심리학회에서 주관하는 Binet 연구회 100주년 기념식의 국제 콘퍼런스에서 창의성과 지능 분야를 대표하는 패널로 참여하였다. 창의성에 대한 그의 학구적인 연구 노력은 뉴욕 주립대학교 및 버펄로 주립대학교에서 대통령 메달을 수여함으로써 공로를 인정받았다. 또한 그는 Procter&Gamble, Kraft, Nabisco, 3M, IBM, Fisher-Price 그리고 Rich Products를 비롯한 수많은 기관에서 워크숍 및 컨설팅 서비스를 진행하였다. 현재는 버펄로 주립대학교의 창의성 연구 교수이자 동 국제센터의 의장직을 맡고 있으며, 스페인, 아일랜드, 브라질, 영국, 멕시코, 아르헨티나, 탄자니아 등에서 창의성 훈련 프로그램을 지도하고 있다.

Marie Mance는 창의성과 개인상담 분야에서 석사학위를 취득하였고, 리더십 분야에서 박사학위를 취득하였다. 그녀는 나이지리아, 싱가포르, 남아프리카 등에서 창의성과 창의적 문제해결을 다룬 워크숍을 진행하였으며, 공공기관과 사교육 분야에서 창의성 및 전략적 계획, 변화의 선두와 관련된 워크숍을 기획하고 진행하였다. 또한 ASTD(American Society for Training and Development)의 나이아가라 국경부 미국학회 의장으로 재직하였으며, 창의교육동맹의 창립 멤버로 활약하였다. 최근에는 버펄로 주립대학교에서 교직원 대상의 핵심 역량으로서의 창의성과 관련된 리더십 프로그램을 개발하여 발표하였다. 현재 버펄로 주립대학교와 ICSC의 부교수로 재직 중이며, 코치훈련기관(Coaches Training Institute)과 리더십 프로그램에서 코치활동을 하고 있다.

Mary C. Murdock은 조지아 대학교에서 영재교육 분야 석사학위 및 교육심리학 박사학위를 취득하였다. 그녀는 노르웨이 베르겐 대학교에서 인지심리학 특강강사를 역임하였고, 콜롬비아, 도미니카 공화국, 탄자니아, 중국, 말레이시아 등의 국제학교에서 창의적 문제해결 과정을 지도하며 국제적인 연구 활동을 이어 나갔다. 또한 E. Paul Torrance와 『창의적 문제해결과 역할극(*Creative Problem Solving and Role Playing*)』을, Gerard Puccio와 『창의성 평가: 독서와 자원(*Creativity Assessment: Readings and Resources*)』을 공동 집필하였고, 동료 센터와 『창의성 이해와 인식: 표현의 긴급함(*Understanding and Recognition Creativity: The Emergency of a Discipline*)』을 공동 편집하였다. 사망 전까지 버펄로 주립대학교와 ICSC에서 부교수로 재직하면서 대학원 과정을 관리·지도하였다.

역자 소개

이경화(Lee Kyunghwa)

숙명여자대학교 대학원 교육학 박사(교육심리학 전공)

전 한국영재교육학회장

한국창의력교육학회장

현 숭실대학교 평생교육학과 교수 및 교육대학원장

숭실대학교 아동청소년교육센터장 및 영재교육연구소장

e-mail: khlee@ssu.ac.kr

최윤주(Choi Yunju)

숭실대학교 대학원 평생교육학 박사

현 학습, 진로, 취업 컨설턴트

창의 · 학습 전략 연구소 소장

부천대학교, 수원여자대학교, 숭실대학교 강사

e-mail: rebekah730@naver.com

창의적 리더십

변화를 이끄는 기술

Creative Leadership
Skills That Drive Change

2014년 9월 15일 1판 1쇄 인쇄
2014년 9월 25일 1판 1쇄 발행

지은이 • Gerard J. Puccio · Marie Mance · Mary C. Murdock
옮긴이 • 이경화 · 최윤주
펴낸이 • 김진환
펴낸곳 • (주) 학지사
121-838 서울시 마포구 양화로 15길 20 마인드월드빌딩
대표전화 • 02)330-5114 팩스 • 02)324-2345
등록번호 • 제313-2006-000265호

홈페이지 • http://www.hakjisa.co.kr
커뮤니티 • http://cafe.naver.com/hakjisa

ISBN 978-89-997-0482-6 03370

정가 16,000원

이 도서의 국립중앙도서관 출판시도서목록(CIP)은 서지정보유통지원시스템 홈페이지(http://seoji.nl.go.kr)와 국가자료공동목록시스템(http://www.nl.go.kr/kolisnet)에서 이용하실 수 있습니다.
(CIP 제어번호: 2014024517)